Stephen
Trombley

DIE
HINRICHTUNGSINDUSTRIE

Die Todesstrafe in den USA
Ein Gruppenbild mit Mördern

Deutsch von
Brigitte Helbling,
Wolfgang Krege,
Lieselotte Mietzner
und Martin Suhr

Rowohlt

Die Originalausgabe erschien unter dem Titel
«The Execution Protocol. Inside America's Capital Punishment Industry»
1992 bei Crown Publishers, Inc., New York

Umschlaggestaltung Walter Hellmann
(Foto: Bildagentur Schuster/Liaison)

Lieselotte Mietzner übersetzte die Seiten 7–98,
Martin Suhr die Seiten 99–165,
Wolfgang Krege die Seiten 166–312,
Brigitte Helbling die Seiten 313–410.

1. Auflage Januar 1993
Copyright © 1993 by Rowohlt Verlag GmbH,
Reinbek bei Hamburg
«The Execution Protocol»
Copyright © 1992 by Stephen Trombley
Photographs copyright © by Stephen Trombley
und Lukasz Jogalla
Gesetzt aus der Sabon (Linotronic 500)
Gesamtherstellung Clausen & Bosse, Leck
Printed in Germany
ISBN 3 498 06507 6

Inhalt

Vorwort

Dies ist ein Buch über Männer und Maschinen. Es ist die Geschichte eines Teams, das, ausgestattet mit dem Segen der höchsten Gerichtshöfe, vorsätzlich und einem ausgeklügelten Plan folgend, tötet.

Das Buch und der gleichnamige Dokumentarfilm verdanken ihre Entstehung der wohl einmaligen Erlaubnis, ungehindert mit allen Mitgliedern des Hinrichtungsteams und mit den Gefangenen des Hochsicherheitsgefängnisses Potosi in Missouri zu sprechen. Weder das Buch noch der Film enthält irgendeine Art von persönlicher Stellungnahme zu den Verbrechen, die die neunundsiebzig Männer und zwei Frauen begangen haben, die in Potosi auf ihre Hinrichtung warten, und das gilt ebenso für die Männer, die die Hinrichtungen ausführen.

Die Erhebungen für dieses Buch waren zumindest ungewöhnlich. Ich wurde zum Touristen in einem anderen Amerika, einer Art Unterwelt, in der Männer auf ihren Tod warten und eine andere Gruppe von Männern darauf, sie hinzurichten.

Meine ungewöhnliche Odyssee begann in einem staubigen Keller in einem kleinen Haus in Massachusetts, in dem die Todesmaschinen hergestellt werden. Sie endete im Mittleren Westen, wo ich das Hinrichtungsteam von Missouri kennenlernte, über Wochen ihren Alltag teilte und die Wochenenden mit ihnen verbrachte.

Ich sprach Hunderte von Stunden mit den Verurteilten von Missouri, ausnahmslos Kapitalverbrecher. Einige sind Massenmörder, einige Auftragsmörder. Einige hatten ihre Opfer gefoltert, bevor sie sie töteten. Andere, die ich im Todestrakt kennenlernte, verdienen vielleicht das Urteil Mord ersten Grades nicht und wären vor einem anderen Gericht mit Totschlag oder Mord zweiten Grades weggekommen.

Aber alle, mit denen ich so lange Stunden gesprochen habe, haben eines gemeinsam: Sie haben getötet.

Zum Tod Verurteilte in den USA
(Stand vom 31. Mai 1992)

Rechtliche Instanzen, die die Todesstrafe verhängen:
38 (36 Bundesstaaten, US-Zentralregierung,
US-Militärgerichtsbarkeit)
Todeskandidaten insgesamt:
2588
Zahl der Hinrichtungen seit 1977:
174
Bundesstaat mit den meisten Hinrichtungen:
Texas (48)
Bundesstaat mit den meisten zum Tod Verurteilten:
Texas (349)
Zahl der in Missouri auf ihre Hinrichtung Wartenden:
81
Zahl der Hinrichtungen in Missouri seit
ihrer Wiederaufnahme 1989:
6
Die verschiedenen Hinrichtungsmethoden
(manche Bundesstaaten bieten Wahlmöglichkeit):
Tödliche Injektion 20
Elektrischer Stuhl 11
Gas   6
Erschießen   2
Erhängen   2

TEIL EINS | **LABOR DAY**

Massachusetts

Meine Reise begann in Ballston Spa, New York, wo ich aufgewachsen bin, bevor ich mit neunzehn Jahren nach England zog. Als ich zum Labor-Day*-Wochenende dort ankam, genoß die kleine Stadt am Fuß der Adirondack-Berge, 250 Kilometer südlich der kanadischen Grenze, den Altweibersommer. Von vielen der Bäume, die die High Street säumen, begrüßten noch immer verblaßte gelbe Bänder die Teilnehmer der Operation Wüstensturm. Es wurde ein schönes Wochenende der Wiederbegegnung mit meiner Familie und alten Freunden. Wir grillten im Garten und tauschten Klatsch und die letzten Neuigkeiten aus. Schließlich kam das Gespräch auch auf den Zweck meiner Reise, und alle waren gespannt, auf was ich mich da eingelassen hatte. Meine Mutter konnte nicht verstehen, warum ich mich in einem Hochsicherheitsgefängnis umsehen wollte. Auch meine Freunde, von denen einige erklärte Gegner der Todesstrafe sind, betrachteten mein Projekt mit Skepsis. Sie meinten, die Hinrichtungsindustrie sei ein Thema, an das man lieber nicht rühre. Genau das hatten auch einige Zeitungsleute und Fernsehproduzenten gesagt, mit denen ich im Jahr zuvor über mein Projekt gesprochen hatte. Ihre Bedenken hatten mich aber nur in meinem Entschluß bestärkt.

Der Dienstagmorgen nach dem Labor Day dämmerte in Ballston Spa angenehm frisch. Als ich aber am frühen Vormittag auf dem Bostoner Logan Airport landete, zeigte das Thermometer fast 38 Grad, und die Luftfeuchtigkeit lag über 80 Prozent. Der Tag hatte noch kaum begonnen, aber die Nerven vieler Leute lagen schon bloß. Vor dem Empfangsgebäude des Flughafens kämpften Manager in korrekten Anzügen um den besten Platz am Taxistand. Ein säuerlich blickender Urbostoner Nachfahre der Pilgerväter, hinter dessen Rücken eine Frau sich eine Zigarette angezündet hatte, drehte sich zu ihr um und zischte: «*Muß* das sein?»

---

* Erster Montag im September

Mein Hemdrücken war klatschnaß unter dem zerknitterten Sommeranzug, und Schweißtropfen liefen mir von der Stirn.

Das Englisch des haitianischen Taxifahrers war nicht so gut wie mein Französisch, aber er kannte dafür zwei verschiedene Routen nach Malden, meinem Ziel. Das Taxi war ein alter Pontiac-Kombi mit imitierter Holzverkleidung, dessen Air-conditioning zwei Tage zuvor ausgefallen war, wie der Fahrer entschuldigend bemerkte. Ich kurbelte an meiner Seite die Scheibe herunter und ließ mir die heiße, stickige Luft ins Gesicht wehen.

Zwanzig Minuten später setzte mich das Taxi vor einem Motel an einer belebten Kreuzung der US-Straßen 1 und 99 ab. Das Haus trug ein Schild «Truckers Welcome», und der Parkplatz stand voller Sattelschlepper. Als ich mich anmeldete, konnte ich den Verkehr an beiden Seiten des Motels vorbeidonnern hören, und in der Luft mischten sich Benzin- und Dieseldämpfe.

Ich trug meine Taschen über den Parkplatz zu meinem Zimmer. Unmittelbar links neben dem Parkplatz, nur durch einen altersschwachen Maschendrahtzaun vom Highway getrennt, lag ein verdreckter Swimmingpool. Ich schloß auf und trat in das krankenhausgrün gestrichene Zimmer. Ich schaltete die Klimaanlage ein. Sie sprang ratternd an und steigerte sich alsbald zu ohrenbetäubender Lautstärke, die sie die nächsten vier Tage beibehalten sollte. Ich packte aus und setzte mich dann hin, um Fred Leuchter anzurufen, den Mann, der eingewilligt hatte, mich in die Welt der Hinrichtungen einzuführen.

«Wie ist Ihre Zimmernummer?» fragte Fred Leuchter, nachdem wir uns begrüßt hatten. «In einer Minute bin ich da.»

Ich ging nach draußen und setzte mich auf den Plastikstuhl neben meiner Zimmertür, von wo aus ich den Verkehr beobachtete und mich einstimmte auf die Interviews der vor mir liegenden Woche. Ich hatte ein eigenartiges, hohles Gefühl im Bauch, als ich mich fragte, was nun auf mich zukommen würde.

Eine halbe Stunde später fuhr Fred Leuchter in einem nagelneuen Ford vor meiner Zimmertür vor. Es machte den Eindruck, als ob das Hinrichtungsgeschäft boome. Der Mann, der aus dem Wagen stieg, war klein und trug eine dicke Brille. Er hatte graue Hosen an und ein gestreiftes, kurzärmeliges Hemd, über dessen mit Kugelschreibern und einer Packung Marlboro Lights vollgestopften Brusttasche das Monogramm FAL aufgedruckt war. Fred blinzelte kurzsichtig, als er auf mich zukam und mir kräftig die Hand schüttelte. «Hi! Wie geht's? Schön, Sie kennenzulernen», sagte er im härtesten, näselndsten Bostoner Akzent, den ich je gehört hatte. Er erinnerte mich an Alfred E. Neuman, die lausbubenhafte Gallionsfigur des *Mad Magazine*. Fred Leuchter war achtundvierzig, sah aber jünger aus. Das also war der Mann, den ABC in den Nachrichten «Dr. Death» tituliert hatte.

Wir stiegen in Freds Wagen, der, wie er mir sagte, nur geliehen sei, während sein eigener repariert werde. Er habe einen Unfall gehabt, fügte er hinzu, und sah mir beim Sprechen immer direkt ins Gesicht. Seine Fahrkünste beunruhigten mich. Der Knoten in meinem Bauch wurde härter.

Während ich überlegte, wie man ein Interview mit jemandem beginnt, der sein Geld durch die Erfindung der Injektionsmaschine und mit der Herstellung weiterer Exekutionsgeräts verdient, plauderte Fred locker über das ungewöhnlich warme Wetter und erzählte mir von seinem Wohnort Malden.

Die kleine Stadt, die ich durchs Autofenster sah, glich den Industrieorten, die ich aus meiner Kindheit kannte: Es war eine Arbeitergemeinde, errichtet auf den traditionellen Werten harte Arbeit und Bürgerstolz, durch den industriellen Rückgang aber heruntergekommen und unberührt vom Wirtschaftsboom der achtziger Jahre. Malden, inzwischen Teil von Groß-Boston, ist eine Schlafstadt, wo man sich relativ günstig ein Haus kaufen und mit dem Pendlerzug zu seinem Bürojob in der Bank oder der Versicherung fahren kann.

Die Straße zu Freds Haus bog am Ende einer der Hauptstraßen von Malden ab und schlängelte sich dann über eine Brücke und eine schmale Sackgasse hoch. Freds geteerte Einfahrt führte geradewegs auf die Haustür zu, fast, als handle es sich um eine Garage und nicht um ein Wohnhaus. Das Haus war ein ungewöhnlicher, zweistöckiger Bau – auf einem kleinen, schindelverkleideten Rechteck saß ein steiles Dach. Man betrat das Haus aber nicht von vorn, sondern von der Seite über eine kleine Veranda, zu der ein paar Stufen hochführten. Daneben stand ein Pfirsichbaum mit ein paar kleinen, harten Früchten, die das feuchte Spätsommerwetter getrieben hatte; der Großteil der Früchte aber verfaulte ringsum auf dem Boden. Fred bat mich ins Haus. Durch das enge Wohnzimmer kam man in die Küche, deren Oberflächen mit hellem Holzimitat verkleidet waren. Linker Hand befanden sich Kühlschrank, Herd und Arbeitsflächen, rechts an der Wand stand ein gelackter, runder Tisch in falschem Kolonialstil mit vier passenden Stühlen. Ein Videorecorder stand auf dem Küchentisch und darauf ein tragbarer Fernseher. Drumherum lagen und standen wild durcheinander Videobänder, ein Taschenrechner, Quizbücher, Ascher voller Kippen, Dosen mit Diät-Cola und der *TV-Guide*. Fred stellte mir seine Frau Caroline vor, die am Tisch saß und fernsah.

«Oh, Sie kommen aus *England?*» sagte sie und erlaubte mir, ihr die Hand zu schütteln.

Caroline ist eine kräftige Lady, die großzügig geschnittene Hosen, voluminöse Tops aus Synthetikfasern und eine große bernsteingetönte Brille trägt. Vor ihr stand eine Dose Diät-Cola.

«Caroline ist Diabetikerin», sagte Fred.

«Ich muß aufpassen mit dem Zucker», erklärte sie. «Ich trinke fast nur Diät-Cola.»

Caroline machte mich mit Rex, dem Haushund, bekannt. Rex war älter und übergewichtig, und sah aus, als ob er kaum noch laufen könne.

«Sie ist ein Weibchen, obwohl sie Rex heißt», sagte mir Caroline. Rex, eine schwarze Hündin von gemischter Abstammung, hob beim Klang ihres Namens um eine Winzigkeit den Kopf und schlummerte dann ächzend zu Füßen ihres Frauchens ein.

Nachdem sie allen Kaffee eingeschenkt hatte, wandte Caroline sich wieder *The Fugitive* zu.

Im Lauf der nächsten Woche erfuhr ich, daß Caroline täglich die meiste Zeit am Küchentisch verbringt, mit dem Rücken zum Wohnzimmer, und fernsieht. Sie ist ein unverdrossener Fan alter Schwarzweißserien wie *The Fugitive* mit David Janssen, *Highway Patrol* mit Broderick Crawford und *Simon Templar*, als der noch von Roger Moore gespielt wurde. Ihre zweite große Leidenschaft, für die sie auf den mit einem Modem ausgestatteten Computer in Freds

Arbeitszimmer zurückgreift, ist es, nachts gemeinsam mit anderen Schlaflosen allgemeinbildende Quiz-Fragen zu lösen. Der Computer ist über Telefon an ein Computernetz angeschlossen, so daß Spiele in der Art von *Trivial Pursuit* gleichzeitig von Menschen überall in den Vereinigten Staaten gespielt werden können. Fred machte eine Geste, ich solle auf dem Sofa Platz nehmen. Das Wohnzimmer war weiß gestrichen und hatte eine heruntergezogene Decke und einen braunen, gemusterten Nylonteppich. Vor der üppig gepolsterten dreiteiligen Sitzgarnitur aus braunem Dralon stand ein schwerer Couchtisch mit eingelegten Kacheln. Über dem Sofa hing ein ovaler Spiegel im Goldrahmen, mit den passenden Wandleuchten rechts und links. Auf jeder Seite waren drei rosa Kerzen in kunstvollen Glasschalen in eine schnörkelige Messinghalterung eingelassen. Darüber waren dünne Zweige mit zierlichen, vergoldeten Schmetterlingen befestigt; darunter hing jeweils ein kreisrundes Gesteck aus künstlichen rosa Rosen. Andere Nippsachen schmückten die Wand hinter dem Sofa, darunter ein weißer Plastikfächer, dessen Muster an spanische Eisengitter erinnerte, und ein flauschiger rosa Miniaturhund auf einem kleinen Glasregal, das von reichverzierten messingfarbenen Stützen getragen wurde.

Fred erzählte mir, Caroline sei eine eifrige Sammlerin von Hummelfiguren, von denen sie einige auf einer Deutschlandreise gekauft habe. Eichenholz- und Glasvitrinen an beiden Seiten des Raums konnten die unzähligen gnomenartigen teutonischen Keramikfiguren kaum fassen. Über dem Lichtschalter stand eine kleine Marienfigur hinter Glas in einer Wandnische. Vor dem Glasfensterchen, das die Jungfrau schützte, standen eine geweihte Kerze und ein Strauß künstlicher purpurfarbener Lilien. In einer Ecke schlug eine Standuhr die Stunde. Daneben hing der gestickte Segensspruch: «Bless This House and All Who Enter Here».

Wir tranken unseren Kaffee, und dann führte Fred mich in sein Arbeitszimmer. Ein papierübersäter Schreibtisch füllte die eine, eine Computer-Workstation die andere Ecke. An einer Wand stand ein Bücherregal, auf dem ein Anrufbeantworter thronte. Er war eingeschaltet, obwohl Fred zu Hause war. Er erklärte mir, ihm in seiner Branche werde regelmäßig gedroht, deshalb kontrolliere er alle Anrufe, bevor er den Hörer abnehme.

Dem Bücherregal gegenüber stand ein kleiner Tisch, auf dem eine Reihe architektonischer Pläne lag. Als ich genauer hinschaute, entdeckte ich, daß es ein Grundriß des Nazi-Konzentrationslagers Auschwitz war. Ich blickte mich im Zimmer um, neugierig, was für Dinge es noch zu sehen gab. Neben Freds Schreibtisch stand ein niedriger Aktenschrank, aus dem ein paar dicke Ordner herausgenommen und oben auf dem Schrank abgestellt worden waren. Wie die Rückenschilder zeigten, handelte es sich um Autopsieberichte des staatlichen Leichenbeschauers in Gainesville, Florida. Daneben lagen Fotos von unsagbar grausiger Art. Sie zeigten die Köpfe von Menschen, denen man das Gehirn entfernt und die beiden Schädelhälften notdürftig zusammengeflickt hatte.

Eigenartige Apparate lagen herum. In einem kleinen Karton sah ich ein merkwürdiges Ding, eine Metallkappe ähnlich einem jüdischen Gebetskäppchen, mit einem Drahtgitter an der Innenseite, auf das mit dickem Zwirn ein Schwamm genäht war. Daraus ragte oben an der Spitze ein Metalldorn hervor.

«Ist das eine Kopf-Elektrode?» fragte ich zögernd.

«Ja», bestätigte Fred. «Sie stammt von dem alten elektrischen Stuhl von South Carolina. Es ist praktisch die gleiche wie die, die ich für Tennessee und Indiana gemacht habe.»

Auf Freds Schreibtisch sah ich einen Briefbeschwerer des *Mystic Valley Gun Club* liegen.

«Sind Sie ein guter Schütze?» fragte ich Fred und überlegte, ob das bei seiner schweren Kurzsichtigkeit überhaupt möglich war.

«Ja. Früher war ich immer Vorsitzender des örtlichen Pistolenschützenclubs. Ich bin Trainer für Ziel- und Gefechtsschießen.»

In dem Wirrwarr von Papieren auf Freds Schreibtisch fiel mir ein Schriftstück besonders ins Auge. Es war ein schmuddeliges, mit Eselsohren versehenes Exemplar des zweimonatlich erscheinenden Berichts des *Legal Defense Fund* der Bürgerrechtsorganisation *NAACP* mit dem Titel *Death Row, U.S.A.** Der Bericht war aufgeschlagen auf der Seite mit der Überschrift «*South Carolina (Electro-*

---

* Legal Defense Fund: Rechtshilfe-Fonds
NAACP: National Association for the Advancement of Colored People
death row: Todestrakt

cution)». Darunter standen 46 Namen – die Namen der Männer, die auf dem elektrischen Stuhl sterben sollten. Der Name des Inhaftierten Nummer neun auf der Liste, Donald Gaskins, war abgehakt. Auf der Vorderseite des Berichts hatte Fred Buch geführt über die Zahl der Hinrichtungen, die seit 1973 in den USA vollstreckt worden waren. Eine lange Reihe durchgestrichener Zahlen endete mit dem aktuellen Stand: 152.

Fred ging in die Küche, um noch mehr Kaffee für uns zu holen, und dann begann er mir zu erzählen, wie er in das Hinrichtungs-Business hineingeraten war. Er erklärte mir, sein Vater, Fred senior, habe als Fahrer für die Strafanstalten von Massachusetts gearbeitet und sei später Transportleiter geworden. An den Wochenenden und in den Schulferien begleitete Fred seinen Dad, wenn der Material – darunter einmal den elektrischen Stuhl des Bundesstaats – und Häftlinge zwischen den verschiedenen Haftanstalten von Massachusetts hin- und herbeförderte. Als Kind hatte die Welt der Gefängnisse Fred fasziniert, und er erzählte mir eine Anekdote über ein frühes Erlebnis, das er dort gehabt hatte.

«Als Junge», begann er, «ging ich immer mit meinem Vater in die Gefängnisse hier in Massachusetts. Es gab da noch ein anderes Kind, den Sohn eines Gefängnisarbeiters, der setzte sich einmal auf den elektrischen Stuhl. Elf Jahre später wurde er auf ebendiesem Stuhl umgebracht. Er hatte mit einem Mord zu tun. Auf jeden Fall kam danach das Gerücht auf, daß jeder, der sich auf den elektrischen Stuhl setzt, auch darauf stirbt. Na, und ich hab auch auf dem Stuhl gesessen! Aber ich bin nicht darauf hingerichtet worden. Ich habe auf dem elektrischen Stuhl gesessen, und heute *baue* ich selber elektrische Stühle.» Er lachte, und seine Augen funkelten vor Vergnügen.

Danach sagte Fred, er wolle mir gern ein Foto des elektrischen Stuhls zeigen, den er für Tennessee gebaut habe. Es war in einem Album mit Familien-Schnappschüssen, als rechne er seine Maschinen ebenfalls zu seinen Kindern. Ein Bild zeigte Fred in seinem Garten, wie er stolz neben dem Stuhl für Tennessee steht. Darunter klebte – wie eine Fußnote zu der Geschichte aus seiner Kinderzeit – ein Foto von Freds eigenem Sohn, der an einem sonnigen Tag auf dem elektrischen Stuhl sitzt und in die Kamera lächelt.

Fred hat keine formale Ingenieursausbildung. Auf der Schule interessierte ihn Zimmermannsarbeit mehr als Elektronik, und auf dem College studierte er Geschichte. Die erste Stelle nach dem Abschluß bekam er bei North East Aerial Photos, wo er lernte, aus altem Weltkrieg-II-Gerät Luftaufnahmesysteme zusammenzubauen. Fred lernte rasch und wurde technischer Direktor. Diese Tätigkeit lehrte ihn solide praktische Ingenieurfähigkeiten, und er entwickelte so etwas wie Genie – wenn auch mehr im Zusammenbauen als im Erfinden.

Als Erfinder hält Fred zahlreiche Patente, aber er klagt, frühere Arbeitgeber oder ihre Kunden besäßen die Rechte an seinen lukrativeren Ideen. Darunter ist mit dem ersten elektronischen Sextanten auch ein Gerät, das man als Vorrichtung zur Rettung von Leben ansehen kann. Außerdem entwickelte und baute Fred, im Rahmen eines Nebenvertrags für General Electric, die erste Niedrigflug-Stereofarbkartographierkamera für Hubschrauber. Sie ermöglicht es, sehr schnell genaue Karten eines Gebiets herzustellen, und wurde von der US Air Force in Vietnam zum erstenmal eingesetzt. Sie ist bis heute in Gebrauch. Aber Patente sind dennoch so etwas wie ein wunder Punkt für Fred. «Eine Reihe großer Firmen hat meine Patentrechte verletzt», sagte er mir halb verbittert, halb resigniert. «In den Vereinigten Staaten ist ein Patent ja nicht mehr als eine Erlaubnis, vor Gericht zu gehen. Aber wer kein Geld hat, kann auch nicht klagen.»

In den frühen achtziger Jahren kam Fred zu der Überzeugung, es sei erfolgversprechender, nicht für andere, sondern für sich selbst zu arbeiten. Er verband die praktischen Kenntnisse des Gefängniswesens, die er als Kind gesammelt hatte, mit seiner Erfahrung als Ingenieur und wurde Amerikas führender Hersteller von Hinrichtungsgeräten. Er liefert elektrische Stühle, Gaskammern, Galgen und Injektionsmaschinen und bietet Entwurf, Fertigstellung, Montage, Personalschulung und Wartung an.

Das Hinrichtungsgeschäft kam schleppend in Gang. Es gab in den USA keine Hinrichtungen zwischen 1972, als das Oberste Gericht, der Supreme Court, die Todesstrafe für verfassungswidrig erklärte, und 1976, als sie wiedereingeführt wurde. Der erste Amerikaner, der nach 1976 hingerichtet wurde, war Gary Gilmore, den ein Erschießungskommando am 17. Januar 1977 in Utah erschoß. Die nächste Hinrichtung fand erst zweieinhalb Jahre später statt, als Florida am 25. Mai 1979 John Spenkelink auf den elektrischen Stuhl schickte. Dann brachte am 22. Oktober desselben Jahres Nevada Jesse Bishop zu Tode.

Nach der Hinrichtung von Gilmore kam es nicht, wie manche erwartet hatten, zu einer Lawine staatlich angeordneter Tötungen. Die Dinge entwickelten sich langsam. 1980 wurde niemand hingerichtet. 1981 fand eine Hinrichtung statt, 1982 waren es zwei und 1983 fünf. (Das ist kein Vergleich mit der Zahl der Hinrichtungen, die Amerika in den dreißiger und vierziger Jahren erlebte. Allein im Jahr 1935 waren es 195; zwischen 1930 und 1949 lag die Gesamtzahl der Hinrichtungen bei 2951 – im Durchschnitt 148 pro Jahr.) 1984 kletterte die Zahl jedoch auf 21. Hinrichtungen wurden jetzt wirtschaftlich interessant für jemanden mit einschlägigen Kenntnissen und einer Neigung zu diesem Job.

Fred tat, was jeder kleine Geschäftsmann tut, wenn er ein neues Unternehmen aufbaut. Er analysierte den Markt.

Da waren 38 Gerichtsbezirke, die die Todesstrafe verhängten (36 Bundesstaaten plus Militärgerichtsbarkeit und Bundesregierung der USA). Da waren mehr als 2000 Straftäter *on death row*, zum Tod Verurteilte, die auf ihre Hinrichtung warteten. Dreizehn von Freds potentiellen Kunden setzten den elektrischen Stuhl als Hinrichtungsmethode ein. In den achtziger Jahren wechselten einige von diesen dreizehn zur Todesspritze über. Sieben Bundesstaaten hatten eine Gaskammer, drei schrieben Tod durch Erhängen vor, und zwei stellten ihre Verurteilten vor ein Erschießungskommando. Fred hat jede Methode daraufhin untersucht, was mit dem Verurteilten geschieht und welche Geräte und Verfahren nötig sind, um die Hinrichtung erfolgreich durchzuführen.

Während wir in seinem Wohnzimmer Kaffee tranken, gab Fred mir einen Crash-Kurs in Hinrichtungstechnik.

Beim Erschießen, begann er, werde der Tod durch massive Schädigung des Herzens, des Zentralnervensystems oder anderer lebenswichtiger Organe oder durch eine Kombination dieser Verletzungen mit Blutungen verursacht. Er erklärte mir, die schnellste Art, einen Menschen durch Erschießen hinzurichten, sei, mit einer

Pistole aus unmittelbarer Nähe eine einzige Kugel auf seinen Kopf abzufeuern. So sei das Verfahren in China, und es garantiere normalerweise den sofortigen Tod. In den amerikanischen Bundesstaaten Idaho und Utah verlange das Gesetz ein fünfköpfiges Erschießungskommando. Hinrichtung durch Erschießen hat in Amerika eine lange geschichtliche Tradition. Die früheste verbürgte Hinrichtung auf diese Art erfolgte 1608, als George Kendall, einer der ersten Ratsherren der damaligen englischen Kolonie Virginia, zum Tode verurteilt wurde. Das Militär bevorzugte jahrhundertelang die Hinrichtung durch Erschießen, und dasselbe taten viele amerikanische Indianerstämme, sobald sie von europäischen Siedlern Gewehre bekommen hatten. Idaho hat in den fünfziger Jahren eine Hinrichtung durch ein Erschießungskommando vollstreckt; Utahs letzte – vor Gary Gilmore – war in den sechziger Jahren.

Schon der erste Blick auf die Gegebenheiten des Marktes sagte Fred, daß mit Hinrichtungen durch Erschießungskommandos kein Vermögen zu machen war, da man dazu kaum etwas braucht außer einer Augenbinde, einem Stuhl, ein paar Sandsäcken, um die Kugeln abzufangen, einer Zielscheibe, die dem Verurteilten an die Brust geheftet wird, und einer Sichtblende mit Schlitz, um die Schützen dahinter zu verbergen.

Aus den Informationen, die Fred über Hinrichtungen durch Erschießen gesammelt hatte, schloß er, daß es eine schmerzhafte Todesart sei.

«Man kann einfach nie genau wissen, ob jemand Schmerzen hat», sagte Fred zu mir. Und dann zielte er mit der Hand auf mich, als habe er eine Pistole, und sagte: «Aber wenn ich auf Sie schieße, *weiß* ich, daß ich Ihnen weh tue.»

Freds Nachforschungen lehrten ihn auch, daß das Erschießen der Hinrichtungskandidaten, physisch und ethisch, ein unsauberes Verfahren ist.

Ich fragte Fred, was er an Hinrichtungen durch ein Erschießungskommando «ethisch» unsauber finde. Er erklärte, bei Erschießungskommandos gebe man *einem* der Schützen traditionellerweise eine Platzpatrone, so daß einer der abgefeuerten Schüsse nicht tödlich sei. Zweck der Übung sei es, keinen der fünf Schützen mit dem Wissen weiterleben zu lassen, für den Tod eines anderen Menschen verantwortlich zu sein.

«Und das ist doch *ein Witz*!» Freds Stimme überschlug sich fast. «Wer einmal ein Gewehr in der Hand gehabt hat, weiß, ob er mit einer richtigen Patrone geschossen hat oder nicht, denn sonst spürt er doch keinen Rückstoß!»

Das Problem ist, daß manche Mitglieder von Erschießungskommandos, wie man weiß, nicht auf das Herz des Verurteilten zielen und es ihren Kameraden überlassen, den tödlichen Schuß abzufeuern. So geschah es in Utah am 10. September 1951 bei der Hinrichtung von Elisio Mares, der beim Gefängnispersonal beliebt gewesen war. Bei seiner Hinrichtung visierten alle fünf Scharfschützen nicht die Zielscheibe über Mares' Herz an, sondern seine rechte Brustseite. Danach sahen sie und die Zeugen voller Entsetzen zu, wie Mares langsam verblutete. Als Gary Gilmore 1977 in Utah erschossen wurde, durchbohrten alle vier Kugeln sein Herz. Dennoch trat der Herztod nicht augenblicklich ein. Der Arzt mußte Gilmores Herztätigkeit zweimal prüfen, bevor er ihn, zwei Minuten, nachdem das Erschießungskommando seine tödliche Salve abgegeben hatte, für tot erklärte.

Fred hat sich auch mit dem Erhängen beschäftigt und ist einer der wenigen Sachverständigen auf diesem Gebiet. Bevor die Engländer die Prozedur des Erhängens im 19. Jahrhundert verfeinerten, bestand diese Strafe darin, daß man dem Verurteilten ein Seil um den Hals schlang und ihn dann aus erhöhter Position fallenließ, wodurch sich das Seil straffte und ein langsamer Erstickungstod – manche Berichte sprechen von einem bis zu zehnminütigen Todeskampf – eingeleitet wurde. Bevor Bewußtlosigkeit eintritt, färbt sich das Gesicht des Strangulierten dunkelrot. Die Augen treten aus den Höhlen, die Zunge hängt aus dem Mund, und er verliert die Kontrolle über seinen Schließmuskel. Fred las einen Bericht der britischen Regierung von 1888, in dem eine Methode des Erhängens beschrieben wird, bei der es durch Wirbelbruch zu sofortigem Tod kommt, und er studierte spätere Untersuchungs- und Autopsieberichte über Hinrichtungen, wo man das Verhältnis zwischen der Länge des Stricks und dem Gewicht des Opfers falsch berechnet hatte, so daß der Verurteilte geköpft wurde. Fred hat, im Auftrag des Bundesstaats Delaware, das modernste Handbuch über das Erhängen verfaßt. Es spezifiziert die Relationen zwischen Seillänge und Körpergewicht, um sofortigen Tod ohne Enthauptung zu gewährleisten.

Mag das Erhängen auch als Anachronismus und unkultiviertes Überbleibsel aus den Tagen des Wilden Westens gelten, so wurde es, als Fred Leuchter mit seiner Marktforschung begann, in den vier Bundesstaaten Delaware, Montana, Oklahoma und Washington doch immer noch als Exekutionsmethode benutzt. Oklahoma und Washington sind seither zur Todesspritze übergegangen. In Montana können die Verurteilten zwischen Erhängen und Todesspritze wählen. In Delaware werden Todeskandidaten, die vor dem 13. Juni 1986 verurteilt wurden, gehängt; eine tödliche Injektion bekommen die, die danach verurteilt wurden. Fred hat in allen vier «Strang-Staaten» immer wieder Druck gemacht und schaffte es schließlich, Delaware einen Galgen und eine Injektionsmaschine zu verkaufen.

Als Fred mit der Erforschung des Exekutionsmarkts begann, richteten folgende sieben US-Bundesstaaten Schwerverbrecher in der Gaskammer hin: Arizona, Kalifornien, Colorado, Maryland, Mississippi, Missouri und North Carolina. Bei drei dieser Staaten sah es so aus, als könne man mit ihnen wirklich gute Geschäfte machen. Kalifornien hat von der Einführung der Gaskammer im Jahr 1933 bis 1969 292 Menschen hingerichtet, dicht dahinter kommt North Carolina mit 263, gefolgt von Mississippi mit 156.

Die Gaskammer hatte 1924 D. A. Turner erfunden, ein Major im Medizinischen Korps der US Army. Turner war von den Wirkungen des Gaskriegs im Ersten Weltkrieg ausgegangen. Der tödliche Inhalt jener Granaten lief unter verschiedenen Namen – darunter Blausäure, Zyanid, Zyanwasserstoff, Zyklon-B –, aber der Effekt war immer der gleiche. Das Einatmen von Zyangas lähmt Herz und Lunge. Dem Opfer wird schwindlig. Es gerät in Panik, dann folgen starke Kopfschmerzen und Schmerzen in der Brust. Eine Atemlähmung tritt ein, so daß das Opfer mit heraustretenden Augen und dick geschwollener, aus dem geifernden Mund hängender Zunge vergeblich nach Luft ringt. Sein Gesicht läuft dunkelrot an. Dabei war es Turner doch darum gegangen, durch die

Entwicklung der Gaskammer eine zivilisiertere Alternative zum elektrischen Stuhl zu schaffen.

Die meisten Gaskammern sind achteckig und bestehen aus Stahl. Glasscheiben in den Wänden werden durch luftdichte Abdichtung gesichert. Alle Gaskammern in den USA, außer der von Häftlingen gebauten Gaskammer in Missouri, stammen von der Firma Eaton Metal Products in Salt Lake City. Der Verurteilte wird auf einem Metallstuhl mit perforiertem Sitz festgeschnallt. Ein Stethoskop wird auf seiner Brust befestigt, von dem aus ein Verbindungskabel nach außen läuft, so daß der Arzt draußen den Tod feststellen kann. Unter dem Stuhl befindet sich ein Becken, und darüber hängt, an einem Haken, den der Henker über einen Hebel bedienen kann, ein Gazebeutel mit einem Pfund Zyankalikristallen oder einer entsprechenden Anzahl Zyankalitabletten. Der Vollstrecker bedient auch eine Zuleitung, über die Schwefelsäure in das Becken unter dem Stuhl geleitet wird. Sobald die Säure das Becken füllt, wird der Gazebeutel mit dem Zyankali herabgelassen. Dadurch wird eine chemische Reaktion ausgelöst, bei der langsam das Giftgas frei wird.

Die letzte amerikanische Hinrichtung durch Gas – vor der weithin publikgemachten Exekution von Robert Harris 1992 in Kalifornien – fand 1989 in Missouri statt, als Leo Edwards getötet wurde. 1987 schickte Mississippi Edward Earl Johnson und Connie Ray Evans in die Gaskammer. Nach der Exekution von Jimmy Lee Gray, 1983 in Missouri, berichteten mehrere Zeugen, er habe noch acht Minuten lang konvulsivische Zuckungen gehabt und dabei elfmal nach Luft geschnappt. Während er sich in der Gaskammer verzweifelt gewehrt habe, sei er immer wieder mit dem Kopf gegen einen Pfosten hinter dem Todesstuhl geschlagen. Alarmierte Aufsichtsbeamte in Parchman Farm schickten schließlich die Zeugen weg. Während sie gingen, schlug Gray immer noch mit dem Kopf gegen den Pfosten. Einer der Zeugen wollte wissen, ob Gray tot sei. Direktor Eddie Lucas erwiderte zuversichtlich: «Selbstverständlich.»

Zu einem ähnlichen Vorfall kam es 1976 bei einer Exekution durch Gas in Kalifornien. Howard Brodie, ein Journalist, der schon drei Hinrichtungen miterlebt hatte, war anwesend, als

Kalifornien Aaron Mitchell in einer zweisitzigen Gaskammer in den Tod schickte. Brodie berichtete, ein schreiender und um sich schlagender Mitchell sei in die Gaskammer gezerrt worden, wo Gefängnisdirektor Lawrence Wilson den Hinrichtungsbefehl verlas und das Signal zur Freisetzung des tödlichen Gases gab. Brodie sagte, als «das Gas Mitchell traf, fiel sein Kopf sofort auf die Brust. Dann kam Mitchells Kopf wieder hoch, und er schaute genau zu dem Fenster, hinter dem ich stand. Beinahe sieben Minuten saß er so, während seine Brust heftig arbeitete und Speichelbläschen aus seinem Mund quollen. Er krallte die Daumen in die Fäuste, und endlich sank sein Kopf wieder herunter.» Die Gefängnisdokumente zeigen, daß Mitchells Herz erst nach 12 Minuten aufhörte zu schlagen.

Szenen wie diese haben Fred Leuchter gegen die Gaskammer eingenommen.

«Die Dinger sind gefährlich», sagte er mir. «Und zwar sowohl für die, die damit umgehen, wie für die Zeugen. Das Beste wäre, sie alle mit der Kettensäge kleinzumachen und auf den Müll zu schmeißen.»

In den späten Siebzigern und frühen Achtzigern galt die Todesspritze als die kommende Hinrichtungsart. Aber als Fred in die Exekutionsindustrie ging, war nur schwer abzusehen, wie man damit Geld machen könne. Man braucht dazu ja bloß einen Vorrat tödlicher Medikamente, Spritzen und einen (intravenösen) IV-Zugang. Andererseits waren die Hinrichtungen durch den elektrischen Stuhl immer noch populär. Und sie gingen regelmäßig schief, und auf so grauenhafte Weise, daß sie ein äußerst aussichtsreiches Geschäft versprachen. Fred fand, er könne eingreifen und die Dinge zum Besseren wenden.

Seit den achtziger Jahren haben verpatzte Hinrichtungen auf dem elektrischen Stuhl immer wieder für Sensationsmeldungen gesorgt. Als Virginia am 24. Juli 1991 Albert Clozza durch elektrischen Strom tötete, führten schadhafte Elektroden und falsche Stromspannung zu einem langsamen, qualvollen Sterben. Der Innendruck in Clozzas Kopf ließ die Augen heraustreten, so daß ihm Blut aus den Augenhöhlen über die Brust lief. Er starb erst, nachdem man ihm vier Stromstöße verabreicht hatte. *Florida State*

Prison war am 4. Mai 1990 der Schauplatz der wohl entsetzlichsten Hinrichtung in der amerikanischen Geschichte. Flammen, Rauch und Funken schlugen 15 Zentimeter hoch aus dem Kopf von Jesse Tafero, als man ihm drei 2000-Volt-Schocks gab. Da bei der Stromstärke ein Fehler passierte, wurde Tafero bei lebendigem Leib gebraten, bevor er starb. Indiana, 16. Oktober 1985: Der 72 Jahre alte elektrische Stuhl des Bundesstaats brauchte fünf Stromstöße und siebzehn Minuten, um William Vandiver hinzurichten. Georgia, 12. Dezember 1984: Alpha Otis Stephens bekam einen zweiminütigen Stromstoß und schien im elektrischen Stuhl zusammenzusinken. Die Ärzte warteten sechs Minuten, bis sein Körper so weit abgekühlt war, daß sie seinen Herzschlag überprüfen konnten. In diesen sechs Minuten machte Stephens, Augenzeugenberichten zufolge, 23 Atemzüge. Zwei Ärzte untersuchten ihn und stellten fest, daß er noch lebte. Er starb erst nach der Verabreichung eines zweiten Stromstoßes.

Aber auch bei der Todesspritze, die als neuzeitliche, hygienische Hinrichtungsmethode gedacht war, mangelt es nicht an Problemen oder «Exekutionspannen», wie es in der Branche heißt. Die meisten Probleme ergaben sich in Texas, das seit 1976 mehr Menschen hinrichten ließ – 48 waren es bei Drucklegung dieses Buchs – als jeder andere Gerichtsbezirk der USA, und dies, obwohl man dort erst seit 1982 die Todesstrafe wieder vollstreckt. Im Mai 1992 brauchte das Exekutionsteam 47 Minuten, um bei Billy Wayne White, einem früheren Drogenabhängigen, einen intravenösen Zugang zu legen. White bemühte sich sogar, den Exekutoren beim Auffinden einer Vene zu helfen. Es dauerte neun Minuten, bis er starb. Im Mai 1989 führte die fehlerhafte Mischung tödlicher Drogen dazu, daß Stephen McCoy während seiner Hinrichtung ständig würgte und nach Luft rang. Dem war 1988 eine weitere schreckliche Todesszene vorausgegangen, als der Infusionsschlauch, der die tödliche Injektion in den Arm von Raymond Landry leiten sollte, undicht wurde und Techniker und Zeugen mit seinem verhängnisvollen Inhalt bespritzte. Der Schlauch mußte neu eingesetzt werden, als Landry schon halb tot war. Es dauerte 24 Minuten, bis er starb. Drei Jahre zuvor, im März 1985, hatte Steven Morin über 40 Minuten auf der Exekutionsliege

gelegen, während Techniker in dem texanischen Zuchthaus immer
wieder vergeblich versuchten, eine Injektionsnadel in seine Venen
zu stechen.

Was Fred bewog, ins Hinrichtungsgeschäft einzusteigen, war
die Überzeugung, daß es bei allen in den Vereinigten Staaten bis
dahin praktizierten Exekutionsmethoden zu Pannen kommen
mußte. Er glaubte, die Hinrichtungen durch moderne Geräte und
intensive Personalschulung professionell und ohne Zwischenfälle
gestalten zu können.

Freds Einstellung zur Hinrichtungsindustrie war unkompliziert. Er
sah, daß die technischen Möglichkeiten, einen Menschen vorsätzlich und legal zu töten, vorhanden waren und nur modernisiert zu
werden brauchten. Das wirkliche Problem waren die Menschen,
nicht die Geräte. Einen anderen Menschen zu töten, erkannte Fred,
war eine der heikelsten Aufgaben, die Staatsbeamte zu erledigen
hatten; und sie wurde besonders heikel, wenn dabei etwas schiefging. Wenn etwas schiefging, argumentierte Fred, dann litt der Verurteilte. Aber wenn das passierte, kam es auch zu Peinlichkeiten für
das Hinrichtungsteam, die Zeugen und die Politiker, die eine verpatzte Hinrichtung rechtfertigen mußten. Und der Staat stand als
inkompetenter Schlächter da.

Als in den späten siebziger Jahren Hinrichtungen wieder eingeführt wurden, hatte eine neue Generation von Gefängnisdirektoren
eine Sammlung von elektrischen Stühlen, Gaskammern und Galgen
geerbt, die eher Museumsstücken glichen als Instrumenten moderner Rechtsprechung. Nur wenige Direktoren wußten, wie sie funktionierten, beziehungsweise *ob* sie überhaupt funktionierten. Die
meisten elektrischen Stühle waren um die Jahrhundertwende von
Häftlingen gebaut worden, und zwar nach Konstruktionsplänen,
die bis ins Jahr 1890 zurückgingen. Die Gaskammern waren alt und
undicht und für den Vollstrecker und die Zeugen nicht weniger bedrohlich als für die Todeskandidaten. In dieser Situation kam Fred
Leuchter und sagte: «Ich kann das für euch in Ordnung bringen.»
Den Gefängnisdirektoren war klar, noch bevor sie von Freds Existenz wußten: «Wir brauchen einen wie ihn.» Verständnis für die
Bedürfnisse der Kunden war der Schlüssel zu Freds Erfolg.

Der nächste Schritt war, sich mit Hinrichtungsmethoden und -ausrüstung vertraut zu machen. Fred beschloß, in die Geschichte seines neuen Berufsstands einzusteigen. Er ging in die Bibliotheken, grub gelehrte Abhandlungen aus und entdeckte bei seinen Nachforschungen, daß die Geschichte des elektrischen Stuhls von Zufällen, persönlicher Rivalität und Geschäftemacherei geprägt war und eine wenig bekannte, aber faszinierende Fußnote in den Werdegängen von Thomas Edison und George Westinghouse abgeben würde. Der elektrische Stuhl war erfunden worden, weil das Hängen sich überlebt hatte. Das Aufknüpfen von Menschen, im Namen eines Sheriffs oder eines Lynchmobs, war in den Tagen des amerikanischen «Going West» etwas Alltägliches gewesen. Die Schlinge wurde zum Symbol der Empörung, mit der die Gemeinschaft auf Gewaltverbrechen reagierte. Im Wilden Westen behauptete niemand, das Hängen wirke abschreckend. Aber es sorgte dafür, daß der Gehenkte nicht noch einmal etwas verbrechen konnte. Es war das Mittel, durch das die Gemeinschaft Rache nahm, und gab in gewalttätigen Zeiten das beruhigende Gefühl, daß etwas getan werde.

Ende des neunzehnten Jahrhunderts waren die Behörden des Staats New York zu der Überzeugung gekommen, Hängen sei eine Spielart der Todesstrafe, die in die moderne, weltoffene kultivierte Gesellschaft dieses Staats nicht mehr hineinpasse. Vor einer Reihe anstehender Hinrichtungen sahen sie sich nach einer Tötungsmethode um, die ihrem Selbstverständnis mehr entsprach. 1886 beauftragte Gouverneur David Hill eine Kommission, eine Hinrichtungsform zu finden, die «humaner ist als das Hängen».

Beim Durchforsten alter Nummern so obskurer technischer Publikationen wie *Medical Instrumentation* und *IEEE Spectrum* stieß Fred auf Artikel von Professor Theodore Bernstein. Darin wurde erwähnt, daß in Gouverneur Hills dreiköpfiger Kommission auch ein Zahnarzt, Dr. Alfred P. Southwick, saß, der gehört hatte, daß 1881 in Buffalo, New York, ein Mann bei einem Unfall durch elektrischen Strom ums Leben gekommen sei. Der Getötete, Samuel Smith, hatte unter Alkoholeinfluß seine Hände auf die Anschlußkontakte eines kürzlich von der Stadt installierten Gleichstromgenerators gelegt. Augenzeugenberichten nach soll er sofort und

schmerzlos gestorben sein. Southwicks Kollegen in der New Yorker
Kommission studierten derweil eifrig europäische Hinrichtungsmethoden, darunter die Guillotine und die Garotte. Diese Verfahren waren beide ebenso unbefriedigend wie das Hängen. Mochte
die Guillotine auch schnell und sicher arbeiten, verstümmelte sie
das Opfer doch auf eine Weise, die der amerikanischen Öffentlichkeit unannehmbar erschien. Und die Garotte bewirkte regelmäßig,
was beim Erhängen nur im äußersten Fall geschah: langsame Stran-
gulierung anstelle des sofortigen Todes. Southwick argumentierte,
mit Hilfe von elektrischem Strom könne man Hinrichtungen reibungslos und sauber durchführen, und er begann mit Versuchen,
bei denen Tiere durch Elektrizität getötet wurden.

Elektrizität war genau das, wonach Gouverneur Hills Kommission Ausschau hielt. Diese unsichtbare und erst unvollkommen er-
forschte Energie war durch und durch modern. (Elektrizität war
damals noch etwas völlig Neuartiges. Edison hatte die Glühbirne
erst 1879, wenige Jahre zuvor, erfunden.) Sie hatte den Vorteil, sauber zu sein, und sie war relativ preiswert. Southwicks Tierversuche
überzeugten Gouverneur Hill, daß das Hängen als Hinrichtungsmethode in New York State abzuschaffen sei, und so machte er
durch seine Unterschrift eine Gesetzesvorlage rechtskräftig, die für
nach dem 1. Januar 1889 begangene Kapitalverbrechen den Tod
durch elektrischen Strom vorsah.

In den achtziger Jahren des vorigen Jahrhunderts tobte ein
Kampf von epischen Ausmaßen zwischen Edison und seinem Rivalen George Westinghouse, von denen jeder den elektrischen Strom
in unterschiedlicher Form nutzbar gemacht hatte und nun darum
wetteiferte, das eigene System als allgemeinen Standard einzuführen. Edison focht für Gleichstrom, Westinghouse für Wechselstrom. Jeder der beiden Erfinder rechnete damit, daß der Sieger
dieser Schlacht den größten Gewinn in der Geschichte der Wissen-
schaft würde einstreichen können.

Am 29. März 1889 ermordete William Kemmler, durch einen
merkwürdigen Zufall ebenfalls Einwohner von Buffalo, New York,
seine Geliebte Tillie Ziegler mit einem Beil. Er war der erste
Mensch, der zum Tod durch elektrischen Strom verurteilt wurde,
und die Hinrichtung wurde für den 24. Juni 1889 im New Yorker

Auburn State Prison angesetzt. Nun mußte der Staat New York schnell zweierlei entscheiden. Würde man Edisons Gleichstrom- oder Westinghouses Wechselstromsystem verwenden? Und was für eine Apparatur wäre notwendig, um das Todesurteil zu vollstrekken? In dieser Zwickmühle schlug die Geburtsstunde der modernen Hinrichtungsindustrie.

Anläßlich Kemmlers bevorstehender Hinrichtung wurde auch zum erstenmal in einem Berufungsverfahren zu einer im amerikanischen Strafrecht inzwischen klassisch gewordenen Begründung gegriffen. Der forsche Anwalt und frühere Kongreßabgeordnete Bourke Cockran übernahm Kemmlers Fall und legte sogleich Berufung ein, weil der Tod auf dem elektrischen Stuhl eine ungewöhnliche und grausame Strafe sei und den Achten und Vierzehnten Zusatz zur Verfassung der USA verletze. Damit hatte Cockran den Staat New York überrumpelt, der keine andere Alternative hatte, als einen Hinrichtungsaufschub zu verfügen.

Unbeirrt durch Kemmlers Berufungsverfahren beschloß New York, drei elektrische Stühle zu bauen, die in den Zuchthäusern Auburn, Sing-Sing und Clinton aufgestellt werden sollten. Der 8000-Dollar-Auftrag ging an einen «Elektriker» namens Harold Brown, der Wechselstrom bevorzugte. Thomas Edison, ein Gegner der Todesstrafe, hielt den Wechselstrom seines Rivalen Westinghouse für geeigneter als seinen eigenen Gleichstrom und propagierte listig die Idee, Wechselstrom sei «gefährlicher». Westinghouse schäumte. Wenn man Hinrichtungen mit Wechselstrom durchführte, konnte das Image der Firma Westinghouse leiden und die öffentliche Meinung gegen Wechselstrom eingenommen werden.

Inzwischen berief Kemmlers Anwalt eine – heute alltägliche, damals aber noch nicht dagewesene – Sachverständigenrunde ein, deren Aussagen die Haut seines Mandanten retten sollten. Der Staat fand Ärzte, die behaupteten, der Tod durch elektrischen Strom trete augenblicklich und schmerzlos ein, während die Verteidigung Ärzte aufbot, die sagten, niemand könne das genau wissen. Kemmlers Anwalt versuchte außerdem, Brown durch den Hinweis zu diskreditieren, er besitze keine formale wissenschaftliche Ausbildung, arbeite mit Edison zusammen und bekomme nicht nur Geld vom

Staat New York, um den elektrischen Stuhl zu bauen, sondern auch von Edison, um den Namen Westinghouse in den Dreck zu ziehen.

Am Ende bekam Brown jedoch den Auftrag, New York drei Westinghouse-Generatoren mit einer Kapazität von mehr als 2000 Volt zu liefern, dazu Erregerdynamos, Widerstandsregler, Cardew-Voltmeter, Amperemeter, Wheatstonebrücken, Schalter, Elektroden, Klingeln, wasserdichte Isolierkabel und Isolatoren.

Die elektrischen Stühle, die er herstellte, bestanden aus Eichenholz und enthielten zwei Elektroden: eine für den Kopf und eine für den unteren Rücken.

Als Brown versuchte, die Generatoren bei Westinghouse zu kaufen, weigerte sich die Firma, ihn zu beliefern. Unbeeindruckt besorgte er sie sich bei einem Gebrauchtwarenhändler in Boston, wodurch er seine Profitmarge erheblich vergrößerte.

Am 9. Oktober 1889 wies der *Cayuga County Court* Kemmlers Berufung zurück. Cockran setzte weiter Himmel und Hölle für seinen Mandanten in Bewegung, aber ohne Erfolg. Die Hinrichtung wurde auf den Vormittag des 6. August 1890 festgesetzt.

Der elektrische Stuhl, auf dem Kemmler hingerichtet wurde, glich weitgehend denen, die heute noch in Gebrauch sind. Das Ereignis weckte in Medizinerkreisen großes Interesse. Unter den 25 Zeugen, die beobachteten, wie Kemmler durch elektrischen Strom getötet wurde, waren 14 Ärzte. Die Vollstrecker waren Elektriker. Derjenige, der den Schalthebel umgelegt hatte, Edwin Davis, wurde später zum offiziellen Henker des Staats New York ernannt. Davis exekutierte noch 240 Menschen, bevor er 1914 in den Ruhestand ging und von seinem Assistenten, Robert G. Elliott, abgelöst wurde.

Zwei vom Staat New York bestellte Ärzte leiteten offiziell Kemmlers Hinrichtung, beide Spezialisten für Geisteskrankheiten: Dr. E. C. Spitzka und Dr. Carlos F. MacDonald, Vorsitzender der *Lunacy Commission* des Staats New York. MacDonald schilderte später, was an jenem schicksalhaften Tag geschah:

«Bevor Kemmler in den Hinrichtungsraum gebracht wurde, fragte der Gefängnisdirektor, wie lange der Kontakt aufrechterhalten werden solle. [Ich] antwortete: ‹20 Sekunden›, willigte aber später in zehn Sekunden ein, weil der andere Arzt geltend gemacht hatte, eine wesentlich kürzere Zeitspanne würde genügen – eine

Ansicht, die sich zweifellos bestätigt hätte, wäre der elektromotorische Druck [Stromspannung] ausreichend gewesen.

Unglücklicherweise befanden sich in diesem Fall Voltmeter, Amperemeter, Schaltpult et cetera nicht im Hinrichtungsraum; aus diesem Grund konnte keiner der offiziellen Zeugen genau beobachten, wie hoch der elektromotorische Druck und die Stromstärke zur Zeit von Herstellung und Dauer des ersten Kontaktes waren. *Auch wurden die Stromspannung und die Stromstärke nach Wissen des Verfassers nie amtlich ermittelt.* Aber die bekannte letale Wirkung eines elektromotorischen Drucks von 1600 Volt und darüber, welche durch nachfolgende Exekutionen und durch Todesfälle infolge zufälligen Kontakts mit stromführenden elektrischen Drähten nachgewiesen wurde, … berechtigt zu dem Schluß, daß kein Mensch überlebt, wenn ein Wechselstrom von mehr als 1500 Volt auch nur 20 Sekunden lang durch seinen Körper hindurchfließt, vorausgesetzt, der Kontakt ist einwandfrei.»

Da Kemmler als erster Mensch auf dem elektrischen Stuhl hingerichtet wurde, hatte noch niemand daran gedacht, Ablaufpläne zu erstellen, wie es sie heute gibt – «Todesprotokolle», die jede Minute der Wache bei dem Todeskandidaten und jede Minute des Hinrichtungsvorgangs festschreiben, von dem Moment an, wenn der Gouverneur den Todesbefehl unterzeichnet, bis zu dem Augenblick, wenn die Leiche des Hingerichteten aus der Todeskammer getragen wird. Das Exekutionsprotokoll entstand als ein notwendiges Hilfsmittel, um während der Hinrichtung die Ordnung aufrechtzuerhalten, das Exekutionsteam über einen Zeitraum von bis zu zehn Tagen von der Grausigkeit seiner Aufgabe abzulenken und die Ängste des Verurteilten einzudämmen, indem man ihn glauben macht, er sei Teil eines Rituals, das von geschulten Kräften, darunter Ärzten und Geistlichen, auf fachmännische Weise vollzogen wird.

Da es für Kemmlers Hinrichtung noch kein Protokoll gab, ging sie auf eigentümlich zwanglose Art vonstatten. Nachdem die Zeugen sich im Hinrichtungsraum versammelt und im Halbkreis um den elektrischen Stuhl herum Platz genommen hatten, führte Zuchthausdirektor Charles Durston Kemmler in den Raum, wo die neugierigen Ärzte, Reporter und Vollzugsbeamten ihn erwarteten.

Kemmlers Auftritt war bühnenreif. Ein kleiner Mann mit gewinnendem Gesicht und säuberlich getrimmtem schwarzen Bart, erschien Kemmler im Sonntagsstaat und genoß es augenscheinlich, soviel Aufmerksamkeit auf sich zu ziehen. Direktor Durston, ohne Anleitung durch ein Protokoll ein wenig unsicher, wie er vorzugehen habe (und anscheinend unwillig, Kemmler ganz ohne Förmlichkeiten in den Tod zu schicken), bot dem Verurteilten einen Platz gegenüber dem elektrischen Stuhl an.

«Gentlemen, das ist William Kemmler», erklärte er.

Kemmler nickte dem Direktor zu, als habe der ihn vorgestellt, damit er eine Tischrede halte, und sagte ein paar Worte. «Die Zeitungen haben viel über mich geschrieben, was nicht stimmt. Ich wünsche Ihnen allen Glück in dieser Welt. Ich glaube fest, daß die Welt, in die ich gehe, gut ist.»

Der Direktor nickte wiederum Kemmler zu und sagte: «Nun müssen wir uns bereitmachen, William. Laß mich dir den Rock abnehmen.»

Kemmler wies jede Hilfe zurück und legte seinen Gehrock selbst über die Lehne des Stuhls, auf dem er saß. Er begann seine Weste aufzuknöpfen, aber der Direktor sagte ihm, das sei unnötig, da man sie im Rücken aufgeschlitzt habe, um Platz zu machen für die Rückenelektrode. Dann wurde jedoch noch Kemmlers Hemd hinten aufgeschnitten und das Steißbein entblößt.

Ein Hilfssheriff, Joe Veiling, geleitete Kemmler zum elektrischen Stuhl, um ihn festzuschnallen. Veiling und Kemmler waren sich in den Tagen vor der Hinrichtung nähergekommen. Das einzige Zeichen der Angst auf seiten des Verurteilten war eine Bemerkung gewesen, die er früher am Morgen gegenüber Veiling gemacht hatte: «Joe, ich hätte gern, daß Sie mich durch diese Sache begleiten. Lassen Sie sie nicht mehr an mir herumexperimentieren als unbedingt nötig.»

Als der Hilfssheriff zögernd begann, ihn im elektrischen Stuhl festzuschnallen, scherzte Kemmler: «Nicht nervös werden, Joe! Ich möchte, daß jetzt gute Arbeit geleistet wird.»

Veiling ging zur Seite, worauf Direktor Durston vortrat, um Kemmler die Kopfelektrode anzulegen. Die Zeugen konnten sehen, daß Kemmler zwar sorgfältig gekleidet und gekämmt war, man ihm oben am Hinterkopf aber die Haare kreuz und quer abrasiert hatte, um den elektrischen Kontakt zu erleichtern. Nachdem die Kopfelektrode angebracht war, bewegte Kemmler den Kopf hin und her und sagte: «Ich glaube, das sollten Sie noch ein wenig enger schnallen, Mr. Durston.» Der Direktor tat es und brachte dann die Rückenelektrode an. Er legte Kemmler eine schwarze Maske übers Gesicht und sagte: «Auf Wiedersehen, William.»

«Auf Wiedersehen», antwortete Kemmler.

Durston klopfte zweimal an die Tür des Raums, der neben dem Hinrichtungsraum lag, und Edwin Davis legte den Schalthebel um. Ein Reporter von der New Yorker *World* beschrieb, was folgte. «Plötzlich hob und senkte sich die Brust. Die Gurte, mit denen William Kemmler festgehalten wurde, zogen an... Der Mann lebte noch. Gefängnisdirektor, Ärzte, alle Anwesenden verloren den Kopf. Ein aufgeregter Ruf ertönte, den Strom wieder einzuschalten. Halbverstandene Signale wurden an die Männer am Schaltpult im Nebenraum weitergegeben. Als sie begriffen, was vor sich ging, handelten sie rasch, und man hörte, wie der Schalthebel, der den todbringenden Strom in einzelne Stöße zerlegte, mehrmals umgelegt wurde.»

Die erste Hinrichtung durch elektrischen Strom war, wie so viele, die noch folgen sollten, verunglückt.

Dr. Southwick notierte: «Als der elektrische Kontakt unterbrochen wurde..., waren oberflächliche Verfärbungen... der freiliegenden Gesichtspartien zu beobachten. Der Körper blieb schlaff und unbeweglich, bis nach ungefähr einer halben Minute leicht spasmische Bewegungen des Brustkorbs auftraten... Anzeichen für ein Wiedereinsetzen des Bewußtseins oder der Sinnesfunktionen gab es nicht. Aber im Hinblick auf die Möglichkeit, daß das Leben nicht jenseits aller Reanimationschancen völlig erloschen war, und um jedes diesbezügliche Risiko zu beseitigen, wurde befohlen, den elektrischen Strom noch einmal in Anwendung zu bringen, was innerhalb von etwa zwei Minuten nach Abbruch des ersten Kontaktes geschah... Die zweite Schließung des Stromkreises wurde versehentlich etwa siebzig Sekunden aufrechterhalten, bis etwas Wasserdampf und später auch Rauch aus der Kontaktstelle der Rückenelektrode austrat, ...da die Feuchtigkeit des

Schwamms, auf dem die Elektrode auflag, verdunstet und derselbe am Rand versengt war. ...Nun folgte eine gründliche körperliche Untersuchung... Radialispuls und Herztätigkeit hatten ausgesetzt... Mit anderen Worten, William Kemmler war tot und die Absicht des Gesetzes, Verbrecher schnell und schmerzlos hinzurichten, erfolgreich verwirklicht.»

Dr. Southwick, der Zahnarzt, der sich aufs Töten verlegte und als Vater des elektrischen Stuhls in die Geschichtsbücher einging, nannte Kemmlers Exekution «den größten Triumph der Epoche». Auch Dr. MacDonald und Gefängnisdirektor Durston waren hochzufrieden – schließlich hatte man Kemmler umgebracht, und auch noch relativ schnell –, aber einige Zeugen und mindestens zwei Mitglieder des Exekutionsteams hielten die erste Hinrichtung auf dem elektrischen Stuhl für verpfuscht. Dr. MacDonalds Fachkollege, Dr. Spitzka, fühlte sich abgestoßen von dem historischen Ereignis. Reportern gegenüber sagte er: «Kemmlers Hinrichtung war kein Fehlschlag, denn der Mann ist tot. Aber», fügte er hinzu, «das heutige Geschehen hat mich zu der Überzeugung gebracht, daß das elektrische Hinrichtungsverfahren keinesfalls als kultureller Fortschritt zu betrachten ist. Die Guillotine ist besser als der Galgen. Der Galgen ist besser als die elektrische Exekution.»

Als ich am ersten Tag meines Interviews mit Fred Leuchter in seinem Wohnzimmer saß, konnte ich die Vorortzüge vorbeirumpeln hören, während er mir die Geschichte der Hinrichtungen und seinen Abscheu vor Exekutionspannen erklärte. Er sagte mir, seine Devise sei «Todesstrafe, nicht Todesfolter». Und: «Als jemand, der an die Todesstrafe, aber nicht an Folter glaubt, schlafe ich ruhig, weil ich weiß, daß als Resultat meiner Arbeit weniger Menschen gequält werden. Mir ist höchst unwohl, wenn der Staat etwas tut, das dem Hinzurichtenden Schmerz oder schwere Verletzungen zufügt.» Sinn seines Unternehmens, sagte er, sei, «eine würdige und professionelle Hinrichtung» zu gewährleisten.

Fred zündete sich eine Zigarette an und erläuterte: «Ich habe nicht zu entscheiden, ob der Betreffende hingerichtet wird oder nicht. Mein Job ist bloß, dafür zu sorgen, daß er anständig hingerichtet wird – wenn man mich fragt. Und mehr als das tue ich auch nicht. Ich bereite denen im Gefängnis liebend gern alles so weit vor, daß sie nur noch den Schalter zu drehen brauchen. Ich bin ein Befürworter von Hinrichtungen. Aber ich finde es eine Schande, wenn jemand in meinem Namen oder dem eines anderen Bürgers zu Tode gefoltert wird.»

Im Oktober 1990 brachte die *New York Times* unter der Überschrift «*Dr. Death and His Wonderful Machine*» einen Leitartikel über Fred und seine Injektionsmaschine. «Da die Todesstrafe im Augenblick ‹in› ist», hieß es da pointiert, «müßte Fred Leuchter eigentlich der Mann der Stunde sein. Staaten, die nach neuem oder verbessertem Hinrichtungsgerät suchen, steht er jederzeit mit fachlichem Rat zur Verfügung. Als Missouri eine letale Injektionsmaschine brauchte, trat er nicht nur als preisgünstiger, sondern als alleiniger Anbieter auf. Aber Mr. Leuchter konstruiert lediglich Todesmaschinen: Den Markt dafür schaffen andere.»

Sobald Fred den Markt erkannt und mit ein paar gelungenen

Schachzügen begonnen hatte, ihn zu erobern, beschloß er, sich zusammen mit einem Partner geschäftlich zu etablieren. Er fand einen Mann mit dem – für jemanden, dessen Tätigkeit auch Entwurf und Aufstellung von Galgen umfaßt – ominösen Namen Norbert Lynch. Freds Wahl sollte sich als unglücklich herausstellen. Norbie Lynch bezeichnet sich selbst als «selbständigen, unternehmerisch tätigen Businessman». Bevor sich der 48jährige Lynch mit Fred zusammentat, hatte er eine Autovertretung gehabt und nebenbei Autoversicherungen verkauft. Diese Stelle verlor er, als Zweifel an der Finanzierung von Versicherungspolicen aufkamen, die er zwei Freundinnen vermittelt hatte. Nach dem Autohandel wandte er sich der Peabody Trading Company zu, einer Gruppe, die Warentermingeschäfte abschloß. 1983 führte die *Commodities Futures Trading Commission* eine Razzia bei Peabody durch und schloß das Unternehmen. Norbie wurde die Lizenz entzogen, und man schloß ihn auf Lebenszeit von der Warenbörse aus.

Dieses Lebenslänglich gab Lynch Gelegenheit, Partner in Freds erster Firma für Hinrichtungsgerät *American Engineering, Inc.* zu werden. *American Engineering* benutzte 265 Main Street in Boston als Geschäftsadresse, aber ihre Aktivitäten konzentrierten sich auf den «Ingenieursbetrieb» in 108 Bunker Hill Street, einem zugigen Kellergeschoß in einer heruntergekommenen Gegend von Charleston. Hier vervollkommnete Fred den elektrischen Stuhl und erfand seine Injektionsmaschine. Hier erlebten Fred und Norbie ihre große Zeit.

In mancher Hinsicht paßten sie gut zueinander. Beide sind redselig, rauchen Kette, brausen schnell auf und können das Blaue vom Himmel herunterschwatzen. Sie waren wie *Mutt and Jeff*, eine Art Dick-und-Doof-Gespann.

Das Kellergeschoß in Charleston war ein Ort fieberhafter Aktivität. Briefe an Gefängnisdirektoren wurden versandt, Entwürfe ausgearbeitet und verbessert, Geräte im Hause zusammengebaut. Fred und Norbie waren jungenhaft begeistert von ihrem Unternehmen und hatten Spaß. An die Wand über einer riesigen Spule mit Elektrokabel hatten sie eine Zielscheibe gepinnt, mit einem Foto von Oberst Gaddafi im Zentrum. Norbie ließ sich von Freds Wahlspruch «Todesstrafe, nicht Todesfolter» inspirieren und erklärte das wiederholte Fehlschlagen der Versuche von *American Engineering*, Texas eine Injektionsmaschine zu verkaufen, als er einen Reporter des *Boston Globe* anbrüllte: «In Texas könnt ihr doch einen Verbrecher mit der Schaufel erschlagen, und kein Hahn kräht danach! Ich hoffe nur, daß die *Civil Liberties Union** da mal was unternimmt.» Norbie behauptete stets, er sei gegen die Todesstrafe. Seine Beteiligung an *American Engineering* rechtfertigte er so: «Unsere Gesellschaft hat beschlossen, daß der Tod die Höchststrafe ist, die ein Mensch bekommen kann. Exekutionen gibt es also so oder so. Ich halte es aber für falsch, Hinrichtungen mit antiquierten Methoden auszuführen.»

Fred widmete seine ganze Zeit der Firma, aber Norbies rastlosen Unternehmergeist füllte es nicht aus, nur bei einem Projekt mitzumischen. Er wurde (nicht ganz) stiller Partner bei einem lesbischen Sexmagazin namens *Eidos*. Anrufern bei *Eidos* pflegte der Anrufbeantworter zuzuflöten: «Hello, thanks for calling *Eidos*, where we say, ‹Sex is here to stay!›» Als das Magazin anfing, Gedichte abzudrucken, sank Norbies Begeisterung. «Wir wollten eigentlich Erotika für alle Frauen bringen», sagte er niedergeschlagen, «aber die Artikel haben immer mehr überhandgenommen.»

1987 schied Norbie bei *American Engineering* aus, nachdem Fred entdeckt hatte, daß auf dem Firmenkonto eine größere Summe fehlte. Nach Norbies Abgang wurde das Unternehmen als *Fred A. Leuchter Associates, Inc.* weitergeführt.

American Engineering war ein eher biederer Handwerksbetrieb. Die Werbeschreiben, die Fred an prospektive Kunden verschickt, sind Formbriefe, die er auf einem Schreibautomaten herstellt. Sie sind in serifenloser Schrift und mit Blockrand auf Firmenpapier der *American Engineering* gedruckt, aber Datum, Adresse und Grußformel setzt er mit einer alten Schreibmaschine und in einer anderen Schrifttype ein.

Ein typischer Akquisitionsbrief ist der an den Aufsichtsbeamten Glen Parks vom *Department of Corrections*, der für Strafverbüßung und Bewährung zuständigen Behörde in Virginia. Datiert ist der Brief auf den 20. August 1985. «Dear Glen», beginnt er, «*Ame-*

---

* Bürgerrechtsverein, der Gefangenen juristischen Beistand gibt.

rican Engineering, Inc. ist eine Beratungsfirma für Ingenieursarbeiten und Gerätebau mit Sitz in Boston, Massachusetts. Wir sind in der Vergangenheit in Form von Entwicklung und Herstellung von Exekutionsgeräten für die Regierungen der die Todesstrafe verhängenden Staaten tätig geworden. Anlaß, auf diesem Markt aktiv zu werden, war die Notwendigkeit, Geräte und Verfahren zu standardisieren, Kosten zu reduzieren und die mit Exekutionen verbundenen Probleme und Komplikationen zu beseitigen. Die Mehrheit der heute in Gebrauch befindlichen Anlagen ist ein Vierteljahrhundert alt oder älter, zwar funktionsfähig, aber nicht auf dem neuesten Stand der Technik, unzuverlässig oder in medizinischer Hinsicht fragwürdig. Unser Ziel ist es, Geräte und persönliche Beratung in allen Problembereichen anzubieten, nicht beschränkt auf, aber einschließlich fachlich-technischer Unterstützung. Wir sind bereit, uns mit allen Fragen zu beschäftigen, welche Sie uns stellen, und allen Problemen auf den Grund zu gehen, welche Sie an uns herantragen, nicht nur brieflich oder telefonisch, sondern durch persönliche Inspektion, Bescheinigung der Betriebstüchtigkeit, Reparaturen, Instandhaltung sowie Einrichtung Ihrer Geräte und Systeme vor und Überwachung während jeder Exekution. Wir sind mit den allermeisten Systemen und Verfahren vertraut und sind bereit, alle Schwierigkeiten oder Vorbehalte, welche Sie vielleicht haben, mit Ihnen zu besprechen.

Im einzelnen liefern wir alle Geräte, Neuentwicklungen, Modifikationen oder komplette Systeme wie gewünscht und sichern besagte Systeme und Anlagen durch unseren Service ab. Wir können Ihre Geräte und Anlagen vor Gebrauch prüfen und ihre Betriebstüchtigkeit bescheinigen und durch persönliche Anwesenheit während ihres Einsatzes für reibungslosen Betrieb sorgen. Wir können auf eine erfolgreiche Tätigkeit auf dem Hinrichtungssektor verweisen und unterhalten ein komplettes, computergesteuertes letales Injektionssystem im *New Jersey State Prison* in Trenton.

Anbei finden Sie eine Beschreibung unseres MODULAREN ELEKTRO-EXEKUTIONSSYSTEMS, des einzigen, das dem heutigen Stand der Technik entspricht. Dieses System beseitigt Ihre Probleme und garantiert störungsfreie Exekutionen auf dem elektrischen Stuhl. Seine Entwicklung erfolgte unter Nutzung des qualifiziertesten derzeit verfügbaren Expertenwissens im Medizin- und Ingenieursbereich sowie unter eingehender Berücksichtigung humanitärer, rechtlicher und öffentlicher Aspekte, um Fehlerquellen auszuschalten und problemlose Bedienung zu gewährleisten.

Nach dem Einbau des Systems können wir Sie weiter unterstützen, indem wir seine Funktionstüchtigkeit vor jedem Einsatz testen und bestätigen, so daß menschliche Unsicherheiten infolge unregelmäßigen Gebrauchs wegfallen. In diesem Fall brauchen Ihre Mitarbeiter die Person nur an das System anzuschließen und die Vollstrecker nur die Mechanik in Gang zu setzen.

In der Hoffnung, daß wir auch Ihnen mit Rat und Tat zur Seite stehen können, werde ich mich demnächst mit Ihnen in Verbindung setzen.»

Unterzeichnet hatte Fred den Brief: «Fred A. Leuchter, Jr., Chefingenieur.»

Fred nimmt nicht für sich in Anspruch, daß der von ihm konstruierte elektrische Stuhl zu hundert Prozent originell sei. Er ist großzügig im Anerkennen der Leistungen anderer und erklärt, sein Modell gehe «auf die guten Elektro-Exekutionssysteme zurück, die Anfang des Jahrhunderts an der Ostküste entwickelt worden sind, in New York, New Jersey, Connecticut, Massachusetts. Manche der anderen Stühle, wie man sie zum Beispiel im Mittleren Westen findet, wurden von Anstaltsinsassen und irgendeinem Elektriker zusammengestoppelt. Die funktionieren nicht richtig.» Mit einem Kopfschütteln fügte er hinzu: «Die besten elektrischen Stühle stehen heute ungenutzt in Museen.»

In den frühen Tagen des elektrischen Stuhls war es noch nicht rufschädigend, als Ingenieur in der Hinrichtungsindustrie tätig zu sein. Fred erinnerte daran, daß General Electric wie Westinghouse Maschinenteile an Gefängnisse lieferten. «Aber das ging nur bis zu dem Punkt, wo die Einzelteile an das System angeschlossen werden», sagte er. «Wenn sie Transformatoren lieferten, stellten sie sie auf dem Boden vor dem Stuhl ab.» Die einzelnen Teile waren von guter Qualität, wurden aber häufig von wenig erfahrenen Anstaltselektrikern zusammengebaut, die sich hauptsächlich um alltägliche Wartungsarbeiten zu kümmern hatten, also etwa dafür sorgten, daß alle Glühbirnen in Ordnung waren.

Vor alten Aufnahmen der elektrischen Stühle von New York und Massachusetts, die auf seinem Schreibtisch ausgebreitet waren, sagte Fred: «So hat alles angefangen.» Er deutete auf die Elektroden und erklärte: «Das waren damals wahrscheinlich einfache Kupferbänder, die wurden zurechtgebogen und formschlüssig am Stuhl festgemacht, und dann hat man noch einen Draht angelötet. Sie wurden mit längerem Stromfluß nicht so gut fertig wie unsere, denn wir nehmen Schiffsbronze. Aber es ist das richtige Prinzip, es funktioniert. Man hat im Jahr 1900 eben noch nicht die gleichen technischen Möglichkeiten gehabt wie ich heute. Ich kann mich hinstellen und mir den Pfusch von hundert Jahren ansehen, was mich aber noch lange nicht zum Genie macht. Aber ich habe halt doch andere Voraussetzungen.»

Fred erzählte mir dann noch ein paar Geschichten von verpatzten Hinrichtungen, auf die er bei seinen Nachforschungen gestoßen war. Er sagte, die Irrtümer der Vergangenheit hätten ihm geholfen, den elektrischen Stuhl zu perfektionieren. Er begann bei der abgebrochenen Exekution des siebzehnjährigen schwarzen Jugendlichen Willie Francis im Jahr 1946. Louisianas reisender Henker hatte den Schalthebel umgelegt, worauf der Transformator in die Luft geflogen war. Francis verlor kurz das Bewußtsein, aber er überlebte. Später berichtete er, er habe den Geschmack von kalter Erdnußbutter im Mund gehabt und blaue und rote Flecke gesehen. Der Fehler sei gewesen, erklärte mir Fred, die Spannung sei so stark gesunken, daß statt des Todes nur Bewußtlosigkeit eingetreten sei. Fred versicherte mir, die korrekte Spannung unverändert beizubehalten sei die Grundvoraussetzung für eine gelungene Hinrichtung auf dem elektrischen Stuhl.

Ich fragte, was nach der fehlgeschlagenen Hinrichtung mit Francis geschehen sei. Er habe mit der Begründung, er sei ja schon «exekutiert» worden, Berufung gegen das Todesurteil eingelegt, antwortete Fred.

«Was wurde daraus?» fragte ich.

«Der Supreme Court urteilte, Francis sei nicht hingerichtet worden. Hinrichtung bedeute den Tod. Deshalb schnallten sie ihn nach einem Jahr noch einmal auf den elektrischen Stuhl. Nur daß sie diesmal neues Gerät hatten und alles richtig machten.»

Als nächstes erzählte mir Fred von einer verunglückten Hinrichtung 1893 in New York. Als der Henker den Strom einschaltete, verkrampften sich die Beine des Verurteilten William Taylor und rissen die Vorderfront des elektrischen Stuhls ab. Ein Wärter schob dem Unglücklichen eine Kiste unter die Füße, und man verabreichte ihm einen zweiten Stromstoß. Diesmal brannte der Generator aus. Eine Stunde verging, bis man den elektrischen Stuhl an die städtische Stromversorgung angeschlossen hatte. Durch die beiden Stromstöße hatte Taylor an Kopf und Rücken Verbrennungen dritten Grades erlitten. Er starb, bevor man ihm einen dritten Stromstoß geben konnte.

«Ja, es hat schon ein paar unangenehme und schmerzhafte Hinrichtungen gegeben», bemerkte Fred, «und die Kerle haben geheult und geschrien. Das ist nicht schön, aber es passiert nun mal.»

Fred erklärte, die Schwierigkeiten der Henker in der Vergangenheit seien nicht bloß mechanischer, sondern auch menschlicher Art gewesen. «Früher betrachteten die Henker sich als Künstler. Ich weiß zwar nicht, worin ihre Kunst bestand, denn die meisten von ihnen hatten keine Ahnung, was sie eigentlich machten, und murksten nur in der Gegend rum. Aber Henker sein war eine *Kunst*», sagte er und verdrehte die Augen. «Keiner durfte wissen, wer sie waren. Die Henker kamen an, zogen sich eine Haube über und schmissen mit Befehlen um sich. Und alle befolgten ihre Anweisungen bis ins kleinste. Das hätte doch keiner gemacht, wenn klar gewesen wäre, daß die verdammten Idioten selber nicht wußten, wovon sie redeten! Aber sie leiteten die Hinrichtungen. Zwanzig Prozent von ihnen waren vielleicht normal, aber sechzig Prozent waren Sadisten, und keiner wußte es.»

Die schreckliche Geschichte des elektrischen Stuhls quält Fred. Wenn er von verpatzten Hinrichtungen spricht, verzerrt sich sein Gesicht, seine Stimme wird höher, und die Adern in seinem Nacken schwellen an. Diese an Rage grenzende Empörung gibt Freds Wahlspruch «Todesstrafe, nicht Todesfolter» Eindringlichkeit. Wenn er seiner Wut Luft machen konnte, wird Fred ruhiger und spricht mit leiser Stimme, die Handflächen nach oben gedreht, als appelliere er an Vernunft und Barmherzigkeit. «Sehen Sie, bevor ich selbst mit Hinrichtungen zu tun bekam, war mir nicht klar, wie viele Probleme es da gibt. Der Durchschnittsbürger weiß das nicht. Der Durchschnittsbürger glaubt, die Einrichtung im Exekutionstrakt der Zuchthäuser seines Staats wäre auf der Höhe der Zeit! Wenn die Dinge, die sich da schon abgespielt haben, bekannt würden, wenn nur ein paar von diesen Horrorgeschichten herauskämen…»

Freds erster Auftrag, noch vor der Gründung von *American Engineering*, war die Reparatur eines elektrischen Stuhls, der bei Tumulten beschädigt worden war. Der nächste Auftrag kam telefonisch von einem Gefängnisdirektor, der eine Vorrichtung brauchte, um die Kopfelektrode seines elektrischen Stuhls festzuhalten. Die große Mehrheit der verunglückten Hinrichtungen auf dem elektrischen Stuhl, die Fred studiert hat, geht auf das Konto defekter Elektroden. Ist der Stromkreis, in den der Verurteilte einbezogen wird, mangelhaft, dann setzen der natürliche Widerstand des Körpers und die schlechte Leitung die Spannung des Stroms herab, der durch den Körper des Verurteilten fließt, was Schmerzen verursacht. In einem solchen Fall muß der Henker die Stromzufuhr über das eigentlich notwendige Maß hinaus erhöhen. Das führt zu entsetzlichen Ergebnissen. «Wenn man den Körper eines Menschen mit Strom überlädt», erläuterte Fred, «und über sechs Ampere hinauskommt – dann wird er bei lebendigem Leib gesotten. Es ist wie bei einem zu lang gekochten Suppenhuhn. Wenn Sie ihn am Arm packen, haben Sie das Fleisch in der Hand. Das heißt nicht, daß der Betreffende etwas davon spürt. Aber es ist optisch einfach nicht das Richtige. Der Staat übergibt die Reste normalerweise der Familie der Person, damit sie begraben werden können. Eine Leiche herauszugeben, die gesotten wurde, wäre geschmacklos.» Der Schlüssel zu einer erfolgreichen Hinrichtung auf dem elektrischen Stuhl sei, stellte Fred fest, «gleichmäßiger Stromfluß an den Elektrodenkontakten, um die Verbrennungen niedrig zu halten».

Für diesen zweiten Auftrag baute Fred eine Kopfelektrode, die, für den Preis von 1400 Dollar, «gleichmäßigen Stromfluß» gewährleistete. Der Helm, das merkwürdige, gebetskäppchenartige Ding, das mir zuvor schon aufgefallen war, besteht aus weichem, dunkelbraunem Leder. «Das ist ein gebrauchter Helm», sagte Fred, als er ihn mir herüberreichte. Ich drehte ihn in den Händen. Es war ein eigenartiges Gefühl, dieses Ding in der Hand zu halten.

«Der ist gebraucht?» fragte ich.

«Klar.»

«Wievielmal?» Ich kam mir albern vor, als ich das fragte. Was für ein Unterschied war das schon?

«Ich weiß es nicht. Dutzendmal.» Dutzendmal hatte man das Ding in meiner Hand einem Verurteilten auf den Kopf geschnallt und 2000 Volt hindurchgejagt, sein Gehirn gebraten, seinen geschorenen Kopf angeschmort wie ein Stück Fleisch auf dem heißen Grill.

«Ich wünschte, ich könnte von mir sagen, ich hätte diesen Helm entworfen», sagte Fred mit echter Bescheidenheit, ohne mein Unbehagen zu bemerken. «Aber er beruht auf den medizinischen Forschungen, die gegen Ende des 19. Jahrhunderts angestellt wurden.» Er nahm ihn mir wieder ab und hielt ihn mit einer Hand hoch, als sei er etwas Zartes und Lebendiges, während er mit der anderen Hand auf seine wichtigsten Merkmale wies. Typisch für Fred, beschrieb er sie von innen nach außen, von den funktionellen inneren Teilen bis zu der äußeren Hülle, die das Ganze zusammenhielt. «Er besteht aus einem Innenhelm aus Kupfergeflecht und Schwamm und aus einem ledernen Außenhelm.»

Das Kupfergeflecht war ein Netz aus gewöhnlichem Kupferdraht, wie man ihn wohl auch bei Elektroreparaturen im Haushalt verwendet. Der Schwamm bestand in Wirklichkeit aus einer ganzen Anzahl von gewöhnlichen Naturschwamm-Stückchen, deren unregelmäßige Form und Schmuddeligkeit durch den Zweck, dem sie gedient hatten, anrüchig wirkten. Der Baumwollzwirn, mit dem die verschiedenen Schwammstücke auf das Drahtgeflecht aufgenäht worden waren, bekam etwas Unheimliches, gerade weil es eine Naturfaser war und die Nähte zwischen Schwamm und Draht unvermeidlich holprig waren. Die durch Zufall entstandenen Muster der Schwammstücke und der Stiche hatten etwas eigenartig Unordentliches, auf verquere Weise Natürliches. Das ganze Ding war beklemmend.

«Das Drahtgeflecht wird mit der Elektrode verbunden.» Fred demonstrierte es, indem er auf einen kleinen bronzenen Dorn an der Spitze des Helms zeigte. «Die Elektrode wird aufgeschraubt, der Draht durchgesteckt, und dann wird sie wieder festgedreht.» Eine

Kleinigkeit, aber eine gewaltige Verbesserung gegenüber den zusammengestoppelten Notbehelfen der Vergangenheit, etwa alten Footballhelmen, die man ihrem neuen, tödlichen Zweck entsprechend umgearbeitet hatte.

Obwohl Fred mit den Resultaten zufrieden ist, die die Vollstrekker mit seinem Helm erzielen, bringt er ständig kleine Änderungen an.

«Ich habe an diesem Helm noch Verschiedenes verbessert», sagte er stolz. «Ich habe ihn nicht nur größer gemacht, sondern verwende jetzt Kunstschwamm, den ich in einem Stück kriegen kann. Bei Naturschwämmen sind die Stücke nie groß genug, und am Schluß hat man ein Mosaik.»

Vielleicht das ausgeklügeltste Detail seines neuesten Helmmodells sind die vier Druckknöpfe, an denen ein abnehmbares «Gesichtstuch» aus grobem Baumwolldrillich befestigt werden kann. (Eine Eigenschaft, die Gefängnisdirektor Mike Dutton von der *River Bend High Security Institution* in Nashville, Tennessee, besonders gefällt, ist, daß der Helm weder Vorder- noch Rückseite hat. «Man kann ihn bei einer Hinrichtung», sagte Fred zu mir, «unmöglich falsch herum aufsetzen. Und sehen Sie hier?» sagte er und hielt den Drillichschleier in die Höhe. «Wie Sie den Helm auch aufsetzen, Sie haben immer drei Druckknöpfe vor sich, um das Gesichtstuch zu befestigen.») Durch dieses kleine Detail wird der Helm narrensicher, und allen Beteiligten bleibt jede Nervosität verursachende Peinlichkeit erspart.

Freds Großvater ist in Maine geboren, aber er ging nach Massachusetts, um als Maschinenschlosser zu arbeiten. Freds Entwicklungsmethoden verdanken qualifizierter Handwerksarbeit wie der seines Großvaters mindestens ebensoviel wie hochkomplexen Theorien. Fred gibt bereitwillig zu, daß er bei seiner Arbeit meist mit Schulmathematik und -physik auskommt, ergänzt durch gründliche Nachforschungen und kompetente Berater, die ihn in den verschiedensten Aspekten von Entwurf und Konstruktion unterstützen. Freds Fähigkeit, funktionstüchtige Hinrichtungsgeräte zu bauen, beruht nicht auf einem spezifischen, außerordentlichen Ingenieurstalent. Das technische Wissen, das seinem fortgeschrittenen elektrischen Stuhl zugrunde liegt, ist recht alltäglich. Was Fred in seiner Arbeit so erfolgreich macht, ist die Art, wie er an die Probleme herangeht; wesentlich für sein Modell des elektrischen Stuhls ist, welche Fragen er sich stellte und wie er sie sich stellte.

Freds Methode ist es, ein Problem oder eine anerkannte Annahme auf den Kopf zu stellen und nachzusehen, wie sie aus diesem Blickwinkel aussehen. Das Problem bei seiner Neuentwicklung des elektrischen Stuhls war, «das Wohl und die Würde von Hinzurichtenden und Hinrichtenden» ebenso im Auge zu behalten wie die technischen und medizinischen Aspekte. Doch was letztere betrifft, stieß Fred auf ein Hindernis: die Ärzte. «Das Problem ist, daß sie sich an Hinrichtungen nicht herantrauen», klagt Fred. «Damit wollen sie nichts zu tun haben. Das läßt sie ganz kalt.»

Um mir die Situation begreiflich zu machen, schrie Fred: «Ärzte retten Leben.» Er fixierte mich mit einem Blick, der sagte: Versteh das, wer will. Der elektrische Stuhl sei ja schließlich das Produkt eines Medizinergehirns. Von Anfang an seien Ärzte bei Exekutionen durch Elektrizität dabeigewesen, obwohl der hippokratische Eid (und die Ächtung ihres Verbands *American Medical Associa-*

tion) ihre Teilnahme auf jeder Ebene fragwürdig machten. «Aber selbst wenn sie teilnehmen müssen», sinnierte Fred, «selbst wenn sie die Aufsicht führen, arbeiten sie nicht mit voller Kraft, weil sie immer rückwärts denken. *Hier müssen sie ein Leben zerstören, statt es zu retten.* Sie sind aber darauf trainiert, andersherum zu denken. Es ist wie der Unterschied zwischen einem Ingenieur und einem Kundendienstmechaniker. Ein Ingenieur kann einen Fernseher nicht so schnell reparieren wie ein Mechaniker, weil der Ingenieur rückwärts denkt. Der Ingenieur denkt daran, wie der Fernseher funktioniert. Er kriegt ihn erst zwei Stunden, nachdem der Fernsehmonteur fertig ist, wieder hin. Aber der Fernsehmonteur weiß gar nicht, wie das Ding funktioniert. Er macht nichts, als die einzelnen Spannungsmeßpunkte zu prüfen, bis er rauskriegt, wo es hakt. Zwei verschiedene Denkweisen. Und hier ist es genau dasselbe. Beim Hinrichten muß man in die eine Richtung denken, beim Retten von Leben in die andere.»

Der größte Teil der Entwicklungsarbeit geht in Freds Kopf vor sich. Wenn er soweit ist, seine Ideen zu Papier zu bringen, macht er mit einem Zeichengerät maßstabgerechte Entwürfe und gibt sie einem Zeichner, der die Fertigungszeichnungen für ihn herstellt. Fred erkennt an, daß sein Zeichner und sein Konstrukteur wichtige Mitglieder seines Entwicklungsteams sind. Beispielsweise haben sie wertvolle Vorschläge gemacht, wie bestimmte Komponenten seines Exekutionssystems ökonomischer hergestellt werden können.

In der Einleitung des Bedienungshandbuchs, das die Firma *Fred A. Leuchter Associates* ihrem Modularen Elektro-Exekutionssystem mitgibt, werden die technischen Probleme, die der elektrische Stuhl stellt, auf den Punkt gebracht: «Bei der Konstruktion eines Elektro-Exekutionssystems sind wenige, aber sehr wichtige Faktoren zu beachten: Spannung, Stromstärke, Verbindungen, Dauer und Anzahl der elektrischen Anwendungen (Stromstöße).» Das Kernstück von Freds elektrischem Stuhl sind drei Elektroden: eine für den Kopf, zwei für die Fußknöchel. «Wenn man nur eine Beinelektrode nimmt», warnte mich Fred, «und das tun die meisten Staaten, dann tötet man die Person nur halb. Der sichere Tod ist dann nicht garantiert. Deshalb muß die Hälfte der Staaten ihren Mann fünfmal umbringen, statt daß sie ihm zwei Stromstöße geben.»

Freds Handbuch für seinen elektrischen Stuhl ist insofern ein ungewöhnliches Dokument, als es den Einsatz des Geräts nie losgelöst von technischen Einzelheiten behandelt; es geht auf jeder Seite davon aus, daß ein Mensch darauf festgeschnallt wird und daß ein zweiter Mensch die Steuerung bedient. Unter der Überschrift «Voraussetzungen» schreibt Fred: «Erstens muß das System drei (3) Elektroden aufweisen. Für den Kopf ist eine engsitzende Kappe vorgesehen, welche eine Elektrode mit einem in Salzlösung getränkten Schwamm enthält. Durch diese Elektrode tritt der Strom ein. Zweitens ist für jeden Fußknöchel eine festsitzende Elektrode vorgesehen, was dazu führt, daß der Strom sich teilt und durch den gesamten Rumpf der Person hindurchfließt. Der Einsatz von einer (1) Knöchelelektrode statt von zwei (2) resultiert fast immer in einer längeren und schwierigeren Hinrichtung. Durch diese zwei (2) Knöchelelektroden fließt der Strom zurück. Der Kontakt sollte verbessert werden, indem man an jedem der Knöchelanschlüsse eine salzhaltige Paste oder einen mit Salzlösung getränkten Schwamm verwendet. Es ist von allerhöchster Wichtigkeit, an den Elektrodenkontakten einen gleichmäßigen Stromdurchfluß mit minimalem Widerstand aufrechtzuerhalten. Ferner muß nach dem Spannungsabfall ein Minimum von 2000 Volt Wechselspannung aufrechterhalten werden, um die dauerhafte Ausschaltung des autonomen Nervensystems zu garantieren. Spannungen, welche bei Sättigung unter 2000 Volt Wechselspannung abfallen, können den Herztod nicht garantieren und sind daher für die Elektro-Exekution nicht geeignet, da sie der Person vor ihrem Tod unnötige Verletzungen zufügen können. Folge der Nichtbeachtung dieser Grundvoraussetzungen können Schmerzen und das Nichteintreten des Herztods sein, so daß die Person gehirntot im Stuhl zurückbleibt.»

Freds Studium der medizinischen Literatur zur Hinrichtung auf dem elektrischen Stuhl und seine geschichtlichen Nachforschungen führten ihn zu folgendem Schluß: «Bei der Elektro-Exekution sind zwei (2) Faktoren zu beachten: das bewußte und das autonome Nervensystem. Spannungen von mehr als 1500 Volt Wechselspannung sind im allgemeinen ausreichend, um das bewußte Nervensystem zu zerstören, das Schmerzempfinden und Denkfähigkeit steuert. Bewußtlosigkeit tritt im allgemeinen in 4,16 Tausendstelsekunden ein, das ist $\frac{1}{240}$ einer Sekunde. Das ist vierundzwanzigmal (24) schneller, als das bewußte Nervensystem der Person Schmerzen registrieren kann. Das autonome Nervensystem ist jedoch ein bißchen robuster und erfordert im allgemeinen mehr als 2000 Volt, um den Schrittmacher im Herzen des Betreffenden außer Kraft zu setzen. Im allgemeinen setzen wir die Spannung mit 2000 Volt Wechselspannung plus 20 Prozent an. Nachdem diese Spannung sich entladen und der Körper der Person die Sättigung erreicht hat, ist die Voltzahl (je nach der Höhe des Widerstands der Elektrodenkontakte und dem des Körpers) um etwa 10 Prozent gesunken, was ebenfalls berücksichtigt werden muß. Der Strom sollte unter sechs (6) Ampere gehalten werden, um Körperschäden (Schmoren) zu vermindern.»

Fred hat ausgerechnet, daß die korrekte Spannung, um einen Menschen mit Hilfe des elektrischen Stroms zu töten, 2640 Volt Wechselspannung beträgt. Er kam zu dieser Zahl, indem er annahm, daß bei einem durchschnittlich schweren Mann von 70 Kilo 2000 Volt nötig sind, um das Herz auszuschalten. Mit Rücksicht auf Personen mit größerem Körperwiderstand erhöht Fred diese Voltzahl um 20 Prozent, so daß er auf eine Zwischensumme von 2400 Volt Wechselspannung kommt. Er addiert dann noch einmal 10 Prozent, um den Spannungsabfall bei der Sättigung auszugleichen. Die so erhaltene Gesamtzahl von 2600 Volt bei fünf Ampere sei, glaubt Fred, ideal, weil bei ihr «keine unnötigen Verletzungen der Person vor ihrem Tod» aufträten. Es sei das Geheimnis seines Erfolgs, sagte mir Fred, «die Stromstärke unter Kontrolle zu halten und die Spannung wirken zu lassen».

Fred lehrt die Gefängnisdirektoren, die Hinrichtungen durch Elektrizität durchführen, zwei Stromstöße von 2600 Volt und einminütiger Dauer zu verabreichen, mit zehn Sekunden Unterbrechung dazwischen. Beim Einsatz von Freds Geräten ist der Verurteilte meist nach dem ersten Stromstoß tot. Aber Fred empfiehlt dennoch einen zweiten Stromstoß, weil «gelegentlich das Herz der Person bei der ersten Stromanwendung *krampfhaft zuckt*, anstatt auszusetzen. Dieser Krampf ist auf die exzessive Ansammlung chemischer Substanzen (Azetylcholin und Sympathin) in den Nervenendigungen zurückzuführen, aber die Wartezeit von zehn (10)

Sekunden sorgt im allgemeinen für eine Verteilung dieser Stoffe. Der zweite Stromstoß beseitigt normalerweise das Problem.»

«Was im Grund abläuft», erklärte mir Fred, «ist, daß der erste Stromstoß ein Überschießen der Adrenalin-Ausschüttung bewirkt.» Das Opfer erleide eigentlich einen Schock, aber das Adrenalin lasse das Herz weiterschlagen. Die zehn Sekunden, in denen das Adrenalin sich verteilen kann, sorgten dafür, daß der zweite Stromstoß das Herz stoppe. «Im Grund», sagte Fred, «ist es eine Frage der Geschwindigkeit. Wenn alles gutgeht, dauert es gerade 4,16 Tausendstelsekunden, bis man auf dem elektrischen Stuhl das Bewußtsein verliert.»

Fred Leuchters modularer elektrischer Stuhl, der hochentwikkeltste, der je gebaut wurde, besteht aus Eichenholz. Er hat keine vier Beine. Statt dessen besteht die Rückseite aus einem wuchtigen Holzblock, der flach auf dem Boden aufliegt und an dem Armlehnen und Sitz angebracht sind; an der Vorderseite führt eine hölzerne Stütze vom Sitz zum Boden, so daß es aussieht, als ob der Stuhl drei Beine hätte. Der Stuhl ist viel größer als die traditionellen Ausführungen, die noch in Gebrauch sind. Fred hat ihn so groß gemacht, weil die Häftlinge im Durchschnitt heute viel größer und breiter sind als die, für die der elektrische Stuhl Ende des vorigen Jahrhunderts ursprünglich gebaut wurde. Rückenlehne und Armstützen sind verstellbar, und Fred hat sogar an ein Rückenpolster gedacht, um dem Verurteilten die letzten Augenblicke komfortabler zu machen.

Fred hatte kein Exemplar seines neuesten elektrischen Stuhls da, um ihn mir vorzuführen, aber ich fuhr später nach Tennessee, um ihn mir im Todestrakt des Zuchthauses von Nashville anzusehen. Der Direktor dort hatte seinen alten Stuhl zur Wiederverwertung zu Fred nach Boston geschickt. Abgesehen von der zweifelhaften Verläßlichkeit dieses alten elektrischen Stuhls, erklärte mir der Direktor, sei er für die Mehrzahl der heutigen Hinrichtungskandidaten einfach zu klein gewesen. Fred hat einen Teil des ursprünglichen Eichenholzes von Tennessees «Old Sparky» (der aus dem alten Galgen dieses Staates gezimmert wurde) verwendet. Der Rest ist in einer Ecke seines Kellergeschosses gestapelt. Der Stuhl, den ich in Tennessee sah, war in der Mitte des Hinrichtungsraums aufgestellt

und an allen vier Seiten durch blaue Samtkordeln, die an Messing-
pfosten befestigt waren, abgetrennt, als wäre er ein Museumsstück.
Auf der Rückseite trägt er ein unauffälliges Messingschild mit Freds
Namen und Adresse.

Der Sitz besteht aus Plexiglas und ist perforiert, so daß flüssige
Exkremente – wenn das Opfer die Kontrolle über Darm und Blase
verliert – aus dem Stuhl entfernt werden. Sie werden in einem unter
dem Sitz aufgestellten, herausnehmbaren Becken aufgefangen. Dadurch wird die Aufgabe des Exekutionsteams, den toten Häftling
aus dem Stuhl herauszuschaffen, weniger unangenehm, und für die
Zeugen entsteht ein hygienischeres Bild.

Alle elektrischen Stühle in den Vereinigten Staaten, außer den
von Fred gebauten, haben schwere Ledergurte, um den Häftling
festzuhalten. Diese Gurte lassen sich vom Hinrichtungsteam oft nur
mit Mühe schließen, vor allem wenn der Gefangene Widerstand
leistet. Die Gurte sind außerdem für den Gefangenen unbequem bis
zur Schmerzhaftigkeit (die Autopsie ergibt in der Regel Gesichts-
quetschungen und sogar Fleischwunden). Nach der Hinrichtung ist
es für das Team oft abstoßend, den Toten aus dem elektrischen
Stuhl herauszuschaffen, weil sie ihn herausziehen und -zerren müssen. Durch die schweren Verbrennungen an Kopf und Beinen fänden sich dort immer Eiterblasen, und in manchen Fällen löse sich
bei Berührung das «gesottene» Fleisch vom Knochen, sagte mir
Fred. Leise fügte er hinzu: «Wir bringen ihnen bei, so mit der Leiche
umzugehen, daß es keine Schweinerei gibt.»

Freds Problemlösung bestand darin, ein «stufenloses Rückhalte-
system» einzuführen – im Grund ein Sicherheitsgurt aus Nylon von
Flugzeuggurtstärke mit Schnellfreigabe-Automatik. Das Gurtzeug
wird von oben über die Schultern und von unten über beide Schenkel geführt und über der Brust des Häftlings eingehakt. Dies erleichtert es den Vollstreckern, den Mann vor der Hinrichtung auf dem
Stuhl in die richtige Position zu bringen. Sobald er «angeschirrt»
ist, brauchen sie nur noch die Nylonfesseln an den Hand- und Fuß-
gelenken zu schließen. Freds System macht es auch einfacher, die
Leiche nach der Hinrichtung wegzuschaffen. «Da alles auf Knopfdruck automatisch freigegeben wird», sagte mir Fred, «gibt es keinen Zirkus mit der Leiche. Es war immer besonders ekelhaft, mit

dem Kopf herumzumachen. Jetzt braucht man am Kopf nur ein Gurtband aufzumachen und den Helm abzunehmen. Durch die Schnellfreigabe braucht man sich nicht mehr mit einem Ledergurt abzumühen, der voll Blut und Eiterpartikeln ist. Der Stuhl ist mit einer Rückenstütze ausgestattet, die man verstellen kann. Im Moment, wo man auf die Automatik drückt und aufmacht, fällt die Person nach vorn und hängt in den Gurten, wodurch es viel leichter wird, sie herauszuheben, in einen Leichensack zu stecken und aufzubahren. Ich kann diesen Vorgang so angenehm wie möglich machen, aber es bleibt doch immer eine widerliche Geschichte. Wir müssen uns um die Menschenwürde der Leute sorgen, die mit den Exekutionen zu tun haben.»

Ein anderes einzigartiges Merkmal von Fred Leuchters elektrischem Stuhl sind integrierte Fußelektroden. Aus reinem Messing gedreht und auf die Beinstütze montiert, sind sie, genau wie die Kopfelektrode im Helm, für einfachen Anschluß an einen normalen Leiter eingerichtet.

Das Steuerpult des Leuchter-Stuhls ist ein Metallkasten, der etwa 135 cm hoch und 60 cm breit ist. Durch den blauen Emailüberzug und die schräge Schalttafel an der Vorderseite wirkt er wie ein Objekt aus einem Science-fiction-Roman: Quer über die Vorderseite der Schalttafel steht in großen weißen Buchstaben ELECTRIC CHAIR CONTROL. Die Vollstrecker stehen vor diesem blauen Kasten, in dem der Zeitschaltkreis, der Stromstärkeregelkreis und Relais untergebracht sind. Das Steuerpult hat zwei Hauptstromschalter (einen für jeden Vollstrecker) und einen nur mit Schlüssel bedienbaren Sicherungsschalter für Hochspannungsleistung.

Freds *Electric Chair Catalogue* bietet den Staaten auch die Möglichkeit, ihre Anlagen zu testen, und zwar durch Erwerb des modularen Stromversorgungstestgeräts der *Fred A. Leuchter Associates, Inc.* «Im wesentlichen», sagte Fred, «ist das eine Reihe von parallel geschalteten Widerständen, die so tun, als säße eine Person im Stuhl.» Das Testgerät «tritt während des Tests an die Stelle des elektrischen Stuhls und simuliert die Belastung durch den darauf sitzenden Hinrichtungskandidaten». Die menschliche «Belastung» wird wiedergegeben durch «einen eigens hergestellten, harmonisch ausbalancierten 20-Komponenten-Hochleistungswiderstand, welcher gekühlt wird durch einen Walzenventilator mit einem Querschnitt von rund 1645 cm^2 und einem Gesamtluftstrom von rund 6,5 m^3 pro Minute».

Zusätzlich zu den von ihm gebauten Geräten bietet Fred verschiedene Kundendienstleistungen an, darunter «Anlagen-Tauglichkeitsprüfung», «Personalschulung und -qualifizierung» und «Exekutionsüberwachung». In seinem Katalog erläutert Fred, die Schulung für Exekutionsteams bestehe «aus einem eintägigen, mit Vorträgen kombinierten Seminar in Ihrer Einrichtung, mit praktischem Training an Ihren eigenen Geräten. Die Schulung erstreckt sich auf alle Aspekte Ihres jeweiligen Exekutionsmodus, einschließlich, aber nicht beschränkt auf die für eine sachkundige Exekution nötigen medizinischen, technischen und praktischen Probleme und Verfahren. Ferner werden theoretische Grundlagen, Bauweise, Wartung und Bedienung Ihrer Anlagen besprochen. Im Anschluß an das Trainingsprogramm werden an alle Teilnehmer Zeugnisse ausgegeben, die sie als EXEKUTIONSTECHNIKER in Ihrer jeweiligen Exekutionsmethode bestätigen. Training und Bestätigung sind in jeder der folgenden Disziplinen möglich: *Lethal Injection Technician* (Todesspritze), *Electrocution Technician* (elektrischer Stuhl), *Lethal Gas Technician* (Gaskammer), *Hanging Technician* (Erhängen). Diese Schulung und Bestätigung minimiert die juristischen Probleme bei etwaigen Zwischenfällen während einer Exekution. Ferner garantiert sie dem Hinzurichtenden eine würdige und professionelle Exekution.»

Der individuellste Service, den Fred anbietet, ist der «Exekutions-Überwachungs-Vertrag». «Gemäß den Bestimmungen dieses Vertrags übernimmt die Firma *Fred A. Leuchter Associates, Inc.* die volle Verantwortung für die technische Seite der in Ihrer Anstalt durchzuführenden Exekution. Der Staat braucht lediglich den Vollstrecker und, im Fall von letaler Injektion, einen Techniker zu stellen, welcher den intravenösen Zugang legt. *Fred A. Leuchter Associates, Inc.* prüft und bestätigt die Betriebsbereitschaft Ihrer Geräte und Anlagen, stellt alle Geräte und Anlagen auf, liefert alle für die Exekution nötigen Materialien (außer Strom) und garantiert Ihnen eine sachkundige Exekution, bei welcher die Würde des Hinzurichtenden ebenso gewahrt wird wie die der für die Exekution Verant-

wortlichen. Dazu sind ein Ingenieur und ein Techniker erforderlich.
Der Exekutions-Überwachungs-Vertrag gewährleistet eine rei-
bungslose, sachkundige Exekution für den Hinzurichtenden und
minimiert juristische Probleme im Fall von Fehlern während der
Exekution.»
Trotz dieser und weiterer Garantien, die Fred anbietet, macht
sein Katalog am Ende einen Rückzieher: «*Fred A. Leuchter Associates, Inc.* übernimmt keine Haftung für den tatsächlichen oder
beabsichtigten Gebrauch ihrer Geräte und Dienstleistungen.»
Ich fragte Fred nach dem Preis seiner verschiedenen Exeku-
tionssysteme. Das billigste ist das modulare Injektionssystem für
30000 Dollar. Freds bevorzugte Hinrichtungsmethode, der elektrische Stuhl, kostet 35000 Dollar. Ein Galgen als ungewöhnliches
und selten verlangtes Produkt kostet 85000 Dollar. Der teuerste
Exekutionsartikel ist die Fred-Leuchter-Gaskammer, deren Preis
über 200000 Dollar beträgt. Für Staaten, in deren neuen Gefängnissen es keine Hinrichtungsanlagen mehr gibt oder die lange Zeit
keine Hinrichtung mehr durchgeführt haben, hat Fred etwas Neues
kreiert. Leuchters «Exekutions-Mobil» ist eine fahrbare Exeku-
tionseinrichtung mit Injektionsmaschine, stählerner Arrestzelle für
den Häftling und separaten Zonen für die Zeugen, den Kaplan, die
Gefängnisangestellten und das medizinische Personal; Kostenpunkt: 100000 Dollar.
Unter allen Produkten in Freds Palette wird dem Staat beim elektrischen Stuhl nach beendeter Hinrichtung die niedrigste Mate-
rialrechnung präsentiert. Nur für 31 Cent elektrischer Strom ist nötig, um jemanden auf einem Leuchter-Stuhl hinzurichten. Die Chemikalien für die Todesspritze kosten zwischen 600 und 700 Dollar,
das für eine Exekution in der Gaskammer nötige Zyankali etwa 250
Dollar.
Ich war neugierig zu erfahren, wie einträglich Freds Geschäft ist.
Er sagte mir: «Die Staaten sollten nie in die Zwangslage kommen,
daß sie jemanden von draußen bitten müssen, daß er die Kohlen für
sie aus dem Feuer holt und ihnen dann dafür, daß er jemand hinrichtet, ein kleines Vermögen berechnet. Exekutionen sind kein
Feld für gewissenlose Geschäftemacher. Ich sage Ihnen ganz offen:
Ich werde nicht reich bei meiner Tätigkeit. Ich habe mein Auskom-

men. Auf meine Geräte schlage ich 20 Prozent auf, aber das ist doch nur gerecht. Ich bin sicher, daß jeder, der mal prüft, was meine Geräte wert sind, zu dem Schluß kommt, ich würde viel mehr verdienen. Es hat schon Leute gegeben, die haben gefragt, als sie meine Preise hörten: ‹Was, das ist alles?›»

Bei meinem Besuch nach dem Labor Day ging ich jeden Tag mit Fred und Caroline in ein örtliches italienisches Restaurant essen. «Habe ich Sie nicht schon im Fernsehen gesehen?» rief die Bedienung, als wir das erste Mal kamen. Fred nickte bescheiden. Sie hatte, und zwar in *Prime Time Live* der ABC, wo Fred den Galgen vorführte, den er für Delaware gebaut hat. In der Sendung wurde gezeigt, wie Fred die Schlinge um einen Sandsack vom genauen Gewicht eines Hinrichtungskandidaten legt und dann mit feierlicher Miene die Schnur der Falltür zieht.

Die Kellnerin deponierte Speisekarten und Gläser mit Eiswasser auf dem Tisch und eilte davon.

«Die ist sicher neu hier», sagte Fred zu mir.

Caroline zwängte sich in eine Nische. «Ich weiß auch *ohne* die Karte, was ich esse», verkündete sie. «Ich nehme jedesmal das gleiche», vertraute sie mir leise an. «Es ist nichts Außergewöhnliches, aber ich bin ganz wild drauf. Ich nehme Kalbsschnitzel Parmesan mit Fili d'angelo.»

Sosehr Carolines Empfehlung mich verlockte, bestellte ich doch lieber Würstchen zu meinen dünnen Spaghetti.

«Haben Sie auch Filetspitzen, die nicht mariniert sind?» fragte Fred die Bedienung.

«Ja.»

«Sind sie auch ganz sicher nicht mariniert?»

«Nein.»

«Ich habe nämlich ein Magengeschwür», erklärte mir Fred. «Ich darf nichts Mariniertes essen.»

Beim Essen plauderte Fred über Alltägliches und erzählte Anekdoten aus seinem Geschäftsleben. «Weißt du noch, wie wir den Stuhl nach Tennessee runtergebracht haben?» fragte er Caroline.

Er erzählte mir die Geschichte. «Wir fuhren ihn selbst runter. Ich hatte ihn hinten in einem kleinen Miettransporter. Also, wir halten da irgendwo unterwegs an einem Ramada Inn, und da steht ein Schild, Parken für Lastwagen und Transporter nicht erlaubt. Na, wir checken ein, und ich sage der Dame am Empfang, ich muß den Transporter im Auge behalten und würde ihn gern unter unserem Fenster abstellen, damit ich ihn immer sehen kann. Sie sagt, das geht nicht. Da verrate ich ihr, was in dem Transporter drin ist. Sie schaut mich ganz groß an und sagt, vor ein paar Wochen sei ihre Tochter vergewaltigt worden. Deswegen machte sie jetzt eine Ausnahme und ließ mich den Transporter unter meinem Fenster abstellen.»

Fred erzählte mir noch mehr über den Stuhl für Tennessee. «Das Holz stammt noch von Tennessees ursprünglichem Galgen. Als die Jungs ihn ausrangierten, nahmen sie das Eichenholz des Galgens und bauten daraus ihren ersten elektrischen Stuhl. Diesen alten Stuhl haben sie mir später raufgeschickt, und ich nahm einen Teil des Holzes für den neuen elektrischen Stuhl, den ich für Tennessee gebaut habe. Das Problem war, wir konnten die neue Eiche nicht an die alte angleichen. Das alte Eichenholz war so dunkel geworden, daß wir den Stuhl dann aus Verzweiflung mit Kunstharzlack gestrichen haben. Natürlich hält das jetzt ewig, aber es wirkt doch nicht ganz so sexy wie Eiche natur. Aber die wissen ihre Tradition zu wahren, die in Tennessee.»

Während wir aßen, fragte ich Fred, ob er glaube, daß irgendeine der Exekutionsmethoden, wenn sie mit seinem Gerät vollstreckt würde, für den Hinzurichtenden schmerzhaft sei. «Man kann nie sicher wissen, ob etwas weh tut oder nicht», antwortete er, mit dem Unterton: *Das jedenfalls steht fest.*

Weiter sagte er: «Wir versuchen natürlich, das Menschenmögliche zu tun. Alles, was wir wissen, deutet darauf hin, daß die Exekution auf dem elektrischen Stuhl schmerzlos ist, wenn man es richtig macht. Alles deutet außerdem darauf hin, daß Erhängen, für einen kurzen Moment, schmerzhaft ist. Gas ist nicht schmerzhaft, macht aber leicht Probleme, weil die Person dazu tendiert, den Atem anzuhalten. Wir wissen auch, daß die Todesspritze keine Schmerzen verursacht. Wir können recht genau sagen, was emotionale Schmerzen und was körperliche Schmerzen verursacht. Es gibt wahrscheinlich zwei Schmerzbereiche. An die Decke zu starren, während man auf einer Hinrichtungsliege angeschnallt ist und auf die tödliche Injektion wartet, ist emotional schmerzhaft.»

«Denken Sie darüber nach, was in Menschen vorgeht, die zur Hinrichtung abgeholt werden?» fragte ich.

Fred zündete sich eine Zigarette an und bestellte noch einmal Kaffee. «Die Erfahrung lehrt uns, daß es nur sehr wenig Protest gibt. Die Mehrzahl dieser Menschen läßt sich wie das Lamm zur Schlachtbank führen. Fest steht, ob du in einer Stunde oder in zehn Minuten exekutiert wirst, du weißt auf jeden Fall, du wirst exekutiert. Und wenn du glaubst, du hast eine Chance, dann kämpfst du. Das Problem ist, die meisten wissen, daß sie keine Chance haben. Ich könnte mir vorstellen, daß den meisten schlecht wird. Ich glaube, mir wäre speiübel. Ich weiß nicht, wie es Ihnen geht, aber ich glaube, wenn ich auf meine Hinrichtung warten würde, wollte ich ein Alka-Seltzer.» Er hob verzweifelt die Hände und rief: «*So gebt dem Burschen doch ein Alka-Seltzer!* Aber sie geben ihm keins.» Er überlegte noch einmal. «Ich würde vermutlich was zu trinken wollen. Aber das geht auch nicht. Alkohol im Gefängnis ist nicht erlaubt, also können sie dem Burschen keinen geben. *Scheißspiel...*» Fred stöhnte demonstrativ.

«Was meinen Sie», fragte ich Fred, «wenn Sie hingerichtet würden und könnten die Methode wählen, welche würden Sie nehmen?»

Fred zögerte nicht. «Ich würde den elektrischen Stuhl vorziehen, im Unterschied zur Todesspritze.»

«Warum?»

«Weil mir drei Minuten lieber sind als fünf. Bei der Exekution durch ein Erschießungskommando wird der Mann mit einer Zielmarkierung über dem Herzen auf einen Stuhl geschnallt. Das Problem ist, der durchschnittliche Polizeioffizier in den Vereinigten Staaten ist ein dürftiger Schütze. Gefängnisbeamte stehen noch eine Stufe tiefer. Wenn Sie also eine Alternative haben, lassen Sie sich nicht erschießen. Und Erschießen ist schmerzhaft. Auch im besten Fall tut es weh. Auf dem elektrischen Stuhl dagegen hört man einfach auf zu fühlen.»

Die Bedienung brachte den Kaffee. Ihre Augen wurden groß, als sie hörte, worüber wir sprachen, und sie rannte hastig weg.

Ich fragte Fred, ob er je eine Hinrichtung miterlebt habe. «Nein. Für meine Arbeit ist das nicht notwendig. Aber falls ich doch einmal eine zu sehen kriege... würde ich mir bestimmt nicht den Hals danach verrenken. Hinrichtungen sind widerwärtig. Vielleicht käme ich ja an Ort und Stelle ganz gut damit klar, aber es ist doch immer was Unangenehmes.»

«Was glauben Sie, wie Sie darauf reagieren würden?»

«Die klinische Distanz ginge verloren. Darauf freue ich mich nicht. Meine Entschlossenheit würde aber eher noch bestärkt, wenn ich dabeisein müßte. Ich habe Glück gehabt – ich habe nicht miterleben müssen, wie Tafero verbrannt wurde.»

Jessie Taferos Hinrichtung war wahrscheinlich die grausigste in der Geschichte der USA. Sie führte, als Fred ein Sachverständigengutachten gegen den Staat abgab, zu einer Initiative, Hinrichtungen in Florida ganz abzuschaffen. Freds Eingreifen sollte katastrophale Folgen haben für Fred A. *Leuchter Associates, Inc.*

Tafero war überführt worden, 1976 Phillip Black, Mitglied der *Florida Highway Patrol*, und dessen Freund Donald Irwin, Polizeibeamter aus Ontario, der in Florida zu Besuch war, erschossen zu haben. Tafero wurde am 4. Mai 1990 im *Florida State Prison* hingerichtet, als 219. Verurteilter, der auf Floridas elektrischem Stuhl exekutiert wurde, seit dort 1924 die Todesstrafe eingeführt worden war.

Der Presse in Florida ist Sensationshascherei nicht fremd, aber die Schlagzeilen, die am Tag nach Taferos Exekution erschienen, waren nicht übertrieben: «Hinrichtung in Florida grausames Schauspiel» *(St. Petersburg Times)*; «Taferos schauriges Ende im Stuhl» *(Gainesville Sun)*; «Rauch und Flammen bei Killer-Exekution» *(Orlando Sentinel)*; «3 Stromstöße bei Killer-Hinrichtung: Flammen und Rauch schlagen aus Gesichtsmaske des Polizistenmörders auf dem elektrischen Stuhl» *(Miami Herald)*.

Taferos Hinrichtung war die dritte, über die der Redakteur Bruce Ritchie in der *Florida Times-Union* schrieb. Er bekannte: «Ich weiß nicht, ob ich noch mal eine Hinrichtung miterleben möchte.»

Ritchie berichtete: «Taferos Körper richtete sich nicht bloß steif auf, als morgens um 7.06 Uhr der Strom eingeschaltet wurde, sondern er schien rückwärts zu taumeln. Rauch stieg aus dem Kopf des Verurteilten, nicht aber aus seinem Bein. In Sekundenschnelle erschienen kleine Funken oder Flämmchen an der rechten Seite des Tuchs, das seinen Kopf verbarg. Der elektrische Stromstoß war schnell vorbei – schneller anscheinend als sonst –, und die Flämmchen verschwanden. ‹Ist schon eine Minute um?› überlegte ich. Ich sah auf die Uhr, aber es waren noch keine 30 Sekunden vergangen.

Ich schaute zu [Anstaltschef Tom] Barton. Was würde er tun? Barton tat nichts. Er starrte Tafero an und dann an ihm vorbei. Er blickte offenbar wütend und bestürzt in die Richtung von Ronald Thornton, dem Wartungschef des Zuchthauses. Thornton trug Elektrikerhandschuhe aus Gummi. Er hatte Tafero die Schädelkappe aufgesetzt. Dann schaute ich zu Lieutenant Don Davis, der die Telefonverbindung zum Amtssitz des Gouverneurs hielt. Davis sprach in den Hörer. Dann sagte er etwas zu Barton, das ich nicht hören konnte. Das Brummen setzte wieder ein, und wieder verdrehte sich Taferos Körper nach hinten. Die Uhr an der Wand zeigte 7.08. Jetzt schossen 7 cm hohe Flammen aus der linken Seite des Gesichtstuchs, und noch mehr Rauch stieg auf. Rasch, dieses Mal vielleicht schon nach 20 Sekunden, brach der Strom ab. Wieder kam Taferos Körper langsam zur Ruhe. Nach der Pause war jetzt der Herzschlag wieder da. Ein erneutes tiefes Einatmen, und dann ein Ausatmen. Und noch einmal ein Einatmen und Ausatmen. Taferos linke Hand war zur Faust geballt, bis auf den kleinen Finger, der gerade abstand. Aber die Haut hatte die gleiche Aschfarbe, die ich schon bei den Verurteilten der beiden früheren Exekutionen gesehen hatte. Ich schaute zu Barton und sah, daß sein Gesicht die Anspannung verloren hatte und zu hängen schien. Pflichtbewußtsein und Frustration waren offensichtlich schmerzlicher Ungewißheit gewichen, aber er sah starr geradeaus. Barton sagte etwas zu Thornton, worauf Thornton etwas erwiderte. Dann hielt Barton inne und schluckte. Davis sprach noch einmal ins Telefon, horchte, wandte sich dann an Barton und sagte etwas zu ihm. Barton drehte sich um und nickte dem Vollstrecker in der Kabine hinter ihm zu. Wieder ertönte das Brummen, und wieder bog sich Taferos Körper nach hinten durch. 15 cm hohe Flammen schlugen links aus dem Gesichtstuch, während rechts kleinere Flammen brannten. Es war jetzt 7.10 Uhr. Das Brummen hatte, vielleicht nach 30 Sekunden, wieder aufgehört. Aber dieses Mal entspannte sich der Körper nicht. Der kleine Finger der linken Hand war nun ein Teil der Faust. Es gab kein Atmen und keinen sichtbaren Herzschlag mehr. Nach einer Weile prüften erst der eine und dann der andere Anstaltsarzt Puls und Herzschlag des Verurteilten. Um 7.13 Uhr sagte Frank Kilgo, der ärztliche Leiter des Zuchthauses, ein paar Worte zu

Barton. Dann durchquerte Davis den Raum, nahm ein Mikrophon und sagte zur Zeugenkabine durch: ‹Jessie Taferos Todesurteil wurde um 7.13 Uhr vollstreckt.›»

Die Behörde für Strafvollzug ernannte Bob McMaster zu ihrem Sprecher in dem Nachspiel, das der Tafero-Exekution folgte. McMaster sagte den Reportern: «Die Hinrichtung wurde vollstreckt. Das hat unserer Ansicht nach Priorität.» Auf die Frage der Reporterin Cynthia Barnett von der *Gainesville Sun*, warum Tafero nach dem ersten und zweiten Stromschlag weitergeatmet habe, antwortete er: «Nach Auffassung des Arztes war Mr. Tafero innerhalb von ein oder zwei Sekunden tot. Seiner Ansicht nach gibt es eine unwillkürliche Atmung.» Barnett berichtete: «McMaster wollte hinterher nicht sagen, weshalb man Tafero drei Stromstöße geben mußte, obwohl die Ärzte dachten, er sei binnen Sekunden tot gewesen.» Barnett berichtete weiter: «Anstaltsleiter Barton sagte, er halte eine Untersuchung nicht für nötig. Er teilte nicht mit, ob er die Vorgänge im Hinrichtungsraum vom Dienstag morgen für ungewöhnlich halte. ‹Ich werde meine Sicht der Dinge unter keinen Umständen mit Ihnen diskutieren›, sagte er. ‹Wir hatten eine falsche Art Schwamm in der Kopfelektrode und schalteten auf Handbetrieb um, das ist alles. Wir werden uns bemühen, das nächste Mal das richtige Material zu bekommen.›»

Nach Taferos Hinrichtung beauftragte Richard Dugger, *Secretary of the Florida Department of Corrections*, den früheren Leiter des *Florida State Prison*, David Brierton, «die Umstände der Hinrichtung zu überprüfen». In seinem Bericht für *Corrections*-Chef Dugger vom 8. Mai 1990 schrieb Brierton: «Unter diesen Umständen erheben sich zwei zentrale Fragen: 1) Wodurch wurde die Flammen- und Rauchentwicklung verursacht? 2) Welche Auswirkung hatte sie auf den hinzurichtenden Häftling?»

Dieser Bericht erboste Fred Leuchter, der mir sagte: «Die Strafvollzugsbehörde begeht doch glatten Inzest, wenn sie erst gegen sich selbst ermittelt und dann feststellt, daß Jessie Tafero keine Schmerzen hatte. Ich meine, Dugger hat keine Ahnung, wie der elektrische Stuhl funktioniert, gerade, daß er mal auf den Knopf drückt. Er ist noch nicht mal in der Lage festzustellen, ob eine Exekution schmerzhaft ist oder nicht.»

Briertons Bericht beruht auf schriftlich niedergelegten, beeideten Erklärungen («Affidavits») des von Tom Barton geführten Exekutionsteams. Die Mehrzahl dieser Erklärungen ist kurz und knapp und enthält weniger Informationen als Selbstlob. Das Affidavit von Rankin L. Brown, einem Regionaldirektor der Strafvollzugsbehörde, umfaßt weniger als 200 Worte und schließt mit der Feststellung: «Hervorzuheben ist, daß Anstaltsleiter Barton und seine Mannschaft trotz dieser ungewöhnlichen Umstände die Ruhe bewahrten und größtmögliche Professionalität an den Tag legten. Für ihr Verhalten während dieser außerordentlich schwierigen Phase sind sie alle zu loben.» C. G. Strickland, als Aufsichtsbeamter für die Einrichtungen in Region II der Strafvollzugsbehörde verantwortlich, erklärte: «Superintendent Barton und seinem Team gebührt Lob.»

Ein wichtiges Merkmal der am 7. Mai von Anstalts- und Verwaltungsbeamten abgegebenen beeideten Erklärungen sind die unterschiedlichen Angaben über die Größe der Flammen, die aus Taferos Kopf schlugen. Superintendent Tom Barton – und mit ihm andere Anstaltsbeamte – hatten Flammen von «ungefähr etwas über 6 bis knapp 9 Zentimeter Höhe» gesehen. Gary McLain, stellvertretender Generalinspekteur in Floridas Strafvollzugsbehörde, hatte dagegen 30 Zentimeter hohe Flammen beobachtet. Er hatte auch gesehen, daß Tafero nach dem ersten und zweiten Stromschlag noch atmete. Und ihm war aufgefallen, daß die Kopfelektrode offensichtlich nicht stramm an Taferos Kopf befestigt war. «Als der elektrische Strom floß», sagte McLain in seiner klaren und sorgfältig formulierten eidlichen Aussage, «erschien eine blau-orangefarbene Flamme an beiden Seiten der Maske. Sie erreichte auf beiden Seiten eine Höhe von etwa 30 Zentimetern. Als der Strom aussetzte, verschwanden die Flammen. Ich sah, daß Tafero offensichtlich tief Luft holte, bis nach ein paar Sekunden ein erneuter Stromstoß verabreicht wurde. Als der Strom wieder eingeschaltet wurde, erschienen auch die Flammen wieder. Ich beobachtete eine Bewegung von Taferos rechtem Zeigefinger, und, nach Abschalten des Stroms, ein Verschwinden der Flammen. Wieder beobachtete ich, daß Tafero offensichtlich zweimal tief Luft holte. Der Strom wurde zum drittenmal eingeschaltet, und wieder erschienen die Flammen. Als der

Strom abgeschaltet wurde, verschwanden auch die Flammen. Nach jedem Stromstoß füllte eine Rauchwolke die obere Hälfte des Raums. Die Elektrode auf dem Kopf des Häftlings war leicht nach links gerutscht. Die beiden Anstaltsmediziner prüften den Puls, und um 7.13 Uhr morgens wurde Tafero für tot erklärt. Wir wurden gebeten, den Zeugenraum zu verlassen.»

Das Affidavit von Al Martin, dem stellvertretenden Wartungsleiter, gibt aus erster Hand einen ungewöhnlichen Einblick, wie man eine Exekution als Teil der Gefängnisroutine handhaben kann. «Am Morgen des 4. Mai 1990 bekam ich, während ich im Hinrichtungsraum mit der planmäßigen Durchführung der Hinrichtung beschäftigt war, etwa um 7.02 Uhr von Mr. Barton das Signal, meinen elektrischen Unterbrecher zu schließen. Darauf sagte ich dem Vollstrecker, er solle seinen elektrischen Unterbrecher schließen. Als der Vollstrecker den Stromkreis schloß, fiel mir eine ungewöhnliche Feuer- und Rauchentwicklung aus dem Kopfanschluß des Häftlings auf. Nach einigen Sekunden bekam ich das Signal, den elektrischen Unterbrecher zu öffnen, um den Stromfluß zu stoppen. Jetzt bemerkte ich, daß der Körper sich bewegte, als ob er nach Luft ringe. Nach einigen Sekunden bekam ich das Signal, den Unterbrecher ein zweites Mal zu schließen, was ich tat. Wieder bemerkte ich die ungewöhnliche Feuer- und Rauchentwicklung aus der Kopfelektrode. Nach einigen Sekunden bekam ich das Signal, die Elektrizität zu stoppen. Einige Sekunden später kam das dritte Signal, den Unterbrecher zu schließen, und wieder traten Feuer und Rauch aus der Kopfelektrode aus. Nach mehreren Sekunden bekam ich das Zeichen, den elektrischen Strom zu stoppen. Der Häftling wurde für tot erklärt, und nach dem Fortgang der Besucher erkannte ich, daß der neue Schwamm benutzt worden war, den ich in dem Kopfanschluß angebracht hatte und der die Elektrizität nicht so gut leitet wie die alten Schwämme, die wir in der Vergangenheit benutzten. Dieser neue Schwamm war montiert worden, weil die alten an der Bleiverbindung gebrochen waren und der Zwirn in schlechtem Zustand war. Der Schwamm war in einem der örtlichen Geschäfte gekauft worden, weil er von seiner Größe her geeignet war, das Drahtgeflecht zu bedecken.»

Es mag scheinen, als seien die Zuchthausbeamten übereingekommen, den Schwamm verantwortlich zu machen, da Martin (der einmal seinen früheren Assistenten Robin Adair gefragt hatte, wie eine 110-Volt-Lampe an seinem Haus anzuschließen sei) aussagte, er habe *nach der Exekution, als die Zeugen fortgingen*, bemerkt, daß der neue Schwamm den Strom nicht leite.

Der Schwamm wurde als Grund der Störung ausgemacht. Aber was war mit der zweiten Frage, der Briertons Untersuchung nachgehen wollte: «Welche Auswirkung hatte die Feuer- und Rauchentwicklung auf den hinzurichtenden Häftling?» Dr. Frank Kilgo, medizinischer Direktor des *Florida State Prison*, hat sechs Exekutionen und Dutzende von Todesbefehlen, die in letzter Minute aufgeschoben wurden, miterlebt. Sein Affidavit gestattet einen seltenen Einblick in das Exekutionsprotokoll von Florida, eines Bundesstaats, der dafür berüchtigt ist, daß er sich bei der praktischen Vollstreckung von Todesurteilen nicht in die Karten sehen läßt. «Bei jedem Todesbefehl, der in die letzte Woche geht», erklärt Kilgo, «wird in den letzten vierundzwanzig (24) Stunden vor der anberaumten Hinrichtung ein vorbereitender Probelauf gemacht. Solche Probeläufe sind ernsthafte und gebührend beaufsichtigte Übungen, bei denen jedem Detail kritische Aufmerksamkeit geschenkt wird. Jede Übung wird anschließend kritisiert und, falls nötig, so lange wiederholt, bis alle Beteiligten eine optimale Leistung erbringen. Im Hinrichtungsraum fehlen lediglich der Exekutor [sic], der Strom und der tatsächlich Verurteilte. So wurde auch am 3. Mai 1990 um 15.30 Uhr, wie vorgesehen, ein systematischer Probelauf zur Vorbereitung der Exekution am nächsten Morgen durchgeführt. Dabei gab es von der ersten bis zur letzten Minute keinen Grund zur Beanstandung.»

Als dann bei Jessie Taferos Hinrichtung der Schalthebel umgelegt wurde, erkannte Kilgo, daß die Sache von Anfang an schiefging. «Die ersten Begleitgeräusche waren ungewöhnlich. Der Stromfluß wurde unterbrochen, worauf spasmodische Atemgeräusche hörbar wurden. Eine zweite Stromanwendung wurde angeordnet und verursachte wieder ungewöhnliche Geräusche. Elektrisches Bogenlicht trat im Bereich der Kopfplatte auf, und Rauch entstand. Der Stromfluß wurde unterbrochen; spasmodische Atemgeräusche wurden von einem Gurgeln oraler und nasaler Flüssigkeiten beglei-

tet. Eine dritte Stromanwendung erbrachte weitere Bogenphäno-
mene und Rauch. Nach Beendigung des Stromflusses war im Raum
nichts mehr zu hören.» Ohne eine Begründung für seinen Schluß zu
nennen, erklärt Kilgo: «Reifliche Abwägung bringt mich zu der
Überzeugung, daß das bewußte geistige Erleben und die sensorische
Wahrnehmungstätigkeit unmittelbar mit der Verabreichung des ersten elektrischen Schlages verlorengehen.» Dies ist eine clevere For-
mulierung, denn Dr. Kilgo sagt nicht, daß Tafero das Bewußtsein
verlor und keine Schmerzen hatte; er behauptet lediglich, daß Menschen, die auf dem elektrischen Stuhl hingerichtet werden, im allgemeinen rasch das Bewußtsein verlieren.

Dr. Kilgo schließt sein medizinisches Gutachten mit einem Preis-
lied auf das Exekutionsteam, das entfernt an Longfellows Gedicht
The Charge of the Light Brigade erinnert: «Weiter bin ich der Ansicht, daß hier eine Gruppe tapferer Strafvollzugsbeamter die ihnen
von der Allgemeinheit übertragene Verantwortung trotz unerwar-
teter und noch nicht dagewesener widriger Umstände in ungewöhnlich professioneller Haltung wahrgenommen hat. Es gab
menschlich verständliche Bestürzung, aber keinen Kollaps. Es
gab menschlich verständliche Verwirrung, aber keine Panik. Das
Notwendige wurde getan. Das Beabsichtigte wurde erreicht.» Mit
einem flüchtigen Eingeständnis der Tatsache, daß Taferos Hinrichtung ungewöhnlich war, schließt Kilgo seine beeidete Erklärung:
«Unter den gegebenen Umständen waren die Ergebnisse ästhetisch
keineswegs befriedigend. Aber nach mehr als vierzigjähriger Erfahrung will mir scheinen, daß, von raren glücklichen Ausnahmen abgesehen, die meisten Tode ästhetisch unbefriedigend sind, was auch
immer ihre Ursache ist.»

Brierton schrieb in seinem Bericht für Dugger: «Der nächste
Schritt bestand in der Überprüfung aller Variablen, die bei der Hinrichtung präsent, aber nicht Teil der eigentlichen Stromschaltung
waren. Dazu gehörten am offensichtlichsten die Schwämme, die bei
der Hinrichtung Anwendung fanden.» Nun wird mit dem Finger auf
Al Martin gezeigt, den stellvertretenden Wartungsleiter. Brierton führt aus: «Eine Überprüfung ergab, daß der neuerworbene
Schwamm synthetisch und kein Naturprodukt der Marke ‹Elephant
Ear› ist, die bisher verwendet wurde. Mr. Martin gibt im Gespräch

offen zu, er habe nach einer Unterredung mit seinem Vorgesetzten beschlossen, den Schwamm auszuwechseln, aber nicht daran gedacht, einen Naturschwamm zu kaufen. Mr. Martin war in ein örtliches Geschäft in Starke gegangen und hatte einen Schwamm gekauft, der, wie sich herausstellte, aus Synthetikmaterial war.»

Nachdem er gefolgert hatte, daß der Schwamm schuld war, testete Brierton seine Hypothese, indem er ein Stück des bei Taferos Hinrichtung in die Kopfelektrode eingenähten Schwamms einer Prüfung unterzog. «Es kam darauf an zu zeigen, ob der neugekaufte Schwamm so viel Rauch erzeugen würde, wie am 4. Mai entstanden war. Dazu wurde ein Stück des Schwamms, der bei der Hinrichtung verwendet worden war, aus dem Einsatz des Kopfanschlusses herausgeschnitten. Dieses Stück Schwamm wurde 120 Volt Hitze [sic] ausgesetzt, indem es in einen gewöhnlichen Haushalttoaster eingelegt wurde. Schon nach fünf Sekunden fing es an zu rauchen und erzeugte einen ungesunden Geruch, der noch intensiver wurde, als der Schwamm verbrannte. Obwohl der Schwamm nur zehn Sekunden lang in dem Toaster war, erzeugte er sehr viel Rauch und schrumpfte auf ein Drittel seiner ursprünglichen Größe. *Der Schluß liegt nahe, daß obengenanntes Problem auf ein menschliches Versagen zurückzuführen ist, insofern, als der Naturschwamm durch einen Synthetikschwamm ersetzt wurde*» (Hervorhebung von Brierton).

Was die Folgen der verkorksten Hinrichtung für Jessie Tafero angeht, so schließt Brierton: «Dr. Kilgo hat in seinem Affidavit erklärt, seiner ärztlichen Auffassung nach ‹läßt das, was wie eine spasmodische Atemtätigkeit erschien, nicht den Schluß zu, daß noch Leben da war›.»

Am Tag, an dem Briertons Bericht einging, schrieb Behördenleiter Dugger an Gouverneur Bob Martinez: «Grundsätzlich war diese Exekution in ihrem mechanischen Ablauf eine Routinesache, aber durch ein unbeabsichtigtes menschliches Versagen kam es zu einem atypischen Geschehen.» Er hielt fest, daß «die durch den elektrischen Strom stimulierten unwillkürlichen Muskelbewegungen von einigen Beobachtern als Lebenszeichen gedeutet wurden» und daß «diese unglücklichen Umstände, zusammen mit der natürlichen Ängstlichkeit mancher Zeugen, zu recht bizarren Schilderungen der Exekution führten». Zum Schluß teilte Dugger dem Gouverneur noch mit, daß Taferos Sterben, wenn überhaupt, *weniger lang* gedauert habe als das der meisten anderen Häftlinge, die auf Floridas elektrischem Stuhl den Tod fanden: «Der Autopsiebericht und die anhängende ärztliche Darstellung weisen auf einen sofortigen Tod, wie er unter den alltäglicheren Umständen früherer Exekutionen die Regel ist. Erhärtet wird dies durch die Tatsache, daß der Zeitpunkt der ersten Stromanwendung mit 7.06 Uhr und der Eintritt des Todes mit 7.13 Uhr angegeben wird, was einen Gesamtzeitrahmen von sieben Minuten beinhaltet. Dies ist in der Tat weniger Zeit, als in den meisten vorangegangenen Exekutionen verstrichen ist. Ich und das Personal des *Florida State Prison* bedauern zutiefst, daß dieser Zwischenfall Anlaß zu Beunruhigung und Sorge gegeben hat. Aber die legale Exekutionspraxis in Florida darf wegen eines Irrtums, der leicht zu erkennen und inzwischen korrigiert ist, nicht angetastet werden.»

Wenn Fred Leuchter über die Exekution Taferos spricht, nimmt er sie als Argument dafür, warum er in die Hinrichtungsbranche gegangen ist: «Ich habe angefangen, mich mit Hinrichtungs-Hardware zu befassen, weil ich Schmerzen und Leiden insgesamt beseitigen möchte, bei allen Beteiligten. Diese Häftlinge haben ein *Recht* darauf, mit sachgerechtem Gerät hingerichtet zu werden.»

Im Blick auf dieses Ziel hat Fred nicht nur verschiedenen Bundesstaaten Geräte geliefert, die eine «sachgerechte Exekution» garantieren. Er hat auch als Sachverständiger für Verurteilte ausgesagt, die ihr Todesurteil anfechten mit der Begründung, bei dem Hinrichtungsgerät des Staates sei mit Störungen zu rechnen, was eine grausame und ungewöhnliche Bestrafung zur Folge habe. Freds Tagessatz als Gutachter lag während der gesamten achtziger Jahre bei 500 Dollar plus Spesen.

Im Juni 1990 bat Floridas *Office of Capital Collateral** Fred um

---

* 1985 eingerichtetes, vom Bundesstaat Florida finanziertes, mit Anwälten und Untersuchern besetztes unabhängiges Rechtshilfebüro. Zweck: Niemanden ohne Rechtsbeistand und Möglichkeit der Urteilsanfechtung hinrichten zu lassen (Anm. d. Ü.; Quelle: *New York Times*, 30.3.1986)

Unterstützung im Revisionsprozeß von Judy Buenoano, einer der vierzig zum Tod verurteilten Frauen in den USA. Buenoano sollte am 21. Juni auf dem elektrischen Stuhl hingerichtet werden. Sie hatte beim *Ninth Circuit Court* einen Dringlichkeitsantrag auf Aussetzung des Urteils und Hinrichtungsaufschub gestellt. Teil der Klagebegründung war, daß bei Einsatz des derzeitigen Geräts *jede* Hinrichtung in Florida verfassungswidrig sei, weil sie den Achten und Vierzehnten Verfassungszusatz verletze. Buenoano bat Fred als Sachverständigen um den Nachweis, daß der elektrische Stuhl Floridas nicht richtig funktioniere und die Behörden Floridas unfähig seien, Hinrichtungen durchzuführen.

Seit der Zeit, als Fred Leuchter seine Firma *American Engineering, Inc.* gegründet hatte, stand Florida ganz oben auf seiner Liste potentieller Kunden. Nach Texas und Kalifornien rangiert Florida an dritter Stelle der Exekutions-Tabellenliga: Dort warten zur Zeit mehr als 300 Menschen auf ihre Hinrichtung. Nur Texas hat mehr Menschen hinrichten lassen als Florida. Seit 1977 wurde der elektrische Stuhl im *Raiford Prison* bei Starke 27mal benutzt. Aber nicht nur die Häufigkeit des Einsatzes des elektrischen Stuhls brachte Fred dazu, Florida als einen Hauptanwärter auf einen Kontrakt anzusehen, sondern die Male, wo der Stuhl nicht reibungslos funktioniert hatte.

Ende 1986 wurde Fred angesprochen von Thomas Barton, dem Superintendenten des Staatszuchthauses von Florida, und von Robin Adair, der von 1986 bis 1987 als leitender Elektriker im Zuchthaus arbeitete. In einem am 13. Juni 1990 im Zusammenhang mit der Verteidigung Judy Buenoanos abgegebenen Affidavit erklärte Fred: «Mr. Adair teilte mir mit, die Beinelektrode von Floridas elektrischem Stuhl habe sich bei der letzten Exekution als schadhaft erwiesen, und der Zustand der Kopfelektrode sei fragwürdig. Er bat mich, ein Angebot für eine neue Beinelektrode und einen Kopfanschluß für den elektrischen Stuhl im *Florida State Prison* vorzulegen.»

Am 11. Dezember 1986 forderte Robin Adair Fred auf, einen Kostenvoranschlag für eine neue Beinstütze und einen Helm für Floridas elektrischen Stuhl einzureichen. Am 12. Dezember legte Fred einen Kostenvoranschlag über 3429 Dollar vor. Er umfaßte eine Beinstütze für 2200 Dollar, einen Helm für 1200 Dollar plus 29 Dollar Versandkosten. Fred schickte zugleich einen Brief, in dem er «Mr. Adair erklärte, daß ich es in meinem Expertengutachten nicht für möglich halte, daß eine einzige Beinelektrode den elektrischen Strom bei einer Hinrichtung zufriedenstellend leiten kann. Die von mir entwickelte Anlage umfaßt zwei Beinelektroden. Das im *Florida State Prison* installierte System funktioniert einfach nicht ordnungsgemäß.»

In seinem Affidavit vom 13. Juni 1990 fuhr Fred fort mit der Darstellung der Ereignisse in Florida. «Mr. Adair antwortete, meine Preise seien zu hoch, und er und Mr. Barton wollten, daß ich aus einem alten Armeestiefel und einem Kupferstreifen eine Beinelektrode herstelle. An diesem Punkt wurde mir deutlich, daß die Strafvollzugsbehörde nicht kompetent war, Komponenten des elektrischen Stuhls zu entwickeln, und daß niemand dort die technischen Grundlagen wirklich verstand. Mit der Erklärung, daß eine aus einem alten Armeestiefel gebastelte Elektrode für eine sachgerechte Exekution nicht geeignet sei, lehnte ich eine weitere Mitarbeit ab.» Fred weiter: «Mr. Adair sagte mir später, er habe selbst eine Armeestiefelelektrode hergestellt, und beim nächsten Hinrichtungskandidaten habe sie funktioniert.»

Robin Adair legte in Buenoanos Revisionsverfahren ebenfalls ein Affidavit vor. Er schrieb, sein Aufgabenbereich «umfasse alle elektrischen Anlagen und die Instandhaltung dieser Anlagen im Zuchthaus, einschließlich der mit dem elektrischen Stuhl zusammenhängenden Generator- und Transmissionsvorrichtungen». Seine Aussage schockierte die auf Geheimhaltung bedachten Behörden Floridas, da sie eine Reihe spezieller Exekutionspraktiken enthüllte. «Während meiner Anstellung im Florida State Prison», schrieb Adair, «nahm ich an zahlreichen ‹Probeläufen› teil, Tests des elektrischen Stuhls, die vor bevorstehenden Hinrichtungen durchgeführt wurden. Dadurch wurde ich mit der Vorgehensweise und den bei Hinrichtungen im Zuchthaus verwendeten elektrischen Geräten aufs genaueste vertraut. Außerdem bin ich mit der elektrotechnischen Ausbildung zahlreicher Angestellter des Florida State Prison vertraut, die zur Zeit mit der Instandhaltung und Bedienung des elektrischen Stuhls zu tun haben, einschließlich Mr. Al Martin, des derzeitigen stellvertretenden Wartungschefs.»

Adair stellte fest: «Zu meinem großen Erstaunen fand ich heraus, daß das Zuchthaus keinen ausgebildeten Elektriker beschäftigt, noch meines Wissens jemals einen beschäftigt hat. Ich fand bald heraus, daß ich, aufgrund der von mir absolvierten grundlegenden und weiterführenden elektrotechnischen Kurse, neben einigen Gefangenenhelfern die einzige Person im Florida State Prison war, die etwas von elektrischen Grundprinzipien, Leitungen und Schaltungen verstand.»

Adair kritisierte die Wartungscrew des Zuchthauses wegen mangelnden elektrotechnischen Sachverstands. «Während meiner Anstellung machte ich die Erfahrung, daß Mr. Martin die einfachsten Grundtatsachen der Elektrizität nicht kannte und seine Position als Leiter des Gefängniskraftwerks politischer Patronage innerhalb der Gefängnisverwaltung verdankte. Mr. Martins Unkenntnis elektrotechnischer Prinzipien wurde bei verschiedenen Gelegenheiten deutlich. Ich erinnere mich genau, daß Mr. Martin mir einmal ein 110-Volt-Außenlicht mit der Bemerkung brachte, er habe das Licht bei sich zu Hause anschließen wollen, die Laterne aber nicht zum Brennen gebracht. Er bat mich, ihm zu erklären, wie er sie anschließen müsse. Ich konnte es nicht fassen, daß dieser Mann, der noch nicht einmal eine 110-Volt-Lampe anschließen konnte, die elektrische Generatoranlage des Florida State Prison unter sich hatte.»

Am aufschlußreichsten in Robin Adairs Affidavit ist vielleicht die Schilderung, wie Florida vor einer Exekution seinen elektrischen Stuhl testet. «Der Stuhl wird vor einer Hinrichtung getestet, indem man einen Kübel mit Salzlösung füllt, die Kabel mit Anschlußklemmen daran festmacht und den Strom einschaltet. Die Salzlösung soll dabei den Körperwiderstand des Häftlings simulieren; von der im Test dem Wasser beigegebenen Salzmenge hängt ab, wie groß der Widerstand ist. Entsprechend dem im Kübel vorgefundenen Widerstand wird das Kontrollpult dann mit Hilfe zweier Skalen, die die Höhe von Spannung und Widerstand anzeigen, so eingestellt, daß dem Häftling bei der Hinrichtung 2400 Volt und acht Ampere verabreicht werden.» Das Problem mit dem Salzwassertest sei, erklärte

Adair, daß man den Salzgehalt des Wassers exakt bestimmen müsse. Tue man das nicht, sei es unmöglich zu wissen, wie hoch der erzeugte Widerstand sei. Und die Messung des Widerstands habe ja gerade den Sinn, Spannung oder Stromstärke danach exakt einzustellen.

Adair berichtete, daß Mr. Martin, «als er zum erstenmal einen Salzlösungstest durchführen wollte, versehentlich einen Kurzschluß hervorrief und einen der Hauptunterbrecherkästen im Hinrichtungsraum außer Funktion setzte. Mr. Martin und Wartungschef Mr. Ron Thornton wandten sich hilfesuchend an mich und sagten, wir müßten sofort den elektrischen Stuhl reparieren, da er nicht funktioniere. Sie riefen den einzigen Menschen an, der vom Hersteller des elektrischen Stuhls geschult worden war, der aber nicht mehr im Florida State Prison arbeitete und inzwischen in den Ruhestand gegangen ist. Ich schaltete den Unterbrecher wieder ein, goß das Wasser aus, das Martin verwendet hatte, holte neues Wasser, tat das Salz hinein und führte den Test problemlos durch.»

Adair beklagte «die mangelnde Bereitschaft des Zuchthauses, Geld für professionell gefertigte Bauteile des elektrischen Stuhls aufzubringen oder mehr als nur begrenzte Wartungs- und Inspektionsarbeiten am Stuhl auszuführen». Er sagte aus, «Mr. Leuchter riet mir 1986, zwei Beinelektroden zu verwenden, um einen gleichmäßigen Stromdurchfluß durch den Körper zu gewährleisten. Ich informierte Wartungchef Mr. Ron Thornton und den stellvertretenden Wartungchef über die Nachteile der Verwendung von nur einer Elektrode und legte ihnen die Kostenvoranschläge von Mr. Leuchter vor. Später wurde mir gesagt, das Zuchthaus wolle nicht soviel Geld für die Beschaffung eigens für den elektrischen Stuhl entwickelter, professionell gefertigter Bauteile aufwenden, und mein Vorgesetzter wies mich an, eine Elektrode aus im Zuchthaus vorhandenem Material herzustellen. Also nahm ich einen Stiefel, schnitt den unteren Teil ab, baute Aluminiumnieten, vernietete Bleibleche, Kupferstreifen, Ausgleichsscheiben und Kupfergeflecht (einige dieser Materialien waren zum Dachdecken vorgesehen) in den Stiefelschaft ein, brachte dann noch einen rostfreien Stahlstift aus dem Eisenwarenladen zum Festmachen der Beinelektrode an und stellte so die hausgemachte Beinelektrode her, die zur Zeit bei

Exekutionen im Florida State Prison verwendet wird. Ich muß hinzufügen, daß ich nicht die Originalelektrode des Herstellers des elektrischen Stuhls als Muster nahm, sondern weisungsgemäß eine andere selbstgebastelte Elektrode, die früher im Zuchthaus hergestellt worden war. Mir war unverständlich, warum das Zuchthaus kein Geld aufzuwenden bereit war, um dafür zu sorgen, daß Menschen ordentlich hingerichtet werden.»

Nachdem Fred mir diese Aussage gezeigt hatte, sagte er mir, Robin Adair habe sich «nicht wohl gefühlt bei seiner Konstruktion».

«Und wie ging es weiter?» fragte ich.

«Adair verließ den Strafvollzug und suchte sich draußen eine Arbeit. Er sagte später gegen die Behörde aus, und bei dem Prozeß erfuhr ich etwas, das mir überhaupt nicht klargewesen war. Der Grund, warum die Behörde für Strafvollzug und das Zuchthaus die Elektroden nicht kauften, war, daß sie die zwei- oder dreitausend Dollar, die Helm und Beinstütze gekostet hätten, lieber dafür ausgaben, das Privathaus des Direktors streichen und renovieren zu lassen. Das stimmt, das hat der Elektriker vor Gericht ausgesagt. Den Direktor gibt es nicht mehr, er ist jetzt Leiter der Strafvollzugsbehörde. Richard Dugger.»

Fred war verärgert über das, was er als Pfennigfuchserei der Behörden Floridas ansah. Und er staunte über den von ihnen praktizierten «Salzwassertest». Hatte er doch bei seinen historischen Nachforschungen in Sachen Exekutionstechnologie unter anderem gelernt, daß Thomas Edison Anfang der neunziger Jahre des letzten Jahrhunderts eine Idee hatte, wie man den elektrischen Stuhl verbessern könne. Anstatt Elektroden an Kopf und Bein des Verurteilten anzubringen, ließ Edison ihn auf einem Stuhl festschnallen und ordnete an, daß er die Hände an beiden Seiten des Stuhls in einen Bottich mit Salzwasser tauchte. Der Strom wurde dann durch das Salzwasser und den Körper des Verurteilten geleitet. Das Edisonsche Verfahren wurde am 8. Februar 1892 im New Yorker Zuchthaus Sing Sing an Charles McElvaine ausprobiert, mit entsetzlichen Folgen. «McElvaines Todesfolter in New York ist Beweis genug, daß man kein Salzwasser nehmen kann», erklärte mir Fred. «Das ist dokumentiert.»

Das Problem war nicht, daß Floridas elektrischer Stuhl nicht *funktionierte.* Er funktionierte insoweit, als niemand ihn lebendig wieder verließ. Fred argumentierte, daß Florida seinen eigenen Gesetzen und der Verfassung der Vereinigten Staaten zufolge zwar das Recht habe, Menschen hinzurichten, aber nicht das Recht, sie zu Tode zu foltern. Auf der Suche nach Belegen dafür, daß die Hinrichtung auf dem elektrischen Stuhl bei unkorrekter Durchführung schmerzhaft ist, begann Fred, Autopsieberichte der in Florida exekutierten Häftlinge zu studieren.

«Manche Staaten lassen nicht alle hingerichteten Häftlinge sezieren», erklärte Fred. «Florida aber doch. Aber Sie müßten die Autopsieberichte mal sehen, die ich aus Florida kriege. ‹Wahrscheinlichste Todesursache ist Hinrichtung durch elektrischen Strom›», schnaubte Fred angewidert. «Was heißt da *wahrscheinlichste?* Also: Sie schneiden die Leiche auf, schauen sich das Gehirn an, nehmen alle Organe raus und stecken sie in einen Beutel. Und das alles für nichts und wieder nichts? Da steckt doch was dahinter!»

Fred war ehrlich empört. Als er sich beruhigt hatte, sagte er zu mir: «Wenn klar ist, daß wir eine Kontrollinstanz brauchen, dann sollten wir vielleicht jeden sezieren und nach den Anhaltspunkten schauen, die zeigen, daß die Hinrichtung schmerzhaft war.»

«Aber woher wollen Sie wissen, ob jemand Schmerzen hatte?» fragte ich. «Wenn der einzige Mensch, der es wissen kann, tot ist?»

Fred stand auf und ging zu dem niedrigen Aktenschrank neben seinem Schreibtisch. Er zog eine Anzahl Aktenordner heraus und stapelte sie auf dem Couchtisch.

«Hoffentlich haben Sie einen robusten Magen», sagte er. Er fing an, mir einen Haufen ekelerregender Hochglanzfotos hinzublättern, die Nahaufnahmen der Köpfe und Beine von Männern zeigten, die auf Floridas elektrischem Stuhl gestorben waren: Ted Bundy, Daniel Thomas, David Funchess, Ronald Straight, Beauford White, Willie Darden, Jeffrey Daugherty, Aubrey Adams.

«Bei einer sachgerechten Hinrichtung», rief Fred mir ins Gedächtnis, «sollte der Körper so wenig verletzt werden wie möglich.»

Jede der Kopf-Aufnahmen, die ich durchsah, zeigte eine ins

Auge springende Verletzung: In jedem Fall hatte der Leichenbeschauer die Schädeldecke ringsherum waagerecht aufgeschnitten,
um das Gehirn herauszunehmen, und die beiden Hälften dann
aufs Geratewohl wieder zusammengenäht. Ich versuchte darüber
hinwegzusehen und mich auf das zu konzentrieren, worauf Fred
mich hinwies: die Zone verbrannten Fleisches um den Wirbel am
Hinterkopf, verursacht durch defekte Elektroden und unkorrekte
Spannung und Stromstärke.

Ich betrachtete die Aufnahme von Ted Bundys Kopf in Verbindung mit dem Bericht des Leichenbeschauers. Der «Brandring»,
wie der Leichenbeschauer sich ausdrückte – eine durch die Kopfelektrode hervorgerufene Verbrennung dritten Grades –, maß 16
mal 14 Zentimeter. Er bedeckte praktisch den ganzen Kopf. Die
Verbrennung war so schwer, daß das verschmorte Fleisch den
Knochen freigab. Die Brandwunde an Bundys rechtem Bein, wo
man ihm Robin Adairs Stiefel-Elektrode umgeschnallt hatte, maß
18 mal 20 Zentimeter.

Die anderen Fotos zeigten mehr oder weniger das gleiche. Ich las
die sauber getippten Drei-Seiten-Berichte mit den genauen Angaben
über die Größe und das Gewicht der den Hingerichteten entnomme-
nen Organe und betrachtete die Schemazeichnungen ihrer Körper,
auf denen die Brandverletzungen ebenso verzeichnet waren wie die
Quetschungen durch den Gurt, der die Kopfelektrode festhält. Diese
Berichte erschienen mir als äußerster Einbruch in die Intimsphäre.
Die Dokumente hatten eine makabre Faszination. Sie enthielten fast
keinen Hinweis auf die Person, um die es ging, sondern beschäftigten
sich vor allem mit den Ergebnissen der Handlungen anderer. Die
einzige Spur, die der Hingerichtete als lebendes, handelndes Wesen
hinterlassen hatte, fand sich in der jedem Autopsiebericht beigefüg-
ten, umfassenden toxikologischen Untersuchung, in der man den
Körper des Toten auf illegale Drogen getestet hatte. Daniel Thomas
bestieg den elektrischen Stuhl mit 0,32 Promille Alkohol im Blut;
Ronald Straights Urin zeigte, daß er das Amphetamin Orphenadrin
nahm; Will Darden hatte vor seiner Exekution Marihuana geraucht.

Ich legte die Autopsieberichte hin und fragte Fred, wie man denn
aus ihnen herauslesen könne, ob eine Exekution schmerzhaft war
oder nicht.

Fred antwortete mit einer Gegenfrage: «Was ist das Gemeinsame, das bei jeder Hinrichtungsart passiert, ob Hängen, elektrischer Stuhl, Todesspritze?»

«Man verliert...»

«Der Mann macht unter sich», sagte Fred an meiner Stelle und nickte mir zu, froh, daß ich seinem Gedankengang gefolgt war.

Die Standuhr tickte sehr laut in der drückenden, feuchten Luft des kleinen Zimmers. Im Aschenbecher vor uns lagen die Kippen von zwei Packungen Zigaretten. Caroline saß am Küchentisch, und ich konnte die gedämpfte Stimme des Moderators hören, der auf dem Weather Channel über das anhaltend warme Wetter sprach.

«Okay», sagte Fred. «Wenn Blase und Darm sich nicht sofort leeren, dann bedeutet das, daß der Hinrichtungskandidat versucht, seine Ausscheidungen zu kontrollieren. Er lebt noch. Und er hat Schmerzen.»

Ich nickte verstehend.

«Sehen Sie mal in Ted Bundys Bericht nach und sagen Sie mir, wieviel Urin er in der Blase hatte.»

Ich überflog die Seiten und fand diese Information gegen Ende, zwischen Angaben über «Nierengefäße» und «Prostata». Ich las vor: «Harnblase enthält 230 Milliliter strohfarbenen Urin.»

«Eine Hinrichtung ist entweder gut, oder sie ist schlecht», erklärte mir Fred. «Ein Zwischending gibt es nicht.»

Fred zündete sich eine neue Marlboro Light an und schob sein Feuerzeug vor meine altmodischen normalen Marlboro.

«Allen Berichten zufolge», redete er weiter, «war Ted Bundys Hinrichtung makellos. Aber mir kann keiner weismachen, daß Bundy keine Schmerzen hatte.»

«Das beweist der Urin?»

«Er garantiert nicht hundertprozentig, daß Schmerzen da waren, aber es gibt keine andere Erklärung für sein Vorhandensein. Der Urin sagt aus, daß wir nach Problemen mit den Geräten Ausschau halten müssen. Das ist bei jedem dieser Leute, die hingerichtet werden, das Schlüsselproblem, nach dem man schauen sollte. Wenn die Blase voll ist, kann das gar nichts anderes heißen. Man braucht ja nicht gleich zu sezieren, man könnte ihnen ja einen Katheter anlegen. Ich bin nicht dafür, die Leichen der Leute zu verstümmeln, aber das ist genau das, was der Staat Florida im Moment tut, und zwar bei jedem der Hingerichteten, egal, ob der das wollte oder nicht. Ich glaube, im Grunde sezieren sie einfach um des Sezierens willen. Es wird andauernd gemacht. Aber das Wichtige ist, daß Florida sich damit eines Tages vielleicht ins eigene Fleisch schneidet. Es hat sich auf jeden Fall schon gegen Florida gekehrt in Form der Fotos, die aufgenommen werden, und der Beschreibung der Verbrennungen.»

Aber mit den Exekutionen von Jessie Tafero oder Ted Bundy hat sich Florida nicht ins eigene Fleisch geschnitten. Was Ted Bundy * angeht, so hatte er durch seine Taten Amerika so entsetzt – einschließlich anderer zum Tod Verurteilter, von denen viele gesagt haben: «Wenn jemand es verdient, gebraten zu werden, dann der» –, daß niemand mehr Argumente dafür hören mochte, daß Elektro-Exekutionen schmerzhaft sind, denn allzu viele hätten darauf bloß geantwortet: *Na wunderbar!*

Wenn sich Taferos Exekution am Ende gegen irgend jemanden kehrte, dann gegen Fred Leuchter. Durch seine Aussage gegen Florida im Buenoano-Verfahren hatte er andere die Todesstrafe verhängende Staaten gegen sich aufgebracht, die ihm schließlich die Verträge aufkündigten.

Einen Monat, bevor das Buenoano-Verfahren verhandelt wurde, erschien Fred in der Sendung *Prime Time Live* von ABC, wo er an den Behörden Floridas Kritik übte. Man legte ihm Fotografien des Schwamms vor, den Floridas Strafvollzugsbehörde als Ursache von Taferos verpatzter Exekution ausgemacht hatte. Fred bestritt diesen Schluß: «Die Brandspuren an Schwamm Nummer zwei gleichen, jedenfalls soweit ich das nach den Fotos sagen kann, den typischen Verbrennungen, die bei einer unbrauchbaren oder defekten Elektrode entstehen. Das deutet darauf hin, daß es nicht der

---

* Theodore R. Bundy, verurteilt und hingerichtet wegen Sexualmords an zwei Collegestudentinnen und einem zwölfjährigen Mädchen, soll möglicherweise sehr viel mehr junge Frauen sexuell mißbraucht und ermordet haben. Ehemaliger Jurastudent, versuchte durch juristische Manöver seine Exekution zu verzögern. (Anm. d. Ü.; Quelle: *New York Times*, 30.3.86)

Schwamm war. Es ist sehr gut möglich, daß ein solches Versagen in Zukunft wieder passiert. Wenn auch vielleicht nicht gleich beim nächstenmal, aber bei einer späteren Hinrichtung.»

Floridas *Office of Capital Collateral*, das das Buenoano-Revisionsverfahren durchführte, schrieb an Zuchthauschef Barton vom *Florida State Prison* und bat ihn, den elektrischen Stuhl zu überprüfen. Am 21. Mai 1990 antwortete Barton: «Diese Bitte wird abgelehnt. Der Unterzeichnete verweist auf den Bericht des Strafvollzugsministeriums und wird weiteren Ersuchen dieser Art nicht stattgeben.» Das hielt Buenoanos Anwälte jedoch nicht davon ab, den Tafero-Bericht in Frage zu ziehen, wobei sie ihre Argumentation auf das vorliegende Tatsachenmaterial aufbauten: Augenzeugenberichte von Journalisten, schriftliche eidliche Aussagen von Gefängnisangestellten und Expertengutachten von Fred und weiteren Zeugen. Dazu gehörten die Pflichtverteidigerin Susan Cary und der gerichtsmedizinische Experte Dr. Robert Kirschner, stellvertretender Leiter der medizinischen Leichenschau des Cook County in Illinois.

Die Strafvollzugsbehörde hatte Dr. Kilgos Behauptung akzeptiert, daß «die dermalen Verbrennungen und die Verbrennungen an der rechten Wade bei postmortaler Prüfung in Fläche und Intensität nicht größer waren als die in früheren Fällen beobachteten. Hinweise auf eine Verkohlung durch Flammen an irgendeiner Partie des Kopfes lagen nicht vor.» Susan Cary, die bis sieben Stunden vor der Hinrichtung bei Tafero war, besichtigte die Leiche jedoch danach im *Chestnut's Funeral Home* in Gainesville. Sie fand Anzeichen, die Dr. Kilgos Einschätzung widersprachen. In ihrem Affidavit sagte Cary: «Ich habe die Leichen von drei anderen Häftlingen gesehen, die von Beamten des *Florida State Prison* hingerichtet worden sind. Ich sah sie etwa im gleichen zeitlichen Abstand von der Hinrichtung, wie ich Mr. Taferos Leiche gesehen habe. Keine der anderen Leichen hatte solche schweren Brandwunden, Versengungen und Verletzungen am Kopf wie die Leiche Mr. Taferos.» Taferos Kopf war so schwer verbrannt, bemerkte Cary, daß «in weiten Bereichen ein fast 2 Zentimeter breiter Spalt klaffte, obwohl der bei der Autopsie vorgenommene Schnitt bereits vernäht war. Ich fragte den Leichenbestatter, ob er diese

Wunde beim endgültigen Herrichten der Leiche für die Beerdigung noch schließen würde. Er sagte mir, das gehe nicht, weil die Haut so schwer verbrannt sei, daß der Faden sie einfach zerreißen würde. Sie lasse sich nicht mehr in die ursprüngliche Lage bringen. Mr. Chestnut hat die Leichen mehrerer in Florida exekutierter Personen hergerichtet. Er sagte, bisher sei die Haut noch bei keinem Verstorbenen so verbrannt gewesen, daß er den Autopsie-Schnitt nicht schließen konnte.»

Dr. Kirschner, der über spezielle Fachkenntnisse in der Dokumentation von Folter und Menschenrechtsverletzungen verfügt, prüfte das vorliegende Material und gelangte zu dem Schluß, daß «Mr. Tafero, medizinisch und wissenschaftlich gesehen, mit ziemlicher Sicherheit vor dem dritten Stromstoß noch nicht tot war». Des weiteren stellte Dr. Kirschner fest: «Man kann nicht sagen, daß Mr. Tafero nach der ersten und zweiten Stromanwendung ‹bewußtlos› gewesen sei. Darüber hinaus ist es aufgrund der bei der Hinrichtung an Mr. Tafero beobachteten Reaktionen aus medizinischer und wissenschaftlicher Sicht unverantwortlich, eine solche Schlußfolgerung aufzustellen. Tatsächlich ist es nicht unwahrscheinlich, daß er nach dem ersten oder nach dem ersten und zweiten Stromstoß noch bei Bewußtsein war.»

Dr. Kirschner vertrat die Ansicht, daß «Mr. Tafero nicht die vorgeschriebene letale Dosis von zweitausend (2000) Volt Stromspannung bekommen hat, die angeblich verabreicht wurde». Und: «Die nicht erfolgte Anwendung der erforderlichen Stromspannung verweist zusammen mit den von den Beobachtern der Hinrichtung erwähnten physiologischen Reaktionen auf die substantielle Möglichkeit, daß Mr. Tafero bei der Exekution bewußt Schmerzen empfand.» Dr. Kirschner kritisierte Verwaltungschef Duggers Brief an Gouverneur Martinez, in dem Dugger behauptet hatte: «Der Autopsiebericht und die anhängende ärztliche Darstellung weisen auf einen sofortigen Tod.» Kirschner schrieb: «Ich finde weder in dem Autopsiebericht noch in dem Affidavit des anwesenden Arztes, Dr. Kilgo, eine solche Feststellung. Der Autopsiebericht kann unmöglich festlegen, wie schnell in diesem Fall die Bewußtlosigkeit oder der Tod eintraten.»

Dr. Kirschners Sichtweise gründete teilweise auf Freds Analyse des Geschehens bei Taferos Hinrichtung: Die Flammen, die aus Taferos Kopf schlugen, seien Beweis dafür, daß durch eine defekte Elektrode ein hoher Widerstand erzeugt worden sei. Tafero sei nicht nur angezündet worden, sondern der durch die defekte Elektrode erzeugte Widerstand habe die Spannung des Stroms, der wiederholt durch Taferos Körper floß, auf Werte von 90 oder 100 Volt heruntergedrückt – zu wenig, um den Tod herbeizuführen, aber genug, um unnötige Schmerzen zu verursachen.

Am 20. Juni 1990 lehnte Floridas Oberster Gerichtshof Buenoanos Gesuch mit vier gegen drei Stimmen ab. Das Urteil lautete: «Der Tod auf dem elektrischen Stuhl ist keine grausame und ungewöhnliche Strafe, und eine Störung reicht nicht aus, um eine gerichtliche Untersuchung der Kompetenz der Strafvollzugsbehörde zu rechtfertigen.»

Zwei Richter waren vehement anderer Meinung. Richter Barkett schrieb: «Judy Buenoano hat eine simple, verfassungsmäßige Klage eingebracht: Der elektrische Stuhl funktioniert nicht richtig.» Er empfand die Entscheidung dieser «simplen» Sache jedoch als historisch, denn, wie er schrieb: «Meines Wissens ist dies das erste Mal, daß eine Kammer behauptet, die Exekutive habe das Recht, eine verfassungsmäßige Klage wegen grausamer oder ungewöhnlicher Bestrafung ohne Gerichtsverhandlung oder Anfechtungsmöglichkeit zu entscheiden. Die Verfassung zu interpretieren ist aber *Sache der Justiz.*» Nach Barketts Meinung hatte das *Department of Corrections* sich die Aufgabe des Gerichts angemaßt.

Barkett schloß sein abweichendes Votum mit einer ätzenden Verurteilung der Mehrheitsmeinung: «Obwohl rechtlicher Schutz für Buenoano, nach dem Urteil der Majorität, ausgeschlossen ist, kann sie sich beim Sterben mit dem Wissen trösten, daß ihr Tod möglicherweise irgendeinem anderen Menschen rechtlichen Schutz einbringen wird, falls ihre Hinrichtung, und vielleicht noch viele andere, sich als so entsetzlich herausstellt wie die Taferos. Nur dann ist, nach dem Urteil der Majorität, eine ausreichende Zahl von Störungen gegeben, um eine gerichtliche Untersuchung zu rechtfertigen. Dies ist eine bizarre Wendung in der juristischen Handhabung der Todesstrafe. Sie wirkt sogar noch sonderbarer, wenn man die damit gegebenen pragmatischen Implikationen bedenkt. Der Staat gab in der mündlichen Debatte zu, daß er mehr Geld und Zeit darauf verwandte, Buenoanos Klage vor Gericht abzuwehren, als es gekostet hätte, die angeblich schlecht funktionierende Elektrode einfach auszuwechseln. Ein humanes Verfahren, von Wirtschaftlichkeit und Effizienz ganz zu schweigen, wäre gewesen, die Elektrode, die Buenoanos Sachverständigen zufolge schlecht funktionierte, einfach zu ersetzen. Anders als bei der prozessualen Anfechtung dieser simplen Klage wäre die Strafvollstreckung dann nicht verzögert worden. Aber das wäre wohl eine zu einfache Lösung gewesen.»

Richter Kogan stimmte Richter Barkett bei und fügte noch einen eigenen Kommentar hinzu. Er kritisierte vor allem den «Toaster-Test», den die Behörden an dem in der Tafero-Hinrichtung verwendeten Kunstschwamm vorgenommen hatten. Er verwies auf die einfache wissenschaftliche Tatsache, daß Stromspannung in Volt und Wärme in Celsius oder Fahrenheit gemessen werde und daß «Elektrizität und Wärme nicht dasselbe sind» und gab unter Berufung auf den gesunden Menschenverstand zu bedenken, daß der bei Taferos Hinrichtung verwendete Schwamm mit Salzlösung getränkt, der in den Toaster eingelegte Schwamm aber trocken gewesen sei. Außerdem stellte er die Frage, ob der im Toaster getestete Schwamm wirklich ein Teil des bei der Exekution verwendeten Schwamms gewesen sein könne. «Tatsächlich», führte Kogan aus, «hat das DOC [Department of Corrections] die Kammer mit einem Paradoxon konfrontiert. Das DOC will uns glauben machen, daß *120 Volt* den Schwamm in nur zehn Sekunden um zwei Drittel schrumpfen ließen. Drei im Zeitraum von sechs bis sieben Minuten abgegebene, getrennte 2000-Volt-Stöße sollen dagegen zwei widersprüchliche Folgen gehabt haben: 1. Aus dem Schwamm in der Schädelkappe sollen reichlich Flammen geschlagen und während aller drei Stromstöße buchstäblich um Taferos Kopf getanzt sein; und doch sei 2. der Schwamm intakt genug geblieben, daß man ihm zwecks Test ein Stück entnehmen konnte. Die Tatsache, daß der Schwamm um zwei Drittel geschrumpft sein soll, nachdem er zehn Sekunden im Küchentoaster gelegen hatte, bedeutete nun aber nicht nur, daß er die Stromstöße überdauert hätte, sondern daß Teile davon noch nicht einmal in nennenswertem Umfang *geschmolzen* wären. Sonst wäre der Schwamm ja bereits geschrumpft gewesen, *bevor* er in den Küchentoaster gelegt wurde. Aus diesem Grund fällt es mir schwer zu glauben, daß der Schwamm die einzige oder sogar die primäre Ursache der Flammen gewesen sein soll, die am 4. Mai aus Taferos Kopf schlugen. Die Tatsachendarstellung des Staates ist unlogisch und widerspricht wissenschaftlichen Erkenntnissen.»

Nachdem Richter Kogan Taferos Leiche und Fred Leuchters Gutachten gründlich studiert hatte, kam er zu dem Schluß, Buenoanos Argumente seien «wissenschaftlich nachvollziehbar». Er schrieb: «Buenoanos Theorie zufolge kamen die Flammen, die aus Taferos Kopf schlugen, nicht primär aus dem Schwamm, sondern aus Taferos eigenem Körpergewebe, das infolge des mangelhaften Stromdurchflusses durch seinen Körper überhitzt wurde.» Kogan schloß dies aus der Tatsache, daß «Taferos Augenbrauen und Wimpern durch die Flammen fast ganz weggebrannt, versengt oder gekräuselt wurden, vor allem auf der Seite des Kopfes, die die schlimmste Verkohlung aufwies».

Die von Kogan herangezogenen Beweismittel – insbesondere die Aussagen Fred Leuchters und Robin Adairs – brachten ihn zu der Schlußfolgerung, daß «dieses Gericht eine gespenstische Möglichkeit ins Auge fassen muß: Eine aus einem gebrauchten Armeestiefel, Ersatzteilen und Dachdeckmaterialien zusammengebaute, hausgemachte Elektrode kann in einer Exekution zu Flammen- und Rauchentwicklung und starker Verkohlung des Fleisches führen. Wenn die von Buenoano vorgebrachten Fakten richtig sind, können in Zukunft noch ernstere Störungen auftreten.»

Kogan meinte, das Gericht hätte wenigstens einen Beweiswürdigungstermin anordnen sollen, «um festzustellen, ob es *eine plausible Möglichkeit* gibt, daß die bei Taferos Hinrichtung aufgetretenen Flammen durch eine oder mehrere schadhafte Elektroden verursacht wurden». Das Gericht hätte Buenoano Hinrichtungsaufschub gewähren sollen, «bis der Staat den elektrischen Stuhl auf eine Weise instandgesetzt hat, daß er den von anderen Staaten und qualifizierten Sachverständigen allgemein anerkannten Standards entspricht».

Buenoanos erstes Revisionsverfahren hinterließ bei Fred ein Gefühl der Bitterkeit. Der Staat hatte sich geweigert, das nötige Geld auszugeben, um den elektrischen Stuhl auf den neuesten Stand zu bringen. Er hatte mehr Geld aufgewendet, um Buenoanos Klage abzuschmettern, als die vorgeschlagene Änderung des Stuhls gekostet hätte. Das Gericht hatte Buenoanos Gesuch, das weit mehr auf Freds Diagnose einer schadhaften Elektrode als auf der Verwendung eines falschen Schwamms basierte, abgelehnt. Fred hatte keinen neuen Kontrakt abschließen können, und weitere Exekutionen würden mit großer Wahrscheinlichkeit verpatzt werden.

Nachdem Fred mir den Zustand des Hinrichtungsgeräts in Florida geschildert und über seine Teilnahme am ersten Buenoano-Revisionsverfahren berichtet hatte, rief er verärgert: «Also, wenn das so weitergeht, nehmen sie dem Verurteilten noch die Kappe weg und schrauben die Elektroden direkt an!»

Eine Ursache der Probleme, deutete Fred an, sei die unterschiedliche Mentalität von Nord- und Südstaaten. Er bemühte sich, es so diplomatisch wie möglich auszudrücken und nahm *Florida State Prison* als Beispiel. «Die Beamten dort sind alle miteinander verwandt oder befreundet. Sie sind wie eine große Familie – Cousins, Brüder, Schwestern, Onkel, Neffen und was noch alles. Die nehmen es sehr übel, wenn ein Außenstehender kommt und ihnen sagt, was sie tun sollen. Sie haben sogar dem Gouverneur die Hölle heiß gemacht. Sie halten zusammen, komme, was wolle. Vielleicht sollte man sie am besten alle miteinander feuern und ganz neu anfangen. Oder ihnen die Vollstreckung der Todesstrafe wegnehmen und an eine neuere Anstalt geben. Ich will den Beamten, die dort arbeiten, nichts anhängen, das sind sicher alles anständige Leute. Das Problem ist nur, es soll keiner von draußen kommen und ihnen sagen, wo's langgeht.»

In einem zweiten Revisionsverfahren am 20. und 21. Juni 1990 sagte Fred vor dem *U.S. District Court* in Floridas *Middle District* für Buenoano aus. Buenoanos Gesuch um Hinrichtungsaufschub hatte Erfolg. Sie wartet weiterhin im Todestrakt.

Aber Buenoanos Erfolg in der zweiten Instanz hatte katastrophale Folgen für *Fred A. Leuchter Associates*. Wurzel des Problems waren die augenscheinlichen Interessenkonflikte, die sich aus Freds Auftreten als sachverständiger Zeuge für den Staat *und* für den Angeklagten ergaben. Im wesentlichen ging es um die Frage, wie glaubwürdig Freds Devise «Todesstrafe, nicht Todesfolter» sei. War das seine aufrichtige Überzeugung oder nur ein Verkaufsargument?

Fred erklärte mir: «Ich meine, daß ich im Gerichtssaal die Einwohner des Staates und die Humanität vertrete.» Seine Kritiker meinten, er vertrete im Gerichtssaal seine Geschäftsinteressen. Ein erstes Aufglimmen des Problems findet sich in Freds Affidavit vom 13. Juni 1990 für Judy Buenoano. Fred hatte versäumt, Jerome Nickerson von Floridas *Office of Capital Collateral* mitzuteilen, daß er einen Kostenvoranschlag für eine Reparatur an Floridas elektrischem Stuhl eingereicht hatte. Das Wissen, daß sich hier eine potentielle Gefahrenquelle auftat, scheint in einem ungewöhnlichen Passus des Affidavits auf: «Als ich mit Mr. Nickerson sprach, habe ich ihn nicht darüber informiert, daß Vertreter des *Florida State Prison* sich in der Vergangenheit an mich gewandt haben... Ich bedaure, diese Angabe nicht schon früher gemacht zu haben.»

Das sollte sich für *Fred A. Leuchter Associates, Inc.* als kostspieliges Versäumnis erweisen. Vier Wochen später, am 20. Juli 1990, richtete Alabamas stellvertretender *Attorney General* Ed Carnes ein Memorandum zum Thema «‹Der Exekutionstechnologie-Experte› Fred Leuchter» an «alle Staaten, die die Todesstrafe verhängen». Sinn dieses Memorandums war es, darauf hinzuweisen, daß Fred Leuchter, der Geschichte statt Ingenieurwissenschaft studiert hat, nicht qualifiziert sei als Experte für Exekutionstechnologie. Die übrigen die Todesstrafe verhängenden Staaten sollten wissen, daß Fred möglicherweise heute *für* und morgen *gegen* sie aussagen könne. (Es ist üblich, daß sachverständige Zeugen ihre Dienste Staatsanwälten und Verteidigern zur Verfügung stellen.) Das Carnes-Memo hebt hervor, daß Fred weder über einen Ingenieursabschluß noch über «eine medizinische Ausbildung» verfügt, und behauptet fälschlich: «Er hat nie einen elektrischen Stuhl oder ein anderes Exekutionssystem installiert, das tatsächlich benutzt wurde.»

Als der stellvertretende *Attorney General* Carnes sein Memorandum herausschickte, hatte Fred sich vertraglich verpflichtet, Alabama einen neuen elektrischen Stuhl zu liefern. Alabama war Schauplatz zweier verunglückter Exekutionen gewesen. In ihrer ersten Hinrichtung seit 1965 hatten die Vollstrecker Alabamas drei 1900-Volt-Stromstöße gebraucht, um John Evans am 22. April 1983 zu töten. Die Beinelektrode brannte durch und fiel nach dem ersten Stromstoß ab, so daß das Exekutionsteam eine behelfsmäßige Reparatur vornehmen mußte, während Evans auf dem Stuhl noch lebte. Flammen und Rauch schlugen aus Evans' Kopf und Bein, und die Hinrichtung dauerte 14 Minuten. Weil am 14. Juli 1989 das Exekutionsteam die Leitungen des elektrischen Stuhls und eines parallelgeschalteten Widerstands verwechselte, dauerte die Hinrichtung von Horace Dunkins 19 Minuten.

Am 15. Juli 1989, dem Tag nach der Dunkins-Hinrichtung, wandten sich die Behörden Alabamas an Fred. Er konferierte mit dem Leiter des *Holman State Prison*, Charlie Jones, und mit Billy Johnson, dem Direktor des Ingenieurs- und Verwaltungsbereichs in der Strafvollzugsbehörde von Alabama. Fred beriet sie, wie das Problem zu lösen sei. Zehn Monate darauf, am 31. Mai 1990, nahm der Staat Alabama Freds Angebot über Konstruktion und Bau eines neuen elektrischen Stuhls an.

Kurz nachdem er Freds Angebot für einen neuen elektrischen Stuhl zugestimmt hatte, setzte der Staat als Exekutionstermin für Wallace Thomas den 13. Juli 1990 fest. Sobald dieser Termin feststand, fragte Charles Bodiford, der für technische Wartungsangelegenheiten verantwortliche Verwaltungsbeamte, im Namen von Zuchthausdirektor Jones telefonisch bei Fred an, ob der neue elektrische Stuhl rechtzeitig für die Hinrichtung von Thomas fertig sein könne. Fred antwortete, das sei nicht möglich. Am 8. Juni machte er den Vorschlag, er wolle die Hinrichtung von Thomas auf dem alten elektrischen Stuhl selbst überwachen. Er würde den Stuhl warten und sicherstellen, daß die Elektroden richtig funktionierten. Fred sagt: «Jones, Commissioner Thigpen und die Behörde waren ganz begeistert von meinem Vorschlag, aber in Alabamas Finanzministerium war jemand dagegen.»

Im Juli, so berichtet Carnes in seinem Memo, «rief Leuchter mich in meiner Dienststelle an. Es ging um den Versuch des Anwalts eines in Alabama einsitzenden Hinrichtungskandidaten namens Wallace Norrell Thomas, eine Klage wegen Alabamas elektrischem Stuhl anzustrengen. Grund war ein Problem bei der vorletzten Hinrichtung (das Exekutionspersonal hatte die Kabel so in unseren elektrischen Stuhl eingestöpselt, daß er, als der Schalter umgelegt wurde, keinen Strom bekam). Man hatte dieses Problem zwar dauerhaft behoben, aber Thomas' Anwalt erhob trotzdem Klage wegen mangelnder Verläßlichkeit und Effizienz unseres elektrischen Hinrichtungssystems. Leuchter teilte uns mit, er habe sich vertraglich verpflichtet, für Alabamas Strafvollzugsbehörde ein völlig neues elektrisches Hinrichtungssystem zu installieren; an unserem alten System sei im Prinzip nichts auszusetzen, außer daß es eben alt sei; und er sehe bei der geplanten Hinrichtung von Thomas auf dem alten Stuhl keinerlei Probleme voraus. Er versicherte, das alles habe er auch Thomas' Anwalt gesagt und schlug vor, alle diese Aussagen für uns zu beeiden. Wir ließen uns von Leuchter ein Affidavit geben (wir bezahlten 450 Dollar für seinen Zeitaufwand).»

Am 2. Juli 1990 hatte Fred einen Anruf von Thomas' Anwalt, Bryan Stevenson, bekommen, den Floridas *Office of Capital Collateral* an ihn empfohlen hatte. In einer am 4. Juli abgegebenen eidlichen Erklärung schrieb Fred: «Mr. Stevenson sagte, er rufe mich an, weil er im Namen von Mr. Thomas wegen Alabamas derzeitigem elektrischem Stuhl klagen und wissen wolle, ob ich ihn dabei unterstützen würde. Mr. Stevenson sagte mir, er halte mich aufgrund meiner Kenntnis des existierenden Stuhls und des für Alabama zu bauenden neuen Elektroexekutionssystems für den einzigen Menschen, mit dem er über dieses Thema sprechen könne. Ich teilte Mr. Stevenson mit, daß ich einen Auftrag angenommen hätte, für Alabamas Department of Corrections eine neue Anlage zu bauen, daß ich ihm aber gern alle Fragen beantworten würde. Ich habe alle Fragen beantwortet, die Mr. Stevenson mir stellte.»

Carnes' Dienststelle legte Leuchters Affidavit zusammen mit der eidlichen Aussage eines «hochqualifizierten Ingenieurs für Elektrotechnik und Biomedizin» dem *Federal District Court* vor. Am 10. Juli fand die Beweiserhebung statt, worauf das Gericht Thomas einen Hinrichtungsaufschub verweigerte. Dieser Beschluß

wurde am nächsten Tag vom *Eleventh Circuit Court* bestätigt,
und am 12. Juli lehnte das Oberste Bundesgericht der USA eine Ak-
tenvorlage ab.

Bis zu diesem Punkt ließ Carnes' Rundschreiben durchblicken,
Fred Leuchter halte Alabamas elektrischen Stuhl zwar für alt und
möglicherweise schadhaft, würde die Strafvollzugsbehörde aber –
im sicheren Wissen, daß er einen Lieferungsvertrag für einen
neuen elektrischen Stuhl in der Tasche hatte (dessen Herstellung
drei Monate dauern würde) – bei der Exekution von Wallace Thomas unterstützen.

Aber, so Carnes weiter: «Am 12. Juli 1990, circa um 18.30 oder
19.00 Uhr, also weniger als sechs Stunden vor dem Exekutionstermin, beantragte Thomas' Anwalt einen Hinrichtungsaufschub
beim Obersten Gericht Alabama. Der einzige Grund war, daß
Leuchter am selben Tag Thomas' Anwalt telefonisch mitgeteilt
hatte, was Leuchter eben erfahren hatte: Sein Auftrag, Alabama
einen neuen elektrischen Stuhl zu liefern, sei neu ausgeschrieben
worden; er fühle sich hintergangen; und bei genauerem Hinsehen
sei Alabamas existierender elektrischer Stuhl alt, unzuverlässig
und möglicherweise bei der bevorstehenden Exekution nicht funk-
tionstüchtig.» Carnes schrieb weiter: «Leuchters zweites Affidavit
macht deutlich, daß er Kontakt zu Thomas' Anwalt aufnahm,
nachdem er vergeblich versucht hatte, den Bundesrichter zu sprechen, der Thomas' Gesuch in einer Leuchters erstes Affidavit ein-
schließenden Beweiswürdigung verworfen hatte. Glücklicher-
weise», so Carnes, «wies Alabamas Oberster Gerichtshof den in
letzter Minute gestellten Antrag zurück, so daß Thomas, wie vorgesehen, am 13. Juli 1990, ein paar Minuten nach Mitternacht,
exekutiert werden konnte.»

Am 12. Juli 1990 hatte Fred unter Eid seine Version des Geschehens zu Protokoll gegeben: «In den letzten 48 Stunden wurde mir
offiziell mitgeteilt, daß das Finanzministerium meine Vertragsver-
einbarung nicht genehmigt, und daß ich aller Wahrscheinlichkeit
nach einen neuen Stuhl für Alabama nicht bauen oder entwickeln
werde. Obwohl mir die Meinungsänderung bezüglich des in Alabama geplanten neuen elektrischen Stuhls vom Finanzministerium schon vor einigen Wochen hätte mitgeteilt werden können,

hat der Staat mich erst diese Woche davon unterrichtet. Ich halte dieses Vorgehen des Staates für verwerflich und fühle mich hinsichtlich des Falles Wallace Norrell Thomas hintergangen. Es beunruhigt mich zutiefst, daß meine Darstellung im Fall *Thomas* möglicherweise das Ergebnis des Thomas-Prozesses beeinflußt hat, während das, was der Staat mir gegenüber als seine Absichten bezüglich Alabamas elektrischem Stuhl dargestellt hat, offenbar nicht mehr zutrifft. Ich habe heute, am 12. Juli 1990, versucht, Kontakt zum Bundesgericht aufzunehmen, um ihm meine Sicht dieser Angelegenheit mitzuteilen. Ich bin der Ansicht, daß ein Gericht die Exekution von Mr. Thomas aufschieben sollte, bis diese Sache gründlich geklärt worden ist. Ich habe heute, am 12. Juli, unaufgefordert den anwaltlichen Vertreter des Antragstellers, Wallace Norrell Thomas, angerufen und ihn über diese Vorgänge informiert. Ich habe davor, beziehungsweise seit er mich vor etwa zwei Wochen das erste Mal angerufen hat und ich ihm mitteilte, daß ich ihm nicht helfen könne, nicht mit Mr. Stevenson gesprochen.»

Als weiterer Beweis für Freds Gefährlichkeit für die staatliche Seite zitiert Carnes Freds Gutachten zugunsten von Ricky Boggs, der am 19. Juli 1990 in Virginia hingerichtet wurde. Am Tag vor seiner Hinrichtung hatte Boggs einen federalen Haftprüfungstermin beantragt mit der Begründung, der elektrische Stuhl sei möglicherweise schadhaft (was die schauerliche Exekution von Albert Clozza ein Jahr später, am 24. Juli 1991, erweisen sollte). Boggs' Gesuch stützte sich auf ein Affidavit von Fred Leuchter, der ausgesagt hatte, denkbar sei eine Betriebsstörung, die «ein gehirntotes, nur noch vegetativ existierendes Lebewesen im elektrischen Stuhl zurückläßt, während der Staat unfähig ist, die Exekution zu Ende zu bringen». Carnes zitierte die Auffassung des Gerichts, Boggs habe «keine glaubwürdigen Beweismittel vorgelegt», und fügte an, Boggs sei, Freds Bemühungen zum Trotz, «nach Plan hingerichtet worden».

Das Carnes-Memo zeigt einen anderen Teil der Hinrichtungsindustrie am Werk. Verärgert durch Freds Versuch, eine Hinrichtung in seinem eigenen Staat zu stoppen (und durch Freds in denselben 30-Tage-Zeitraum fallende Bemühungen in Florida und

Virginia), bot Carnes den Justizministern der anderen die Todesstrafe verhängenden Bundesstaaten praktischen Rat an: «Wenn Leuchter sich mit Ihren Strafvollzugsbeamten getroffen und angeboten hat, Ihr Exekutionssystem oder einen Teil davon zu erneuern, und dieses Angebot abgelehnt wurde, dann sichern Sie sich am besten schon vor Ihrer nächsten Hinrichtung gegen sein Affidavit oder Gutachten ab. Selbst wenn Leuchter nicht mit Ihren Strafvollzugsbeamten gesprochen hat, kann er trotzdem gegen Sie auftreten. Die Tatsache, daß er von der anderen Seite im gleichen Monat in drei Staaten eingeschaltet werden sollte, zeigt, wie schnell es sich bei den Gegnern der Todesstrafe herumgesprochen hat, daß er sich für sie einspannen läßt.

Die beste Methode, sich auf die Widerlegung von Leuchters Aussage, Ihr Exekutionssystem sei zu alt, unzuverlässig, defekt oder eine veraltete Konstruktion, vorzubereiten, ist, sich schon im voraus um ein Expertengutachten zu bemühen. Falls Sie einen elektrischen Stuhl haben, lassen Sie Ihr ganzes System von einem vertrauenswürdigen Elektroingenieur inspizieren und eingehend testen, und sollte er Verbesserungsvorschläge machen, dann befolgen Sie sie. Es gibt bei den Elektroingenieuren verschiedene Spezialisierungen, aber der geeignetste, um die Funktionstüchtigkeit und Verläßlichkeit eines elektrischen Stuhlsystems zu überprüfen, ist ein Ingenieur für Starkstromtechnik. Eine andere Art von Elektroingenieur, der in einem solchen Fall von Nutzen ist, ist ein Ingenieur für Biomedizin, das ist ein Ingenieur für Elektrotechnik, der sich auf die Anwendung von elektrischem Strom auf den menschlichen Körper (wie bei der Entwicklung von Geräten, die Wirbelsäulenverletzungen durch die Verabreichung von Schwachstrom kurieren, bei der Entwicklung von Herzschrittmachern und so fort) spezialisiert hat. In unserem Prozeß in Alabama hatten wir einen sehr guten Ingenieur für Biomedizin, der auch als Experte für die Funktionstüchtigkeit elektrischer Anlagen qualifiziert und anerkannt ist. Sein Name ist Dr. Michael Morse, und er ist gerade dabei, von der Auburn University in Alabama nach San Diego, Kalifornien, überzuwechseln.»

Unsicher, wie Staaten mit Todesspritze Freds Sachverständigengutachten für die Verteidigung abschmettern könnten, schlug

Carnes vor: «Falls letale Injektion Ihre Exekutionsmethode ist, weiß ich nicht, wie Leuchter, wenn überhaupt, gegen Sie arbeiten wird, noch, wie Sie sich dagegen wappnen können. Was Virginia tat und was vielleicht unabhängig von der Exekutionsmethode Erfolg hat, ist, im voraus eidliche Erklärungen ausstellen zu lassen, die besagen, daß Ihr System mit Erfolg eingesetzt wurde und nie versagt hat.» (Carnes vergaß zu erwähnen, was zu tun sei, wenn das System eingesetzt wurde und wiederholt versagt hat – wie zum Beispiel in Texas. Er unterließ auch jeden Hinweis darauf, daß in Missouri, wo Leuchters Injektionsmaschine sechsmal eingesetzt wurde, noch nie ein Versagen vorgekommen ist.) Carnes nennt den anderen Justizministern Name und Telefonnummer von Ansprechpartnern in Florida, Virginia und Alabama, falls sie darüber sprechen wollten, wie Freds Argumente am besten zu widerlegen seien. Das Rundschreiben schließt: «Lassen Sie es uns wissen, wenn Leuchter in Ihrem Staat auftaucht.»

Fred nahm mir das Schreiben ab und ließ es auf den Couchtisch fallen. «Das ist ein abgekartetes Spiel», sagte er. «Sie versuchen, mich aus dem Geschäft zu drängen.»

Noch am selben Nachmittag (4. September 1991) bekam Fred einen Anruf von einem Journalisten aus South Carolina, wo Donald «Peewee» Gaskins in zwei Tagen hingerichtet werden sollte. Gaskins waren insgesamt elf Morde nachgewiesen worden, und mit anderen wurde er in Zusammenhang gebracht. Er hatte für einen der Morde ein Todesurteil bekommen, das später in lebenslängliche Haft umgewandelt und zu den acht aufeinanderfolgenden lebenslänglich addiert wurde, die er für die übrigen Morde bekommen hatte. Der elfte Mord, für den er hingerichtet werden sollte, war ein bestellter Mord in der Haftanstalt. 1982 hatte Gaskins (ein Weißer) eine Sprengladung in das Radio eines schwarzen Gefangenen gelegt, eines verurteilten Mörders namens Rudolph Tyner. Der Sohn von Tyners Opfern hatte Gaskins die Sprengladung übergeben. Die Hinrichtung galt als kontrovers, weil dabei zum erstenmal seit 1944 in den Vereinigten Staaten ein Weißer wegen Mordes an einem Schwarzen zu Tode gebracht werden sollte.

Als Fred den Hörer abnahm, konnte ich auf der NAACP-Todes-

kandidatenliste, die links auf seinem Schreibtisch lag, das Bleistift-
zeichen sehen, mit dem er Gaskins' Namen abgehakt hatte. Der
Journalist rief an, weil er von Vollzugsbeamten eine Presseinforma-
tion zu den Einzelheiten der geplanten Hinrichtung bekommen
hatte und nun Freds Meinung dazu hören wollte. Fred machte mir
Zeichen, ich solle seinen Teil des Gesprächs mithören, und er wiederholte das, was der Journalist sagte, weil er dachte, es sei von
Interesse für mich. Ich hörte Fred sagen, in South Carolina plane
man, Gaskins erst fünf Sekunden lang 2000 Volt, dann einen Acht-
Sekunden-Stromstoß von 1000 Volt und *danach* zwei Minuten lang
250 Volt zu geben.

Der Reporter wollte wissen, ob nach Freds Ansicht dabei irgendwelche Schwierigkeiten vorherzusehen seien.

Die Nachricht hatte Freds Nackenadern anschwellen lassen.
«Das Problem, das sich ergeben könnte», sagte Fred dem Journalisten, «ist, daß die ersten beiden Stromstöße den Gehirntod herbei-
führen, so daß Mr. Gaskins nur noch vegetiert. Und die niedrige
Spannung macht dann womöglich wieder *rückgängig*, was die höhere Spannung bewirkt hat. Die 250 Volt könnten das Herz defi-
brillieren. Das könnte das Herz wieder in Gang bringen, so daß
Gaskins am Schluß wieder lebendig auf dem Stuhl sitzt.»

Fred erklärte dem Reporter geduldig seine Ansichten über Spannung, Stromstärke und Dauer der Stromstöße und sagte ihm, er
könne jederzeit zurückrufen, wenn er noch Fragen habe.

Fred legte den Hörer auf und runzelte die Stirn. «Ich verstehe das
nicht», sagte er zu mir. «Ich habe noch gestern mit dem Ingenieur
da unten gesprochen, und er meinte, sie würden mit 2400 Volt anfangen.» Er schüttelte den Kopf. «Südstaatenblut ist doch dicker
als Yankeewasser.»

Am Tag nach der Exekution brachte CNN eine nur wenige Sekunden dauernde Meldung, in der es hieß, Gaskins habe versucht,
sich umzubringen. Die *New York Times* veröffentlichte auf der ersten Seite einen Artikel mit der Überschrift: «Zum erstenmal seit
Jahrzehnten: Weißer stirbt wegen Schwarzenmord». Darin wurde
berichtet, Gaskins habe in der Woche vor seiner Exekution eine
Rasierklinge verschluckt und, von seinen Wächtern unbemerkt,
wieder ausgehustet. Ein paar Stunden, bevor er auf den elektrischen

Stuhl geleitet werden sollte, schnitt er sich die Pulsadern auf. Der Arzt der *Broad River Correctional Institution* nähte ihm die Wunde mit 20 Stichen, damit der Henker nicht betrogen werde.

Als ich an jenem Nachmittag Freds Haus verließ, scherzte er: «Sie kennen sich jetzt in dieser Branche schon so gut aus wie ich. Wenn England die Todesstrafe wieder einführt, machen Sie Ihre eigene Firma auf!»

Sollte Fred Leuchter in der Geschichte weiterleben, dann vermutlich als Erfinder der Injektionsmaschine, mit deren Hilfe heute in fünf Bundesstaaten Hinrichtungen vollstreckt werden. Er entwikkelte dieses Gerät, nachdem New Jersey ein Gesetz zur Ablösung der Elektroexekution durch die Todesspritze erlassen hatte. Die Todesspritze wurde bei der Hinrichtung von George «Tiny» Mercer am 6. Januar 1989 in Missouri zum erstenmal eingesetzt.

So wie der elektrische Stuhl als moderner und «humaner» Ersatz für das Hängen erfunden worden war, so bot sich die tödliche Injektion, hundert Jahre später, als die «humane» Hinrichtungsmethode des ausgehenden zwanzigsten Jahrhunderts dar. Die Todesspritze verdankt ihre Popularität nicht so sehr dem Umstand, daß sie *besser* funktioniert als andere Hinrichtungsmethoden, die den Verurteilten schließlich alle gleichermaßen tot zurücklassen; sie ist populär geworden, weil sie in erster Linie ein medizinisches Verfahren ist. Sie erweckt den Anschein größerer «Wissenschaftlichkeit» als das Erschießen, Erhängen, Vergasen oder Hinrichten auf dem elektrischen Stuhl. Sie ist klinisch, sauber. Sie wird vorgenommen mit Hilfe von Spritzen, rezeptpflichtigen Medikamenten, einer Krankenliege, Medizintechnikern, Ärzten und eines Exekutionsprotokolls, das vorsieht, den Verurteilten vor der Hinrichtung zu sedieren. Bei der Todesspritze wird der Körper des Häftlings nicht sichtbar verletzt. Die Theorie ist, daß er einfach «einschläft».

Die Kommission des New Yorker Gouverneurs Hill von 1886 prüfte die Todesspritze zusammen mit anderen Exekutionsformen, entschied aber, der elektrische Stuhl sei die humanere Alternative. Als nächstes wurde die Todesspritze von der 1949 bis 1953 in England laufenden *Royal Commission Inquiry on Capital Punishment* erwogen. Die *Royal Commission* suchte Ersatzmöglichkeiten für das Hängen und hatte drei Kriterien aufgestellt, denen jede Hinrichtungsform genügen sollte: Menschenwürde, Sicherheit und Anstand. Zunächst schien es der *Royal Commission*, als könne die Todesspritze diese Kriterien erfüllen und sei eine geeignete Alternative zum Hängen. Gegenbeweise von Ärzten und Anästhesisten brachten die Kommission jedoch von dieser Idee ab, und so wurde das Hängen in England erst 1965 abgeschafft. Medizinische Gutachter lehnten die Todesspritze aus verschiedenen Gründen ab. Ein wichtiger Punkt war: Wer sollte die tödliche Dosis verabreichen? Der britische Ärzteverband *British Medical Association* stellte klar, daß dies seinen Mitgliedern untersagt sein würde. Eine weitere Schwierigkeit ergab sich aus dem Verfahren als solchem. Nichtmediziner unter den Mitgliedern der Untersuchungskommission erfuhren, daß es zwei Arten von Injektionen gibt: intramuskuläre und intravenöse. Bei der Todesspritze ist eine intravenöse Injektion nötig, um in kurzer Zeit Bewußtlosigkeit und Tod herbeizuführen. Eine intramuskuläre Injektion ist nicht wünschenswert, da sie außerordentlich schmerzhaft ist und da die tödlichen Mittel statt in Sekunden erst nach Minuten wirken. Ärzte erklärten, daß die Verabreichung einer intravenösen Spritze Sachkenntnis und ständige Übung erfordere. Intravenöse Injektionen gelingen nur bei voller Kooperation des Patienten, die aber bei einer Hinrichtung nicht immer gegeben ist. Dazu kommt, daß ein gewisser Prozentsatz der Bevölkerung Venenanomalien aufweist, die eine intravenöse Injektion sehr erschweren. (Bei den heutigen amerikanischen Strafgefangenen, unter denen ein hoher Anteil ehemalige Drogenbenutzer sind, ist die Verabreichung einer intravenösen Spritze häufig ein Problem.) Dann war da die Frage, welches Medikament man nehmen solle und was als tödliche Dosis anzusehen sei. Dies war kein Problem, um dessen Lösung man Ärzte jemals gebeten hätte, und deshalb kam von dieser Seite auch keine Antwort. Schließlich gab die *British Medical Association* eine Erklärung heraus: «Keinem praktizierenden Arzt ist zuzumuten, bei der Tötung eines überführten Mörders mitzuwirken. Der Verband lehnt strikt jeden Versuch ab, anstelle der Todesstrafe durch Erhängen eine Exekutionsmethode einzuführen, die die Mitwirkung eines praktizierenden Arztes erfordert, sei es beim eigentlichen Tötungsprozeß, sei es durch sachliche Unterweisung anderer in der Methode der Tötung.»

Die *Royal Commission* konnte zu diesem Zeitpunkt die Todesspritze noch nicht befürworten, aber sie empfahl in ihrem Bericht «einmütig und mit Nachdruck, diese Frage in regelmäßigen Abständen neu zu prüfen, namentlich im Lichte der auf dem Gebiet der Anästhesie gemachten Fortschritte und im Hinblick darauf, dem Parlament einen Wechsel des Exekutionssystems vorzuschlagen, sobald nachgewiesen wird, daß die Gründe, die uns heute von einer solchen Empfehlung absehen lassen, nicht mehr vorliegen».

In England nahm die Unterstützung für die Todesstrafe, nachdem die *Royal Commission* tätig geworden war, immer mehr ab. In dem Jahrzehnt, bevor ihr Untersuchungsbericht veröffentlicht worden war, hatte es pro Jahr durchschnittlich zehn Hinrichtungen gegeben; und in den zehn Jahren, bevor die Exekutionen durch Erhängen 1965 ganz abgeschafft wurden, war ihre Zahl auf einen Durchschnitt von drei pro Jahr zurückgegangen. Eine regelmäßige Überprüfung der Todesspritze geschah nicht, und dabei ist es bis heute geblieben.

Oklahoma war 1977 der erste amerikanische Bundesstaat, der die Todesspritze als Exekutionsinstrument übernahm. Andere Bundesstaaten folgten dicht auf, und der erste Mensch, der durch die Todesspritze hingerichtet wurde, war Charles Brooks am 7. Dezember 1982 im *Huntsville Prison* in Texas. Er war der sechste Mensch, der nach der Wiedereinführung der Todesstrafe 1976 exekutiert wurde.

Texas, wo die tödliche Injektion manuell verabreicht wird, hat seit 1976 mehr Strafgefangene hingerichtet als jeder andere Staat. Die Exekutionen erfolgen im Hochsicherheitsgefängnis in Huntsville. Auch wenn Texas den elektrischen Stuhl um einer moderneren, «humaneren» Hinrichtung willen mit der tödlichen Injektion vertauscht hat, gibt es auch dabei immer wieder Pannen und Patzer, wodurch Texas mehr Aufmerksamkeit auf sich gezogen hat als jeder andere Staat, mit Ausnahme Floridas vielleicht.

Fred Leuchter kennt das Vorgehen in Texas, und er kennt auch den Direktor in Huntsville, Jack Pursley. Er sagte mir: «Texas hat schon mehr als vierzigmal die Todesspritze angewendet, und bei etwa 80 Prozent dieser Exekutionen gab es das eine oder andere Problem. Im ganzen eine widerliche Bilanz.» Die Verurteilten stürben regelmäßig unter Erstickungsanfällen, Husten, Krämpfen und Würgen.

Fred ergänzte, unter den Verurteilten seien viele lebenslange Drogenbenutzer, deren beschädigte Venen eine Exekution durch die Todesspritze erschwerten. Er sagte mir, bei der Todesspritze gehe es, anders als viele Leute glaubten, nicht einfach darum, dem Gefangenen eine einzige letale Dosis zu injizieren. Drei verschiedene Medikamente seien nötig, und der Vorgang sei voller Tücken, wenn man ihn von Hand ausführe. Er klagte darüber, daß Ärzte nicht an Exekutionen teilnehmen dürfen. «Aber selbst wenn es nicht so wäre», sagte er, «ist es immer noch sehr schwierig, diese drei Mittel von Hand in der korrekten Reihenfolge und mit dem korrekten Druck zu verabreichen. Das ist der Grund, weshalb ich meine Maschine erfunden habe, die auf der aktuellsten pharmakologischen Forschung basiert.»

Fred erzählte mir die Geschichte, wie er zur Entwicklung seiner Injektionsmaschine kam. Er begann mit einem Bericht über die Vorfälle in Texas. «Ich kenne Direktor Jack Pursley drunten in Texas. Er hat die meisten Todesspritzen gegeben, die ersten drei oder vier schon, bevor ich die Maschine konzipiert und gebaut hatte.» Für Pursley, den fleißigsten Vollstrecker der Nation, war dies von Anfang an eine vertrackte Aufgabe. Zu den berüchtigtsten Zwischenfällen kam es bei den Exekutionen von Stephen Morrin (der am 13. März 1985 mehr als 40 Minuten auf der Liege wartete, während Medizintechniker sich mehrmals vergeblich bemühten, die Injektionsnadel in seine Venen zu stechen), Raymond Landry (als am 13. Dezember 1988 der Injektionsschlauch mit den tödlichen Mitteln platzte und das Exekutionsteam mit den verhängnisvollen Chemikalien bespritzte; ein neuer intravenöser Zugang mußte gelegt werden, während Landry schon halb tot war, und sein Sterben zog sich über 24 Minuten hin), Stephen McCoy (der am 24. Mai 1989 infolge einer fehlerhaften Medikamentenmischung während des ganzen Vorgangs nach Luft rang und würgte) und Billy Wayne White (bei dem es am 23. Mai 1992 47 Minuten dauerte, bis eine Vene gefunden war, obwohl White sich bemüht hatte, den Vollstreckern beim Lokalisieren einer geeigneten Vene zu helfen).

Aber Fred hat tiefes Mitgefühl für Direktor Pursleys schwieriges

Los als Henker. «Jedesmal, wenn wieder eine Exekution ansteht, versucht er den Staat Texas davon zu überzeugen, daß er ihm eine Maschine kauft. Und die Verantwortlichen klopfen ihm jedesmal auf die Schulter und sagen: ‹Du leistest gute Arbeit, Jack, mach dir nur keine Sorgen.› Der Staat will kein Geld ausgeben für die Maschine. Aber das Problem ist, die Sache nimmt Jack Pursley ganz schön mit. Er ist derjenige, welcher die Spritzen geben muß. Er macht es von Hand. Es läuft alles manuell. Sie haben sechs Spritzen. Man braucht drei Chemikalien zu der Geschichte – Natriumpentothal, Pancuroniumbromid und Kaliumchlorid. Die Spritzen werden mit dem intravenösen Zugang verbunden, und man hat drei mehr als nötig. Die drei überflüssigen werden in einen Eimer entleert. Sinn der Sache ist es, die Zeugen nicht wissen zu lassen, wer die tödliche Spritze gibt. Jack weiß es, denn er ist derjenige, der es machen muß.» Fred seufzte. «Er hat noch viel mehr Schwierigkeiten gehabt. Er hat Hämatome verursacht; er hat beim Einführen der Nadel die Venen durchstochen.»

Fred fixierte den Fußboden, und dann schaute er wieder mich an. «Ärzte wollen, wie Sie wissen, mit der Sache nichts zu tun haben. Das geht so weit, daß der Anstaltsarzt dort unten Jack Pursley bei der ersten Exekution *zusah*. Jack mischte die Chemikalien. *Die Ärzte rühren keinen Finger.* Ab und zu findet man mal einen Arzt oder Medizintechniker, der mit anpackt. Nur, damit Sie mal sehen, wie weit das geht: Bei der ersten Exekution, die Jack Pursley durchführte, nahm er alle Chemikalien, mischte sie zusammen und füllte sie in eine einzige Spritze. Der Arzt stand daneben und schaute zu. Ungefähr eine Dreiviertelstunde später, als sie alles fertig hatten, gehen sie rein und Jack drückt und drückt, und es passiert nichts. In der Spritze hat er nur *weißen Matsch. Alles ausgefällt.* Man kann die drei Chemikalien nicht zusammenmixen. Der Doktor stand da, schüttelte seinen Kopf und sagte: ‹Das hätte ich Ihnen gleich sagen können.›»

Fred war so erbittert, daß er beinahe geplatzt wäre. «Wissen Sie, der braucht mal eine Pause! Da haben Sie jemand, der von medizinischen Verfahren keine Ahnung hat, und doch macht er es – er versteht überhaupt nichts davon –, und der Doktor erlaubt ihm, den Häftling zu quälen!»

«Armer Jack Pursley», sagte Fred ruhig. «In zehn Jahren ist er um dreißig Jahre gealtert. Das hat wirklich seinen Tribut gefordert. Jack ist ein guter Vollzugsbeamter, und wenn der Gouverneur ihm auftragen würde, durch die Hölle zu marschieren, dann würde er durch die Hölle marschieren. Das ist sein Job. Und ich glaube, er wußte, was er da übernahm. Aber das heißt nicht, daß er es gerne tut, und es heißt nicht, daß er sich dabei wohl fühlt. Jedesmal wieder fragt er nach dieser Maschine, und jedesmal wieder streicheln sie ihm über den Kopf und sagen: ‹Lieber Jack, netter Jack, geh zurück und mach's noch einmal.› Er tut brav seine Arbeit, ohne die entsprechende Ausrüstung zu besitzen, und solange er lebt, werden sie sie ihm aller Wahrscheinlichkeit nach auch nicht kaufen. Weil der nächste, den sie kriegen, sehr wahrscheinlich sagt: ‹Ich tu's einfach nicht.›»

Um eine Lösung für das Problem zu finden, eine tödliche Injektion richtig zu setzen, machte sich Fred mit der Veterinärmedizin und den «Euthanasie-Ausrüstungen» vertraut, die dazu benutzt werden, um Tiere umzubringen. Wenn es bei Tieren funktionierte, dann sah Fred keinen Grund, warum es nicht auch bei Menschen funktionieren sollte.

«Wie jeder Ingenieur, der irgend etwas plant», sagte Fred zu mir, «man will ja nicht das Rad noch einmal erfinden. Also geht man los und findet heraus, was der letzte vor einem gemacht hat. Pentobarbitalnatrium ist hervorragend dazu geeignet, das Atmungssystem zu zerstören. Was ich getan hätte, wäre, Pentobarbitalnatrium zu empfehlen, und ich hätte Kaliumchlorid empfohlen. Die Ärzte in New Jersey waren der gleichen Meinung wie ich. Das waren dieselben Chemikalien, die auch sie genommen hätten.»

Aber als in New Jersey das Gesetz über die Todesspritze Gestalt annahm, distanzierten sich die Ärzte zunehmend davon. Schließlich verbot das Statut die Teilnahme von Ärzten an der eigentlichen Hinrichtung, obgleich ihnen gestattet wurde, vor der Hinrichtung ein Sedativ zu verabreichen. Es verlangte von dem Beauftragten des *Department of Corrections*, «nicht dem Ärztestand angehörige Personen zu benennen, die befähigt sind, Injektionen zu verabreichen, die mit medizinischen Verfahren vertraut sind», und die bei der Hinrichtung assistieren sollten. Das Gesetz verlangte außer-

dem, «daß Verfahren und Ausrüstung so geartet sind, daß sicherge-
stellt ist, daß die Identität der Person, die die tödliche Substanz tatsächlich beibringt, sogar dieser Person selbst unbekannt bleibt».
Das Gesetz von New Jersey beschreibt recht genau das Gerät, das
Fred zu bauen plante.

«Als mich New Jersey berief», sagte mir Fred, «hatten die Ärzte
entschieden, daß sie die Todesspritze nicht anfassen wollten. Sie
hatten Angst davor, weil in Texas gerade drei Pfuschereien vorgekommen waren. Sie waren Zeugen gewesen. Und der Chefarzt in
New Jersey sagte: ‹Ich glaube, ich kann es auch nicht besser machen. Aber es muß irgendeinen Weg geben, es zu machen, es muß
ein Gerät geben.› Sie haben die medizinischen Kataloge überprüft,
und es gab kein Gerät. *Aber sie wollten ein Gerät haben.* Sie fanden
heraus, daß ich Hinrichtungsgeräte baute, und folglich haben sie
mit mir Verbindung aufgenommen.»

Jack hatte keinerlei Übersicht über den Stand der Todesinjek-
tionstechnologie; allerdings hatte das auch kein anderer. «Ich bekam den Job in New Jersey nur deshalb», sagte mir Fred, «weil ich
für South Carolina den Helm für den elektrischen Stuhl gebaut
habe. Auf der ersten Zusammenkunft, die wir hatten, hatten wir
einen *Deputy Commissioner* *, der an dem Treffen total uninteres-
siert war. Er guckte sich die Wände an, den Fußboden, die Decke,
und ich erwartete jeden Augenblick, daß er zu schnarchen anfangen
würde. Die Ärzte – zwischen ihnen, mir und dem Gefängnisdirektor ging es ziemlich hin und her. Schließlich», erzählte Fred mit
einem Lächeln, «lag der Beauftragte so da.» Fred sackte in seinem
Sessel vornüber, als ob er eingeschlafen sei. «Einer von den Ärzten
drehte sich um und sagte: ‹Commissioner, Fred war der, der den
Helm für South Carolina gemacht hat.› Der guckt mich an und
sagt: ‹Sie haben den Helm gemacht? Den, den sie gerade verwendet
haben?› Ich sage: ‹Ja.› Er sagt: ‹In Ordnung.› Er drehte sich zu dem
Arzt um und sagte: ‹Ist mir egal, was es kostet, geben Sie Fred den
Vertrag. Er baut das Gerät.› Und das war's. Treffen vorbei.»

Fred hatte eine ganze Reihe von Problemen zu lösen. Welche Präparate sollten verwendet werden und in welchen Kombinationen

---

* Stellvertretender Beauftragter

und Mengen? Welche Art Gerät wäre geeignet, um dem Verurteilten die tödliche Injektion beizubringen? «Ich mußte eine Universal-Dosierung finden, die bei jedem funktionieren würde», erklärte Fred.

Wie schon vorher, als er den elektrischen Stuhl neu entwarf, begab sich Fred zur Bibliothek – dieses Mal einer medizinischen –, um die Wirkungen von Barbituraten und anderen Präparaten auf das Humansystem zu untersuchen. Er entdeckte, «daß es absolut keine Dokumentation über tödliche Dosierungen gibt. Ich mußte auf die allerfrüheste Literatur über Pentothal zurückgehen. Womit ich arbeitete, war ein Aufsatz, den die beiden Ärzte geschrieben hatten, die Pentothal, ich glaube schon 1947, entwickelt hatten. Mehr Information gab es über Pancuroniumbromid, aber wieder nichts, was sich auf eine tödliche Dosis bezog. Pancuroniumbromid ist ein Muskelentspannungsmittel. Es wird vor allem bei Herzoperationen verwendet, wo man einen bestimmten Teil der Herzmuskeln lähmt, damit man ihn nähen kann. Aber man sieht sofort, daß es keine Information über tödliche Dosierungen gibt. Sie haben nicht einmal letale Tests an Tieren vorgenommen. Es gab einige Zahlen, aber es waren keine guten Zahlen, weil sie nicht unter dem Gesichtspunkt einer tödlichen Dosis gewonnen worden waren. Man wollte einfach nur herausfinden, ob es tödlich war. Pancuroniumbromid ist in Wirklichkeit ein synthetisches Curare. Es ist dieselbe Chemikalie, die die Eingeborenen in Südamerika in ihren Blasrohren verwenden. Soweit ich weiß, gibt es keine andere medizinische Verwendung. Und Kaliumchlorid, das gab es schon seit Jahren, und es wurde bei verschiedenen Herzbeschwerden verwendet.»

«Also», fuhr Fred fort, «es gibt keinerlei Information über tödliche Dosierungen beim Menschen. Aber ich fand Information über Kaninchen und Schweine. Was ich tat, war also, ich nahm das Schwein, weil sein System dem des Menschen am nächsten kommt, und legte die Zahlen zugrunde. Ich gab diese Zahlen an den Staat New Jersey weiter. Die Ärzte kopierten meine Angaben und waren mit mir einer Meinung. Die Dosierungsmengen wurden an Texas weitergegeben, und achtzig Prozent ihrer Probleme waren gelöst. Früher hatten sie soviel in die Spritze gepumpt, wie es ging. Und die Verurteilten husteten und kriegten Krämpfe. Als New Jersey die richtigen Dosierungen weitergab, versuchte Texas sie. Sie funktionierten besser. Die Leute hatten immer noch Hustenanfälle und Würgen und Krämpfe, aber nicht so stark. Das Problem war, daß sie ein Antihistamin brauchten. Ich sagte zu den Ärzten in New Jersey – und ich bin kein Physiologe und kein Arzt und kam deshalb mit diesen Vorschlägen hier als ein Außenseiter rein –, ich sagte: ‹Warum nehmen wir kein Antihistamin gegen den Husten und die Krämpfe?› Und ich sagte, ich würde Benadril empfehlen. Der Arzt in New Jersey guckte mich an und fing an zu lachen. Er sagte: ‹Da beobachten das nun Ärzte im ganzen Land, und alle haben behauptet, es gäbe keine Möglichkeit, und Sie haben das Problem gerade gelöst! Wie sind Sie darauf gekommen?› Ich sagte: ‹Jeder, der Allergien hat, nimmt Antihistamin.› Er sagte: ‹Wir hätten das wissen müssen.› Sie hätten den Gesichtsausdruck des Doktors sehen sollen. Er sagte: ‹Verdammt, warum sind wir nicht darauf gekommen? Dafür werden wir doch bezahlt!›»

«Die letalen Dosierungen basierten auf Zahlen, die von Schweinen stammen?» fragte ich.

«Richtig.»

«Also basiert Ihre Vorschrift für tödliche Dosierungen eher auf Zahlen als auf wirklichen Tests?»

Fred schüttelte seinen Kopf und senkte die Stimme: «An einem nicht genannten Ort wurde ein Schwein hingerichtet.»

Ich machte mir eine Notiz und versuchte, ernst zu bleiben. Da redeten wir über die Tötung von Menschen und machten ein Geheimnis aus der «Hinrichtung» eines Schweins.

Fred gab zu, daß er eine feindselige Reaktion von seiten der NSPCA* befürchte, wenn das bekannt würde.

«Also», fragte ich, «wie sind die Dosierungen?»

«Die Dosis ist zwanzig Prozent höher, als für die Durchschnittsperson nötig wäre. Wenn man ein Kind oder eine Frau von um die siebzig Pfund** hat, könnte man möglicherweise ein Problem damit haben. Es ist nicht sehr wahrscheinlich, daß das passiert, und

---

* *National Society for the Prevention of Cruelty to Animals*, amerikanischer Tierschutzverein
** Das amerikanische Pfund mißt 453,59 Gramm

die Leute, die die Hinrichtung durchführen, haben genug Grips, die Dosis ein bißchen zu verringern. Aber es ist nicht wahrscheinlich, daß man jemanden hinrichtet, der weniger als neunzig Pfund wiegt.» Ich dachte an das Problem, das Tennessee mit seinem alten elektrischen Stuhl hatte, daß er zu eng war, um den durchschnittlichen Gefangenen aufzunehmen, und fragte: «Und was ist mit sehr großen Personen?»

«Fünfzehn bis siebzehn Kubikzentimeter töten jeden», versicherte mir Fred. «Selbst wenn die Dosis nicht hoch genug ist, um es in einer Minute zu schaffen, wird sie es in zehn Minuten schaffen. Innerhalb von vier Minuten wird das Gehirn geschädigt, so daß das wirklich bei jedem funktioniert.»

Die grundlegende Forderung an den Entwurf von Freds Injektionsmaschine ist die, daß sie schnell und wirksam tötet, und zwar mit möglichst wenig Schmerzen und ohne unvertretbare Zumutungen für den Verurteilten, die Hinrichtenden und die Zeugen. Fred schloß, daß man das erreichen könne, wenn man dem Verurteilten eine halbe Stunde vor der Hinrichtung eine Injektion von 10 Kubikzentimeter Antihistamin gäbe. Sie garantiert, daß Würgen, Husten und Krämpfe auf ein Minimum reduziert werden. Er empfiehlt, daß der Häftling außerdem fünf Minuten, bevor man ihn in den Hinrichtungsraum bringt, mit einer Injektion von 8 Kubikzentimeter zweiprozentigen Natriumpentothals sediert wird. Fred sagt, daß das helfe, den Häftling zu beruhigen; außerdem habe es zur Folge, daß er fügsamer sei und sich leichter in sein Schicksal ergebe. Fünfundvierzig Minuten vor Beginn der Hinrichtung erhält der Verurteilte einen intravenösen Katheter, der eine Salzlösung abgibt, die erlaubt, daß die tödlichen Chemikalien leichter in seine Venen eindringen.

Sobald die Hinrichtung begonnen hat, werden drei Präparate verabreicht. Die Maschine führt innerhalb von 10 Sekunden 15 Kubikzentimeter zweiprozentiges Natriumpentothal ein. Dies verursacht Bewußtlosigkeit. Nach einer Minute injiziert die Maschine dann 15 Kubikzentimeter Pancuroniumbromid, worauf wieder eine Minute Wartezeit eingeplant ist. Schließlich werden 15 Kubikzentimeter Kaliumchlorid injiziert, worauf der Tod innerhalb von zwei Minuten eintreten sollte.

Das Problem beim Entwurf der Maschine war, dem Verurteilten

die relativ große Menge an Präparaten in einem regelmäßigen Zu-
fluß zu verabreichen. Gelöst wurde es durch ein an einer Wand im
Hinrichtungsraum angebrachtes Zuführungs-Modul, das acht
Spritzen enthält – zwei vollständige Sätze der drei letalen Dosen,
zusammen mit zwei Reinigungsspritzen, die mit salziger Lösung
gefüllt sind. Im wesentlichen ist es ein Verteiler mit acht Zuflüssen
und einem Abfluß. Jede der Spritzen, die eine letale Dosis enthalten, ist unter einem beschwerten Kolben montiert. Sobald sie vom
Kontrollpult aus aktiviert werden, drücken diese Kolben die Spritzen in der oben beschriebenen Zeitfolge herunter.

Das Kontrollmodul ist normalerweise auf einem mit Rädern
versehenen Wagen auf der anderen Seite der Wand untergebracht,
an die das Zuführungsmodul montiert ist. Es handelt sich dabei
um einen Kasten von 60 mal 45 Zentimetern, der von den beiden
Vollstreckungsbeamten bedient wird. Er enthält zwei vollständige
Sätze von Kontrollvorrichtungen. Sie werden, ganz militärisch, als
Station 1 und Station 2 bezeichnet. Jede Station wird entsichert,
wenn man einen Schlüssel am unteren Ende der Schalttafel um-
dreht. Wenn es Zeit für den Beginn der Hinrichtung ist, drückt jeder der Vollstreckungsbeamten auf einen Knopf. Ein Computer im
Innern des Gerätes wählt, welcher der Beamten die Sequenz aktiviert hat, und die Wahl wird dann automatisch aus dem Speicher
gelöscht. Eine Reihe von Lichtern auf dem Schaltpult zeigen drei
Stufen der Hinrichtungsprozedur an: Entsichert (Rot), Start
(Gelb) und Ende (Grün). Die Vollstreckungsbeamten benutzen
diese Lichter, um jede der drei Injektionen während des Hinrich-
tungsprozesses zu überwachen.

Um Defekte, die durch Stromausfall oder einen Systemzusam-
menbruch verursacht werden, zu vermeiden, fügte Fred eine Anzahl von ausfallsicheren Vorrichtungen in die Maschine ein. Sie
wird von einer 12-Volt-Batterie betrieben, die aus einer 110-Volt-
Leitung innerhalb von vierzehn Stunden aufgeladen werden kann,
wodurch sie von der Stromzufuhr des Gefängnisses unabhängig
ist. Wenn mehrere Hinrichtungen erforderlich sind, kann die Bat-
terie die Maschine sechsmal in Abständen von 15-Minuten-Inter-
vallen betreiben, bevor sie neu aufgeladen werden muß.

Für den Fall, daß das System versagt, das die zeitliche Abfolge der Vorgänge regelt, hat Fred eine elektrische Automatikabschaltung eingebaut, die benutzt werden kann, um einen oder alle drei Kolben zu aktivieren. Beide Vollstreckungsbeamten bedienen die elektrische Automatikabschaltung, obwohl der eingebaute Computer schon während der Anlaufphase gewählt hat, welcher der beiden Beamten das System wirklich aktivierte. Wenn die elektrische Automatikabschaltung verwendet wird, müssen Assistenten im Hinrichtungskontrollraum die Verabreichung jedes Präparats zur richtigen Zeit mit einer Stoppuhr überwachen und den Befehl geben, die nächste Stufe zu beginnen.

Für den Fall eines totalen Stromausfalls oder Versagens des Primärsystems besitzt das Zuführungsmodul ein mechanisches System, das drei Sätze von doppelten Ziehknöpfen enthält, die manuell die Kolben aktivieren, die die Spritzen herunterdrücken.

Fred beschrieb mir die Maschine mit Hilfe von zwei postergroßen Farbfotografien, die er zu Vorführungszwecken aufgezogen hatte. Er wollte sie – zusammen mit Postern und Spezifikationen für seinen elektrischen Stuhl – zu Zusammenkünften von Gefängnisdirektoren mitnehmen, wo er, zusammen mit Herstellern von Gummiknüppeln, Feuerwaffen und anderen Sicherheitsprodukten, für seine Produkte werben wollte. Nachdem er die Maschine erklärt hatte, fragte er, ob ich gerne das Kontrollmodul sehen würde, das er nach Delaware geliefert hatte.

«Natürlich», sagte ich.

Fred führte mich in die Küche, an Caroline vorbei, und in eine Ecke, wo eine Tür ins Kellergeschoß führte. Er machte das Licht an, und ich folgte ihm die steilen Stufen hinunter.

Auf einem Bord längs der Wand befanden sich Schachteln mit *Bisquick*, *Quaker Oats* und Stapel anderer Dinge. Am Fuß der Treppenstufen standen auf einer Seite Kästen mit Diät-Pepsi und Dosen mit *Hawaiian Punch*, zusammen mit hinreichend vielen Papiertüten voller Büchsennahrung, um eine Belagerung zu überstehen. Elektrische Kabel liefen in verrückten Mustern quer über die Decke, und die Spinnweben, die überall hingen, gaben dem Platz angesichts von Freds Gewerbe einen etwas unheimlichen Anstrich.

An der Rückseite des Kellers befand sich ein gigantischer Haufen von elektronischem Müll. Überall lagen leere Verpackungen von Computern und Videorecordern verstreut. Fred zeigte auf die neue Gasheizung, die er installiert hatte, und führte mich ans Ende des Kellers, wo die Injektionsmaschine aus Delaware auf seiner Arbeitsbank stand und Staub ansetzte. Der Raum um die Bank herum war mit Werkzeugen und elektronischem Krimskrams übersät. Neben dem Kontrollmodul lagen ein Lötkolben und ein Voltmeter, und das eine Ende der Bank hatte einen Schraubstock. Der Raum wurde durch eine einzige nackte Glühbirne erhellt, die von der Decke hing. «Hier ist es», sagte Fred und starrte mich in dem düsteren Keller durch seine dicken Brillengläser an.

Ich ging darauf zu und blickte auf die Kontrolltafel, wobei ich mich dorthin stellte, wo die Vollstreckungsbeamten stehen würden, wenn sie auf die Knöpfe drückten, die die letale Dosis auslösen.

Fred erklärte noch einmal ihre Funktionsweise und erinnerte mich daran, daß dies nur die eine Hälfte der Maschine war – das Zuführungsmodul war unten im Gefängnis von Delaware. Als er seine Funktionsweise beschrieb, konnte ich nicht umhin, meine Aufmerksamkeit auf den Schlüssel zu richten – er glich einem Zündschlüssel –, der aus der Systemkontrollvorrichtung in Station 1 herausragte. Ein Schlüsselring hing daran, und ich hob ihn hoch, um in dem trüben Licht besser sehen zu können. Er bestand aus schwarzem Gummi und hatte die Gestalt eines elektrischen Stuhls. Auf die Vorderseite war in weißer Farbe noch zusätzlich das Bild eines elektrischen Stuhls eingeätzt, voll ausgestattet mit Zubehör und Haltegurten, die zwanglos über den Sitz gelegt waren. Ich drehte ihn um. Auf der Rückseite stand «Fred A. Leuchter Associates, Inc., Hinrichtungsbedarf und technische Hilfe», zusammen mit seiner Adresse und seiner Telefonnummer.

Fred beobachtete mich, als ich mit dem ungewöhnlichen Werbemittel herumspielte. «Oh», sagte er mit einem Lächeln, «das verteile ich bei den Treffen von Gefängnisdirektoren.» Er sagte, er habe auch Federhalter und würde mir später einen geben.

«Sehen Sie das da?» sagte er und zeigte auf einen kleinen Holzstoß in einer schmutzigen Ecke neben der Arbeitsbank. «Das ist Eiche, die noch von dem Tennessee-Stuhl übriggeblieben ist.»

Ich ging hin und stocherte mit meiner Schuhspitze darin herum. Der Haufen war mit Spinnweben überzogen, und eine Spinne tauchte auf und suchte dann wieder eilig Schutz im Schatten. Als Tennessee im Jahre 1909 den Bezirkssheriffs die Befugnis entzog, verurteilte Mörder und Vergewaltiger zu hängen, und sie den staatlichen Behörden übertrug, bauten sie aus diesem Holz einen Galgen. Dann, im Jahre 1916, wechselten sie zur Tötung durch elektrischen Strom, der Elektrokution, über, rissen den Galgen ab und benutzten das Holz, um damit ihren ersten elektrischen Stuhl zu bauen. Die Hinrichtungsberichte in Tennessee sind unvollständig, aber Historiker haben dokumentiert, daß mindestens 134 Männer auf dem Holzhaufen, der da in der Ecke von Freds Keller stand, gehängt oder verschmort worden sind. Ein Teil der «lebendigen Tradition», von der mir Fred tags zuvor im Restaurant erzählt hatte.

«Also», fragte ich, «warum ist das Kontrollmodul von Delaware in Ihrem Keller?»

Er erzählte mir, daß die Behörden von Delaware beunruhigt gewesen seien, daß das Gerät nicht in gutem Zustand sein könne, und einen Service gefordert hätten. Fred schaute nach und fand heraus, daß das Zuführungs- und das Kontrollmodul feucht gelagert und korrodiert waren.

Fred erklärte, daß Delaware einen Auftrag erteilt habe, die Maschine (und seine Galgen, die völlig verfallen gewesen seien) zu reparieren. Sie hatten das Kontrollmodul zurück zu Fred nach Malden geschickt, aber nach dem Aufruhr, der infolge des Carnes-Memorandums entstanden war, hatte Fred große Schwierigkeiten, sein Geld zu erhalten.

«Das *Department of Corrections* ist auf den Widerstand der Traditionalisten gestoßen, und da habe ich einen harten Stand, weil es Weisung bekam, mit mir keine Geschäfte zu machen», erklärte Fred.

Es schien, daß Freds Geschäft in jüngster Zeit einen Rückschlag nach dem anderen erlitten hatte, und ich fing an, den Verdacht zu hegen, daß einige dieser Rückschläge mit ihm selbst zu tun haben könnten.

Da Delaware ihn nicht für die Reparatur des Kontrollmoduls

bezahlen wollte, hatte Fred das Eigentumsrecht an dem Gerät zurückgefordert, und er plante, es zu verkaufen.

«Wem?» fragte ich. Ich hätte gern gewußt, wer eine halbe Injektionsmaschine kaufen würde.

«Ich habe auf einen gutbetuchten Sammler gehofft», sagte mir Fred.

Er sah, daß ich skeptisch dreinschaute.

Er zuckte mit den Schultern und erklärte: «Die Maschine ist niemals benutzt worden, aber es ist ein authentisches Ausrüstungsstück, und ich würde es mit einem Zertifikat versehen, daß es tatsächlich aus dem Staatsgefängnis von Delaware in Smyrna stammt. Ich verlange 10 000 Dollar. Das ist wahrscheinlich ein angemessener Preis dafür.»

Ich wollte wissen, wie Fred es anstellen wolle, herumzugehen und das Ding zu verkaufen, und er zeigte es mir. Er zog eine Anzeige aus dem Bostoner *The Want Advertizer* hervor, einem Wochenblatt, das sich *«The Honor System Magazine»* nennt, weil eine Anzeige nichts kostet und man dem Magazin nur dann etwas zahlt, wenn man etwas verkauft hat. Er zeigte mir die Anzeige. Zu beiden Seiten der Anzeige für seine Injektionsmaschine standen Inserate für so unterschiedliche Dinge wie *Beatles-Bubble-Gum-Karten* und *Budweiser*-Maßkrüge. Freds Anzeige lautete: HINRICHTUNGSMASCHINE Kontrollmodul für eine Injektionsmaschine. Verkauf wegen Nichtbezahlung. $ 10 000.» Am Schluß der Anzeige stand Freds Telefonnummer.

Zwei Tage nach Erscheinen der Anzeige veröffentlichte der *Boston Herald* eine Geschichte unter der Überschrift «Umstrittener Erfinder veröffentlicht Anzeige, um Hinrichtungsmaschine zu verkaufen». Der Artikel zeigt eine Fotografie von Fred, der zwischen seinem elektrischen Stuhl und Postern mit der Injektionsmaschine sitzt, übers ganze Gesicht lacht und viel jünger als 47 aussieht. «Ich wußte, das würde Schwierigkeiten geben», wurde ein Sprecher des *Want Advertizer* zitiert. «Wir sind eine Zeitung für die ganze Familie, und dies paßt wirklich nicht zu uns.»

Fred erzählte mir, daß er in den Tagen nach der Veröffentlichung der Anzeige mehr als hundert Anrufe erhalten habe. Die meisten Anrufer legten gleich wieder auf, oder es handelte sich um gemeine oder obszöne Anrufe, sagte mir Fred. «Dreizehn oder vierzehn waren Drohungen.»

«Das ist alles nur ein Teil der Verfolgungskampagne gegen mich», sagte Fred.

Die Geschichte, warum Fred Leuchter glaubt, er werde «verfolgt», hat tiefere Gründe als das Carnes-Memorandum und dessen Behauptung, daß Fred damit drohe, Gutachten gegen Staaten zu erstellen, die nicht seine Dienste in Anspruch nehmen. Im April 1988 trat Fred vor einem Gericht in Toronto als sachverständiger Zeuge für die Verteidigung im Fall Ernst Zundel auf. Zundel war im Jahre 1985 wegen der Veröffentlichung eines Pamphlets mit dem Titel *Sind wirklich sechs Millionen gestorben?* vor Gericht gestellt worden, in dem er behauptet hatte, daß der Holocaust eine Fiktion sei (zu seinen früheren Werken zählt *Der Hitler, den wir liebten und warum*). Zundel wurde für schuldig befunden, falsche Informationen verbreitet zu haben, und zu 15 Monaten Gefängnis verurteilt.

Zundel legte gegen seine Verurteilung Berufung ein und erreichte eine Neuverhandlung. Bei der Vorbereitung auf seinen neuen Prozeß erhielt Zundel die Unterstützung von rechtsextremen Historikern aus Europa und Nordamerika. Der aktivste von ihnen war der britische Autor David Irving, führende Gestalt einer weltweiten revisionistischen Bewegung. Irving hatte seit langem behauptet, daß eine Untersuchung der Hinrichtungen durch Gas in den USA helfen würde «zu beweisen», daß die Gaskammern der Nazis niemals existiert hatten. Er führte an, daß amerikanische Gefängnisse der einzige Ort seien, wo Zyanidgas benutzt werde, um vorsätzlich Menschen zu töten, und daß amerikanische Gefängnisdirektoren, die Gashinrichtungen durchgeführt hätten, wichtiges Beweismaterial liefern könnten, das den «Mythos» vom Holocaust widerlegen würde.

Im Januar 1988 flog David Irving nach Toronto, um Zundel bei der Vorbereitung seiner Verteidigung zu helfen. Er schlug Zundels Anwälten vor, an einen amerikanischen Gefängnisdirektor zu schreiben, der Gashinrichtungen durchgeführt hatte, und ihn zu überreden, nach Toronto zu kommen und als Zeuge auszusagen. Sie wählten Bill Armontrout, den damaligen Direktor des Staatsgefängnisses von Missouri in Jefferson City. Bill Armontrout antwortete Barbara Kulaszka am 13. Januar 1988: «Ich erhielt Ihren Brief betreffs ‹Königin gegen Zundel› und die Aussage eines Sachverständigen über Hinrichtungen in ‹Gaskammern›. Ich habe zwar beträchtliche Kenntnisse auf diesem Gebiet, schlage Ihnen aber gleichwohl vor, daß Sie sich mit Fred A. Leuchter in Verbindung setzen... Mr. Leuchter ist ein Ingenieur, der sich auf Gaskammern und Hinrichtungsgerät spezialisiert hat. Er ist auf all diesen Gebieten sehr erfahren und der einzige Gutachter in den Vereinigten Staaten, den ich kenne. Wenn ich Ihnen weiter behilflich sein kann, zögern Sie bitte nicht, mich jederzeit anzurufen.»

Im Januar 1988 erhielt Fred einen Telefonanruf von dem französischen Holocaust-Revisionisten Robert Faurisson, der anfragte, ob er bereit sei, als Zeuge für Zundel aufzutreten. Fred stimmte zu. Die Verteidigung von Zundel verlor keine Zeit. Am 3. und 4. Februar 1988 weilte Irving zu einer Unterredung mit Fred in Malden, Massachusetts. Fred umriß seine Erfahrung auf dem Gebiet der Hinrichtungsindustrie und erklärte, daß er eine Untersuchung der Gaskammer von Missouri für Bill Armontrout durchgeführt und eine Neuplanung vorgeschlagen habe. Irving war von Freds Qualifikation beeindruckt und kehrte nach Toronto zurück, um Zundel zu raten, Fred als Kronzeuge auftreten zu lassen.

Irvings Überzeugung zufolge konnte Freds Gutachten ein für allemal «beweisen», daß es den Holocaust niemals gegeben habe. Er glaubte sich kurz davor, Geschichte zu machen.

Zundel schlug vor, daß Fred drei «angebliche» Gaskammern der Nazis in den Konzentrationslagern in Auschwitz, Birkenau und Maidanek besuchen sollte. Seine Aufgabe würde darin bestehen, eine forensische Bestimmung zu machen, ob sie jemals dazu verwendet worden seien, Menschen zu töten oder nicht.

Am 24. Februar 1988 trat Fred eine achttägige Mission nach Polen an, zusammen mit seinem technischen Zeichner, Howard Miller, seiner Frau Caroline, einem polnischen Dolmetscher, Theodore Rudolph, und einem Kameramann, Jürgen Neumann. Neumanns Video zeigt Fred und Howard Miller bei der Arbeit in den Todes-

lagern der Nazis. Fred, der einen Pelzhut trägt und einen kleinen
Hammer mit sich führt, nimmt Proben von den Böden, den Wänden und den Decken der Gaskammern und Krematorien, während
Howard Miller sie eintütet und mit Etiketten versieht. In dem di-
lettantisch wirkenden Video wendet sich Fred von Zeit zu Zeit direkt der Kamera zu und äußert seine Ansicht über das, was er,
dreiundvierzig Jahre nach Beendigung des Zweiten Weltkriegs, beobachtet. Er behauptet, daß da, wo es klare Beweise für die Verwendung von Zyanidgas (Zyklon-B) gibt, dieses benutzt worden
sei, um die Kleider und Decken der Opfer des Konzentrationsla-
gers zu entlausen.

Nach seiner Rückkehr in die Vereinigten Staaten sandte Fred
Backsteinproben und «Dichtungsmaterial» an die *Alpha Ana-
lytical Laboratories* in Ashland, Massachusetts, zur Analyse.
Während des Monats März schrieb er die Ergebnisse seiner Reise
nach Polen nieder und produzierte ein Dokument, das David Irvings *Focal Point Publications* als *Leuchter Report* herausbrach-
ten (der volle Titel lautet *An Engineering Report on the Alleged
Execution Gas Chambers at Auschwitz, Birkenau, and Majda-
nek* *). In diesem Bericht findet Fred keine hinreichenden Beweise
für Mengen von Zyanidgas, die nahelegen könnten, daß große
Massen von Menschen umgebracht worden seien. Weil die Gaskammern nicht den technischen Spezifikationen für Gaskammern
genügten, die in amerikanischen Gefängnissen verwendet wurden,
sind sie seinem Urteil nach in Wirklichkeit gar keine Gaskammern
gewesen.

Der Report behauptet auch, daß die Krematorien die Anzahl von
Leichen, mit denen sie auf dem Höhepunkt der Endlösung der Nazis «angeblich» gefüllt wurden, gar nicht hätten verarbeiten können. Der Report, den Fred am 5. April 1988 beendete, schließt:
«Nach Überprüfung des gesamten Materials und Inaugenschein-
nahme aller Örtlichkeiten in Auschwitz, Birkenau und Maidanek
findet der Verfasser die Beweise überwältigend. Es gab an keiner
dieser Örtlichkeiten Hinrichtungsgaskammern. Der Verfasser

---

* Technischer Bericht über die angeblichen Hinrichtungsgaskammern in
Auschwitz, Birkenau und Maidanek.

kann nach bestem technischen Wissen und Gewissen bestätigen, daß die angeblichen Gaskammern an den inspizierten Orten *weder damals noch jetzt als Hinrichtungsgaskammern benutzt oder auch nur ernstlich zu diesem Zweck in Betracht gezogen worden sein können.*» Freds Report hatte Zundel mehr als 30000 Dollar gekostet. Er und Irving hatten hoch auf Fred gesetzt. Auf der persönlichen Ebene hoffte Zundel, den Schuldspruch des ersten Gerichts aufheben zu können; und in einem größeren Zusammenhang waren beide Männer euphorisch, weil sie sich einem revisionistischen Sieg nahe fühlten, in dem sie «beweisen» würden, daß der Holocaust ein zionistischer Schwindel war.

Während der dritten Aprilwoche 1988 war Toronto der Schauplatz eines Treffens zwischen einem merkwürdigen Netzwerk von Leuten aus der amerikanischen Hinrichtungsindustrie und von Holocaust-Revisionisten. Am 19. April trat der Direktor des Staatsgefängnisses von Missouri, Bill Armontrout, als sachverständiger Zeuge für Zundel in den Zeugenstand und beantwortete Fragen zu den Verfahren, die bei Hinrichtungen durch Gas verwendet wurden. Ihm folgte am 20. und 21. April Fred Leuchter. Zu Beginn des Prozesses hatte das Gericht unter Richter Ronald Thomas offiziell den Holocaust nicht als Verhandlungsgegenstand zugelassen: Zundel, nicht der Holocaust, wurde verhandelt. Infolgedessen wurde auch Freds Report nicht als Beweis zugelassen, und er mußte ihn im Zeugenstand zusammenfassend referieren. Vor Gericht machte die Anklage viel Aufhebens von der Tatsache, daß Fred keine formelle Ausbildung als Ingenieur oder Arzt hatte.

Die Jury befand Zundel für schuldig, und er wurde zu neun Monaten Haft verurteilt.

In den Monaten nach den Aussagen im zweiten Prozeß gegen Ernst Zundel arbeiteten Fred Leuchter und Bill Armontrout eingehend an dem Plan, Missouris Gaskammer zu renovieren, da es zunehmend klar wurde, daß dort die Hinrichtungen wieder aufgenommen werden würden. In letzter Minute verabschiedete die Legislative von Missouri ein Gesetz über die Todesinjektion, und Armontrout empfahl, daß der Staat eine von Freds Injektionsmaschinen kaufen solle.

Die Wege von Fred und Bill Armontrout kreuzten sich erneut in der ABC-Sendung *Prime Time Live* über die Todesstrafe am 10. Mai 1990, in der beide Männer auftraten. Die *Village Voice* äußerte sich äußerst kritisch über das Programm, nannte Fred «den besten Freund des Henkers» und rügte ABC, nicht erwähnt zu haben, daß Fred keine Qualifikation in den Ingenieurswissenschaften besitze und daß der *Leuchter Report* ihn zu «einem Star des extrem rechten antisemitischen Kreuzuges gegen das, was sie den ‹Holocaust-Schwindel› nennen, gemacht» habe. Sie enthüllte außerdem, daß der Report in der Zwischenzeit in den USA von der rassistischen Gruppe *Aryan Nation* und vom *Institute of Historical Research*, dem amerikanischen Zweig einer französischen Organisation, die von dem rechtsextremen Historiker Robert Faurisson geleitet wird, veröffentlicht worden sei.

Ein *Village-Voice*-Artikel vom 22. Mai 1990 enthüllte außerdem, daß Fred im Februar 1989 der Hauptredner auf der 9. jährlichen Konferenz des *Institute of Historical Research* gewesen sei und daß für das Treffen intensiv von der antisemitischen Gruppe *Liberty Lobby* geworben worden sei. Sie berichtete ebenfalls, daß David Dukes *National Association for the Advancement of White People* den *Leuchter Report* auf ihrer Bestelliste rassistischer Publikationen aufführe.

Andere Journalisten und jüdische Gruppen wie die *Anti-Defamation League* der *B'nai B'rith* begannen, sich auf den *Leuchter Report* einzuschießen. Der *Boston Globe* nannte ihn «das Rückgrat der revisionistischen Bewegung». Fred teilte dem *Globe* mit: «Ich bin kein Antisemit. Ich bin kein Revisionist und kann mit Nazis nichts anfangen. Der Report ist ein wissenschaftliches Dokument. Ich sage nicht, daß die Greueltaten nicht geschehen sind, sondern nur, daß es keine Gaskammern gab.»

Freds Versuch, sich öffentlich von Nazi-Sympathisanten zu distanzieren, konnte Ross Vicksell von der *Organization of New England Revisionists* nicht überzeugen. Er sagte dem *Globe*: «Mr. Leuchter sagt, er sei kein Revisionist, aber das stimmt nicht mit seinen Taten überein. Er ist ein großer Star in der Bewegung.»

Freds Report zog die Aufmerksamkeit der Nazijäger Beate und Serge Klarsfeld wie auch einer Gruppe aus Latham, New York, der *Holocaust Survivors and Friends in Pursuit of Justice*, auf sich, die von Shelly Shapiro geleitet wurde. Shapiros Gruppe ließ sich juristisch beraten und verklagte Leuchter, auf der Grundlage eines obskuren und nicht in allen Staaten gültigen Gesetzes, als Ingenieur ohne Qualifikation zu arbeiten. (Nach dem in Massachusetts geltenden Recht ist es nicht notwendig, eine Qualifikation zu besitzen, um Ingenieurstätigkeiten auszuüben – mit Ausnahme derer, die Fragen der öffentlichen Sicherheit berühren, wie etwa im Bauwesen.) Der Zweck der Klage war, Fred als Experten zu diskreditieren und somit Leser zu entmutigen, seinen Report ernst zu nehmen.

Am 23. Oktober 1990 wurde Fred vor dem Bezirksgericht des *Middlesex County District* in Malden der betrügerischen Ausübung des Ingenieurberufs angeklagt. Ein brechend voller Gerichtssaal lauschte, als Fred mit gesenktem Kopf die Anklage entgegennahm und der Richter eine Voruntersuchung auf den 11. Dezember ansetzte. Ihm drohte eine Höchststrafe von drei Monaten Gefängnis und 500 Dollar Geldbuße. Wenn man an Freds Beruf denkt, war die Aussicht, eine gewisse Zeit im Gefängnis zu verbringen, besonders trübe.

Revisionistische Unterstützung für Fred ließ nicht lange auf sich warten. Die Oktobernummer des rechtsextremen *IHR Newsletter* trug die Schlagzeile «Ausländische Terroristen nehmen Leuchter aufs Korn». Der Bericht behauptete, daß Fred von den Klarsfelds und US-amerikanischen jüdischen Gruppen gejagt und belästigt werde, die eine ehrgeizige Kampagne angezettelt hätten, um «Leuchter beruflich und wirtschaftlich zu vernichten».

Am 11. Dezember 1990, dem Tag der Voruntersuchung und dem Beginn von Hanukkah *, begrüßte ein ungewöhnlicher Anblick die Bewohner von Malden. Mehr als 200 Demonstranten, darunter Überlebende des Holocaust, hatten sich versammelt, um gegen den *Leuchter Report* zu protestieren. Einige trugen Plakate mit der Aufschrift «Leuchter = Nazi». Studentische Demonstranten aus New York City und Boston riefen in Sprechchören «Sechs Millionen sind gestorben». Auf der anderen Straßenseite und durch Polizei

---

* Achttägiges jüdisches Tempelweihefest

von ihnen getrennt hatte sich eine kleine Gruppe von Anhängern Leuchters versammelt.

Staatliche Polizeikräfte, Polizei aus der Hauptstadt und örtliche Polizei waren zusammengerufen worden, um die Menge in Schach zu halten, und Fred und Caroline hatten Mühe, das Gerichtsgebäude zu erreichen, da alle Zugänge durch polizeiliche Straßensperren blockiert waren. Für den Fall einer Störung war berittene Polizei aufgeboten worden.

Unter ständiger polizeilicher Bewachung wurden Fred und Caroline ins Gerichtsgebäude geleitet, wo es beinahe ebensoviel Polizei wie Beobachter gab. Als der Fall aufgerufen wurde, bildeten Polizei und Gerichtsbeamte eine lebende Kette gegenüber dem Publikum, um es auf diese Weise von Fred, dem Richter und anderen Gerichtsbeamten zu trennen.

Der Anwalt aus Malden, der Fred normalerweise in Rechtsfragen vertrat, weigerte sich, ihn vor Gericht zu verteidigen. Fred wurde ein vom Gericht ernannter Anwalt zugewiesen, Anthony Santoro, der den Auftrag gleichermaßen unerfreulich fand. (Er erklärte Leuchter: «Ich muß in Malden praktizieren.») Bei der Voruntersuchung unter Richter James Killam III beantragte Fred, Santoro zugunsten von Kirk Lyons, einem Rechtsanwalt aus Houston, zu entlassen. Lyons hatte die nationale Aufmerksamkeit im Jahre 1988 auf sich gezogen, als er erfolgreich Louis R. Beam, Jr. verteidigte, den früheren Großen Drachen der *Texas Knights* des Ku Klux Klan, der wegen Volksverhetzung angeklagt worden war. Lyons steht einer Gruppe vor, die sich *Patriot Defenders Foundation* nennt und rechtsextremen Aktivisten und weißen Rassisten Rechtsbeistand gewährt. Er behauptet, seine Organisation sei ähnlich dem NAACP * *Legal Defense Fund* aufgebaut, zu dessen Aufgaben es gehört, Todeskandidaten bei Berufungen zu vertreten.

Nach der Vorverhandlung gab Fred vor der Tür eine Pressekonferenz, in der er den Hauptpunkt seiner Verteidigung wiederholte: daß er schikaniert werde, weil er einen wissenschaftlichen Report geschrieben habe, dessen Schlußfolgerungen einige Leute beleidigend fänden. Während Demonstranten außerhalb des Gerichts in

---

* *National Association for the Advancement of Colored People*

Sprechchören Parolen skandierten, sagte Fred zu den Reportern: «Ich stehe voll hinter meinem Report. Weil bestimmten Gruppen meine Erkenntnisse nicht paßten, haben diese Gruppen und einzelne Individuen eine internationale Verschwörung gebildet, um meinen Report zu vernichten. Weil sie außerstande waren, dies zu erreichen, da der Report und die darin enthaltenen Wahrheiten für sich selbst sprechen, hat sich diese internationale Bande von Gegnern der Redefreiheit entschlossen, mich persönlich und wirtschaftlich zu vernichten... Durch die Bedrohung unschuldiger Menschen, durch Lügen, Verleumdungen und üble Nachrede über mich und meine Geräte haben sie sich darangemacht, meine Bürgerrechte und die Bürgerrechte eines jeden heute lebenden Amerikaners zu zerstören... Diese Hexenjagd muß und wird aufhören. Ich warne hiermit alle, die Teile dieser internationalen Verschwörung sind, alle, die mich ungerecht angegriffen haben und meine Bürgerrechte verletzt haben – die Klarsfelds, Shapiros und Kahns dieser Welt. Fred Leuchter wird euch kriegen!» Nachdem er diese Warnung ausgesprochen hatte, schloß Leuchter: «Ich bin sicher, daß Kolumbus, Galileo und Kopernikus den Anhängern der Theorie, daß die Erde flach sei, emotionalen Schaden zugefügt haben, aber deshalb hat die Erde doch nicht aufgehört, eine Kugel zu sein.»

Nach der Voruntersuchung verstärkte sich die Unterstützung Freds durch die Rechtsextremen. Eine in Toronto veröffentlichte Publikation mit dem Titel *Power*, deren Ausgabe vom 30. Dezember 1990 als Logo eine weiße Faust über einem Davidsstern und den Slogan «Zerschmettert den zionistischen Terror» trug, enthielt einen zweiseitigen Artikel von Ernst Zundel zur Unterstützung Fred Leuchters und seines Reports. Am Fuß der Titelseite steht der Aufruf «Helfen Sie uns... Kämpfen Sie! Wir brauchen Sie – Sie brauchen uns!» Oben auf der Seite ist eine Fotografie von Fred in einem dreiteiligen Anzug während seiner Reise nach Polen und eine Botschaft von ihm an die Leser von *Power*: «An alle, die mich unterstützen! Wegen der Rezession und Unsicherheit, die durch die Golfkrise verursacht worden ist, kommen die Spenden viel langsamer ein! Bitte senden Sie Ihre Unterstützung, damit wir mit unserer Arbeit fortfahren können. Vielen Dank!» Zundel schrieb, daß der *Leuchter Report* weltweit an Einfluß gewinne, nachdem er ins

Deutsche, Französische, Portugiesische, Spanische, Italienische, Niederländische, Schwedische und Japanische übersetzt worden sei. Er berichtete auch, daß «Untergrundausgaben auf Russisch und Polnisch erschienen seien, die in sowjetisch beherrschten Ländern eine weite Verbreitung gefunden hätten».

Eine Woche später brachte das *IHR Newsletter* auf seiner Titelseite unter der Schlagzeile «Fred Leuchter schlägt zurück: Er braucht finanzielle Hilfe für seinen Kampf vor Gericht» ein Foto von Fred, wie er auf der 10. jährlichen Konferenz des *Institute of Historical Research* eine Rede hält. In seiner Bitte um finanzielle Unterstützung stellte das *IHR Newsletter* Fred als einen verfolgten Helden dar: «Fred Leuchter ließ sich weder in der Vergangenheit noch läßt er sich jetzt oder in Zukunft durch die Anstrengungen der Holocaustlobby, ihn zu vernichten, einschüchtern oder abschrecken... Leuchter hätte vor den Tatsachen, wie er sie in Auschwitz vorfand, und den erschreckenden, revolutionären, befreienden Schlußfolgerungen kneifen, klein beigeben oder zurückschrecken können. Aber er hat es nicht getan. Und jetzt beabsichtigt er, nicht nur sich selbst zu verteidigen, sondern einen Gegenangriff gegen einige sehr mächtige Feinde der Wahrheit und Freiheit zu starten (oder, wie es der praktische Yankee-Ingenieur ausdrückt: «Jetzt ist der Augenblick, ihnen in den Arsch zu treten und sich ihre Namen zu merken»).

Bei Freds nächstem Gerichtstermin, am 22. Januar 1991 um 9 Uhr, waren trotz des frostigen Wetters Hunderte von Demonstranten erschienen. Diesmal wurden die jüdischen Gruppen von schwulen Aktivisten unterstützt, einschließlich der *AIDS Coalition to Unleash Power* und der *Queer Nation**. Viele der schwulen Demonstranten hatten sich rosa Winkel angesteckt, wie sie die Homosexuellen unter den Nazis tragen mußten. Aber dieses Mal war die Anzahl der Sympathisanten von Leuchter der seiner Gegner fast gleich. Ein Kampf brach aus, als ein Pro-Leuchter-Demonstrant, Friedrich Berg aus Fort Wayne, New Jersey, eine israelische Fahne hochhielt und versuchte, sie anzuzünden. Ein Anti-Leuchter-Demonstrant (David Duke) versuchte, ihn daran zu hindern, und

---

* Koalition zur Freisetzung der Macht; Schwule Nation

beide Männer wurden wegen tätlicher Beleidigung belangt. Ein anderer Sympathisant von Leuchter, Hans Beisner aus Ontario, Kanada, wurde ebenfalls wegen tätlicher Beleidigung angeklagt, nachdem er einen Polizeioffizier niedergeschlagen hatte.

Fred wurde von drei Polizeibeamten ins Gerichtsgebäude geleitet. Der Richter ließ Kirk Lyons als Verteidiger zu. Lyons legte einen längeren Antrag vor, den Fall aus zwei Gründen abzuweisen: daß der Tatbestand von seiten des Staates verfahrensmäßig und inhaltlich inadäquat sei; und daß die Registrierung von Ingenieuren in Massachusetts vage und auf Fred nicht anwendbar sei. Richter Killam lehnte den Antrag ab und setzte den Prozeß auf den 9. Mai fest.

Nach weiteren Anträgen und Versuchen Kirk Lyons', den Fall niederzuschlagen, stand Fred am 11. Juni 1990 wieder vor Gericht, unter einer neuen Richterin, Christine McEvoy. Er wurde im Vorverfahren auf Bewährung freigelassen, nachdem er eine Vereinbarung mit der «Behörde für die Registrierung Professioneller Ingenieure und Landvermesser von Massachusetts» unterzeichnet hatte, in der er sich verpflichtete, auf die Verwendung des Titels Ingenieur zu verzichten.

Kirk Lyons beanspruchte einen Sieg und sagte zu den Reportern: «Es gibt keinerlei Beweis noch hat es irgendeine Schuldanerkenntnis gegeben.» Fred verpflichtete sich, um seine Registrierung als Ingenieur in Massachusetts nachzusuchen, und wies darauf hin, daß es ihm nicht verwehrt worden sei, sich in den anderen 49 Staaten der Union Ingenieur zu nennen.

Während der Woche nach dem Labor Day sagte mir Fred, daß er nicht mehr allzuviel Hoffnung hege, daß die staatliche Ingenieursbehörde ihm eine Lizenz gewähren würde. «Sie haben Angst vor mir», sagte er. Und, wie er darlegte, gebe es so eine Kategorie wie «Hinrichtungsingenieur» ohnehin nicht. Fred bemerkte, daß es infolge seines Gerichtsverfahrens vielen seiner alten Kunden widerstrebte, mit ihm Geschäfte zu machen. Er hatte einen Ausdruck von Resignation im Gesicht, als er mir sagte: «Meine Klienten, meistens Gefängnisdirektoren, sind politisch ernannt. Sie sind keine Staatsbeamten. Sie haben ihr ganzes Leben dafür gearbeitet, dahin zu kommen, wo sie jetzt sind, und sie wollen unter keinen Umständen ihre Arbeitgeber verärgern, vom Gouverneur angefangen. Wenn sie wieder beginnen, mit mir Geschäfte zu machen, werden die jüdischen Gruppen sich beklagen, und sie werden in Schwierigkeiten kommen.» Freilich hat das nicht verhindert, daß sein Rat gesucht wird. Aber er wird heute im geheimen erteilt.

Ich bat Fred, mir zu erzählen, wie es zu dem *Leuchter Report* gekommen sei. Er erklärte mir, wie Bill Armontrout seinen Namen an das Verteidigerteam von Ernst Zundel weitergegeben habe. «Ich wußte nicht einmal, wer Ernst Zundel war», sagte er mir. Er sagte, daß er bei der Übernahme dieses Auftrags fest davon überzeugt gewesen sei, Beweise für die Gaskammern zu finden. Er versicherte mir, daß er überrascht gewesen sei, daß das nicht der Fall war.

Das Videoband von Freds Beweissicherung erzählt eine andere Geschichte.

Fred sagte mir, daß das Gericht in Toronto von ihm verlangt habe, seine Hausarbeiten zu machen, bevor er nach Polen reiste. «Mir wurde Material zur Untersuchung gegeben», sagte er. «Das Gericht verlangte, daß ich Material überprüfte, das von den angeblichen Überlebenden stammte. Ich mußte das Material der angeblichen Geständnisse der Nazis lesen. Ich mußte verstehen, wie diese Dinge angeblich funktioniert hatten. Und dann, mit all dieser Information, ging ich nach Polen.» Ich fragte ihn, ob er irgendwelche weitere Forschung vor seiner Polenreise betrieben habe. «Selbstverständlich», antwortete er. «Als Ingenieur ging ich los und verschaffte mir verfügbares Material über Krematoriums.» Ich wollte gerade Freds Grammatik korrigieren und ihm sagen, daß der Plural von Krematorium Krematorien oder Krematoria heiße, überlegte es mir dann aber doch. Er war zu sehr in Fahrt, um unterbrochen zu werden. «Ich untersuchte, wie sie gebaut waren», erklärte er. «Dann ging ich los und besuchte drei Krematoriums. Ich beobachtete, wie Leichen verbrannt wurden. Ich untersuchte die Asche. Ich ließ die Knochenpresse laufen. Ich habe praktische Arbeit mit der tatsächlich vorhandenen Hardware geleistet. Ich hatte gute Arbeitskenntnisse, und ich hätte auf der Grundlage dessen, was ich wußte, ein Krematorium bauen können.» Ich stellte mir Fred auf seiner Studienreise vor, wie er eifrig seine Hausarbeit macht: Leichen verbrennen, Knochen zermahlen, die Anforderungen an die Ventilation überprüfen.

Er war ärgerlich darüber, daß der Richter im Falle Zundel seine Aussage beschränkt hatte. «Ich *hätte* die Erlaubnis haben müssen, über Gaskammern auszusagen, weil ich wirklich selbst damit gearbeitet habe», sagte er mir. «Aber da ich nicht wirklich *gegen Bezahlung* damit gearbeitet habe, konnte ich über Krematoriums nicht aussagen. Ich durfte nicht über meine chemischen Analysen aussagen.»

Weil mich die Details von Freds «forensischen» Methoden in Polen interessierten, fragte ich ihn, ob er dem chemischen Labor in Massachusetts mitgeteilt habe, worum es sich in Auschwitz und den anderen Konzentrations- und Vernichtungslagern gehandelt habe.

«Nein», sagte er mit ernstem Gesicht. «Ich habe ihnen gesagt, es handele sich um einen Fall von Entschädigung für Arbeiter, und daß sie unter Umständen vor Gericht als Zeugen auftreten müßten.»

Für Fred geht es in der ganzen Angelegenheit um «wissenschaft-

liche Methodik» und um «Professionalität». «Es hat das Labor
überhaupt nicht aus der Fassung gebracht», sagte er. «Ihnen war es
egal, um was es sich handelte. Ihre Verantwortung begann und endete mit dem Teströhrchen, und das ist gut so. So sollte ein Profi
auch sein.»

Fred fing an, sich zu beklagen, daß er keinerlei Honorar für den
Leuchter Report erhalten habe; daß überall in der Welt Raub-
drucke hergestellt worden seien.

Ich unterbrach ihn und fragte, ob er glaube, daß es den Holocaust
gegeben habe.

Er erklärte, wie das Gericht den Holocaust zur Kenntnis genommen habe, und sagte mir: «Ich habe nicht als Zeuge zum Holocaust
aussagen müssen. Ich habe über die Existenz spezifischer Gaskammern an bestimmten Orten ausgesagt.»

«Aber», fragte ich, «glauben Sie, daß der Holocaust stattgefunden hat?»

Fred antwortete geschmeidig, schaltete bruchlos vom Ausweichen auf Offenheit um: «Ich habe geglaubt, daß es einen Holocaust
gegeben hat. Ich habe geglaubt, ich würde Gaskammern finden. Ich
habe Ernst Zundel gesagt – er war überzeugt, ich würde sie nicht
finden –, ich habe ihm gesagt, daß, wenn ich sie fände oder wenn
diese Einrichtungen auch nur geeignet seien, als Gaskammern benutzt zu werden, ich das berichten würde. Ich war wie die meisten
Amerikaner und wahrscheinlich die meisten Leute überall auf der
Welt, die glaubten, daß er passiert sei. Ich habe geglaubt, was man
mir in der Schule beigebracht hatte. Ich weiß, daß die Einrichtungen, auf die alle hinweisen, keine Gaskammern waren. Ich glaube,
daß es wahrscheinlich einen Holocaust gab, aber ich denke, das
hängt davon ab, wie man Holocaust definiert. Es gibt ernsthafte
Fragen über die gesamte Periode in unserer Geschichte, die gestellt
und beantwortet werden müssen, und ich denke, daß man das besser macht, bevor die Überlebenden aus den Konzentrationslagern
sterben, weil es sein kann, daß es bedeutsame Informationen gibt,
die sonst für immer verlorengehen.»

Ich drang weiter in ihn, und Fred gab zu, daß wahrscheinlich
«Tausende» von Menschen in den Lagern der Nazis getötet worden
seien.

«Und was ist mit den Millionen von Leuten», fragte ich, «die Freunde hatten, eine Familie, eine Adresse, und die nach 1945 nicht mehr existierten?»

Fred erklärte, daß es während eines Krieges viel Zerstörung und Verluste an Leben gebe.

Als ich mich fertig machte aufzubrechen, sagte Fred zu mir: «Ich weiß, daß die Nazis ein Haufen von, offen gesagt, Scheißkerlen waren.»

Missouri

Meine Woche mit Fred war ein Intensivkurs in Hinrichtungstechnologie gewesen, und ich fühlte mich für den nächsten Abschnitt meiner Reise – das Treffen mit den Hinrichtungsbeamten und einigen der Männer, die sie zum Tode befördern würden – so gut vorbereitet, wie es nur ging.

Mein Ziel war Jefferson City, Missouri, wo ich eine Verabredung mit Bill Armontrout hatte. Seit dem Prozeß gegen Zundel war er vom Posten des Gefängnisdirektors des Staatsgefängnisses von Missouri (das vom Personal und den Häftlingen MSP* genannt wurde, obgleich es vor kurzem in *Jefferson City Correctional Center* oder JCCC umbenannt worden war) zum stellvertretenden Direktor der *Division of Adult Institutions* in Missouris *Department of Corrections* befördert worden.

Mein Flug von Boston führte über Pittsburgh, den Mittleren Westen und den Mississippi nach St. Louis. Das Wetter war heißer und feuchter als im fernen Osten, und ich war schweißgebadet, als ich mein Gepäck zum Mietwagen in den unterirdischen Parkraum geschleppt hatte und mich nach Westen in Richtung Jefferson City, der Hauptstadt des Staates, auf den Weg machte. Ich war bei dem Gedanken an die Reise aufgeregt. St. Louis war die am weitesten im Westen liegende Stadt, die ich je in den Vereinigten Staaten besucht hatte.

Die *Interstate 70* beginnt nahe bei Pittsburgh und endet abrupt in Salina, Utah. Sie verläuft in einer nahezu geraden Linie quer durch Missouri, von St. Louis nach Kansas City. Meine Reise würde mich durch nahezu den halben Staat führen, nach Kingdom City, wo ich die *Route 54* nach Jefferson City nehmen würde.

Meine Woche mit Fred war mir viel länger vorgekommen. Es hatte einiger Anstrengung von meiner Seite bedurft, mich an eine

* *Missouri State Penitentiary*

tägliche Konversation über Todesstrafe als technisches Problem zu gewöhnen, und nun war es ein gutes Gefühl, draußen auf dem Highway zu sein, Amerika ausgebreitet zu beiden Seiten und den größten Himmel auf Erden über mir.

Ich überließ mich dem Fluß des Verkehrs, hielt mich hinter einem 18rädrigen Lastwagen, der nach Westen fuhr, kreuzte mit behaglichen 65 Meilen vorbei an St. Peters, O'Fallon, Wentzville, Wright City, New Florence, Danville, Mineola. In Kingdom City wandte ich mich nach rechts und nahm die Straße runter zur Hauptstadt, einen Finger auf dem Drehknopf des Radios, um die UKW-Sender abzuhören, als ob die Auswahl irgendeinen wesentlichen Hinweis auf Mittel-Missouri hätte geben können. Eine christliche Station hatte einen weißen Evangelisten im Programm, der sich in seiner Predigt hoffnungslos verheddert und sich ständig selbst widersprach. Ich lauschte mit Erstaunen, als er in seiner direkt übertragenen Sendung innehielt und den Zuhörern erklärte, daß er zu Gott um Erleuchtung beten wolle, wie er jetzt weitermachen solle. Er ließ dieses Thema dann aber fallen und bat Gott, ihm Worte zu verleihen, mit denen er seine frohe Botschaft verkünden könne.

Die Anfahrt nach Jefferson City vom Norden her führt über einen geteilten Highway, der durch das erzhaltige Felsgestein dieser Gegend geschnitten ist. Als ich die Brücke, die über den Missouri in die Stadt führt, überquerte, konnte ich die Kuppel des Kapitols sehen, groß und stolz. Es war später Nachmittag, als ich ankam, eine riesige orangefarbene Sonne ging unter und warf ein angenehmes Glühen über die kleine Stadt.

Im Hotel fand die regionale Versammlung einer Gesellschaft von Über-Sechzigjährigen statt. Am nächsten Morgen platzte der Frühstücksraum aus allen Nähten. Hell gekleidete, grauhaarige Gruppen, die sich ihr Frühstück schmecken ließen und lautstark über das gesellschaftliche Ereignis des letzten Abends schwatzten.

Ich bestellte Würstchen, weiche Brötchen und Sauce und ließ mich nieder, um in Gedanken noch einmal alles durchzugehen, was ich von Fred zur Vorbereitung meines Gesprächs mit Bill Armontrout über Gaskammern gelernt hatte.

Nahezu alle waren während der zwanziger Jahre von *Eaton*

Metal Products aus Salt Lake City gebaut worden, und nur sehr wenige von ihnen waren nach 1960 noch in Betrieb gewesen. Zerfallende Versiegelungen und verrottende Dichtungen konnten Lecks verursachen, die für die Hinrichtungsbeamten und die Zeugen tödlich wären; aber abgesehen davon glaubte Fred, daß sie solche inhärenten Planungsfehler enthielten, daß sie zur Hinrichtung nur im äußersten Fall verwendet werden sollten. Sie waren schmutzig, gefährlich und schwer zu bedienen. «Die Kosten einer Gaskammer, die nicht undicht ist», sagte mir Fred, «sind einfach unerschwinglich hoch.»

Eins der Hauptprobleme bei Gaskammern ist, daß sie praktisch keinen eingebauten Sicherheitsmechanismus haben. Eine Gaskammer sollte ein versiegeltes System sein, das mit Unterdruck arbeitet. Auf diese Weise, sagt Fred, leckt die Kammer, falls sie leckt, nach innen und nicht nach außen. Die Lösung, die sehr kostspielig ist, besteht darin, eine Vakuumpumpe einzubauen.

Der zweite Mangel, den Fred festgestellt hat, ist das Fehlen einer Vorrichtung, die Luft, die in die Gaskammer gelangt, vorzuwärmen. Die Temperatur in der Gaskammer sollte 26,7 Grad Celsius betragen, weil 25,9 Grad Celsius die Kondensations- oder Sublimationstemperatur des Gases ist. «Alles darunter −» hatte mir Fred gesagt, «und normalerweise bringt man kühle Luft von draußen rein, um die Kammer zu leeren – läßt das Gas an den Wänden kondensieren und zu einer Todesfalle werden für alle, die reingehen.»

Das dritte Sicherheitsproblem, das Fred ausmachte, «ist die Tatsache, daß die meisten der Einrichtungen ihr Gas entweder in einem Eimer unter dem Stuhl oder in einem Gasleitungssystem unter der Kammer erzeugen, von wo es dann in das gewöhnliche Abwassersystem ausgespült wird, wo es wirklich nicht hingehört». Das Gas bleibt ein oder zwei Stunden tödlich, je nachdem, wie fest eingeschlossen und wo es ist. Einige Staaten haben es verbrannt. Nach zwei oder drei Tagen ist es vollkommen harmlos. Das Gas, das an die Luft gelassen wird, ist harmlos, weil es schnell verfliegt.

Bei Gashinrichtungen gibt es einen Rest von Blausäure, der in der Kammer zurückbleibt, auf den Wänden, dem Boden und der Decke – und auf dem Körper und in den Kleidern des Hingerichteten –, mit dem die Hinrichtungsbeamten irgendwie fertig werden müssen.

Die Lektüre meiner Notizen wurde durch die Kellnerin unterbrochen, die fragte, ob ich noch mehr Kaffee wolle.

«Danke», sagte ich und schob ihr meine Tasse rüber.

«Sie sind nicht von hier, oder?»

«Nein», sagte ich.

Sie war eine freundliche und neugierige Frau, so alt wie die Über-Sechzigjährigen, die sie bediente. Sie hatte sehr kräftige Beine. Ihre Waden waren die eines Sprinters.

«Sind Sie der aus England?» hakte sie nach, während sie den Kaffee eingoß.

Ich sagte, der sei ich, und raschelte mit meinen Notizen.

Sie schenkte mir ein freundliches Lächeln und sagte: «Einen schönen Tag noch.»

«Ihnen auch», sagte ich. «Guter Kaffee.»

«Oh, danke sehr.»

Der wahrscheinlich gefährlichste Teil einer Gashinrichtung, hatte mir Fred gesagt, besteht darin, die Leiche aus der Kammer zu entfernen. Fünfzehn bis zwanzig Minuten nach Feststellung des Todes wird die Kammer gelüftet, damit so viel Gas wie möglich abzieht. Dann muß sie mit Ammoniak ausgesprüht werden, um das verbleibende Gas zu neutralisieren. Die Leute aus dem Hinrichtungsteam, die eingeteilt sind, die Leiche zu entfernen, betreten dann die Kammer. Früher trugen sie gewöhnlich eine Gasmaske. Heutzutage tragen sie Sauerstoffmasken.

Fred beschrieb es. «Man geht rein. Der Häftling muß vollständig mit Chlorbleiche oder mit Ammoniak abgewaschen werden. Das Gift wird direkt durch seine Haut ausgeschieden. Und wenn man die Leiche einem Leichenbestatter geben würde, *würde man den Leichenbestatter umbringen.* Man muß reingehen, man muß die Leiche vollständig abwaschen. Man muß alle Kleider abnehmen, die sie anhatte.» (An diesem Punkt hatte Fred mir, mit einem kleinen praktischen *a parte*, gesagt: «Man sollte sie in Turnhosen töten; einige Staaten lassen sie *Hemd und Hosen tragen!»*)

Ich beendete mein Frühstück, und die lächelnde grauhaarige Kellnerin kam und fragte, wie es mir geschmeckt habe.

«Toll», sagte ich.

Sie fragte, ob ich noch mehr von den Brötchen haben wolle, aber ich sagte ihr, ich sei satt.

Nachdem man die Leiche mit Ammoniak oder Bleiche abgewaschen hat, entfernen die Leute aus dem Team die Kleider des Häftlings, die dann weggebracht und verbrannt werden. Danach wird der Tote in einen Leichensack gesteckt und zu einem wartenden Ambulanzwagen gebracht, der ihn zu einer Begräbnisstätte nach Wahl der Angehörigen bringt oder, wenn niemand Anspruch auf die Leiche erhebt, zu einer lokalen Enrichtung, wo er ein Armenbegräbnis erhält. Die Gaskammer ist erst wieder sicher, wenn jeder Zentimeter mit Chlorbleiche abgewaschen worden ist.

«Jede dieser Einrichtungen ist ein Unfall, der nur darauf wartet zu passieren», hatte Fred mir erzählt. «Und ich denke, kein Staat hat das Recht, sein Personal oder seine Zeugen – sei es wissentlich oder unwissentlich – einem Vorgang auszusetzen, der sie das Leben kosten kann. Die Zeugen haben überhaupt keine Ahnung. Die Leute, die in den Gefängnissen arbeiten, kennen das Risiko und nehmen es auf sich. Sie entscheiden sich vielleicht dafür, das Risiko einzugehen, aber man sollte es nicht von ihnen verlangen. Die Gaskammer ist ein großes Problem, und ich denke, es ist für jeden von Vorteil, wenn sie endgültig abgeschafft ist und, aller Wahrscheinlichkeit nach, durch die tödliche Injektion ersetzt wird.»

Meine Verabredung mit Bill Armontrout war um acht Uhr, und ich gab mir eine halbe Stunde, um das Gebäude des *Department of Corrections* zu finden. Man erreicht das Hauptgebäude in einer fünfminütigen Fahrt aus der Stadt, es ist am Rande der Stadt versteckt. Es ist ein neues Gebäude, niedrig und funktional, und ich stellte mich auf dem Angestelltenparkplatz neben einen zerbeulten Pickup-Laster. Ich war zu früh. Ich meldete mich bei der Rezeption, setzte mich hin und wartete.

Unter den Staaten, die die Todesstrafe anwenden, hat Missouri relativ wenige Menschen zum Tod verurteilt. In der Periode zwischen 1938, als die Gaskammer eingeführt wurde, und 1965, als Lloyd Leo Anderson die letzte Person war, die «im Tank» starb, hat es neununddreißig Hinrichtungen im Staatsgefängnis von Missouri gegeben. Nachdem die Todesstrafe 1976 wieder eingeführt wurde, begann die Zahl der Todestraktinsassen von Missouri anzusteigen:

Gegenwärtig sind es zweiundachtzig Leute, die auf ihre Hinrichtung warten.

Bill Armontrout ist ein Veteran der Gashinrichtungen im Staatsgefängnis von Missouri und hat wahrscheinlich mehr Erfahrung mit dem Verfahren als jeder andere Gefängnisdirektor in den USA heute. Als es klar wurde, daß die Hinrichtungen in Missouri wieder aufgenommen werden würden, war Bill Direktor des Staatsgefängnisses von Missouri. Die Gaskammer war seit dreiundzwanzig Jahren nicht mehr benutzt worden, und er war nicht gerade begeistert bei dem Gedanken, es wieder mit ihr versuchen zu müssen. Er holte Fred, um die Kammer zu inspizieren, und Fred warnte, sie würde aller Wahrscheinlichkeit nach lecken. Da dem Staat Missouri sehr daran gelegen war, alle Risiken zu vermeiden, die mit der Verwendung der Kammer in ihrem gegenwärtigen Zustand verbunden waren, und er sich der Tatsache bewußt war, daß die erste Hinrichtung nach 1965 Gegenstand größter Aufmerksamkeit in den Medien sein würde, beauftragte Missouri Fred, eine detaillierte Untersuchung der Hinrichtungsanlage zu erarbeiten und Empfehlungen auszusprechen.

Freds Report kam zu dem Ergebnis, daß die Gaskammer von Missouri zum Kostenpunkt von 300000 Dollar neu gebaut werden müsse. Schließlich ersparte sich der Staat eine Menge Zeit und Ärger und verabschiedete ein Gesetz über die tödliche Injektion, strich den Gaskammervertrag mit Fred und ersetzte ihn durch einen 30000-Dollar-Auftrag über eine Injektionsmaschine.

Punkt acht Uhr kam Bill Armontrouts Sekretärin, um mich zu holen, und brachte mich in den ersten Stock, zu den Büros der Abteilung der *Adult Institutions*.

Bill kam um seinen Schreibtisch herum und schüttelte mir die Hand. Er war ein Mann von mittlerer Größe, aber mit einem gewaltigen Bauch. Sein Gesicht war freundlich, und ich mochte ihn auf der Stelle. Seine silbrigen Haare liefen in der Mitte der Stirn spitz zu, er hatte spindeldürre Beine und trug Cowboystiefel. Obwohl er in den Fünfzigern war, wirkte er immer noch sehr jung. Für einen korpulenten Mann bewegte er sich sehr schnell und sparsam.

Bill schüttelte mir kräftig die Hand und begrüßte mich in seinem Oklahomadialekt. Er forderte mich auf, mich zu setzen, und erzählte mir ein wenig über sich selbst. Er hatte die Navy hinter sich und dann in einer militärischen Besserungsanstalt gearbeitet. Er erzählte mir, daß seine Frau, die vor kurzem an Krebs gestorben war, Engländerin gewesen sei. Ich mochte seine offene Art. Als er mir von seiner Frau erzählte, fiel ein kurzer Schatten von Traurigkeit über sein Gesicht.

Nach einigen Minuten der Einleitung rief Bill seinen Assistenten, Mark Schreiber, herein. Mark war kleiner als Bill und ungefähr zehn Jahre jünger, und obgleich er an einem Bauch arbeitete, der ungefähr dem von Bill glich, hatte er da noch einiges zu tun. Im Gegensatz zu Bills bequemem Jackett und Hosen trug Mark, trotz der drückenden Hitze, einen grauen Wollanzug.

«Also, was interessiert Sie?» fragte mich Mark und beäugte mich kritisch.

Bevor er seinen Job in der Direktion dieses Gefängnisses übernommen hatte, war Mark Vertreter eines Sheriffs gewesen und danach Ermittlungsbeamter für Mordfälle innerhalb des Staatsgefängnisses von Missouri. Bill schien von beiden der entspanntere zu sein und bot mir eine Tasse Kaffee an.

Ich erklärte, daß mein Hauptinteresse dem Vollzug der Todesstrafe in Missouri gelte und daß ich besonders an Freds Gerät interessiert sei. Aber vorher hätte ich gerne etwas über die Geschichte der Gaskammer in Missouri gewußt.

Es war mir klar, daß Gashinrichtungen in Missouri der Vergangenheit angehörten; und so war ich nicht auf die Enthüllung vorbereitet, daß das für Bill Armontrout nicht der Fall war. Er legte seine großen, stark tätowierten Arme vor sich auf den Tisch und sagte zu Mark, der auf einem Sofa an der Seite saß: «Du bist doch mit mir runter nach Mississippi gegangen und hast eine mitgemacht?»

Mark verzog keine Miene.

«Also», sagte Bill, «wir sind runter nach Mississippi gefahren und haben eine mit Gas gemacht.»

Bill hielt einen Augenblick inne, und ich war besorgt, daß er in seiner Geschichte nicht fortfahren würde.

«Weil sie dort keinen hatten, der dafür die nötige Ausbildung hatte?» fragte ich.

«Na ja», erklärte mir Bill, «ein Freund von mir war dort unten der Leiter, und das war seine erste. Er ist ein junger Anstaltsleiter. Also gingen Mark und ich runter und halfen ihm. So eine Art Einstand für ihn, verstehen Sie?»

Mark, der sich in die Tatsache fügte, daß die Geschichte erzählt werden würde, fiel ein. «Uns beschäftigte natürlich diese alte Gaskammer. Es gab keinerlei Aufzeichnungen. Wir haben hier einen Plan, den wir jedesmal revidieren. Es interessierte uns wirklich. Und dann war da ein alter Major aus dem Vollzug, der zu seiner Zeit ganz schön clever war, und der hatte Aufzeichnungen, und er hatte auch Bemerkungen dazu draußen in seinem Haus. Bill und ich mußten vorbeigehen und seine Notizen holen, uns hinsetzen und sie durchsehen, und dann kamen wir mit unserm eigenen Plan über. Wir waren wirklich besorgt wegen des Lüftungssystems, weil wir alle Dichtungen überprüfen mußten.»

Mark hatte das Gespräch in Richtung auf das Hinrichtungsverfahren gelenkt.

Ich fragte: «Wie haben Sie die Dichtungen überprüft?»

Bill nahm den Faden auf. «Wir haben die Dichtungen vermessen, und wir haben den Umfang der Kammertürdichtung ausgemessen und ließen uns ein paar neue Dichtungen dafür machen. Und dann, eins von den Dingen, auf die wir da unten in Mississippi kamen, war, Vaseline an allen Fenstern usw. zu verwenden, an allen Dichtungen. Wenn man das erst einmal drauf hat…»

Mark unterbrach ihn: «Du meinst in *großen Mengen*.»

«…wirklich alle Dichtungsstellen kräftig mit Vaseline einschmieren.»

«Man darf damit nicht sparsam sein.»

Bill nahm den Faden auf: «Die Vorsichtsmaßnahmen, die wir bei der Sache ergriffen…»

Hier hörte ich zum erstenmal dieses Wort, das Bill verwandte, um eine Hinrichtung zu beschreiben. Es ist *«eine Sache»*. Er sagte: «…wenn wir diese *Sache* machen… als wir diese *Sache* machten».

«…die Vorsichtsmaßnahmen, die wir bei der Sache ergriffen, waren, die Kammer und die Leiche zu dekontaminieren, bevor man irgend etwas anderes macht, verstehen Sie?»

Ich nickte.

Bill fuhr fort: «Also gut, da unten, als wir das Gas benutzten und anfingen, das Innere der Kammer zu dekontaminieren und es zum Schornstein rauspusteten, ging ich raus. Ich wollte sehen, was man draußen riechen konnte, und ich konnte das Ammoniak riechen, das wir benutzten, und die Bleiche.» Bill sprach als Veteran der Gashinrichtungen, aber nicht wie jemand, der seine Aufgabe genoß. Ich konnte nicht umhin, den Unterschied zu bemerken, der zwischen Bills und Freds Einstellung bestand. Während die Idee der Gaskammern bei Fred dazu führte, daß die Venen an seinem Hals hervortraten und seine Stimme sich um eine halbe Oktave erhob, wurde Bills Stimme, als er darüber redete, immer leiser. Fred war ein Experte in der Theorie der Gaskammern, Bill bediente sie.

Ich fragte Bill, wann die Hinrichtung in Mississippi stattgefunden habe. Er sagte mir, es sei 1987 gewesen.

«Dann muß das Edward Earl Johnson gewesen sein», sagte ich. Die BBC hatte einen Dokumentarfilm über ihn gedreht.

«Hieß der Junge so?» fragte Bill. «Ich erinnere mich nicht daran.»

Bill fuhr fort, die Schwierigkeiten zu erläutern, die damit verbunden waren, die Leiche zu entfernen, nachdem man Gashinrichtungen durchgeführt hatte. «Eine von den Sachen, die Zyanidgas tut, es geht in die Poren deiner Haut. Du spritzt die Leiche mit einem Schlauch ab. Man muß Gummihandschuhe verwenden, und man spritzt die Leiche mit dem Schlauch ab, um sie zu dekontaminieren, bevor man irgend etwas macht.»

Mark nahm etwas auf, was Fred früher mir gegenüber erwähnt hatte. Fred war der Meinung, daß man eine Person nicht voll bekleidet vergasen solle. Mark sagte: «Wir waren auch deshalb besorgt, weil, vor Jahren hatten sie so was wie schwarze Badehosen und dieses ganze Zeug. Natürlich wollten wir weg von dieser Art Dingen...»

«Und so würdevoll sein wie möglich», sagte Bill leise.

«Und so würdevoll sein wie möglich», fuhr Mark fort. «Und das haben wir getan. Aber auf der anderen Seite, wir konnten verstehen, warum das nötig war, weil man sich um all die Kleider kümmern muß, wenn man die Leiche beseitigt, verstehen Sie?»

Bills Haltung schien die zu sein, daß es für den Hinrichtungsbeamten schwierig sein könnte, einen vollständig bekleideten Mann in der Gaskammer zu töten; daß man es ihm aber schuldete, daß er in Würde starb und Hemd und Hosen trug und nicht nur einfach eine Turnhose und ein Stethoskop, das ihm auf die Brust geklebt wurde. Mark fügte hinzu: «Heutzutage dürfen wir auch die Umweltaspekte nicht vergessen.»

«Sie meinen, Zyanidgas in die Atmosphäre und in das Abwassersystem zu leiten?» Ich mußte meinen Drang unterdrücken, bei der Vorstellung von «grünen» Hinrichtungen zu lachen.

«Ja», sagte er.

Ich entschuldigte mich, daß ich auf die Toilette müßte, und als ich zurückkam, sprach Bill gerade mit einem großen jungen Mann an seiner Bürotür. Er stellte den Mann vor als einen örtlichen FBI-Agenten und sagte ihm, ich sei aus England, um für einen Film und ein Buch über die Todesstrafe zu recherchieren. Als ich seine Hand schüttelte, schaute der junge Mann wie jemand, dem helles Licht in die Augen fällt. Er sah Bill an, als ob er sagen wolle «bis später», und eilte davon.

Der FBI-Agent erinnerte mich an den Gesetzentwurf zur Verbrechensbekämpfung, der eine bundesweite Todesstrafe für einundfünfzig Verbrechen vorsah, einschließlich Drogenhandel ohne Mordfolge. Vom Senat und vom Repräsentantenhaus waren verschiedene Versionen verabschiedet worden, und es sah so aus, als würde er in naher Zukunft in das Statutenbuch kommen. Ich hatte geplant, ihn mit Bill zu diskutieren, aber er kam von sich aus darauf zu sprechen.

Wir ließen uns wieder in Bills Büro nieder, und er sagte zu mir: «Wie ich schon sagte, ich war weiß Gott froh, als sie in letzter Minute dieses Gesetz über die Todesspritze für uns erließen. Na ja, die Bundesstaaten, die wollen jetzt die Todesstrafe für Drogenhändler einführen. Also, was da auf uns zukommt, ist folgendes. So wie das Gesetz aussieht, muß die Todesstrafe nach der Methode des Distrikts vollzogen werden, in dem der Bursche verurteilt worden ist. Wir haben in diesem Lande fünf verschiedene Hinrichtungsmethoden. Das bedeutet also, die Bundesstaaten müssen fünf verschiedene Sachen installieren.»

«Werden sie es schließlich durch Nebenverträge mit den Staaten regeln, die die Todesstrafe haben?» fragte ich.

«Sie wollen es», sagte Bill, «aber niemand ist dazu bereit. Uns haben sie schon gefragt, und wir haben nein gesagt. Wir haben selbst schon genug zu tun», stöhnte er. «Und dann die juristischen Aspekte dieser Sache.»

Mark griff in das Gespräch ein. «Man *ist* letztlich dafür verantwortlich. Der ganze juristische Ärger, die Kosten.»

Bill wandte sich der Frage der Kosteneffektivität bei Hinrichtungen zu. «Die Chemikalien, die man im Rahmen unserer Staatsverträge bei einer Todesspritze verwendet, kosten weniger als vierzig Dollar. Na ja, die Sache ist die, daß eine Menge Leute beteiligt sind, und man muß ihre Zeit dazurechnen. Aber wie Mark schon gesagt hat, es gibt einen riesigen Haufen Rechtsfragen, die man durchgehen muß. Und nicht nur das, sondern die Presse. Die Presse würde Sie als Staat zerreißen. Unser Geschäft ist es hier, *Leute umzubringen*, verstehen Sie?»

«Und die Bundesbeamten, die herkommen würden?» erinnerte mich Mark. «Die Unterbringung, zum Beispiel. Nicht, daß man nicht sein Bestes tun würde, das tut man immer. Aber es wäre wirklich unglaublich, die Unterbringungen, für die man sorgen müßte, und all das.»

«Aber wenn die Staaten nicht die Urteilsvollstrecker für die Bundesregierung sein wollen», fragte ich, «bedeutet das dann, daß sie einen Hinrichtungskomplex errichten müssen? Zum Beispiel in Washington, mit Gaskammer, einem elektrischen Stuhl, einem Galgen, einer Injektionsmaschine und einem Exekutionskommando?»

«Das werden sie schon müssen», sagte Bill zu mir. «Wenn sie das Gesetz nicht ändern und einfach zu einer einzigen Methode übergehen, zum Beispiel der tödlichen Injektion. Und ich würde ganz entschieden empfehlen, daß sie das tun. Schauen Sie, Gary Gilmore war der erste Gefangene, der in diesem Land seit langer Zeit getötet wurde. Ein Freund von mir, Sam Smith, war der Leiter da draußen – es war eine Hinrichtung durch Erschießen. Und Sam Smith hatte vor dem Gefängnis im Zelt übernachtet, 87 Tage bis zur Exekution – es sah aus wie eine Zeltstadt, die ganze Presse war da, beobachtete sie und wartete nur darauf, das zu sehen. Es war ein fürchterliches

Durcheinander. Wenn die Bundesbehörden das machen, wird das ein Durcheinander für sie.»

Ich lenkte die Unterhaltung auf die Hauptabsicht meines Besuches: etwas darüber zu erfahren, wie Missouri Freds Injektionsmaschine verwandte. Bill fing an, mir in offenem und vertraulichem Ton zu berichten.

«Die Maschine ist sehr präzise. Wir haben wenig Probleme damit gehabt.»

Im Gegensatz zu Fred, der im *staccato*-Stil des Yankees sprach, war Bills Redestil langsam und abgewogen. Hätte man nicht gewußt, daß er darüber redete, wie man jemanden mit tödlichen Injektionen umbringt, dann hätte man, wenn man ihn so hörte, wirklich meinen können, er schildere einen besonders gut funktionierenden Automotor.

Er erklärte: «Vor allem kann eins nicht passieren, daß ein Klumpen hineingerät und eine Vene oder ein Rohr platzt. Es ist eine sehr langsame und sehr genaue Injektion, und ich würde sagen, daß man in weniger als einer Minute ungefähr 30 Kubikzentimeter in der Vene hat. Das variiert je nach der Einstellung der Maschine, aber wir hatten nur ein einziges Mal einen Aufhänger.»

Ich hatte eigentlich Fragen nach irgendwelchen Problemen, die bei Hinrichtungen vorkommen können, erst sehr viel später bei meinen Recherchen vorgesehen. Es kam für mich deshalb etwas überraschend, als Bill zu mir sagte: «Wir hatten einen Aufhänger bei einer Spritze.»

Ich schwieg und wartete, um zu erfahren, was das bedeutete.

«Wir hatten sie auf der Maschine, und sie war ein ganz klein wenig gekippt. Wir haben nicht erkannt, daß sie schief saß, weil man sie nicht sehen kann. Und als der Kolben runterging, hängte er sich auf. Na ja, Mark hatte die Kontrolleuchten im Auge – es gibt da eine Reihe von Kontrolleuchten, Sie werden sie sehen –, und ich prüfte mit einer Stoppuhr die Zeit, die die Leuchten an waren, und als die Zeit überschritten war, die es dauern sollte, benutzten wir den manuellen Zug und machten weiter und senkten den Handhebel und machten dann die Sache fertig. Aber das ist das einzige Mal, daß wir ein Problem hatten. Was mich betrifft, ich finde die Maschine einzigartig.»

Bill bezog sich auf die Hinrichtung von Maurice Byrd, die drei Wochen vor meinem Besuch, am 23. August 1991, stattgefunden hatte.

Mark mischte sich wieder ins Gespräch ein.

«Die Maschine war okay», sagte er, eifrig darauf bedacht, daß ich Bills Information nicht als Beweis für einen Defekt interpretieren sollte.

«So ist es», bestätigte Bill. «Im selben Augenblick, als wir das Gerät anstießen, einfach das Kästchen anstießen, kam der Kolben los und ging runter.»

«So wie wenn man mit einem Hammer an die Wasserpumpe eines alten Autos klopft, um sie wieder in Gang zu setzen?» fragte ich.

«Hmhm», stimmte Bill zu. «Und dadurch haben wir es gelernt. Und wenn ich wieder einen Aufhänger hätte, würde ich gar nicht erst die manuellen Hebel benutzen. Ich würde hinten auf die Maschine klopfen und sie weitermachen lassen, verstehen Sie? Aber weil wir damals nicht wußten, was wir hatten, haben wir die manuellen Züge benutzt und es weiter reingedrückt.»

«Worum es geht», sagte Mark, «ist, daß wir uns eine Art Praxis erworben haben. Ich meine, das Gerät ist getestet. Es ist nicht so wie, na schön, letztesmal hat es funktioniert, laß uns mal diesmal unser Glück versuchen.»

Proben, sollte ich lernen, war einer der Schlüssel zu Missouris Erfolg bei der Durchführung von reibungslos ablaufenden Hinrichtungen. Man hielt sich strikt an die Routine, das Missouri-Protokoll, und sie wurde mit jedem Beamten, der an dem Hinrichtungsprozeß beteiligt ist, immer und immer wieder geübt.

Bill kam noch einmal auf den Abend von Maurice Byrds Hinrichtung zu sprechen und sagte mir, wie sorgfältig er die Maschine geprüft habe. «Um sieben am Abend der Hinrichtung machten wir folgendes: Wir ließen die Maschine drei Runden durchlaufen. Und ich saß da und maß den Durchlauf. Ich ließ das Ding drei Runden durchlaufen und saß da mit einer Stoppuhr in der Hand, verstehen Sie? Sie ist so genau wie ein Uhrwerk...»

Bill schnippte mit den Fingern, um zu zeigen, daß die Maschine alle drei Runden genau und ohne Stockung durchlaufen habe.

«...und dann um halb elf an dem Abend luden wir das Gerät voll.

Wie ich sagte, die eine Spritze muß ein ganz klein wenig gekippt sein, weil es sehr genau ist. Die Maschine ist sehr präzise. Und es mußte – es hätte sogar die Spritze sein können – oder der Kolben auf der Spritze.»

«Es hätte ein Fehler an der Spritze sein können, den man nicht sehen konnte», fügte Mark hinzu.

Aber nicht Freds Gerät.

«Man weiß es einfach nicht», sagte Bill zu mir. «Im selben Augenblick, wo der Kolben runterging, startete es, und natürlich ließ ich meine Uhr ebenfalls loslaufen, und als ich eine Minute auf meiner Stoppuhr gemessen hatte, wußte ich, jetzt sollte es losgehen, wissen Sie, es sollte mir das Signal geben, daß es durch ist. Das tat es nicht, und so gingen wir direkt zum Handzug, und...»

«Beendeten die Sache», schloß Mark, der von den Problemen genug hatte.

«...und beendeten die Sache», wiederholte Bill, dem daran gelegen war, daß ich verstehen sollte, daß an Freds Gerät nichts verkehrt war und nichts verkehrt war mit dem Missouri-Protokoll. «Und als wir da reingingen, wo wir von der Vorderseite in den Raum kommen, als wir die Tür anstießen – hochlangten, um sie zu entriegeln» – Bill schnippte mit den Fingern –, «ging es los.»

Ich erkundigte mich danach, wie die doppelten Kontrollvorrichtungen für die Hinrichtung denn funktionierten, wenn es notwendig war, die manuellen Hebel zu betätigen.

Bill fühlte sich bei dem technischen Gerede ganz wohl und beantwortete meine Frage bereitwillig. «Man hat zwei manuelle Hebel, und einer davon ist eine Attrappe. Beide haben eine gleich starke Feder, so daß die Person, die daran zieht, keinen Unterschied spürt.»

Mark fügte hinzu: «Es ist eigentlich zugunsten der Leute installiert worden, die dann wirklich die Knöpfe drücken oder sonst was, weil es einfach eine sehr kleine – *sehr kleine* – Gruppe von Leuten ist, die alle ausgebildet und alle zusammen da sind. Keiner sonst ist da, so daß wir alle wissen, wer diese Leute sind, und für uns macht es keinen Unterschied.»

Soviel also zu Freds Ansicht über die psychologische Wichtigkeit der dualen Kontrollvorrichtung, dachte ich, und der Notwendigkeit für den Hinrichtenden, das Gefühl zu haben, daß er nicht allein für die Hinrichtung verantwortlich ist. In Missouri übernimmt jeder die Verantwortung.

Bill lenkte das Gespräch auf Fred, vor dem er die größte Hochachtung hatte. Freds Beitrag bestand nicht einfach darin, eine Maschine bereitzustellen, die funktionierte; er hatte auch das Hinrichtungsteam in Missouri trainiert, die ausgewählte Gruppe von Männern, die Bill und Mark in Jefferson City und Paul Delo, Don Roper, Gary Sutterfield und Greg Wilson im *Potosi Correctional Center* einschloß.

In der vorhergehenden Woche hatte Fred mir erzählt, wie er die Hinrichtungsbeamten in Missouri ausgebildet hatte – eine Kombination von Unterricht im Klassenraum und «wirklich praktischem Umgang mit der Maschine». Er sagte seinen Schülern: «Der menschliche Körper ist so gebaut, daß er nicht zerstört werden soll. In dem Augenblick, wo man das Herz stoppt, hat er einen Mechanismus, das Herz wieder in Gang zu setzen. Und Herztod ist der Schlüssel zu allen Hinrichtungen. Also müssen wir ein System entwerfen, das das Herz zerstört, nachdem es das Gehirn zerstört hat. Das ist entscheidend für die Elektrokution, die tödliche Injektion, selbst für das Hängen. Sie tun alle dasselbe. Zuerst wird das Hirn zerstört und dann steht das Herz still. Folglich wird jeder, der mit diesen Dingen zu tun hat, in allen diesen Aspekten ausgebildet, einschließlich den medizinischen. Und es macht sie zu besseren Leuten. Sie fühlen sich wohler bei ihrem Job.»

Bill Armontrout lehnte sich in seinem Stuhl zurück und sagte zu mir: «Als wir die Maschine von Fred kauften, war die Ausbildung ein Teil des Kaufpakets, und dann ist Fred freundlicherweise ein paarmal hier herausgekommen. Er wollte sehen, wie sich die Maschine bewährt, und so kam er raus und beobachtete uns bei einer Hinrichtung, um zu sehen, wie wir die Sache machten, und um sich zu vergewissern, daß das Gerät einsatzfähig ist. Und natürlich hat es sich für uns als sehr effektiv erwiesen.»

In der Hinrichtungsindustrie ist die Effektivität nicht unbedingt an einem schnellen, sauberen Tod gemessen worden. Staatsbeamte in Florida oder Texas scheinen sich wenig um Beweise zu kümmern, daß Häftlinge leiden, wenn die Hinrichtungsgeräte versagen. In Missouri hat der Staat entschieden, daß es von Belang *ist*.

Missouris Entschlossenheit, die Todesstrafe so schnell und schmerzlos wie möglich auszuführen, rührt, soweit es Bill Armontrout betrifft, von dem «humanen» Wunsch her, sicherzustellen, daß das Leiden des Häftlings auf ein Minimum reduziert wird. Es gibt auch andere Gründe für Missouris moderne Verfahren bei der Vollstreckung der Todesstrafe, und diese haben mit der Reduktion des Stresses zu tun, unter dem die Beamten leiden, sowie mit dem Wunsch, den Medien ein akzeptierbares öffentliches Bild von Missouri zu liefern.

Bill Armontrout ist besonders geschickt, mit der Presse klarzukommen, und diese Begabung besitzt auch das andere entscheidende Mitglied des Hinrichtungsteams, der Gefängnisdirektor von Potosi, Paul Delo. Beide Männer gehen Fragen ganz direkt an. Beide sind der Auffassung, daß die Aufgabe, die auf ihnen ruht, im Namen des Volkes verrichtet wird, und daß die Regierung ihren Wählern Rechenschaft geben muß. Eins der ersten Dinge, die Bill tat, als Missouri zur tödlichen Injektion überging, war, dabei zu helfen, eine Medienpolitik zu entwickeln.

Die Medienpolitik ist genauso Teil des Missouri-Protokolls wie das Hinrichtungsverfahren selbst und die Sicherheitsmaßnahmen, die eine Hinrichtung begleiten. Es ist ein präzises und detailliertes Drei-Seiten-Dokument, das mit den Worten beginnt: «Der Mitarbeiterstab des *Department of Corrections* von Missouri wird alle Anstrengungen unternehmen, die Vertreter der Nachrichtenmedien vor und während einer vorgesehenen Hinrichtung in jeder Hinsicht zu unterstützen.» Das Department stellt den Nachrichten-Organisationen ein Videoband und Fotografien des Hinrichtungsraums zur Verfügung und sorgt während der Hinrichtungsnacht für erstklassige Presseeinrichtungen im *Potosi Correctional Center.*

«Wir können die Presse unter verschiedenen Gesichtspunkten betrachten», sagte mir Mark. «Und oft würden wir ihr gern aus dem Weg gehen. Aber sie haben nicht die Absicht zu verschwinden. Der Schlüssel ist, daß wir wissen, wie wir die Presse auf eine effektive Weise handhaben können, die für uns von Vorteil ist. Das hat sich als sehr wirkungsvoll erwiesen.»

Bei der ersten Hinrichtung durch tödliche Injektion in Missouri wurden das Staatsgefängnis von Missouri und das *Department of Corrections* von Fernseh- und Zeitungsreportern regelrecht belagert. Bill erinnert sich: «Bei der ersten, die wir machten, hatten wir mehr als zwanzig von den – ich nenne sie «Krieg der Sterne»-Übertragungswagen, wissen Sie, die so groß sind wie ein Schlachtschiff, die die Teleskop-Satelliten obendrauf haben – bei unserer ersten hatten wir zwanzig davon. Und jetzt, wenn wir in so eine Sache reingehen, haben wir vielleicht einen oder zwei und nicht mehr.»

Im Gefolge der Byrd-Hinrichtung arbeitete das *Department of Corrections* an der zwölften Revision des Missouri-Protokolls. Die früheren Versionen waren von Mark und Bill geschrieben worden, und Paul Delo hatte zu den späteren mit beigetragen. Mir wurde gestattet, die elfte Revision zu lesen und mir ausführliche Notizen zu machen.

In Missouri werden Todesurteile gewöhnlich zehn Tage vor einem geplanten Hinrichtungstermin unterzeichnet. Das Protokoll sagt, daß die verurteilte Person achtundvierzig Stunden vor der Hinrichtung in die Beobachtungszelle verlegt werden soll – außer in Fällen, wo andere Faktoren eine unmittelbare Isolierung des Häftlings dringend geboten erscheinen lassen. Im wesentlichen sind dies Sicherheitsvorkehrungen zum Schutz des Häftlings. Besteht ein Selbstmordrisiko? Besteht die Gefahr, daß ein anderer Häftling den Versuch macht, den Hinrichtungsbeamten zuvorzukommen, indem er den Verurteilten ermordet?

Die Achtundvierzig-Stunden-Regel ist nur eine Richtlinie, und in Wirklichkeit ist es die Mindestzeit, die ein Verurteilter in der Beobachtungszelle verbringt.

«Das variiert», sagte Bill zu mir. «Zum Beispiel beim letzten», sagte er und bezog sich dabei auf Maurice Byrd. Byrd hatte gesagt, er werde sich das Leben nehmen. «Also, in dem Moment, in dem wir die Mitteilung erhalten, daß der Termin vom Gericht festgesetzt ist, können wir den Burschen fassen und die Beobachtung ansetzen. Sobald sie das Datum festsetzen, dauert es gewöhnlich noch ein oder zwei Wochen. Und wir haben es schon erlebt, daß, sagen wir mal, das Gericht sich heute trifft und sagt ‹morgen›. Also schnappen wir uns den Burschen so schnell wie möglich, je nach seinem Geisteszustand. Eine weitere Sache ist der Druck durch die anderen

Häftlinge. Mithäftlinge im Todestrakt versuchen oft, den Burschen dazu zu bringen, eher Selbstmord zu begehen, als das den Staat machen zu lassen.» Bill bezog sich hier auf Peewee Gaskins' Selbstmordversuch in South Carolina in der vorangegangenen Woche. «Auf solche Sachen muß man aufpassen.»

Während der Beobachtung vor der Hinrichtung ist ein Beamter vierundzwanzig Stunden am Tag mit dem Verurteilten in der Zelle zusammen. Der Bewachungsbeamte führt Buch über Besucher und Ereignisse während dieser Periode. In Missouri haben Verurteilte während der Beobachtungszeit das Recht, kostenlos die Kantine in Anspruch zu nehmen, einschließlich schwach alkoholischer Getränke, *snacks* und Zigaretten. In der Zelle sind ein Fernseher und ein Videorecorder, und die meisten Insassen verbringen ihre Zeit damit, sich Videofilme anzuschauen. Sie dürfen auch nach vorheriger Zustimmung des diensttuenden Beamten, der die aus- und eingehenden Telefongespräche überwacht, R-Gespräche führen.

Besuchszeit ist von 6 Uhr morgens bis 22 Uhr (in der Hinrichtungsnacht bis 18 Uhr). Es sind immer nur zwei Besucher zur gleichen Zeit erlaubt, und dies wird genau eingehalten. «Man geht wirklich Sicherheitsrisiken ein, wenn man es nicht so macht», sagte Mark.

Bill sagte, als er diesen Teil des Protokolls mit mir durchsprach: «Um die Besuchszeit machen wir uns hier nicht allzu viele Gedanken. Wir beschränken die Besuche nicht auf eine Stunde oder so. Also, am letzten Tag können sie hier, wenn sie wollen, mit ihrer Familie oder wem auch immer den ganzen Tag sitzen, bis ungefähr um sechs Uhr abends. Danach gibt es Dinge, die wir erledigen müssen. Und deshalb müssen die Besucher dann gehen.»

Der Gefängnisarzt wird achtundvierzig Stunden vorher benachrichtigt, und das Protokoll hält fest, daß der Häftling achtundvierzig Stunden vor seiner Hinrichtung körperlich untersucht wird. Während der Zeit, in der er unter Beobachtung steht, kann der Verurteilte Besuch von bis zu zwei Geistlichen oder religiösen Ratgebern empfangen.

Am Tag der Hinrichtung wird der Kontakt des Gefängnisses mit den Medien von 18 Uhr ab (oder früher, wenn es für nötig gehalten wird) bis zu der Pressekonferenz, die auf die Hinrichtung folgt, ausgesetzt. Genau durchdachte Sicherheitsvorkehrungen, die nahezu 150 Gefängnisbeamte, *Highway Patrol*, Bevollmächtigte des Sheriffs und örtliche Polizeikräfte einschließen, treten in Kraft. Bei der Mercer-Hinrichtung im Jahre 1989 traf das *Department of Corrections* Extra-Vorsichtsmaßnahmen. Das Gebiet um das Staatsgefängnis wurde abgeriegelt, Scharfschützen saßen auf den Dächern, für das Kapitol und das Haus des Gouverneurs war die höchste Sicherheitsstufe angeordnet, und auf dem Mississippi patrouillierte die Wasserschutzpolizei. Seit dem Umzug des Todestrakts nach Potosi sind die Sicherheitsmaßnahmen etwas reduziert worden. Das geschah teilweise aufgrund der Tatsache, daß das *Potosi Correctional Center* in einem etwas abgelegenen Teil des Staates liegt, über eine Stunde Fahrt von St. Louis, beinahe drei Stunden von Jefferson City und eine ganze Tagesreise von Kansas City entfernt. Das schreckt Demonstranten ab und erleichtert die Sicherheitsmaßnahmen.

Um 18 Uhr – sechs Stunden vor der normalen Hinrichtungszeit um 0.01 Uhr, führt der Direktor eine letzte Einsatzbesprechung mit dem ganzen Stab durch, und um 18.15 Uhr begeben sich alle auf ihre Posten. Eins der Dinge, die Bill Armontrout bei der Hinrichtung von Tiny Mercer eingeführt hat, das aber kein Bestandteil des offiziellen Protokolls ist, ist ein Gebetsgottesdienst für das Hinrichtungsteam und die übrigen Gefängnisbediensteten. Bill sagte mir: «Eins von den Dingen, die ich ursprünglich mit dieser Sache angefangen habe, ich veranstalte am Abend der Hinrichtung einen Gebetsgottesdienst für die gesamte Mannschaft. Und jeder aus dem Stab, der teilnehmen will, kann teilnehmen.» Als er mir dies sagte, fügte er noch eine Bemerkung über seine Politik bei der Einteilung des Hinrichtungsstabes hinzu. «Obgleich man denkt, daß man seine Leute kennt», sagte er, «machen wir das so: Wenn jemand – sagen wir mal, ich setze Sie da ein, und Sie glauben nicht an die Todesstrafe – alles, was Sie zu tun haben, ist, mir *persönlich* zu sagen, daß Sie damit nichts zu tun haben wollen. Es werden keine Fragen gestellt, und Sie werden gestrichen. Leute haben Gefühle, das muß man verstehen. Und ich habe eine Menge Leute gehabt, die nicht wieder dazu eingeteilt werden wollen, nachdem sie einmal eingeteilt waren. Das ist allein eine Sache zwischen ihnen und mir. Das ist ihre Überzeugung, und ich respektiere das.»

Von dem Augenblick an, wo der Stab seine Posten einnimmt und der letzte Besuch des Häftlings gehen muß, wird über jede Sekunde von jedermanns Zeit Rechenschaft abgelegt:

– 19.00 Uhr: Das Telefon im Hinrichtungsraum wird überprüft. Die Uhren werden überprüft und mit der Uhr im Medienraum synchronisiert.

– 19.30 Uhr: Dem Häftling wird ein Satz sauberer Kleidung gegeben und ein Sedativ angeboten. Einer der befugten Operateure verifiziert, daß die Injektionsmaschine fertig ist.

– 20.30 Uhr: Die Liege wird vorbereitet. Die Jalousien in der Todeskammer werden heruntergezogen.

– 22.00 Uhr: Während der vergangenen anderthalb Stunden sind die Telefone und Uhren immer wieder überprüft worden, ebenso die Injektionsmaschine und die damit verbundenen Vorrichtungen. Um 22.00 Uhr meldet sich das Hinrichtungsteam am Hinrichtungsraum, und die Präparate werden in die Injektionsmaschine geladen. Der Programmüberwachungsassistent verifiziert, daß sich alle Mitglieder des Hinrichtungsteams zur Stelle gemeldet haben. (Als Teil der Sicherheitsoperation tragen die sechs wichtigsten Mitglieder des Hinrichtungsteams Sicherheitsmarken höchster Priorität. Andere Mitglieder des Stabes tragen Dienstmarken, die sie für den Dienst auf verschiedenen Sicherheitsebenen innerhalb des Gefängnisses und in der Umgebung ausweisen.)

– 22.30 Uhr: Der Kaplan meldet sich bei der Beobachtungszelle. Ambulanz und Leichenwagen melden sich an der rückwärtigen Pforte. Die staatlichen Zeugen melden sich am Personaleingang. Das Gesetz verlangt ein Minimum von zwölf staatlichen Zeugen. Sechs davon gehören normalerweise der Presse an. Die Telefone werden besetzt.

– 22.40 Uhr: Der Leiter der *Division of Adult Institutions* meldet sich im Gefängnis im Verhandlungsraum für den Ausschuß zur Gewährung eines Hinrichtungsaufschubs.

– 22.45 Uhr: Die staatlichen Zeugen melden sich im Verhandlungsraum.

– 23.00 Uhr: Der Leiter der *Division of Adult Institutions* meldet sich im

Verhandlungsraum. Der stellvertretende Direktor überwacht die offene Telefonleitung zum Justizminister.

– 23.05 Uhr: Der stellvertretende Direktor meldet sich im Hauptkonferenzraum.

– 23.10 Uhr: Telefone werden geprüft.

– 23.15 Uhr: Der Arzt überprüft das Elektrokardiogrammgerät.

– 23.20 Uhr: Der Abteilungsleiter überprüft die Telefone und überwacht alle Leitungen. Die Uhren werden noch einmal überprüft. Der Abteilungsleiter trägt ein Kofferradio, für den Fall, daß die Telefone ausfallen.

– 23.30 Uhr: Der Abteilungsleiter telefoniert mit dem designierten Stellvertreter des Gouverneurs, um zu überprüfen, ob es einen Vollstreckungsaufschub gibt. Der Programmüberwachungsassistent stellt sicher, daß sich nur autorisierte Personen im Hinrichtungsraum befinden.

– 23.35 Uhr: Der Gefangene wird zu der Liege eskortiert und darauf festgebunden. Das EKG wird an ihm befestigt und der intravenöse Katheter gelegt.

– 23.40 Uhr: Die Telefone werden überprüft. Die Zeugen der Häftlinge kommen an. (Missouri gestattet dem Gefangenen, fünf Zeugen einzuladen. Sie werden einer gesonderten Sicherheitsprüfung unterzogen und sind die ganze Zeit über von den staatlichen Zeugen getrennt.)

– 23.55 Uhr: Die Telefone werden überprüft.

– 0.00 Uhr: Der Abteilungsleiter telefoniert mit dem leitenden Direktor, um zu fragen, ob es einen Vollstreckungsaufschub gibt. Falls nicht, fährt der leitende Direktor im Programm fort. Die Jalousien in der Hinrichtungskammer werden geöffnet.

– 0.01 Uhr: Der leitende Direktor verliest den Hinrichtungsbefehl. Die Hinrichtung beginnt.

Während der Hinrichtung wird jedes Ereignis mit einer Stoppuhr überwacht und von dem diensttuenden Beamten, der sich im Hinrichtungsraum befindet, ins Logbuch eingetragen. Der Arzt überwacht das EKG und signalisiert dem diensttuenden Beamten, daß es keine Zeichen einer Herztätigkeit mehr gibt. Die Jalousien werden geschlossen, der Arzt untersucht den Häftling, stellt die Todeszeit fest und unterzeichnet die Todesurkunde. Nachdem die Jalousien geschlossen wurden, werden die Zeugen des Häftlings aus dem Gefängnis eskortiert. Die staatlichen Zeugen unterzeichnen eine Hinrichtungsbeglaubigung, und die Pressezeugen begeben sich in das Pressebüro. Eine Pressekonferenz wird abgehalten, und ein ernannter Zeuge der Medien muß für die anderen Medien verfügbar sein, die bei der Hinrichtung nicht zugegen waren.

«Warum», fragte ich Bill, «werden Hinrichtungen immer auf 0.01 Uhr festgesetzt?»

«Das ist nicht nur eine historische Sache», antwortete er. «Alle anderen Häftlinge sind eingeschlossen. Man hat alles unter Kontrolle. Und folglich hat man mit den anderen Häftlingen keine Probleme. Wir sind einmal davon abgewichen, weil wir in letzter Minute einen Hinrichtungsaufschub hatten, und infolgedessen mußten wir abwarten und sehen, was das Gericht tun würde. Der Oberste Gerichtshof ließ dann ungefähr um 18 Uhr die Hinrichtung zu. Wir haben die Hinrichtung um 21 Uhr gemacht.»

Der traditionelle Hinrichtungstermin 0.01 Uhr beruht nicht nur auf der besonderen Sicherheit, die er gewährleistet, und der Tatsache, daß er eine gewisse Abschreckung für Demonstranten darstellt, sondern auch darauf, daß er dem Staat ganze vierundzwanzig Stunden Frist gewährt, um das Todesurteil zu vollstrecken. Das Hinrichtungsurteil legt nicht fest, zu welcher Tageszeit die Hinrichtung stattfinden soll. Infolgedessen hat Missouri die Vorsichtsmaßnahme ergriffen, sich einen ganzen Tag dafür Zeit zu nehmen.

«Wie ich den Leuten immer sage», sagt Bill, «wenn wir es nicht eine Minute nach Mitternacht tun können, dann warten wir eben, bis wir es am Tag tun können. Egal, wie lange es dauert.»

Es ist unmöglich, sich vorzustellen, wie sich ein Verurteilter fühlt, der beobachtet, wie sein Leben in seinen letzten Stunden dahinrinnt, in der Gewißheit, daß der Staat die Hinrichtung ausführen wird. Ich wollte wissen, welche Wirkung dieses unerbittliche Tikken der Uhr bis zur geplanten Beendigung eines fremden Menschenlebens auf Bill habe.

Bill sagte mir, daß es am schwierigsten sei, wenn es einen Vollstreckungsaufschub gebe. «Das ist richtig hart. Je länger es sich hinzieht, desto härter ist es. Ich habe das bei diesem letzten bemerkt [Maurice Byrd]. Der Oberste Gerichtshof hat seine Berufung um fünf vor neun am Abend abgelehnt. Also wußten wir um neun am Abend, daß es bis kurz nach Mitternacht dauern würde. Die Leute waren müde. Wir wurden einfach müde von der Spannung. Ich war müde, als das am Abend vorüber war, weil ich es seit neun Uhr wußte, eine Zeit von drei Stunden. Ich wußte, was wir tun würden. Es gab keine Fragen mehr. Wir wußten, daß es keine Berufungen mehr geben würde, nichts sonst, daß der Junge gehen würde.»

«Wie wirkt sich das wirkliche Töten auf Sie persönlich aus?» fragte ich.

Bill überlegte einen Moment und sagte dann: «Ich sehe es so: Ich habe in dieser Frage meinen Frieden mit mir gemacht, weil ich weiß, daß der Bursche, der hingerichtet wird, jede Chance gehabt hat, Berufung einzulegen. Er hatte seine Verhandlungen, die vielen Revisionen, die er gehabt hat – Oberster Gerichtshof der Vereinigten Staaten dreimal, Achtes Bezirksgericht dreimal, das hiesige Berufungsgericht drei- oder viermal. Wenn man weiß, daß der Fall so genau geprüft worden ist, dann fühlt man sich viel besser. Ich glaube an die Gesetze unseres Landes. Ich bin ein wenig in der Welt herumgekommen. Vielleicht haben wir nicht das vollkommenste Strafjustizsystem der Welt, aber es ist das beste, *das ich gesehen habe*. Es bietet dem einzelnen hinreichend Gelegenheit, seine Unschuld zu beweisen.» Bill schaute mich an und sagte mit einer Spur von Emotion: «Also bin ich mit mir selbst im Frieden, weil ich weiß, daß der Fall dieses Burschen ein paarmal angeschaut worden ist. Und ich persönlich glaube an die Todesstrafe. Vielleicht ist sie keine Abschreckung für den nächsten, aber sie ist eine für diesen.»

Während die übliche Vorstellung von der tödlichen Injektion die sein mag, daß es sich um einen einfachen Prozeß handelt, habe ich gelernt, daß es ein komplexes und langwieriges Verfahren ist. Bei der Hinrichtung von Maurice Byrd z. B. zeigt der Bericht des Hinrichtungsteams, daß von dem Augenblick an, als Byrd auf die Liege gebunden wurde, bis zu dem Zeitpunkt, als der Arzt ihn für tot erklärte, einundfünfzig Minuten verstrichen sind.

Byrd betrat den Hinrichtungsraum in Potosi um 23.24 Uhr und wurde sechs Minuten später, um 23.30 Uhr, festgebunden. Ich fragte Mark Schreiber, was in diesem Zeitraum von sechs Minuten passiert sei.

«Sie reden hauptsächlich mit ihm.»

Worüber? fragte ich mich. «Hat einer mal Widerstand geleistet?» fragte ich.

«Das haben wir noch nicht gehabt», sagte mir Bill. «Damit hatten wir noch nicht zu tun. Und der Grund ist, daß wir unsere Gefangenen kennen, um damit anzufangen. Und eine der Sachen, die wir tun, ist, daß wir mit ihm reden und ihm genau sagen, was wir tun werden, was mit ihm passieren wird. Da gibt's also keine Überraschungen. Es erschreckt ihn nichts. Er weiß, daß es Zeit für ihn ist, das zu tun, und es ist ihm klar, daß er sterben wird, wissen Sie, weil seine Berufungen erfolglos waren oder sonst was. Also erklären wir ihm, *Schritt für Schritt*, was mit ihm passieren wird. Und bislang mußten wir noch keinen Gefangenen mit Gewalt dahin schaffen, um ihn festzubinden.»

«Ich werde Ihnen was sagen», sagte Mark. «Ich glaube, daß sie — daß sie es beinahe akzeptieren...»

Bill unterbrach ihn: «Sie empfinden uns gegenüber keinerlei Feindseligkeit...»

«...vorher gibt es vielleicht schon ein bißchen Feindseligkeit gegen uns», schloß Mark.

Im Falle von Maurice Byrd wurde der intravenöse Katheter um 23.48 Uhr gelegt, etwa achtzehn Minuten, nachdem er auf der Liege festgebunden worden war. (In meinem ersten Gespräch mit Bill und Mark war es mir nicht gelungen herauszufinden, was während dieser Zeit geschah. Ich erfuhr das erst später, nachdem ich mit den Verurteilten in Potosi gesprochen hatte.) Die Injektionsmaschine wurde um 0.03 Uhr aktiviert. Mark hielt fest, daß Byrd vier Minuten später, um 0.07 Uhr, «allem Anschein nach bewußtlos» war. Um 0.08 Uhr bemerkte er, daß die «sichtbare Muskelbewegung aufgehört» hatte und «die Atmung allem Anschein nach aufge-

hört» habe. Nach einer Überprüfung des EKG-Geräts hielt Mark
fest, daß der «Herzstillstand» um 0.12 Uhr eingetreten sei. Maurice
Byrd wurde um 0.15 Uhr für tot erklärt.

Ich war neugierig zu erfahren, wieweit Ärzte an den Hinrichtungen von Missouri beteiligt waren, da die *American Medical Association* ausdrücklich ihre Teilnahme verbietet, außer, um den Tod
festzustellen. Fred war immer sehr darauf bedacht, den Ausdruck
«IV-Techniker» zu verwenden, um die Person zu bezeichnen, die
den intravenösen Katheter legt und tatsächlich an der Hinrichtung
teilnimmt. Bill sagte mir, daß Missouri einen Vertragsarzt für die
Mercer-Hinrichtung beschäftigt habe – einen Arzt, der sich freiwillig für diese Aufgabe gemeldet hatte.

Bill erklärte: «Wir legen den intravenösen Katheter nicht selbst.
Wir lassen ihn den Katheter legen, und dann haken wir unseren
Schlauch in das T-Ventil. Der Arzt stellt dann den Tod mittels des
EKG-Geräts fest, das an die Person angeschlossen ist, die hingerich-
tet wird. Bei dem ersten, den wir hatten, Tiny Mercer, zeigten sich
die elektrischen Impulse vom Herz auf dem Monitor, bevor sich die
Linien abflachten. Man sieht es eine ganze Weile. Das scheint
unendlich lange zu dauern, daß man die elektrischen Impulse vom
Herzen sieht, bevor die Linie sich abflacht. Aber der Arzt überwacht die Sache die ganze Zeit über.»

In einigen Fällen geht die Beteiligung des Arztes an der Hinrichtung darüber hinaus, den intravenösen Katheter zu legen und das
EKG zu überwachen.

«Bei einem alten Fixer», erklärte Bill, «haben wir das Problem,
eine Vene zu erwischen. Bei einem mußten wir eine Venensektion
machen.»

Dieser Gefangene war Tiny Mercer gewesen, der erste Mann, der
in Missouri die tödliche Injektion bekam. Eine *venae sectio* liegt
vor, wenn die Vene chirurgisch freigelegt werden muß, damit der
IV-Katheter gelegt werden kann. Es wird ein Schnitt gemacht und
die Vene wird mit einer Naht herausgehoben, so daß die Nadel
eingeführt werden kann.

«Das macht der Arzt», sagte mir Mark.

Ich fragte nach dem Verfahren der Venensektion bei Tiny
Mercer.

«Statt die Venensektion hier zu machen», erklärte Bill und zeigte auf seinen Hals, «ging er ans Bein und machte die Sektion da.» Bill zeigte auf seine Leistenbeuge. «Der Doktor hatte sich mit seinen Geräten darauf vorbereitet, verstehen Sie. Aber auch wir haben eine Menge Instrumente, die wir vielleicht niemals brauchen, aber in einem Fall wie diesem, für die Venensektion – wir hatten sie.»

«Fand Tiny Mercer das beunruhigend?» fragte ich.

«Nein», sagte Bill, «für mich war das viel beunruhigender als für den Gefangenen.»

Tiny Mercers Hinrichtung fand statt, bevor Missouri seine maßgeschneiderte Injektionsvorrichtung in Potosi gebaut hatte. Sie wurde in der alten Gaskammer vorgenommen, nur daß der Stuhl und die Tür herausgenommen worden waren. Ich wollte wissen, wie Mark und Bill die Hinrichtung durch die Injektion im Unterschied zu der Hinrichtung durch Gas beurteilten.

«Es ist, wie wenn du oder ich zum Zahnarzt gingen und sie dir Pentathol gäben», sagte Mark. «Du bist einfach weg. Tschüs.»

«Ach, das kann man nicht vergleichen», sagte Bill. «Ich würde sagen, Injektionen sind viel humaner. Bei Injektionen gibt es kein Keuchen, kein Zucken. Es ist nur ein Einschlafen. Augen schließen und einschlafen. Bei Gas keuchen sie. Ihre Augen treten aus den Höhlen, sie versuchen, die Luft anzuhalten. Es ist viel schmerzhafter als eine tödliche Injektion. Ich habe niemals eine Hinrichtung durch den elektrischen Stuhl miterlebt. Ich habe welche durch Gewehrschüsse gesehn. Aber in meinen Augen ist Elektrizität – eine Elektrokution, wenn sie richtig gemacht wird – wahrscheinlich sehr human, mit der Ausnahme, daß man einige Verbrennungen abkriegt. Das ist unvermeidlich. Man kriegt ein paar Verbrennungen. Sehen Sie, die letzte Elektrokution, die wir hier im Lande hatten [Peewee Gaskins in South Carolina], da mußten sie den Jungen zweimal unter Strom setzen. Sie erwischten ihn einmal und dachten, sie hätten es geschafft. Der Doktor geht ihn untersuchen, und er lebt noch immer. Also mußten sie ihm noch mal einen Stoß geben. Das ist nicht allzu human.»

Ich erzählte Bill, daß Fred den elektrischen Stuhl wählen würde, wenn ihm eine Hinrichtung bevorstünde, obwohl er die Injektionsmaschine erfunden hat.

Bill lächelte. «Fred hat diese Sachen ziemlich genau berechnet. Und ich würde sagen, wenn jemand in diesem Land eine Elektrokution durchführen kann, könnte Fred das besser als jeder andere hinkriegen. Und wenn ich als Direktor mit der Elektrokution eines Verurteilten zu tun hätte, würde ich Fred hinsichtlich der elektrischen Spannung, die man für diesen bestimmten Mann zu verwenden hätte, als Berater hinzuziehen.»

Bills Stimme wurde leiser, als er fortfuhr. Sein Ton zeugte von tiefer Anteilnahme.

«Also, alle sind verschieden. *Jeder* ist anders. Eins von den Dingen, die wir in unseren Übungssitzungen machen, besteht darin, uns eine Person auszusuchen, die etwa die gleiche Größe hat wie der Verurteilte, mit dem wir es zu tun haben werden. Und wir nehmen den Kerl und legen ihn wirklich auf die Liege und befestigen die Gurte an ihm, sehen Sie, damit wir wissen, wenn wir die Person da reinkriegen, die die tödliche Injektion erhalten soll, daß alles für sie paßt.»

Bill stand auf und entschuldigte sich, daß er ein Treffen außerhalb der Stadt habe und mich während meines gegenwärtigen Besuchs nicht wiedersehen werde.

Ich dankte ihm für die Zeit, die er mir geopfert hatte, und sagte, ich hoffte, ihn irgendwann einmal wiederzusehen, nachdem ich ein bißchen mehr über den Prozeß in Erfahrung gebracht hätte.

«Ich freue mich darauf», sagte er.

Mark Schreiber bot mir an, mich zum alten Staatsgefängnis von Missouri mitzunehmen, um die Gaskammer zu sehen. Bevor wir aufbrachen, führte er mich in sein Büro, um mir etwas über die Geschichte der Hinrichtungen in Missouri zu erzählen – eine Aufgabe, für die er als Amateurhistoriker, der eine Untersuchung mit dem Titel *Irgendwo in der Zeit: 160 Jahre Geschichte der Besserungsanstalten in Missouri* geschrieben hatte, besonders geeignet war.

Er öffnete ein altes, in Leder gebundenes Buch, in dem er die Fotografien der achtunddreißig Männer und der einen Frau gesammelt hatte, die zum Tod in der Gaskammer verurteilt worden waren, sowie der sechs Männer, die bislang durch eine tödliche Injektion getötet worden waren. Von den neununddreißig, die in der Gaskammer starben, waren drei Entführer, dreißig waren Mörder und sechs Vergewaltiger. Die Mehrheit der zwischen 1938 und 1965 Getöteten waren Schwarze, dreiundzwanzig im Unterschied zu sechzehn Weißen – in starkem Kontrast zu Missouris gegenwärtigem Todestrakt, wo die Anzahl der Weißen die der Schwarzen überwiegt.

Das Buch war eine seltsame Schurkengalerie von Bösartigen, Dummen, Unglücklichen und offensichtlich Geisteskranken. Mark zeigte mir die Fotografie der einzigen Frau, die jemals in Missouri hingerichtet worden war; Bonnie Brown Heady. Sie und ihr Partner bei der Entführung, Carl Austin Hall, wurden am 18. Dezember 1953 gemeinsam in einer zweisitzigen Gaskammer hingerichtet. Mark erzählte mir, daß die Verurteilten mit ganz wenigen Ausnahmen auf stoische und würdige Weise in den Tod gegangen seien. Die einzige Ausnahme, von der er wußte, war eben Carl Austin Hall, der wimmerte, als man ihn an den Stuhl band. Bonnie Brown Heady sagte zu ihm: «Nimm es wie ein Mann», und teilte den Vollstreckungsbeamten unverblümt mit, was sie von ihnen hielt.

Mark zog sein Jackett aus, und wir traten aus dem gemütlichen, klimatisierten Büro heraus, um zu seinem Auto zu gehen. Mittlerweile waren die Temperaturen ungefähr bei achtunddreißig Grad, aber der Tag war wundervoll klar und still, mit kaum einer Wolke am Himmel. Er schien entspannter zu sein, seit er mit mir allein reden konnte, und ich fragte ihn, ob er die Hinrichtung von Tiny Mercer persönlich sehr schwierig gefunden habe.

«Nein, nein», sagte er. «Nein, nein», wiederholte er und schüttelte den Kopf. «Ich habe sehr tiefe Gefühle bei bestimmten Hinrichtungen. Ich glaube, es ist unmöglich, im Strafvollzug tätig zu sein und Häftlinge nicht zu mögen. Ich verstehe auch die Häftlinge, und ich weiß, wo die Grenze ist.»

Ich fand seine Antwort verwirrend. Er erläuterte sie.

«Meiner Meinung nach verhält es sich mit der Todesstrafe so, also, es gibt bestimmt Ungerechtigkeiten – Leute, die eigentlich zum Tode verurteilt werden sollten – die aus irgendwelchen Gründen Glück hatten, daß sie nicht die Todesstrafe gekriegt haben. Aber das beunruhigt mich nicht wirklich, vielleicht weil ich selbst mit Fällen zu tun hatte von Leuten, die Strafvollzugsbeamte getötet haben. Ich habe kein Gefühl der Feindschaft gegen diese Leute, ich hab nicht das Bedürfnis, zu jemandem zu gehen und zu sagen, ‹ich bin froh, daß du die Todesstrafe kriegst›.»

Mark erzählte mir, daß er Vollzugsbeamte kenne, die die Häftlinge des Todestrakts verspotten und ihnen sagen, wie sehr sie sich darauf freuen dabeizusein, wenn der Schalter umgelegt wird.

Von den Insassen des Todestrakts sagte er: «Ich habe Sympathie für ihre Eltern, sie sind immer noch eine Mutter und ein Vater und sie haben dieselben Gefühle wie Sie und ich.»

Er berichtete über seine Erfahrungen als Ermittlungsbeamter in Mordfällen im Gefängnis und sagte: «Solche Dinge gehen mir nahe. Und das ist der Grund, weswegen ich die Polizeifilme nicht ansehen kann. Es ist nicht so, daß man seinen Beruf nicht liebt. Aber man muß diesen gewissen Vorhang haben, den man runterzieht, und das ist dein psychologisches Selbst, das sich schützt.»

Als wir in die Nähe des alten Gefängnisses kamen, gab Mark seiner Beunruhigung über seine Teilnahme an Hinrichtungen Ausdruck und setzte sie mit seinen anderen Erfahrungen von gewaltsamen Toden in Beziehung. «Ich denke, daß ich als einzelner mit jeder Situation fertig werden kann. Klar, man will nicht, daß irgendwas passiert – man will keine Fehler erleben –, aber wenn es passiert, dann will man versuchen, so professionell wie möglich damit fertig zu werden. Und human. Es ist wahrscheinlich niemals leicht, jemanden sterben zu sehen. Ich habe viele Leute sterben sehen. Ich bin oft dabeigewesen, wenn Leute gestorben sind. Zum Beispiel erstochen, als ich Ermittlungsbeamter war. Ich habe einen Häftling gesehen, der mehrfach durchbohrt worden ist, und man versucht von Punkt A nach Punkt B zu kommen und das Krankenhaus schnell zu erreichen, um das Leben des Patienten zu retten. Und das kann der jämmerlichste Kerl im Gefängnis sein, mit dem man alle möglichen negativen Erfahrungen gemacht hat, aber in diesem Augenblick ist er immerhin ein menschliches Wesen, und man tut das Beste, was man kann, um zu versuchen, das Leben dieser Person zu retten.»

Während wir uns dem alten Gefängnis näherten, wurde mir zunehmend klarer, daß das Missouri-Protokoll dem einzelnen half, mit seinen persönlichen Gefühlen dadurch fertig zu werden, daß seine Verantwortung Teil einer kollektiven Verantwortlichkeit für die Hinrichtungen war. «Wir arbeiten alle zusammen», sagte mir Mark. «Es ist eine kollektive Sache. Jeder einzelne wird richtig ausgebildet. Sie wissen, was man von ihnen erwartet, und kümmern sich um die Aufgabe.»

Als wir uns den abschreckenden Steinmauern näherten, sagte Mark zu mir: «Der Ur-Ur-Ur-Großvater meiner Frau hat das gebaut. Er baute das erste Kapitol im Jahre 1827 und begann das Gefängnis 1834. Um 1889 war es das größte Gefängnis der Welt.» Wir parkten, traten durch ein paar riesige Türen und meldeten uns an. Der Beamte hinter der Scheibe fragte mich, was in meinem Beutel sei, und ich sagte ihm: «Ein Notizbuch, eine Kamera und ein Kassettenrecorder.» Mark zeigte seine Dienstmarke und sagte dem stirnrunzelnden Beamten, daß ich die Erlaubnis hätte, diese Sachen mit reinzunehmen.

Ein Beamter mit einem schweren Schlüsselbund öffnete eine der massiven inneren Sicherheitstüren und schloß uns zwischen dieser und einer anderen ein. Dann wurden wir ins Gefängnis eingelassen, und Mark führte mich durch dunkle Korridore, deren Geographie er gründlich kannte, und raus in den Hof. Der Hof im Gefängnis von Jefferson City ist groß und unregelmäßig geformt. In den alten Tagen pflegten die Häftlinge einen Teil davon umzugraben. Jetzt hat er Handballfelder, ein Gewichthebezentrum und ein Softballfeld. Und eine Menge dunkler Ecken, was ihn zu einem gefährlichen Aufenthaltsort macht. Wegen des schönen Wetters liefen Hunderte von Häftlingen ständig im Kreis herum. Unten neben dem kleinen Gebäude aus Stein, in dem früher die Hinrichtungen stattgefunden hatten, sang eine schwarz-weiße *A-cappella*-Gruppe leicht schräg klingende Schlager, unter der Leitung eines ernsten jungen Schwarzen, der sie immer wieder unterbrach und neu beginnen ließ, bis die Harmonien einigermaßen richtig kamen. Größtenteils bildeten die Weißen und die Schwarzen ihre eigenen Gruppen. Es war leicht, die Anhänger der *Aryan Nation* zu erkennen, mit ihren Hakenkreuztätowierungen. Die schwarze Gefängnis-Gang, die *Moors*, hing zusammen, getrennt von den Straßengangs. Sowohl *Crips* wie *Bloods* waren da und hielten vorsichtig Abstand voneinander.

Wie in den meisten amerikanischen Gefängnissen gab es eindrucksvoll muskelbepackte Männer, die Gewichte stemmten. Einsame Gestalten wanderten vorbei, die uns anstarrten. Einige kleinere Gruppen unterbrachen, was sie gerade taten, um voll Neugier oder Verachtung rüberzustarren. Alle paar Minuten kam ein Häftling und fragte herausfordernd: «Wer bist du?» Am Nachmittag, als ich da war, verbreiteten sich Gerüchte über meine Identität. Ich war ein Bulle, ein Ermittlungsbeamter, ein Reporter.

Mark und ein alter Vollzugsbeamter, ein Major, nahmen mich runter zum Todeshaus. Es war ein kleines, rechteckiges Gebilde aus Stein mit zwei versperrten Stahltüren und spitzen Steinen, die ganz herum in das Dach eingelassen waren. «Das Ding ist von Häftlingen erbaut worden», erzählte mir Mark. Der Major öffnete mit einem großen Schlüssel die schwere, knarrende Tür, und ich trat in das kühle, dumpf riechende Gebäude.

Vor mir befand sich die Gaskammer. Es ist ein kleines Stahlgebilde, das einer Taucherglocke ähnelt. Die Tür ist ellipsenförmig und hat zwei längliche Fenster auf beiden Seiten – eins für die Zeugen, das andere für die Hinrichtungsbeamten. Ein Abzugsrohr führt aus der Kammerdecke und durch das Dach, um das Zyanidgas abzulassen.

Mark führte mich zur rechten Seite der Kammer, wo die Kontrollvorrichtungen der Hinrichtungsbeamten angeordnet waren. Er zeigte mir, wie der Hebel funktioniert, der die Zyanidkügelchen in die Salzsäure runterläßt, und wie das Ammoniak und die Bleiche nach einer Exekution in die Kammer eingelassen werden.

In der Kammer, aus der die beiden Stühle entfernt worden waren, stand die Liege, auf der Tiny Mercer hingerichtet worden war.

Zur Rechten der Kammer war die winzige Gefängniszelle, wo Todeskandidaten, die unter Beobachtung standen, darauf warteten, hingerichtet zu werden. Keine zehn Fuß von der Gaskammer entfernt, die der Häftling während der ganzen Zeit, in der er unter Beobachtung stand, im Blickfeld hatte, war sie kaum groß genug, um ein Bett und einige Besucher zu fassen.

Neben der Beobachtungszelle war ein Raum mit einem großen Ausgußbecken. Es gab Regale, in denen Flaschen mit Säure, Zyanid, Ammoniak und Bleiche aufbewahrt wurden. Es war der Raum, wo die Präparate ausgewogen und die Spritzen aufgezogen worden waren, um Missouris erste tödliche Injektion zu verabreichen.

Der alte Major schwieg. Er klapperte mit seinen Schlüsseln und wischte sich die Stirn unter seinem Strohhut. Er schaute mich an, und ich vermutete, daß er gerne gewußt hätte, was ich dachte. Ich war eifrig damit beschäftigt, mir die Details des Ortes einzuprägen und etwas über die Gefühle der Hinrichtungsbeamten zu erfahren. Ich versuchte, mir die stummen Schreie von neununddreißig Personen vorzustellen, wie sie in dem aufgegebenen Tank würgten und keuchten, einer nach dem andern, zu zweit, während die Zeugen da standen, wo ich gerade stand. Selbst sich auch nur einen vorzustellen, war schwierig. Innen war es kühl und angenehm, und meine beiden Begleiter blieben stumm, bereit, alle Fragen zu beantworten, falls ich welche hätte. Draußen konnte ich das Geräusch eines Handballs hören, der gegen eine Mauer prallte, und die Hochrufe und Schreie von Männern, die das Spiel beobachteten.

Ich hatte keine Fragen.

Vor dem Jahr 1989, bevor er ins *Potosi Correctional Center* verlegt wurde, in eine ländliche Ecke im südöstlichen Teil des Staates, herrschten im Todestrakt im Staatsgefängnis von Missouri mit die schlimmsten Haftbedingungen in den Vereinigten Staaten. Da der Trakt im Kellergeschoß des Gebäudes untergebracht war, hatte er überhaupt kein natürliches Licht. Jede Zelle wurde von einer schwachen Birne erleuchtet, die Lesen oder Schreiben schwierig machte. Wenn man nicht gerade auf eine Uhr sah, war es unmöglich herauszufinden, welche Tageszeit es war. Die Zellen wurden von Kakerlaken und immer wieder von Überschwemmungen heimgesucht. Es gab keinerlei Gemeinschaftsräume, und die Häftlinge wurden durchschnittlich dreiundzwanzigeinhalb Stunden pro Tag auf ihre Zellen beschränkt. An höchstens drei alternierenden Tagen in der Woche wurde ihnen eine fünfundvierzigminütige Einzelübungszeit an einem Gewichthebegerät innen oder in einem kleinen Käfig außen gestattet. Es gab keine Erziehungs- oder Ausbildungsprogramme. Die Häftlinge erhielten zweimal täglich eine Mahlzeit in ihren Zellen: Frühstück um 8 Uhr morgens und eine zweite Mahlzeit um 14.30 Uhr. Dann blieben sie siebzehneinhalb Stunden ohne Nahrung. Die ärztliche Versorgung war schlecht, Zahnbehandlungen gab es gar nicht.

Häftlinge des Todestrakts strengten einen Prozeß vor einem Bundesgericht an, und 1986 gewannen sie eine Verfügung, die den Häftlingen unter «regulärer Bewachung» acht Wochenstunden Zeit außerhalb der Zelle verschaffte. Der Zugang zu Einrichtungen der Gesundheitsfürsorge, der Erholung und der religiösen und Beratungsdienste wurde verbessert, und ein Abendessen wurde eingeführt.

Der Major, der mich herumführte, nahm mich mit zurück in den Haupttrakt des Gefängnisses. «Was halten Sie davon?» fragte er.

Ich sagte: «Für ein altes Haus ist es zumindest sauber.»

«Es ist ein ewiger Kampf», sagte er.

Ich sagte ihm, es sei sauberer als die Wartezimmer der Unfallstationen der meisten Londoner Krankenhäuser.

Er lächelte, er dachte wohl, ich sei ihm gegenüber nachsichtig und versuchte, etwas Nettes zu sagen. In Wirklichkeit war es die Wahrheit.

«Wissen Sie», sagte er, «wir hier in Missouri sind etwas zurück-
geblieben. Wir sind zwanzig Jahre hinter der Zeit her.»

«Ich vermute, Sie müssen mit beschränkten Mitteln zu Rande
kommen, so gut es eben geht», bot ich ihm an.

«Ja», sagte er und wischte sich den Schweiß von der Stirn und
stopfte dann sein Taschentuch zurück in seine Hosentasche.
«Trotzdem, wir sind immer noch zurück.»

Der Major ließ uns aus dem Gefängnis, und ich dankte ihm für
seine Mühe.

«Gern geschehen», sagte er mit aufrichtiger Wärme.

Haben Sie Lust auf eine Spritztour?» fragte mich Mark, als wir ins Auto stiegen. «Soll ich Sie ein wenig rumfahren?» «Klar», sagte ich zu ihm.

«In Ordnung», sagte er. «Aber lassen Sie uns zuerst ein paar Cola holen.»

Wir fuhren zu einer Tankstelle, die ein paar Blocks vom Gefängnis entfernt lag, und Mark ging hinein und kaufte zwei Halbliterflaschen Cola. Wir tranken sie im Auto, als er mich auf einer ungewöhnlichen Tour durch Jefferson City und die Umgebung führte.

«Schauen Sie sich mal das Haus da drüben an», sagte Mark zu mir. Er verlangsamte die Fahrt und wies auf ein elegantes Wohnhaus in der Nähe des Gefängnisses hin. «Das war früher das Haus des Anstaltsleiters.»

«Das ist ein schönes Haus», sagte ich.

«Na klar. Aber der Direktor wohnt dort nicht mehr. Sie mußten es abstoßen. Jetzt wird es renoviert. Anwaltsbüros.»

Als wir weiterfuhren, erzählte mir Mark ein bißchen mehr über sich selbst. Er hatte als Lehrer angefangen, wurde dann Bevollmächtigter des Sheriffs, Strafvollzugsbeamter, Ermittlungsbeamter im Staatsgefängnis von Missouri (der Straftaten, die von Vollzugsbeamten wie auch von Häftlingen verübt worden waren, untersuchte) und schließlich Direktionsassistent im *Department of Corrections*. Sein Bruder arbeitet im Gefängnisdienst und seine Frau im Büro des Staatsanwalts. Er ist Katholik deutscher Abstammung – seine Vorfahren gehörten zu den vielen Deutschen, die sich im 19. Jahrhundert in Missouri niedergelassen haben. (Bis zu Beginn des 20. Jahrhunderts hatte Jefferson City seine eigene deutschsprachige Tageszeitung.) Er erzählte mir, daß seine Frau von englischen Siedlern abstamme. Er hat ihren Familienstammbaum verfolgt, und sie gehören einer Gesellschaft an, die sich *Magna Carta Barons* nennt. Wie Fred Leuchter ist er Mitglied der «Söhne der amerikanischen Revolution».*

Auf dem Highway überholten wir einen langen Geleitzug von Lastwagen und Jeeps der Nationalgarde und passierten das Hauptquartier der *Missouri Highway Patrol*. Die Stadt machte bald der anziehenden, hügeligen Umgegend und den Ufern des Osage River Platz, der in der Nähe von Bonnots Mill (bei Frankenstein, Missouri) vom Missouri abzweigt und in den Lake of the Ozarks fließt. Mark bog auf eine Teerstraße ab, und wir fuhren am *Algoa Correctional Center* vorbei, einem Gefängnis mittlerer Sicherheit, in dem mehr als 1200 Männer untergebracht sind. Er sagte mir, daß die Anzahl der Häftlinge in Missouri gegenwärtig mehr als 15 000 betrage. Vor zehn Jahren waren es nur 5600.

Einen Großteil des dramatischen Anstiegs an Verbrechen führte er auf Drogen zurück. Ich schaute mich in der friedlichen Landschaft um und fragte, wie Missouri ein Drogenproblem haben könne wie New York oder Kalifornien.

«Das ist ganz einfach», sagte Mark. «Land ist so billig in Missouri, daß wir hier den zweithöchsten Anbau von Marihuana in den Vereinigten Staaten haben.»

Während wir im Hof des Gefängnisses herumgegangen waren, hatte ich bemerkt, daß eine Anzahl von Häftlingen die Farben der beiden bekanntesten Gangs aus Los Angeles trugen, der *Bloods* und der *Crips*. Ich war zum einen überrascht, sie in Jefferson City zu sehen, und zum anderen, daß es ihnen gestattet war, ihre Farben im Gefängnis zu tragen.

«Solange sie sie nicht um die Hüfte herum tragen», hatte der Major mir gesagt, «das ist das einzige, was uns interessiert. Solange sie keine Bandenkriege anfangen.»

Die meisten *Crips* und *Bloods* sind wegen Drogenvergehen hinter Gittern – Drogenhandel, schwere Körperverletzung oder Mord –, Beweise, daß sich ihr Einfluß weit in den Osten bis Kansas City und St. Louis ausgedehnt hat.

Als wir begannen, dem Osage River zu folgen, sagte mir Mark, daß die Amerikaner Gewaltverbrechen gründlich satt hätten, und

---

* Eine patriotische Vereinigung

daß es in Missouri eine sehr breite Unterstützung für die Todesstrafe gebe.

Er war in seiner Prognose für die Zukunft angesichts steigender
Kriminalitätsraten und andererseits zunehmenden Drucks auf das
Staatsbudget sehr pessimistisch. «Ich glaube nicht, daß wir einen
Belegungsschwund im Todestrakt erleben werden», sagte er mir.
«Ich glaube, wir werden mehr und in einer schnelleren Rate rein-
kriegen, als man hinrichtet. Wir kriegen schon jetzt dauernd mehr.
Andere Staaten ganz genauso. Ich glaube, daß Geschworene und
Richter immer weniger zögern, die Todesstrafe zu verhängen. Die
Leute haben's bis hier. Und ich glaube, das gilt für die gesamte Na-
tion. Sie haben's satt und sie erkennen, daß irgend etwas getan werden muß. Na ja, dieses Etwas stellt sich vielleicht – wer weiß? –
stellt sich vielleicht nicht als die richtige Antwort heraus. Wer weiß,
welche die richtige ist. Aber sie müssen bestimmt irgend etwas tun.»

Marks Ansicht ist, daß die Häftlinge in Missouri und überall in
den Vereinigten Staaten zu lange im Todestrakt bleiben. Der nationale Durchschnitt liegt knapp unter acht Jahren. Zwei zum Tode
Verurteilte in Missouri, Martsay Bolder und Bobby Shaw, sind elf
Jahre im Todestrakt gewesen. Fünf warten seit zehn Jahren.

Mark sagte mir: «Was wir in diesem Land tun müssen, wir müssen irgend etwas gegen die Verzögerungen durch die Revisionspro-
zesse unternehmen. Verstehen Sie mich nicht falsch. Ich sage nicht,
nehmt den Jungs die Revisionen – das macht unser System in unseren Augen ja gerade demokratisch. Aber bestimmt kann man es so
verkürzen, daß es nicht mehr acht, neun, zehn Jahre braucht.» Er
schlug vor, daß es ein Gremium von Richtern geben sollte, deren
einzige Verantwortlichkeit darin bestehe, die Todesstrafen zu be-
gutachten, um so den Prozeß von der Urteilsverkündung bis zur
Vollstreckung auf höchstens zwei Jahre zu verkürzen.

Wir fuhren eine schmale Straße entlang, an der Flutwarnzeichen
standen, und Mark erzählte mir, daß der Osage River oftmals über
seine Ufer trete und die Straße unpassierbar mache. Es gab winzige
Häuser und Anglerhütten, die zwischen den angenehmen Waldun-
gen am Fluß entlang verstreut waren. Sie standen auf Stelzen, um
Überschwemmungsschäden zu verhindern. Mark hielt den Wagen
vor einem der Häuser an, unter dem Holz aufgeschichtet war. Er

erzählte mir eine Geschichte über die Zeit, als er Bevollmächtigter des Sheriffs war und drei junge schwarze Häftlinge aus Algoa entflohen waren. Sie schafften es bis runter zur Eisenbahnlinie, die parallel zum Fluß läuft, und Mark und ein anderer Deputierter verfolgten ihre Spur und trieben sie in dem Holzstoß unter dem Bau in die Enge. Niemand hatte Lust, unter das Haus zu gehen und sie rauszuscheuchen, folglich entwickelte Mark einen Plan.

«Ich wußte, sie waren da drin», sagte Mark lachend, «also zog ich mein Gewehr und sagte zu meinem Partner: ‹Da ist 'ne Mokassinschlange drin, ich werde sie erschießen.› Na ja, es dauerte nicht lange, da kamen sie raus. ‹Nicht schießen, nicht schießen!› riefen sie.» Er schlug sich auf den Schenkel und fuhr weiter.

Wir wandten uns vom Fluß ab und etwas höher gelegenem Land zu. Wir fuhren eine Straße entlang, die auf beiden Seiten von schönen, alten Eichen eingefaßt war, und Mark wies auf sein Haus – ein hübsches Haus im Stil einer Ranch, das von Wald umgeben war. Ein bißchen weiter entfernt wies er auf ein kleines schäbiges Haus und erzählte mir eine andere Geschichte aus seinen Deputiertentagen, als er als *undercover*-Agent im Drogendezernat arbeitete.

«Ich hatte von einigen Hippies, die in dem Haus da wohnten, ein paar Drogen gekauft, und wir waren zurückgekommen, um sie festzunehmen. Ich hatte noch einige andere Deputierte bei mir, und als sie in das Haus eintraten, hörte ich vier Gewehrschüsse. Ich ging rein, und was passiert war, war, die Hippies hatten eine Schlange hinter ihrem Sofa gehalten. Sie hatten eine Boa constrictor als Haustier. Und einer der Deputierten hatte sie erschossen.»

Ich sagte, es sehe hier nach einem guten Jagdgebiet aus. Mark sagte, das sei es auch, und daß er selbst ein begeisterter Jäger sei. «Es gibt hier überall in der Gegend wilden Truthahn», sagte er. «Sie fressen die Eicheln. Ich habe wilde Truthähne schon direkt bis zu meiner Haustür kommen sehen.» Er erzählte mir, daß Bill Armontrout sein Jagdpartner sei und daß sie beide manchmal mit einem Vorderlader jagten.

«Sportlich», bemerkte ich. «Nur ein einziger Schuß.»

«Das ist richtig, Steve.» Mark erzählte mir, daß er auch Eichhörnchen mit einer einschüssigen Waffe jage, mit einem Bolzengewehr, Kaliber .22. «Ich jage nur, was ich esse.»

«Sie essen Eichhörnchen?» fragte ich.

«Sie schmecken köstlich», sagte er mir.

Später traf ich einen Gefängnisoffizier in Potosi, der ebenfalls in Jefferson City gearbeitet hatte, und er erzählte mir, daß einer ihrer Lieblingszeitvertreibe bei der Nachtschicht gewesen sei, ein Eichhörnchengericht zusammenzukochen.

«Und was ist mit Rotwild?» fragte ich.

«Wir haben große Rotwildjagden in Missouri», sagte er zu mir. «Aber man muß ein bißchen weiter südlich gehen, da unten hin, wohin Sie morgen fahren werden, in die Nähe von Potosi. Paul Delo, der ist ein großer Rotwildjäger.»

«Und was ist mit Ihnen?» fragte ich.

«Ich gehe nicht auf Rotwildjagd», sagte Mark, «ich könnte nichts töten, was so schön ist.»

Gegen Ende des Nachmittags fuhren wir zurück nach Jefferson City, und Mark bot an, mir das Kapitol zu zeigen. Er führte mich steile Treppenfluchten empor, so daß ich einen flüchtigen Blick in die großartige Senatskammer werfen konnte, dann lange Korridore entlang, an Büros von Senatoren und Gruppenporträts jeder Regierung, seit Missouri im Jahre 1821 der vierundzwanzigste Staat geworden war, vorbei.

Ich stand auf der Fußbodenmitte in der Empfangshalle, unter der gewaltigen Kuppel und verdrehte meinen Hals, um die Moralpredigten zu lesen, die in Stein gemeißelt waren:

WO KEINE VISIONEN SIND,
GEHT EIN VOLK ZUGRUNDE
HERRGOTT DER GASTFREUNDSCHAFT,
SEI MIT UNS, DAMIT WIR NICHT VERGESSEN:
IDEEN BEHERRSCHEN DIE WELT
EIGENTUM IST DIE FRUCHT DER ARBEIT
DIE ERDE IST DES HERRN IN SEINER FÜLLE
DIE RECHTSCHAFFENHEIT DER PARTEIEN
IST DER PARTEIEN WOHL

Mark führte mich durch die ständige Ausstellung in der Eingangshalle – eine hübsch ausgedachte Reise durch die Geschichte von Missouri, mit lebensgroßen Modellen und Gerätschaften. Die Geschichte von Missouri ist faszinierend, da der Staat genau auf der westlichen Seite des Mississippi liegt, der großen Trennungslinie zwischen Ost und West, und beinahe genau in der Mitte der Staaten. Wenn Missouri auch nicht das exakte geographische Herz von Amerika ist, so trennt es doch den Westen vom Mittleren Westen, den südlichen Mittleren Westen vom tiefen Süden.

Seine frühesten Einwohner waren eingeborene Amerikaner. Die Kundschafter Louis Jolliet und Jacques Marquette kamen im Jahre 1673 aus Kanada herunter, über die großen Seen und den Mississippi. Beinahe ein Jahrzehnt später beanspruchte René-Robert Cavelier, Sieur de la Salle, das Mississippi-Tal für Frankreich. Zu Beginn des 18. Jahrhunderts hatte Frankreich Handelsposten und kleine Siedlungen eingerichtet, um die Blei- und Salzlager abzubauen. Das Territorium, weitgehend eine Wildnis, wurde 1762 an Spanien abgetreten und fiel im Jahre 1800 wieder an Frankreich zurück. Im Jahr 1803 wurde der Louisiana-Kaufvertrag unterzeichnet, und im folgenden Jahr wurde das Obere Louisiana zu US-Territorium. Im Jahr 1812 wurde es zum Missouri-Territorium. Seit jener Zeit brachte Missouri eine amerikanische Legende nach der anderen hervor. Als der Pionier Daniel Boone seine Landansprüche in Kentucky verlor, gewährte ihm der spanische Gouverneur von Missouri 845 Morgen Land. (Daniel Boone starb in einem Haus, das sein Sohn Nathan gebaut hatte, in der Nähe von Defiance im Bezirk St. Charles, und dieses Gebiet Missouris ist als das *Boonslick-Land* bekannt.) Am Ende der Boonslick-Straße lag die Stadt Franklin (die jetzt vom Missouri weggespült worden ist), die ein wichtiger Zwischenaufenthalt auf dem *Santa Fe Trail* war, und der Ort, wo der Fährtensucher Kit Carson seine Jugend verbrachte.

1797 baute Moses Austin eine Bleimine, Schmelzöfen, Schrotturm und eine Bleiblechanlage im südöstlichen Missouri, was zur Entstehung von Potosi führte und Missouri zum größten Bleiminengebiet der Welt machte. Handelsbeziehungen zu anderen Gegenden wurden durch die Erforschung des oberen Missouri durch Lewis und Clark ermöglicht, und am 10. August 1821 erhielt Missouri den Rang eines Staates.

Die Entwicklung verlief schnell, angeführt von Plantagenbesitzern aus dem tiefen Süden, die im südlichen Teil des Staates, wo die Sklaverei erlaubt war, billiges Land kauften. Sie mieden das nordwestliche Territorium, wo Sklaverei geächtet war, und der Streit über diese Frage wurde zu einem Trennungsgrund, als sich in den dreißiger Jahren des 19. Jahrhunderts Leute aus dem Norden und deutsche Immigranten niederließen. Wie entzweiend diese Frage war, kann man anhand der Erfahrung beurteilen, die Missouri während des Bürgerkriegs machte. Die Leidenschaften schlugen hoch, und sechzig Prozent der Einwohner im militärfähigen Alter kämpften in diesem Krieg – 109000 in der Armee der Union und 30000 auf seiten der Konföderierten. Die Verluste waren hoch, und die Feindseligkeit, die die geschlagenen Konföderierten gegenüber der siegreichen Unionsarmee und ihren Anhängern empfanden, war heftig. Missouri wurde während des Krieges durch Aktionen von Guerillas verwüstet.

Jesse James – abgesehen von Mark Twain wohl Missouris legendärster Sohn – war ein Produkt der Entzweiungen innerhalb des Staates im Bürgerkrieg. Er wurde 1847 in Clay County geboren, und seine Familie litt unter den Händen der Unionsstreitkräfte. Er wurde zu einem Informanten der Konföderierten und trat mit 15 Jahren der Guerillatruppe «Black Flag» von William C. Quantrill bei. Zusammen mit seinem Bruder Frank und ihrem gemeinsamen Freund Cole Younger nahm Jesse James an einem Überfall auf Lawrence, Kansas, teil, bei dem mehr als 150 Einwohner getötet und die Stadt durch Feuer nahezu vernichtet wurde. Nach dem Krieg waren diese drei Männer die Schlüsselfiguren in der James Gang, die sich ihren Weg durch die Staaten des Mittleren Westens raubte und mordete. Jesse James wurde in seinem Haus in St. Joseph, Missouri, von zwei Mitgliedern seiner Gang, Robert und Charles Ford, ermordet, nachdem der Staatsgouverneur ein Kopfgeld von 10000 Dollar auf ihn ausgesetzt hatte. Leben und Tod von Jesse James symbolisieren einen eigentümlichen Zwiespalt im Denken der Amerikaner. Viele betrachten ihn immer noch als Volkshelden; aber in einem Land, das nach Recht und Ordnung verlangt, trug die James Gang viel dazu bei, das Aufkommen von *hanging judges** und die öffentliche Unterstützung für die Todesstrafe zu ermöglichen.

---

* Richter, die zum Tod durch Erhängen verurteilten

Als ich Mark Schreiber verließ, sagte er: «Seien Sie vorsichtig.» Ich dankte ihm für seine Anteilnahme, war aber etwas verblüfft über seine Abschiedsworte. Die Straße nach Potosi konnte nicht so gefährlich sein. Ich sollte später lernen, daß «Seien Sie vorsichtig» in Missouri eine Art «Auf Wiedersehen» ist – so ähnlich wie «Passen Sie gut auf sich auf», aber eher ein echter Ausdruck der Sorge an einem Ort, wo die Leute fühlen, daß Vorsicht durchaus angemessen ist.

Ich machte mich am späten Nachmittag von Jefferson City auf den Weg nach Potosi. Meine Fahrtstrecke hatte ich mir auf einer, wie sich zeigte, äußerst unzulänglichen Straßenkarte, die der Autoverleih zur Verfügung gestellt hatte, ausgesucht. Potosi liegt im südöstlichen Teil von Missouri, fünfundsechzig Meilen südlich von St. Louis, abseits vom *Highway 67*, dem Hauptweg nach Little Rock, Arkansas. Es ist ungefähr 130 Meilen von Jefferson City entfernt, und der Weg ist mühsam wegen seiner vielen Windungen.

Von Jefferson City an hielt ich mich auf dem *Highway 63* nach Süden, über den Osage River und runter durch Westphalia, Freeburg und Vienna, Gemeinden, in denen deutsche Namen auf Briefkästen und auf den Schaufenstern kleiner Geschäfte vorherrschten. Der deutsche Name, der mir vor allem vorschwebte, war der Name Leuchter, als ich in Gedanken alles Revue passieren ließ, was mir Fred über seine Injektionsmaschine berichtet hatte. Morgen würde ich sie in Missouris Hinrichtungsraum installiert sehen und mit den ersten von Fred ausgebildeten «Injektionstechnikern» sprechen, die an den bislang sechs Exekutionen teilgenommen hatten. Und ich dachte – nicht ohne eine gewisse Furcht – daran, daß ich einige der Todeskandidaten mit niedrigen Nummern treffen würde, die demnächst durch Freds Maschine hingerichtet werden würden.

Es schien mir, daß Freds größter Stolz auf seine Injektionsmaschine nicht so sehr auf dem Ding selbst beruhte, als vielmehr auf

dem Protokoll, das seine Verwendung begleitete. Er sagte, es er-
kenne die Humanität des Hingerichteten wie der Hinrichtenden an.
Fred hatte mir erzählt, wie traumatisch es für den Gefängnisdirektor und andere Strafvollzugsbeamte sei, einen Häftling zu töten,
den sie seit Jahren kennen. «Gefängnisdirektoren neigen dazu, die
Häftlinge als ihre Schutzbefohlenen zu sehen. Es ist eine traumatische Erfahrung, einen Mann hinrichten zu lassen, für den man zehn
Jahre lang verantwortlich gewesen ist, und selber der zu sein, der es
tun muß. Und niemand hat das jemals zuvor in Erwägung gezogen.
*Ich meine, du legst einfach den Hebel um und bringst den Bastard
um, und das ist alles?*»

Ich dachte an Bill Armontrout. Er hatte beinahe mit Zuneigung
über einige der Häftlinge gesprochen, die er noch aus Jefferson City
kannte, und die seitdem nach Potosi verlegt worden waren. Er
sprach über sie in fürsorglichem Ton; und in ein oder zwei Fällen
sprach er von Männern, die im Todestrakt in Jefferson City gemor-
det hatten, so, wie es Eltern von einem Kind, das Unrecht begangen
hat und für das man sich verantwortlich fühlt, tun würden.

Die Sonne fing an unterzugehen, als ich mich auf einer Straße, die
durch Sandstein und reiche mineralische Ablagerungen geschnitten
war, nach Süden auf den Weg machte. Ich hätte einige Meilen spa-
ren können, wenn ich in Vichy auf den *Highway 68* abgebogen
wäre, aber die Straße war auf meiner Karte nicht verzeichnet.
Schließlich landete ich in Rolla, an der Kreuzung mit der *Interstate
44*, einem Teilstück der alten *Route 66*. Ich hielt, um zu tanken, und
fragte den Mann, der meine Windschutzscheibe reinigte und meinen Tank füllte, nach der Richtung. Er war ein schlaksiger, grob-
knochiger Mann von über fünfzig Jahren, mit einem wettergegerb-
ten Gesicht und einem bereitwilligen Lächeln. Er fragte mich, wohin ich führe, und ich sagte es ihm.

«Zum Kuckuck», sagte er. «Dies ist eins der schönsten Länder
auf der Erde. Warum gehen Sie nicht lieber angeln?»

Ich lächelte. Es war ein hübscher Vorschlag.

Er schaute auf meine Karte und schüttelte den Kopf.

«Haben Sie eine bessere?» fragte ich ihn.

«Na klar.» Er ging hinein und brachte eine anständige Karte mit,
die er auf der Motorhaube meines Wagens ausbreitete. Er zog einen

Bleistiftstummel aus der Tasche seines Hemdes und suchte sorgfältig nach möglichen Angelplätzen. Er malte eine dicke Leitlinie durch versteckte Wege im *Mark Twain National Forest* und markierte Plätze, wo es lohnte anzuhalten. Ich ließ ihn weitermachen und war von der Vorstellung, die Arbeit für eine Woche zu unterbrechen, ganz angetan.

Als der Tank voll war, fragte ich ihn, wie teuer die Karte sei.

«Behalten Sie sie», sagte er.

Ich bot ihm ein Trinkgeld für das Säubern meiner Scheibe und für seine Mühe, und er lehnte es freundlich ab, ohne auch nur eine Andeutung, daß er sich beleidigt fühle.

«Hören Sie», sagte er. «Seien Sie vorsichtig. Lassen Sie sich nicht als Geisel nehmen.»

«Das werd ich schon nicht», sagte ich lachend.

Er lächelte, aber er lachte nicht. «Seien Sie vorsichtig», wiederholte er. Er winkte noch immer, als ich aus der Tankstelle losfuhr und in meinen Rückspiegel schaute.

Ich fuhr einige Meilen entlang der *Interstate* nach St. James, dann bog ich auf den *Highway 8* nach Süden. Die Straße war eng, unangenehm gewölbt und ohne Bankette. Die Sonne ging schnell unter, und bald waren die Bäume in Schatten gehüllt, in denen ich gelegentlich die Augen von Rehen entdecken konnte, die nervös an den Rändern der Wälder standen.

Das *Potosi Correctional Center* liegt in Mineral Point, eben außerhalb der Stadtgrenzen von Potosi. Mein Ziel an diesem Abend war Farmington, ungefähr zwanzig Meilen südöstlich von Potosi. Es war der nächste Ort mit anständigen Unterbringungsmöglichkeiten. Potosi hatte, bei einer Bevölkerung von 2500, ein einziges Motel. Als ich es sah, wußte ich, daß die halbstündige tägliche Tour hin und zurück sich lohnen würde.

Als ich nach Flat River gelangte, war es seit einer Stunde dunkel, und bei der Suche nach der Straße, die mich nach Farmington bringen sollte, verirrte ich mich. Als ich den Highway fand, kam ich an einem Unfall mit zwei Autos vorbei. Ich las am nächsten Tag in der örtlichen Zeitung, daß bei dem Zusammenstoß drei Menschen getötet worden waren.

Am Morgen stand ich früh auf und fuhr auf dem *Highway 8*

meine Strecke wieder zurück nach Norden. Ich fand das Hinweis-
schild zum *Potosi Correctional Center* gerade, bevor ich die Stadt
selber erreichte. Das Schild wies mich zum *Highway 0*, einer Landstraße, die zum Gefängnis und der winzigen Gemeinde Mineral
Point führt, die von einer Eisenbahnlinie, die immer noch von Gü-
terzügen genutzt wird, zweigeteilt wird.

Mein erster Blick auf das *Potosi Correctional Center*, den Schauplatz für Hinrichtungen in Missouri, fiel auf den 60 Meter hohen
Wasserturm neben dem Gefängnis. Das gigantische weiße Gebilde
überragte die Landschaft und vermittelte einem das respekthei-
schende Gefühl eines Maßstabes. Dann tauchte das Gefängnis vor
mir auf. Es ist aus rauhem, grauem Stein gebaut, ein niedriger, aus-
gedehnter Komplex, der von drei Umfassungszäunen umgeben ist.
Hinter dem dritten und äußersten Zaun liegt eine dreifache Rolle
von *razor*-Draht und ein Niemandsland aus rotem Lehm. Der
Lehm ist staubig im Sommer und klebrig, wenn es regnet. In beiden
Fällen haftet er an den Schuhen, Strümpfen und Hosen und färbt sie
unauslöschlich mit einer rostroten Farbe. Das Niemandsland wird
in der Nacht durch Flutlicht erhellt, und der zweite Zaun ist oben
mit *razor*-Draht versehen und mit einem superempfindlichen
Alarmsystem ausgestattet, das auf Körpermassen reagiert. Wenn
sich jemand diesem Zaun nähert, geht eine zweite Reihe von Flut-
lichtern an, und das computergesteuerte Sicherheitssystem im zentralen Kontrollmodul alarmiert den Turm, wo vierundzwanzig
Stunden am Tag ein Offizier, der mit Fernglas und einem automatischen Gewehr mit einem starken Zielfernrohr ausgerüstet ist, den
Zaun Zentimeter für Zentimeter absucht. Hinter dem ersten Zaun
liegt der Gefängnishof, wo alle Versuche, Gras zu pflanzen, gescheitert sind. Der Lehm liegt über Fels, und es wächst dort nichts an.
Das Gelände gibt zusätzliche Sicherheit, da es praktisch unmöglich
ist, einen Tunnel aus dem Gefängnis zu graben.

Im ganzen Gefängnis gibt es kein Fenster, das sich öffnen läßt.
Jede Zelle hat ein schmales, vertikales Fenster, das zu Beginn und
am Ende des Tages, je nachdem, in welche Richtung die Zelle geht,
einen engen Streifen Licht hereinfallen läßt. Selbst das Abwassersystem ist fluchtsicher. Die Röhren verengen sich am Ende auf einen
Durchmesser von etwa 20 Zentimeter und sind mit «Rattenfallen»-

Gittern versehen. Der äußerste Zaun ist von einer Umfassungs-
straße umgeben, auf der rund um die Uhr eine Flotte von Sicher-
heitswagen patrouilliert.

Das *Potosi Correctional Center* ist ein Zuchthaus, das den neuesten Stand der Technik repräsentiert – wahrscheinlich das sicherste
Gefängnis in den Vereinigten Staaten. In mancher Hinsicht ist es ein
eleganter Bau. Der Eingang ist eine imponierende Fassade, die in
einem Winkel von 45 Grad geknickt ist. Die Wände der Verwal-
tungsbüros sind einfache Betonblöcke, die grauweiß angestrichen
sind; sie unterscheiden sich nicht von den Wänden in den Erho-
lungseinrichtungen oder in den Zellen der Häftlinge. Das gesamte
Gefängnis ist klimatisiert und wird zentral beheizt, so daß die Temperatur das ganze Jahr über nur um wenige Grad variiert. Es ist vom
Staatsgefängnis Missouri so verschieden, wie man es sich nur vorstellen kann. Im Vergleich dazu erscheint es beinahe luxuriös.

Besucher in Potosi, die das alte Gefängnis oder die viktoriani-
schen Gefängnisse anderer Staaten und Länder kennen, fragen sich
manchmal, aus welchen Gründen eine derartig hochtechnisierte
und gut ausgestattete Anlage gebaut wurde, nur um Kriminelle un-
terzubringen, die die scheußlichsten Verbrechen begangen haben.
Freilich gibt es keinen Aspekt der Umgebung von Potosi, der nicht
mit Hochsicherheit verbunden ist. Seit Potosi im Jahre 1989 eröffnet worden ist, hat es in dem Gefängnis nicht einen einzigen Mord
gegeben (es sind nur einige geringfügige Messerstechereien vorgekommen). Das ist ein erstaunlicher Rekord, da die 300 Häftlinge,
die die allgemeine Belegschaft in Potosi bilden, alle eins gemeinsam
haben: Sie sitzen entweder lebenslänglich ohne Bewährung, lebenslänglich plus fünfzig Jahre oder sind zum Tode verurteilt. Einige
von ihnen sind zum Tode verurteilt wegen eines Mordes, den sie
begangen haben, während sie im Staatsgefängnis von Missouri waren, das für seine Gewalttätigkeit bekannt war, als es noch den Todestrakt beherbergte (allein im Jahre 1985 gab es elf Morde in den
Gefängnissen von Missouri, von denen die meisten im MSP gescha-
hen). Dadurch, daß die gefährlichsten Männer aus dem alten Gefängnis herausgenommen und in Potosi isoliert wurden, hat Missouri ein Gefängnis geschaffen, in dem die Häftlinge einander wenig
beweisen müssen. Jeder hat demonstriert, daß er des Mordes fähig

ist. Jeder Häftling, der einen Kampf mit einem anderen anfängt, weiß, daß eine gute Chance besteht, daß er mit einem Mord endet. Im MSP und anderen Gefängnissen, die eine gemischte Gruppe von Häftlingen mittlerer und hoher Sicherheitsstufe beherbergen, von jungen Draufgängern, die gerade von der Straße kommen, und alten Häftlingen, ist die Atmosphäre viel offensichtlicher bedrohlich, da die jungen Häftlinge das Gefühl haben, sie müßten ihre Gefährlichkeit beweisen, um sich «Respekt» zu verschaffen.

Das *Potosi Correctional Center* ist darin einzigartig, daß der Staat es für sehr wenig Geld erworben hat. Es wurde auf Staatsgelände von einer privaten Gesellschaft gebaut, mit der man einen Vertrag abgeschlossen hatte, den Bau zurückzumieten. Es war vollständig ausgestattet, bis hin zu den Sprechgeräten, die von den Vollzugsbeamten getragen werden. Es ist ein weit angenehmeres und sichereres Gefängnis als solche gleichen Jahrgangs, die in anderen Staaten mit öffentlichen Mitteln gebaut wurden. Und es war, in einem Staat, der lange an Bargeld knapp war, eine Notwendigkeit. In den zehn Jahren zwischen 1980 und 1990 verdoppelte sich die Gesamtzahl der Häftlinge in Missouris Gefängnissen. Dasselbe exponentielle Wachstum wird für das Jahr 2000 und darüber hinaus vorhergesagt.

Wenn man ins Gefängnis hineinfährt, sieht man ein großes Warnschild, das das Tragen von Gewehren, Messern und andern Waffen sowie das Mitbringen von Alkohol und Drogen verbietet. Es wird noch einmal oben auf den Stufen wiederholt, die zum Haupteingang führen, wo sich alle Besucher einer rigorosen Untersuchung unterziehen müssen. Keiner ist davon ausgenommen. Anwälte, Staatsbeauftragte, gelegentlich sogar das Gefängnispersonal sind gehalten, sich einer Routinebefragung zu unterziehen, die, sooft sie der bewaffnete Beamte an der Tür vornimmt, ausnahmslos todernst gemeint ist. Der Besucher wird gefragt, ob er oder sie eine Waffe oder ein Messer bei sich trägt. Der Inhalt sämtlicher Taschen muß auf einen Tisch für eine Untersuchung durch den Beamten entleert werden. Alle Tüten werden gründlich untersucht und durchleuchtet. Der Metalldetektor, durch den man hindurchgehen muß, ist weit empfindlicher als der Typ, der auf Flughäfen verwendet wird. Er entdeckt das Metall in Brillenrahmen, Gürtelschnallen, das Drahtgestell in einem BH, selbst die Ösen in Schuhen. Alles dergleichen muß abgelegt und durch den Röntgenstrahl hindurchgereicht werden, wenn man Zugang zum Gefängnis von Potosi erhalten will. (Während eines meiner Besuche in Potosi wurde einer Anwältin der Zugang aus dem Grund verweigert, daß ihr Büstenhalter den Alarm ausgelöst hatte: Sie bot an, ihn abzulegen, aber gleichwohl wurde ihr der Zutritt verwehrt, diesmal aus dem Grund, daß alle Frauen, die das Gefängnis betreten, «angemessene Unterbekleidung» tragen müßten.) Besucher dürfen kein Geld mit ins Gefängnis bringen und müssen, für den Fall, daß sie als Geisel genommen oder getötet werden, jederzeit einen Ausweis mit sich führen.

Die Sicherheitsmaßnahmen waren bald nach Eröffnung des Gefängnisses verstärkt worden, als die wütende Ehefrau eines Häftlings eine Pistole auf den Beamten, der für die Sicherheit zuständig war, gerichtet hatte. Jetzt muß jeder, der das Gefängnis betritt, damit rechnen, daß sein Autokennzeichen und sein Name durch den staatlichen Polizeicomputer läuft. Diese Routineüberprüfung hat durchschnittlich eine Festnahme pro Monat von Gefängnisbesuchern, die wegen Schwerverbrechen gesucht werden, zur Folge.

Nachdem meine Brieftasche in einem Schließfach verstaut worden war (obgleich für mich eine spezielle Vereinbarung bestand, daß ich meinen Kassettenrecorder und meine Kamera ins Gefängnis mitnehmen durfte), wurde ich zum Büro von Paul Delo, dem Direktor, geleitet. Ich war überrascht, den Raum voller Leute zu finden. Paul Delo erhob sich von seinem großen, polierten Schreibtisch, auf dessen Vorderseite ein handgeschnitztes Siegel des Staates Missouri lag, und kam herum, um mir die Hand zu schütteln. Er war ein stämmiger Mann von mittlerer Größe, mit kurzem, ergrauendem Haar, der sich langsam und bedächtig bewegte. Er war sympathisch und wirkte sehr gelassen. Er stellte mir die anderen Männer im Zimmer vor. Auf dem Sofa an dem einen Ende des Büros saß ein schmächtiger bärtiger Mann, der schmutzige weiße Cowboystiefel trug und einen unergründlichen Gesichtsausdruck hatte. Er wurde als Gary Sutterfield vorgestellt, der Chefwartungsingenieur. Er betrachtete mich aufmerksam, und ich hätte gern gewußt, warum er zu einem Gespräch eingeladen worden war, das ich für ein privates Interview über die Frage der Verantwortlichkeit für die Durchführung von Todesurteilen hielt. Der andere Mann in dem Raum war drahtig, mit rötlichblondem Haar und einem Schnurrbart. Seine Augen waren ständig halb zusammengekniffen, als ob eine Zigarette aus seinem Mund hinge und Rauch aus ihr aufsteige. Die Haut um seine Augen war faltig, und sein Gesicht war das Gesicht eines Mannes, der viel Zeit im Freien verbringt. Ein Paar Krücken lehnten gegen seinen Stuhl. Er wurde als Greg Wilson, der Ermittlungsbeamte des Gefängnisses, vorgestellt. Er war vor nicht allzulanger Zeit in einen Motorradunfall verwickelt gewesen und erholte sich von einer Reihe von Operationen an seinem Bein. Der Direktor erklärte, daß es zwei weitere wichtige Leute gebe, die ich kennenlernen würde, die Leitungsassistenten Don Roper und Phil Banks, aber daß sie gerade zum Angeln seien.

Mir wurde eine Tasse Kaffee und ein Stuhl gegenüber Paul Delos Schreibtisch angeboten. Ich erklärte den Zweck meines Besuches und beobachtete die Reaktion auf mein Projekt. Er war wachsam, aber höflich, offensichtlich erfahren darin, mit Reportern umzugehen. Es wurde bald deutlich, daß keiner von uns war, was der andere erwartet hatte. Er war ein sehr viel umgänglicherer und gelassenerer Mann, als ich erwartet hatte; ich war weit weniger formell und aggressiv, als er befürchtet haben mochte. Die Tatsache, daß meine Fragen sich auf Prozeß und Verfahren konzentrieren würden, fesselte jedermanns Aufmerksamkeit und half, die Konversation auf eine sehr viel angenehmere Grundlage zu stellen.

Wie viele Männer im Strafvollzug hat Paul Delo einen militärischen Hintergrund. Er hat zwanzig Jahre in der Armee und danach in der Air Force gedient. Er ging zum erstenmal 1954 nach Vietnam und beteiligte sich an der Tetoffensive und weiteren Kämpfen. Er war Helikopterpilot, häufig ausgezeichnet und oft verwundet. Als ungewöhnlich begabter Offizier lernte er fließend Thai sprechen und wurde in den siebziger Jahren als Militärberater in Thailand eingesetzt. Nach Vietnam arbeitete er als *Highway Patrol Officer* und Deputierter des Sheriffs. Er nahm einen Job als Strafvollzugsbeamter an und hatte in den späten siebziger und den achtziger Jahren die Aufsicht über den Todestrakt im MSP. Nach einer kurzen Periode als Versicherungskaufmann kehrte er zum Strafvollzug zurück und wurde gewählt, Potosi zu eröffnen. Zwei Jahre lang, bevor die Häftlinge eintrafen, arbeitete er mit den Architekten und Ingenieuren, um die Aufsicht über den Bau von Missouris sicherstem Gefängnis zu führen.

Er sprach mit ruhiger Stimme, in einem ironischen Ton, der unter der Oberfläche zu spüren war, über die eigenartige Welt, die ich in Potosi im Begriff war zu betreten.

«Was ein bißchen ungewöhnlich an diesem Ort ist», sagte er mir, «ist, daß wir unsere Häftlinge, die zum Tode verurteilt sind, und die Lebenslänglichen aus unserer allgemeinen Belegung in der Hauptsache gleich behandeln. Soweit ich weiß, ist dies der einzige Ort in den USA, wo das gemacht wird.»

Er erklärte, daß einige Häftlinge, die zum Tode verurteilt sind, eine Einzelunterbringung oder Schutzhaft vorzögen und dieser Wunsch erfüllt werde. Diese Häftlinge wohnen in einem Sondertrakt («dem Loch»), wo sie vierundzwanzig Stunden am Tag in Einzelzellen eingeschlossen sind und nur rausdürfen, um eine Dusche zu nehmen. Wenn sie das Hospital oder irgendeine andere Einrichtung besuchen müssen, werden sie in Handschellen dorthin gebracht. Gefangene der allgemeinen Belegung, die die Gefängnisregeln verletzen, werden ebenfalls für verschiedene Dauer ins Loch gesteckt. Zusätzlich gibt es eine kleine Gruppe von äußerst gewalttätigen oder gefährlichen Häftlingen aus anderen Institutionen, die auf unbestimmte Zeit im Loch gehalten werden.

Während Paul sprach, blieben die anderen stumm und beobachteten mich schweigend. Nach seiner kurzen Einleitung bot Paul mir an, mich auf eine Führung durch das Gefängnis mitzunehmen, und schlug vor, daß wir uns mit den anderen um halb zwölf zum Lunch treffen sollten. Ich war mir bewußt, daß ich auf privilegierte Weise behandelt wurde. Führungen wurden gewöhnlich von einem Lieutenant vorgenommen, nicht vom Direktor.

Er führte mich durch einen verwirrenden Irrgarten von weißen Korridoren zur Zentralkontrolle, die die Häftlinge von dem Verwaltungsblock des Gefängnisses trennt. Eine schwere Stahltür glitt vor uns auf und schloß sich wieder hinter uns. Zehn Meter vor uns war wieder eine Stahlschiebetür, die von einem Beamten in der ultrasicheren Glaskuppel bedient wurde, von wo aus die Sicherheit des gesamten Gefängnisses überwacht und kontrolliert wird. Vom zentralen Kontrollturm aus können die Beamten die Häftlinge überall im Gefängnis auf Bildschirmen, die einen eigenen geschlossenen Stromkreis haben, beobachten. Von dem Krähennestturm über der Zentraleinheit beobachtet ein Beamter die Aktivitäten der Häftlinge auf Fernsehbildschirmen und überwacht mit einem Fernglas den Umfassungszaun. Während das MSP zahlreiche Türme hat, die von Beamten mit Gewehren bemannt sind, erfordert die hochtechnisierte Anlage von Potosi nur einen einzigen Beamten, im Krähennest über der Zentralkontrolle, mit einer Feuerwaffe. Das AK-15 ist über einem handgeschriebenen Zeichen montiert, das besagt *Fence Master**.

Von der Zentralkontrolle aus kann das gesamte Gefängnis elektronisch überwacht werden. Ein raffiniert ausgeklügeltes Computersystem druckt alle Zu- und Abgänge aus der Hochsicherheitszone aus. Auf einer großen Konsole befindet sich eine schematische Karte des Gefängnisses, mit Warnlichtern, die jedes mögliche Sicherheitsproblem anzeigen können. Alle Beamten, die innen arbeiten, werden mit einem Sprechfunkgerät ausgestattet, das einen eingebauten «Mann unter»-Alarm hat. Wenn der Beamte angegriffen oder in einen Zwischenfall verwickelt wird oder sein Funksprechgerät in einem Winkel von 45 Grad aus der aufrechten Position bewegt wird, löst dies sofortigen Alarm in der Zentralkontrolle aus, und das Signal «Mann unter» wird ausgesendet, zusammen mit der genauen Angabe, wo sich der Beamte befindet, so daß Hilfe geleistet werden kann.

Paul drückte auf den Knopf, der uns durch die zweite Gleittür ließ, und als sie sich hinter uns schloß, standen wir vor der zentralen Kontrollkuppel mit zwei weiteren Türen zwischen uns und dem inneren Hof, von dem aus wir schließlich Zugang zum Hof und den Wohneinheiten gewinnen würden. Die Beamten hinter dem dicken, schußsicheren Glas trugen einen strengen Ausdruck im Gesicht. Einer von ihnen öffnete eine Stahlfallentür, wie sie von *drive-in*-Banken benutzt wird, und reichte ein Klemmbrett durch, auf das ich in Druckschrift meinen Namen und meine Adresse schrieb. So-

---

* etwa: «Herr über den Zaun»

bald ich für den Zugang freigegeben war, öffnete sich unter großem Lärm eine riesige Stahltür, und wir stiegen zwei kurze Treppenfluchten zu einer ähnlichen Tür hinab, wo wir darauf warteten, daß die Zentralkontrolle das Schloß öffnete. Paul stieß die Tür auf, und wir standen auf einem Platz mit Betonfußboden, den Krankenhausblock zur Linken, eine Ausfallpforte, durch die die Fahrzeuge einfahren konnten, vor uns, und Türen, die zu dem abgesonderten Verwaltungstrakt, dem Hof und den Wohneinheiten führten, zur Rechten.

Paul drückte auf einen weiteren Summer, und wir wurden in den Hof gelassen. Das Wetter war noch sonnig und heiß, und es waren rund einhundert Häftlinge draußen. An einem Ende des Hofs war gerade ein *flag-football*-Spiel im Gange, und das Geräusch von zusammenprallenden Körpern klang durch die stickige Luft zu uns herüber. Ein offensichtlicher Unterschied zum MSP ist, daß die Häftlinge von Potosi eine beinahe gleiche Mischung aus Schwarzen und Weißen sind. Wenn man daran dachte, zu was sie verurteilt worden waren, war es schon recht schockierend, die große Verschiedenheit der Altersstufen zu sehen. Zwei der Häftlinge, die ich sah, schienen ungefähr vierzehn zu sein. Ich sah einen anderen, der weit in den Sechzigern war und langsam auf dem gepflasterten Weg zwischen seiner Wohneinheit und dem Hospital entlangwanderte.

Die Männer standen meist in Gruppen herum, obgleich auch einige einsame Gestalten stumm an einer Mauer lehnten, rauchten oder die Laufbahnen entlangwanderten, die das Football-Feld umgaben. Die rote Erde war ausgedörrt und in verrückten Mustern aufgesprungen. Es war ein Versuch gemacht worden, Gras anzupflanzen, aber die Saat war nur stellenweise angegangen, und das, was wuchs, war grob und dick. In der Helle der Sommersonne sahen der graue Stein des Gefängnisses und seine harten geometrischen Formen anziehend aus – verglichen mit den alten Haftanstalten und den verkommenen englischen Gefängnissen, die ich besucht hatte. Ich erwähnte dies gegenüber Paul, und er lächelte nur.

Paul schien keine Eile zu haben und gestattete mir, im Hof umherzuwandern, um ein Gefühl für den Ort zu bekommen. Da ich

Filme in englischen Gefängnissen gemacht hatte, war mir die Gesellschaft von Mördern relativ vertraut. In englischen Gefängnissen hatte ich immer eine spürbare Spannung zwischen den Beamten und den Häftlingen bemerkt und war mir immer der Drohung gegen mich bewußt gewesen. Potosi beherbergte mehr Mörder und bösartigere Mörder, als ich jemals auf einem Haufen zusammen gesehen hatte. Ich war mir mehr als bewußt, daß ich auf der Hut sein mußte und daß die relativ anziehende und gelassene Umgebung wahrscheinlich täuschte. Ich beobachtete Paul und bemerkte, daß sein Körper, trotz seines ruhigen und anscheinend gelassenen Auftretens, gespannt war, seine Augen sich verengt hatten und alle Bewegung um ihn herum aufmerksam wahrnahmen. Sobald wir den Hof betraten, wurden alle Häftlinge unserer Anwesenheit gewahr. Es herrschte eine stärkere Neugier als im MSP, wer ich war und warum ich da war. Aber im Unterschied zum MSP kamen die Häftlinge nicht einfach an und verlangten eine Auskunft. Hier war alles langsamer, kühler. Jede Bewegung schien bedächtiger als im MSP. Die Zeit, wie ich lernen sollte, vergeht für die, die zum Tod verurteilt sind, anders als für die, bei denen das nicht der Fall ist. Es gab nur drei Wege aus Potosi heraus, und auf zwei von ihnen lag man in einem Sarg. Man konnte hingerichtet werden, oder man konnte als Lebenslänglicher ohne Hafturlaub sterben. Die einzige Hoffnung, lebend herauszukommen, lag in einer Aufhebung des Urteils, einer höchst unwahrscheinlichen Möglichkeit. Die Ergebung in das Schicksal, den Rest seines Lebens in Potosi zu verbringen, erzeugte eine gewisse Apathie.

Während wir umhergingen, kam eine Reihe von Häftlingen auf Paul zu mit Klagen, Bitten oder einfach nur, um die Zeit totzuschlagen. Ein Häftling wollte wissen, wann Paul auf seinen Brief antworten würde, in dem er gegen einen Verweis protestierte, den er erhalten hatte. Ein anderer wollte wissen, ob Paul ihm die Genehmigung geben würde, eine Frau zu heiraten, mit der er in Korrespondenz stand. Paul sagte, er werde.

Ich dachte einen Augenblick über die letzte Forderung nach und fragte Paul, ob so etwas üblich sei.

«Ja, das ist es», antwortete er.

Ich hätte gern gewußt, warum eine Frau einen Mann heiraten wollte, der so gut wie keine Hoffnung hatte, jemals Potosi zu verlassen, in der sicheren Gewißheit, daß ihre physische Beziehung darauf beschränkt sein würde, sich zu küssen und Händchen zu halten.

Paul gab keinen Kommentar ab. Er lächelte nur.

Ich fragte Paul, warum das Gefängnis in Potosi gebaut worden sei, in einer derartig abgelegenen Ecke des Staates.

«Na ja, einer der Gründe ist der: Als wir uns entschieden, den Todestrakt nach hier unten zu verlegen, war die Sicherheit eine unserer Hauptsorgen. Als wir Tiny Mercer in Jeff City hinrichteten, brauchten wir ein massives Aufgebot an Sicherheitskräften außerhalb des Gefängnisses. Wir hatten die Wasserschutzpolizei, die *Highway Patrol*, die Polizei aus der Hauptstadt, die Polizei von Jeff City und unsere eigenen Beamten. Es war eine ziemlich teure Angelegenheit, aber wir mußten auf alles gefaßt sein. Wir wußten nicht, wie viele Demonstranten wir haben würden.»

Als es schließlich hier soweit war, hielten etwa zweihundert Demonstranten, die gegen die Todesstrafe protestierten, an einem kalten und regnerischen Tag eine ruhige Wache bei Kerzenlicht vor dem Gefängnis.

«Hier unten», fuhr Paul in seinem gedehnten Dialekt fort, «haben wir nicht viele Demonstranten. Wir sind eine ziemlich ländliche Ecke, und es sind nicht allzu viele Leute bereit, eine Reise von Kansas City, Jeff City oder gar St. Louis hierher zu machen. Folglich ist es relativ einfach, Sicherheit zu garantieren: Wir sperren den Highway ab, aber wir gestatten den Demonstranten, sich auf unserm Eigentum niederzulassen, bei der Landstraße vor dem Gefängnis.»

«Woher haben Sie Ihre Gefängnisbeamten?» fragte ich ihn.

«Die Mehrheit von ihnen kommt aus der hiesigen Gemeinde», antwortete er. Er erklärte, daß die örtlichen Anwohner in der Regel heftig protestieren, wenn der Staat beschließt, ein Hochsicherheitsgefängnis zu bauen. «Hier in Potosi», sagte er, «wollten sie das Gefängnis.»

Als der amerikanische Bleimarkt zusammenbrach, wurde Potosi eine Geisterstadt. Andere Industrien, wie die Schuhindustrie, hatten schon lange vorher die Gegend verlassen. Lehmboden und harter Felsuntergrund machten Landwirtschaft schwierig, und abgesehen von kleinen Geschäften gab es nur weniges, das zur Wirtschaft der Gegend beitrug. Die Anwohner bearbeiteten ihre Abgeordneten, damit sie das *Potosi Correctional Center* in ihren Hinterhof kriegten, weil das der ökonomisch ärmsten Gegend von Missouri dreihundert Jobs einbrachte. Mit seiner Gehaltsliste von 15 Millionen Dollar ist das Gefängnis der größte Arbeitgeber in der Gegend (die zweitgrößte Einkommensquelle in Potosi ist die Sozialfürsorge). Obendrein geben alle, die eine Reise nach Potosi machen, um Freunde oder Verwandte im Gefängnis zu besuchen, Geld in Motels, Restaurants und Läden aus und geben der Gemeinde auf diese Weise eine sehr nötige Einkommensspritze. Freilich sind viele der Gastwirte und Restaurantbesitzer zwar glücklich über die neue Einkommensquelle, heißen aber die Leute aus der Stadt, die zu Besuch kommen und von denen viele schwarz sind, nicht gerade herzlich willkommen.

Das *Department of Corrections* von Missouri ist in paramilitärischer Form organisiert, und viele der älteren und der jüngeren Vollzugsbeamten haben eine militärische Laufbahn hinter sich. Die Beamten, die ich in Potosi getroffen habe, werden von den Häftlingen in zwei Gruppen eingeteilt: braune Hemden sind die eher jüngeren Vollzugsbeamten (CO I, CO II*), weiße Hemden die älteren (Sergeant, Lieutenant, Captain, Major). Paul ist stolz auf den rigorosen Professionalismus seines Stabes, aber die sauber gebügelten Uniformen und das strenge Verhalten einiger Beamter ist für eine Gruppe von relativ ungebildeten Leuten mit geringer Erfahrung in vielen Fällen eine Zumutung. Einige Häftlinge nennen sie wohl *hillbillies***, und einige der Offiziere bezeichnen sich selbst sogar gern als *rednecks****. Es kann kein Zweifel bestehen, daß Paul Delo ein Gefängnis geschaffen hat, das genau das leistet, was es leisten wollte, und zwar höchst wirksam. Seine Art von gelassener Führung, die durch die Bereitschaft unterstützt wird, Dis-

---

* *correction officers*
** Hinterwäldler
*** Rotnacken: Schimpfname für Südstaatenfanatiker

ziplin zu erzwingen, wenn er die Notwendigkeit dazu sieht, ist weitgehend dafür verantwortlich, daß bislang Morde im Gefängnis nicht vorgekommen sind und das Gewaltniveau relativ niedrig bleibt.

Paul führte mich über den Hof zur Turnhalle. Es war gerade ein Basketballspiel im Gange, und in einem mit Fenstern versehenen Raum, der auf den Hof blickte, stemmten Häftlinge Gewichte. Oben im MSP waren die Gewichthebeeinrichtungen draußen gewesen. Hier rackerte sich eine Anzahl eindrucksvoll mit Muskeln bepackter Männer ab. Schwarze und weiße Häftlinge schienen ohne Spannungen miteinander umzugehen. Einer von den Weißen hatte eine Hakenkreuztätowierung der *Aryan Nation* auf seinem Hals und mühte sich neben einem schwarzen Häftling, der die Kopfbekleidung der *Moors* trug. In einem angrenzenden Raum war ein Boxring, und ich fragte, ob er viel benutzt werde.

«Wir haben einige Boxer hier», sagte Paul. «Aber es hat einige Probleme mit Zivilprozessen gegeben, und infolgedessen wird er nicht viel benutzt.»

Ich erzählte ihm, daß die Vorstellung, daß englische Häftlinge gegen irgend jemand einen Zivilprozeß führen könnten – gegen andere Insassen oder die Verwaltung – ziemlich undenkbar sei. Ich mußte mich daran erinnern, daß in Amerika Prozessieren eine Lebensform ist. Wie ich erfahren würde, war es eine Gewohnheit, die in amerikanischen Gefängnissen nicht nur einfach vorkam: für einige beherrscht es das Gefängnisleben.

Auf unserm Weg aus der Turnhalle in die Bibliothek zeigte mir Paul die beiden Musikzimmer, die den Häftlingen zur Verfügung standen. Jeder Raum war mit all den Instrumenten und dem elektronischen Drum und Dran für Rockmusik ausgestattet, und er erzählte mir, daß es drei Gefängnisbands gebe, von denen jede eine verschiedene Geschmacksrichtung vertrat – *rhythm and blues, country and western* und *heavy rock.*

Die Bibliothek war der einer neuen Highschool sehr ähnlich, mit Ausnahme der Bücher, die hier vorrätig waren. Ich überblickte die Regale und fand Geschichten des organisierten Verbrechens, gerichtsmedizinische Texte, wahre Kriminalberichte über gräßliche Morde und andere Bücher, die offensichtlich speziell für Häftlinge von Interesse waren. Die größte Abteilung war dem Recht gewidmet und enthielt die Prozeßakten des Obersten Gerichtshofes von Missouri. Häftlinge können eine Kreditkarte kaufen, um das Kopiergerät zu benutzen, und es stehen ihnen Schreibmaschinen zur Verfügung. Seit der Hinrichtung von Tiny Mercer im Jahre 1989 haben viele Häftlinge des Todestraktes ein größeres Interesse an ihren Revisionen. Da Besuche von öffentlichen Verteidigern oder Anwälten des staatlichen *Capital Punishment Resource Center** in Kansas City selten sind, zum Teil deshalb, weil es eine Tagesreise von Potosi entfernt liegt, haben viele Häftlinge ihre Verteidigung in die eigene Hand genommen. Für viele ist es eine wichtige Möglichkeit, ihre Zeit zu strukturieren – eine schwierige Sache, wenn man praktisch mit der Gewißheit konfrontiert ist, in zehn oder weniger Jahren hingerichtet zu werden. Und für einige, die mittlerweile in Rechtsfragen bewandert sind, ist es eine Gelegenheit, anderen Häftlingen zu helfen, die sich weniger auskennen.

Abgesehen davon, daß sie sich mit ihren Fällen beschäftigen, haben sich einige Häftlinge mittels eines konstanten Stroms von Eingaben dem Kampf gegen die Verwaltung zugewandt. Diese können sich auf die Lebensbedingungen erstrecken, auf einen Einspruch, daß ein Verweis fälschlich erteilt worden ist, oder es kann ein Klagebegehren gegen einen Beamten wegen Körperverletzung sein.

«Ich werde jedes Jahr in Hunderten von Prozessen namentlich genannt», sagte Paul mit einem Lächeln.

«Aber macht es das nicht schwierig, das Gefängnis zu leiten, wenn man ständig zu Klagen von Häftlingen Stellung nehmen muß?»

«Nicht wirklich. Die meisten von ihnen sind purer Blödsinn. Gelegentlich kommt einer durch. Aber ich sehe die Sache so: Es ist mir lieber, sie führen Prozesse, als daß sie Tunnel graben.»

Gegen diese Logik konnte man wirklich nichts einwenden.

Ich bemerkte zu Paul, daß Potosi im Vergleich zu den meisten Gefängnissen, die ich besucht hätte, beinahe wie ein Hotel sei.

---

* Zentrum für Hilfe bei Todesstrafe

«Es ist wahr, wir haben Klimaanlagen, und die Einrichtungen gehören zu den besten, die man haben kann. Ich weiß, einige Leute betrachten das als Luxus und glauben, daß ihre Steuergelder besser für Schulen oder Straßen verwendet werden könnten. Eine Menge Leute glauben, wir sollten sie im Keller halten.» Jahrelang hat Missouri genau das getan. Das Ergebnis war eine hohe Rate an Gewalttätigkeiten und eine gerichtliche Verfügung des Bundesgerichts, die Haftbedingungen zu verbessern. Der Staat hatte gar keine andere Wahl, als Potosi zu bauen.

«In Zuchthäusern hat man immer Probleme im Sommer, wenn das Wetter ein bißchen heiß wird. Man hat dann mehr Gewalttätigkeiten. Ich würde sagen, daß die Klimaanlage zu einem guten Teil dafür verantwortlich ist, die Gewalt gering zu halten.»

Paul sagte, es sei Zeit zum Lunch, und wir gingen durch die Zentralkontrolle zu seinem Büro zurück, wo Gary Sutterfield, der Anlagenwartungsingenieur, und Greg Wilson, der Ermittlungsbeamte des Gefängnisses, auf uns warteten.

«Wollen Sie mit Red fahren?» fragte mich Paul, wobei ein etwas boshaftes Lächeln auf seinen Lippen lag.

Greg lachte und ich erkannte, daß Red sein Spitzname war. Aber ich wußte nicht, worin der Scherz lag.

Greg steckte mit einem geübten Griff eine alte 38er Polizeipistole in den Gürtel seiner Hose. «Ich muß erst noch was erledigen. Ich seh euch dann drüben.»

Wir fuhren in einem alten, aber makellosen Ford LTD, Pauls Dienstwagen, raus auf den *Highway 8*. Ich bemerkte, daß er mehr als 100 000 Meilen auf dem Tacho hatte, und Paul erklärte, daß er früher vom Kanzler der Staats-Universität von Missouri gefahren worden sei. Das *Department of Corrections* hat einen schlichten Sinn für die Haushaltsführung und hält die Kosten dadurch niedrig, daß es Autos aus zweiter Hand aus dem Staatssektor kauft, oft von der *Highway Patrol*.

Wir fuhren eine halbe Meile in Richtung Potosi, wo wir vor einem Restaurant hielten, in dem die Verwaltung an den meisten Tagen zu Mittag aß. Das Restaurant hatte drei Räume, und Paul führte uns zu seinem üblichen Tisch im rückwärtigen Raum — dem Tisch, an dem die wichtigsten Treffen über die Führung des

Gefängnisses stattfanden und wo viele Entscheidungen getroffen wurden.

Die Kellnerin brachte große Gläser mit Eistee, und jeder bestellte das Spezialmenü – soviel Suppe, Salat vom Büffet und Hühnerflügel, wie man verzehren konnte – alles für 4,99 Dollar. Es gab eine Menge Scherze mit den Kellnerinnen, und jeder machte zwei Gänge zum Büffet und ließ seinen Teller hoch beladen mit Hühnerknochen zurück. Greg Wilson kam rein, während wir zum zweitenmal Hühnerflügel nahmen.

Gary Sutterfield zog einen Stuhl heran. «He, Kumpel, setz dich», sagte er.

Greg brachte sich neben dem Stuhl in Stellung, nahm beide Krücken in die linke Hand und hielt sich mit seiner Rechten fest, während er sich setzte. Er machte ein finsteres Gesicht.

«Was ist das Problem, Red?» fragte Paul.

«Ich hab einen Kerl, von dem ich genau weiß, daß er sich Stoff in den Arsch geschoben hat, und der Doktor will ihn nicht für mich röntgen.»

«Warum nicht?» fragte Paul milde.

«Sagt, es ist nicht sein Job.»

«Ach Scheiße», sagte Paul, enttäuscht über den Mangel an Kooperation. «Wir arbeiten doch alle zusammen.»

«Ja», sagte Red angeekelt. «Aber er sieht das nicht so.»

Paul dachte eine Minute nach und erzählte eine Geschichte. «Als ich bei der *Highway Patrol* Streife fuhr, war ich eines Morgens draußen auf der 67, und da kommt dieser Kerl vorbei mit Nummernschildern von außerhalb und fährt über fünfundsechzig Meilen. Ich hatte nichts anderes zu tun, also wink ich ihn an den Rand. Er trägt einen Anzug. Mr. Geschäftsmann. Ich frag ihn nach dem Führerschein und schreib ihm einen Strafzettel. Ich geb ihm den Zettel und sag ihm, er soll unten unterschreiben. ‹Ich unterschreibe nichts›, sagt der Kerl. Ich erkläre ihm, daß er nicht aus diesem Staat kommt und er deshalb bestätigen soll, daß er das Strafmandat erhalten hat und entweder die Geldstrafe bezahlen oder vor Gericht erscheinen will. ‹Ich unterschreibe nichts›, sagt er wieder. Beruft sich auf seine Rechte. Also sag ich ihm, er soll sein Auto parken, verschließen und mir den Schlüssel geben. Ich frag ihn, ob es hier eine Garage in der Nähe gibt, die er besonders schätzt. Der Kerl guckt mich an und sagt: ‹Was meinen Sie damit?› – ‹Ganz einfach›, sage ich zu ihm. ‹Wenn Sie das Strafmandat nicht unterschreiben und wegfahren, dann habe ich keine Garantie, daß Sie die Geldstrafe bezahlen oder vor Gericht erscheinen. Also steck ich Sie ins Gefängnis.› Der Kerl unterschrieb den Strafzettel.»

Die Runde am Tisch lachte anerkennend.

«Welches Arschloch ist es?» fragte Paul Red.

Red nannte ihm den Namen des Häftlings.

«In Ordnung, Red», sagte er prosaisch, «du bist Vertreter des Sheriffs, richtig?»

«Richtig.»

«Dann sag dem Doktor, wenn er nicht für dich röntgt, dann steht er unter Arrest. Nimm ihn rüber ins Kreisgefängnis.»

Manchmal ist das Lächeln, das eine von Pauls Anekdoten abschließt, wie ein großer, horizontaler Reißverschluß, der sich öffnet.

Paul und Gary erhoben sich, um zu gehen. Paul sagte, ich könne doch mit Greg zurückfahren.

Ich wartete, während Greg auf seinen Krücken mit dem Büffet fertig zu werden suchte. Als er zurückkam, sagte er mit einem bedauernden Grinsen zu mir: «Es gibt ein oder zwei Dinge, die man wirklich nur sehr schwer mit Krücken machen kann.»

Ich fragte ihn, wie er dazu gekommen sei, Ermittlungsbeamter in Potosi zu werden. Er erzählte mir ein bißchen über seine Laufbahn. Er hatte lange in Vietnam gedient, und er redete mit einem wehmütigen Blick in den Augen darüber. Ich hatte nie jemanden über seine Zeit in Vietnam reden hören, als vermisse er etwas. Er erwähnte nichts von den Kämpfen, an denen er teilgenommen hatte; er erzählte keine Geschichten über seine Zeit dort; es war nur einfach so, daß Vietnam ein wichtiger Teil seines Lebens gewesen war, und nun war es für immer vorbei. (Ich erfuhr viele Monate später, daß Greg in der Schlacht um den *Hamburger Hill* mitgekämpft hatte.)

Nach Vietnam war er Polizist in St. Louis und Ermittlungsbeamter im MSP gewesen. Als Paul Delo gewählt wurde, Potosi zu eröffnen, wurde ihm erlaubt, sein Team selbst zusammenzustellen. Greg war einer der Namen ganz oben auf seiner Liste.

«Mein Job ist, alles zu untersuchen, was im Gefängnis vor sich geht, ob es nun die Häftlinge oder das Personal betrifft», sagte er zu mir.

Da ich wußte, daß bislang kein Mord und nur eine Handvoll Tätlichkeiten in Potosi vorgekommen waren, fragte ich ihn, worum es bei den meisten seiner Untersuchungen gehe.

«Drogen», sagte er. «Es gibt überall ein Drogenproblem, und hier ist es nicht anders.»

Er erklärte, daß innerhalb des geschlossenen Systems der Haftanstalt Drogen dieselben Probleme verursachten wie draußen, aber auf eine übertriebene Weise. Marihuana, Kokain, Heroin werden, verglichen mit dem, was auf den Straßen verfügbar ist, alle in relativ kleinen Mengen in die Haftanstalt gebracht. Sie werden zu absurd überhöhten Preisen verkauft, und Probleme entstehen, wenn Häftlinge Schulden machen. Im Gefängnis gibt es viele Wege, Schulden zurückzuzahlen, von der Bereitwilligkeit zu sexuellen Diensten bis zur Ausführung eines Mordes im Interesse des Dealers. Im Gefängnis werden Schulden niemals vergessen. Gregs Aufgabe bei der Unterbindung des Drogenhandels geht primär darum, Gelegenheiten für die Entstehung von Gewalt zu verhindern.

«Wie gelangen die meisten Drogen ins Gefängnis?» fragte ich.

«Besucher?»

«Primär ja. Sie bringen es in, äh, Körperöffnungen rein, und wir können nicht bei jedem eine Leibesvisitation vornehmen. Aber wir haben auch Probleme mit dem Personal.»

Ich dachte, daß Gregs Job einsam sein müsse. Wenn niemand im Gefängnis über einen Verdacht erhaben ist, dann muß es schwierig sein, Freunde zu haben.

«Also, wie behandeln Sie vermutete Vergehen des Personals?» fragte ich ihn.

«Durchsuchungen. Lügendetektortests.»

«Wie fangen Sie an, jemanden zu verdächtigen?»

«Es ist wie bei jeder Ermittlung. Sie sind niemals gleich. Die Leute sind verschieden und man muß jeden individuell behandeln. Aber wenn ich einen Beamten mit dem Grundgehalt sehe, der eines Tages in einem neuen Wagen auftaucht oder ein neues Boot zum Barschangeln hat oder teuren Urlaub macht, muß ich darüber

nachdenken.» Gregs Augen verengten sich, als er sprach. «Es ist
leicht, in Versuchung geführt zu werden. Ein kleines bißchen
Rauschgift kann im Gefängnis eine Menge Geld wert sein.»

«Aber die Leute wissen doch bestimmt», sagte ich, «daß es nicht
lohnt, seinen Job aufs Spiel zu setzen, und daß sie bei der Art von
Sicherheitsprüfung, die Sie im Gefängnis haben, geradezu zwangsläufig geschnappt werden.»

«Dahinter steckt mehr als nur Habgier», sagte Greg. «Es ist wirklich leicht, von den Häftlingen übers Ohr gehauen zu werden. Sie
haben alle Zeit der Welt, dazusitzen und sich auszudenken, wie man
ein Spielchen mit jemandem machen kann. Und einige von ihnen sind
große Künstler darin, einen zu betrügen. Sie können sich einen Beamten vornehmen und ihn oder sie dazu bringen, daß sie ihm leid tun. Es
beginnt damit, daß sie sie dazu bringen, irgendwelche kleinen Dinge
mit ins Gefängnis zu bringen, und von da geht es weiter.»

Mein erster Eindruck, als ich Häftlinge und Vollzugsbeamte beobachtete, war, daß sie sich nicht ausstehen konnten; also wollte ich
wissen, wie das funktioniere.

«Wir haben eine Menge weiblicher Strafvollzugsbeamte, und
einige von ihnen waren durchaus empfänglich für die Gefangenen.
Wissen Sie, sie verlieben sich. Wir haben welche dabei erwischt, daß
sie sexuelle Beziehungen hatten. Im Gefängnis in Farmington haben
sie kürzlich fünf Frauen gefeuert, weil sie mit Häftlingen in der Küche
rumgemacht haben.»

«Bedeutet Ihr Job, daß Sie sogar Paul verdächtigen müssen? Wenn
Sie glauben, daß er irgendwas vorhat, müssen Sie gegen ihn ermit-
teln?»

«Ja, das bedeutet es.»

Greg sagte mir, daß er seine Arbeit liebe. Er mag die Herausforderung einer Ermittlung, die Herausforderung, die darin besteht, die
richtige Art herauszufinden, mit einem Häftling so zu verfahren, daß
man die benötigte Information erhält. «Wissen Sie, Häftlinge denken gern, daß sie einen Informanten hassen. Aber jeder hat eine
Geschichte zu erzählen, und man muß nur die richtige Art herausfinden, sie dazu zu bringen, sie zu erzählen.»

Greg wechselte das Thema und fragte mich, wo ich in England
lebe und wie es mir gefalle. Wir sprachen über die Probleme, trotz

langer Arbeitsstunden ein häusliches Leben zu führen, und er sagte mir, daß ihn seine Frau vor ein paar Wochen verlassen habe. Sie waren fünfzehn Jahre verheiratet gewesen. Eines Abends kam sie nach Haus und verkündete, sie habe einen Freund, und sie wollten zusammenziehen. In seiner Stimme lag eine Spur von Verzweiflung, als er vorrechnete, wie fünfzehn Jahre gemeinsamer Anstrengung sich zum Schluß zu nichts addieren können.

Die Kellnerinnen scherzten mit Greg, als ich die Rechnung bezahlte, und ich folgte ihm auf den Parkplatz.

«Was für ein Auto fahren Sie?» fragte Greg.

«Einen Fiat.»

«Der ist wahrscheinlich hübscher als meiner.» Er hielt vor einem schrottreifen Ford-Lieferwagen. Es war ein trüber, rostiger Koloß, an dessen Kühler eine Zwei-Liter-Plastikflasche befestigt war, die einmal Bleichmittel enthalten hatte. «Kühlerüberlauf», erklärte Greg.

Ich kletterte hinein, und Greg zeigte mir das Sofa, das er hinten eingebaut hatte. Ich schaute auf meine Füße und konnte das Tageslicht durch den Boden des Lastwagens sehen.

«Die Heizung funktioniert nicht besonders gut», bemerkte er beiläufig.

«Ich glaube, das macht heute nichts», sagte ich.

«Nein, wohl nicht», sagte er zustimmend. Die Maschine zündete widerwillig, und wir fuhren ins Gefängnis zurück.

Paul Delo und Gary Sutterfield warteten auf mich, als Greg und ich zurückkehrten. Meine Tour sollte mit einem Besuch im Hinrichtungsraum fortgesetzt werden, und wir arbeiteten uns durch die ausgefeilten Sicherheits-Kontrollpunkte hindurch und kamen in den ummauerten Hof, durch den man das Krankenhaus betrat. Während wir gingen, begann Gary, die Injektionsmaschine im Detail zu erläutern. Ich erwähnte, daß ich eine Woche mit Fred Leuchter verbracht hätte und in den elementaren Fragen eine ziemlich gute Grundlage hätte.

«Was halten Sie von Fred?» fragte Gary geradeheraus. Er hatte mich, seit ich in der Haftanstalt erschienen war, die ganze Zeit über mißtrauisch beobachtet.

«Er ist ungewöhnlich», sagte ich.

Paul lächelte breit.

«Er ist irgendwie komisch, finden Sie nicht?» sagte Gary.

«Jaaah.»

«Haben Sie seine Frau kennengelernt?» fragte er.

Ich sagte, ich hätte sie kennengelernt.

«Wir haben einen Spitznamen für sie», sagte Gary zu mir. «Miss Piggy.»

Wir betraten das Hospital, das ein Rotkreuzzeichen und ein Schild «nicht rauchen» trug. Direkt neben der Tür stand eine Bank. Zwei Schwestern saßen darauf und rauchten. Das Personal nannte das die «Lügenbank».

Die Haupttür führte in den Korridor, auf dessen rechter Seite sich eine weitere Tür befand, die in das Wartezimmer für Häftlinge führte. Wenn ein Häftling das Hospital besuchen will, braucht er eine schriftliche Genehmigung. Der Verwaltung bleiben acht Tage, um auf die Bitte zu antworten. Wenn der Bitte stattgegeben wird, wird dem Häftling ein Stück Papier gegeben, das er mit ins Wartezimmer nimmt. Das Wartezimmer ist von der Schwesternstation durch dickes Sicherheitsglas getrennt. Wenn der Häftling aufgerufen wird, schiebt er seinen ärztlichen Zettel unter einer Tür am anderen Ende des Wartezimmers durch. Die Tür, die vom Wartezimmer zum Hospital selbst führt, ist von einem Beamten besetzt, der den Zettel überprüft und dann den Häftling einläßt. Bevor er in das Behandlungszimmer, das der Schwesternstation gegenüber liegt, eingelassen wird, wird er untersucht. Der Behandlungsraum ist modern, sauber und hell. Er sieht aus wie die Unfallstation eines modernen Krankenhauses und ist mit drei Rolliegen ausgestattet.

«Nur zwei Leute haben Schlüssel zum Hinrichtungsraum», sagte mir Gary. «Paul und ich.»

Gary zeigte den Weg. Neben dem Behandlungszimmer war eine Falttür, der Schwesternstation direkt gegenüber. Gary zog sie zurück und schloß sie schnell hinter sich. Wir standen in einem kurzen, dunklen Korridor, und zur Linken war eine Tür, die die Zahl A-025 trug. Sie war mit einem «Betreten verboten» gekennzeichnet. Paul wippte auf seinen Fersen, während Gary die Tür aufschloß. Er drehte das Licht an und hielt die Tür auf, als ich eintrat, und schloß sie dann hinter uns.

Ich stand in einem Raum, der auf den ersten Blick wie jeder andere im Krankenhausblock aussah. Der einzige Unterschied bestand darin, daß zum Zweck der Hinrichtungen kleine Veränderungen vorgenommen worden waren. Er maß ungefähr sechs mal vier Meter und hatte, wie es beinahe überall im Gefängnis der Fall war, weiß bemalte Wände aus Hohlziegeln, einen Linoleumfußboden und Leuchtstofflampen an der Decke. Auf drei Seiten des Raums waren Fenster, die auf die Korridore hinausgingen. Sie waren von außen mit Stabjalousien und auf der Innenseite mit Rollos versehen. In der Wand, die der Tür, durch die ich den Hinrichtungsraum betreten hatte, gegenüber lag, befand sich eine weitere Tür, die mit einem Spionspiegel versehen war. In der einen Ecke des Raums war eine kleine Spüle. Gegenüber der Tür, durch die wir eingetreten waren, war ein grauer Stahlkasten an der Wand montiert – das Zuführungsmodul der Injektionsmaschine. Der verschlossene Kasten hatte einen Handgriff an der Vorderseite und trug eine kleine Metallplatte, auf der «Fred A. Leuchter Associates, Inc., Boston MA» eingraviert war. Rechter Hand des Gerätes waren drei Sätze von bernsteinfarbenen, grünen und roten Lichtern. Unterhalb des Zuführungsmoduls war ein Loch mit einem Durchmesser von etwa 5 cm in der Wand. In der Ecke gegenüber dem Spülbecken stand, drapiert mit einem rosa Bettlaken, das Kontrollmodul der Injektionsmaschine von Missouri. Daneben stand ein roter Werkzeugwagen, so wie ihn Automechaniker benutzen. Darin lagen verschiedene Werkzeuge, die erforderlich waren, um die Injektionsmaschine zu warten, Ersatzkatheter und Klammern.

In der Mitte des Raumes stand die Liege, die bei den Hinrichtungen von Gerald Smith, Leonard Laws, George Gilmore, Winford Stokes und Maurice Byrd verwendet worden war. Es war eine einfache Krankenhausliege, die für die Zwecke einer Hinrichtung umgebaut worden war. An der oberen rechten Ecke, nahe der Stelle, wo der Kopf des Hingerichteten lag, war ein Ständer für den intravenösen Tropf. Der Verurteilte liegt auf einer grauen Krankenhausdecke, die der Länge nach gefaltet ist. Bei allen fünf Hinrichtungen, die bisher in Potosi stattgefunden haben, ist dieselbe Decke verwendet worden. Ich schaute mir das rauhe Gewebe an und bemerkte, daß es fleckig war. Ich schaute weg.

Ein Satz von vier aus Nylon gewebten Haltegurten mit Velcro-Befestigungen war sauber auf jeder Seite der Liege aufgerollt. Und ein Zusatz aus neuerer Zeit, zwei stabile Ledergurte, die ein Maximum an Befestigung sichern sollen. Während einer Hinrichtung in Potosi sehen die Zeugen diese Haltegurte nicht. Der Verurteilte ist in ein weißes Laken gehüllt, das seine Füße bedeckt und unter seinem Kinn zurückgefaltet ist, so daß nur sein Gesicht sichtbar bleibt.

«In einer Hinrichtungsnacht», erklärte Gary, «bin ich dafür verantwortlich, daß alles bereit ist.»

Er begann, seine Rolle in dem Missouri-Protokoll zu beschreiben. «Wenn wir ein Todesurteil erhalten, das so aussieht, als ob es in Ordnung ist, fange ich mit den Vorbereitungen an. Ich überprüfe die Maschine und vergewissere mich, daß alles reibungslos funktioniert. Ich überprüfe die Präparate, alle drei, und stelle sicher, daß wir genug davon haben und daß das Verfallsdatum nicht überschritten ist. Ungefähr achtundvierzig Stunden vor der Hinrichtung machen wir eine Generalprobe. Ich mache die Maschine fertig, und jeder, der an der Hinrichtung teilnimmt, geht die Übung durch. Wir legen einen auf die Liege, einen Beamten, der ungefähr dieselbe Größe hat wie der Häftling. Wir stellen sicher, daß alles reibungslos funktioniert. Wir überlassen nichts dem Zufall. Am Tag der Hinrichtung bin ich ungefähr ab Viertel nach sieben morgens hier. Ich passe auf, daß alles fertig ist. Wir haben nachmittags verschiedene Treffen, und dann lasse ich einige von meinen Leuten die Plätze für die Zeugen fertigmachen.»

Gary zeigte mir die drei Zeugenareale, von denen jedes mit spezialangefertigten zweireihigen Podesten versehen ist, auf die Plastikstühle montiert sind. In Missouri gibt es gewöhnlich zwölf staatliche Zeugen, einschließlich der Presse, die auf zwei aneinander anschließenden Flächen vor dem Fenster rechts von der Tür Platz nehmen. Nach dem Statut über die Todesstrafe in Missouri darf der Häftling fünf Zeugen zu seiner Hinrichtung einladen. Diese werden durch einen anderen Eingang als die staatlichen Zeugen ins Gefängnis eskortiert und den ganzen Abend über von ihnen getrennt gehalten. Die Sitze der Häftlingszeugen sind hinter dem Kopf des Verurteilten aufgebaut, so daß der letzte Anblick, den jeder vom anderen hat, verkehrt herum ist.

Gary zeigte mir, wie die Maschine aufgestellt wird, und erklärte im Detail, wie sie funktioniert. Er schloß die Tür mit dem Spionspiegel-Fenster auf, und wir betraten den Vorratsraum der Zahnklinik. Gary rollte das Kontrollmodul herein und zog das Staubschutzlaken ab. Er legte es in die Nähe des Loches in der Wand, die den Hinrichtungsraum von dem Zahnarztareal trennt. Er entrollte ein dickes, schwarzes Kabel, das mit dem Boden des Kontrollmoduls verknüpft war, und führte es durch die Wand. Ich folgte ihm auf die andere Seite und sah zu, wie er die Verbindung befestigte. Er zeigte mir, wie die 12-Volt-Batterie angeschlossen wird.

«Ich habe dieses Spezialtablett gebaut, um die Spritzen zu halten», erklärte Gary und zeigte mir ein Holzbrett mit sechs Bohrlöchern darin. Er packte sechs plumpe Plastikspritzen aus und legte sie sorgfältig auf das Tablett. Dann öffnete er einige Beutel mit salziger Lösung und füllte die Spritzen, um zu demonstrieren, wie das Gerät geladen wird. Wir kehrten zum Hinrichtungsraum zurück, wo Gary auf einen graubemalten Holztritt stieg und die Tür des Zuführungsmoduls öffnete. Sie schwang auf und enthüllte das

Hauptstück von Freds Maschine, den Teil, den niemand je sieht, während eine Hinrichtung im Gange ist. Innen waren die sechs beschwerten Kolben, über die mir Fred erzählt hatte. Auf jeder Seite waren die beiden mit Salzlösung gefüllten Spritzen, die benutzt werden, um die Maschine nach einer Hinrichtung sauber zu spülen. Gary paßte vorsichtig jede der sechs Spritzen in das Gerät. Er zog einen der Kolben heraus und gab ihn mir in die Hand. «Fühlen Sie mal das Gewicht», sagte er.

Während ich den Kolben hielt, erklärte Gary, daß er viele Modifikationen an der Maschine, die Missouri von Fred erworben hatte, vorgenommen hatte. «Ich habe seine Stahlkolben durch diese aus rostfreiem Stahl ersetzt», erzählte er mir. Er zählte auch andere Veränderungen auf, die das Zeitablaufsystem von Fred betrafen, so daß jede der Spritzen jetzt sehr viel schneller heruntergedrückt wird als in der ursprünglichen Ausführung, was sich nach Freds Begründung besser auf den Wasserdruck im Körper des Häftlings auswirken soll. Statt des von Fred empfohlenen Intervalls von einer Minute zwischen der Verabreichung jedes der drei tödlichen Präparate hat Gary das Gerät so eingerichtet, daß zwischen der Injektion von Natriumpentothal und Pancuroniumbromid ein Dreißig-Sekunden-Intervall liegt und ein Sechzig-Sekunden-Intervall vor der Ausgabe des letzten Präparats, Kaliumchlorid.

«Das einzige, worauf man achten muß, wenn man die Spritzen aufzieht und sie einsetzt», sagte er zu mir, «ist, daß man sich vergewissert, daß keine Luftblasen in den Spritzen oder in dem intravenösen Katheter sind. Wenn man Luft drin hat, führt das zum Tode.»

«Bevor die Hinrichtung beginnt», fuhr Gary fort, «entferne ich diese Sicherheitsnägel, die die Kolben an ihrem Platz halten.» Er entfernte die sechs Stahlnägel und steckte sie in die Tasche seiner Western-Kordjacke. «Dann schließe ich den Raum und verschließe die Tür. Nur ich und Paul haben die Schlüssel», erinnerte er mich.

Er zeigte mir, wie der Häftling an die Injektionsmaschine angeschlossen wird. «Ungefähr vierzig Minuten vor der Hinrichtung kommt ein Krankenpfleger, der bei uns unter Vertrag steht und ein

Anästhesiefachmann ist, und legt den IV-Katheter an. Wenn wir eine Venensektion am Hals oder der Leistenbeuge vornehmen müssen, dann macht er das. Wir nehmen den IV-Schlauch von dem Salztropf und den IV-Schlauch, der aus dem Boden des Zuführungsmoduls kommt, und verbinden diese mittels eines Y-förmigen Verbindungsstücks mit dem IV-Schlauch, der aus dem Körper des Häftlings kommt. Ich klemme den IV-Schlauch, der von der Maschine kommt, ab, und wenn die Hinrichtung beginnen kann, nehme ich die Klammer ab, so daß das Präparat durch den Schlauch fließen kann.»

Nachdem die Maschine und der Häftling vorbereitet sind, wartet Gary bis Mitternacht, wo seine nächste Aufgabe darin besteht, die Jalousien im Hinrichtungsraum hochzuziehen. «Paul verliest dann den Hinrichtungsbefehl, und wir gehen hinter die Tür, und die Hinrichtung kann beginnen.»

Ich schaute mich im Raum um. Es war ein kalter Raum. Er war der Inbegriff dessen, worum es bei einer tödlichen Injektion geht. Steril. Unpersönlich. Sauber. Zumindest an der Oberfläche.

Gary und Paul führten mich durch die Tür mit dem Spionspiegel, der zu dem Vorratsraum der Zahnklinik führte.

«In Hinrichtungsnächten», sagte Gary zu mir, «entfernen wir diese Tür hier.» Er legte seine Hand auf eine Tür, die den Vorratsraum von der kleinen Zahnklinik selbst abtrennte.

Ich nickte und ging in die Zahnklinik. Es gab dort zwei Behandlungsstühle. Auf dem Instrumententablett über einem von ihnen lag der Abdruck eines Gebisses.

«So», fuhr Gary fort, dem daran gelegen war, daß ich äußerste Aufmerksamkeit zeigte. «Jetzt wollen wir uns mal das Arbeiten der Maschine selbst ansehen.»

Ich stand neben ihm vor dem Kontrollmodul.

«Ich drücke nicht wirklich auf den Knopf, ich entsichere die Maschine nur. Wenn ich sie entsichere, ist sie bereit loszugehen. Ich stecke einen Schlüssel in jedes dieser Schlösser, und ich entsichere sie. Die Maschine entscheidet, welcher der Knopfdrücker die Hinrichtung tatsächlich vollzieht.»

Gary hielt inne, um zu sehen, ob ich seiner Erklärung wirklich folgte.

«In Ordnung. Also die Hinrichtungsbeamten, wenn Sie so wollen, drücken die Knöpfe gleichzeitig auf ‹drei› herunter.»
«Wer zählt bis drei?» wollte ich wissen.
«Einer von den Knopfdrückern», antwortete Gary. «Und sie machen das so.» Er stellte sich hinter die Maschine, so daß ich sehen konnte, und legte einen Daumen auf jeden Knopf. Er zeigte mir, wie die Knöpfe nicht einfach gedrückt werden; die Knöpfe werden herabgepreßt, und die Hinrichtungsbeamten lassen dann ihre Daumen von den Knöpfen gleiten, so daß sie mit einem lauten Geräusch zurückschnappen.

«Wenn die Maschine erst einmal aktiviert ist», sagte Gary zu mir, «geht alles automatisch. Das Licht geht an. Der erste Kolben geht runter. Wenn alle drei Lichter angehen, geht der zweite Kolben runter und so weiter. Noch irgendwelche Fragen?»

Ich schüttelte den Kopf.

«Okay. Wenn also nun mit der automatischen Sequenz irgend etwas schiefgeht, gehen wir zum elektrischen Sicherungssystem über. Sehen Sie, ich kontrolliere die Sequenz mit einer Stoppuhr, und wenn die Lichter nicht zur rechten Zeit kommen, was bedeutet, daß eine der Spritzen nicht aktiviert ist, dann wissen wir, daß wir das elektrische Sicherungssystem hinzuziehen müssen.»

Paul erklärte, daß der diensttuende Beamte im Hinrichtungsraum bei dem Häftling ebenfalls eine Stoppuhr habe und die Sequenz der Lämpchen auf dem Zuführungsmodul überwache. Auch Mark Schreiber hat eine Stoppuhr und führt Buch in dem Raum, wo das Kontrollmodul steht.

«Um zu dem elektrischen Sicherungssystem überzugehen», fuhr Gary fort, «benutzen wir diese drei Schalter hier.» Er demonstrierte die beiden Sätze von drei Kippschaltern, einen Satz für jeden Hinrichtungsbeamten. «Wir zählen die Dreißig- und die Sechzig-Sekunden-Intervalle, und auf Kommando werden die Schalter umgelegt. Also, wenn das nicht funktioniert – wenn es irgendein Problem mit dem elektrischen System gibt –, dann gehen wir zum manuellen Sicherungssystem über.»

Gary langte hoch zu einem rechteckigen hölzernen Kasten, der an der Wand über dem Loch montiert war, durch das das Kontrollmodul mit dem Zuführungsmodul verbunden wurde. Er war mit einem Vorhängeschloß gesichert, das er öffnete, und die Vorderseite des Kastens schwang auf und zeigte sechs Zugstangen mit Handgriffen, wie eine überdimensionierte manuelle Starterklappe beim Auto.

«Das ist unser drittes Sicherungssystem, und es sorgt dafür, daß die Hinrichtung auch dann stattfindet, wenn alle anderen Systeme versagen. Auch hier kontrollieren wir alles mit der Stoppuhr, und jede Zugstange wird gleichzeitig von den beiden Personen herabgezogen.» Er griff nach zweien der Handgriffe, um zu zeigen, wie es gemacht werden würde. «Irgendwelche Fragen?»

«Soweit nicht», sagte ich.

«Gut, dann wollen wir es einmal durchlaufen lassen. Ich habe das Gerät entsichert, und es ist startbereit. Ich werde jetzt die Knöpfe drücken.»

Gary preßte die Knöpfe gleichzeitig mit den Daumen herunter. Als sie wieder zurückschnellten, gab es ein kurzes Intervall, in dem Garys Spannung deutlich zu spüren war. Dann gingen die Lichter für die Natriumpentothal-Sequenz an, und ich konnte einen überraschend lauten Schlag hören, selbst durch die dicken Betonwände hindurch, als sich der beschwerte Kolben aus seiner Wiege löste und auf den Kolben der ersten Spritze fiel. Gary hielt seine Augen auf die Uhr in der Zahnklinik gerichtet, während wir auf die zweite Sequenz warteten, und er nickte, als die Lichter und der Kolben ihre Funktion erfüllten. Als die dritte Sequenz beendet war, sagte Gary: «Wenn man darauf wartet, daß diese Sequenzen eintreten, wenn man darauf wartet und hofft, daß alles glattgeht, kommt einem eine Minute wie ein ganzes Leben vor.»

Es war klar, daß Gary seine Verantwortung für die Maschine äußerst ernst nahm. Ja, es war klar, daß diese Verantwortung Gary unter den übrigen Beschäftigten in Potosi eine Sonderstellung verlieh. «Ich bin der einzige im Staat Missouri, der an diesem Gerät ausgebildet worden ist», sagte er zu mir. «Ich habe alle anderen ausgebildet.»

«Ich habe zwei volle Sätze mit Spritzen hier oben und kann Ihnen deshalb zeigen, wie der Handzug funktioniert», sagte Gary zu mir. «Ich habe zwar keine Stoppuhr bei mir, aber Sie werden sich wenigstens eine Vorstellung davon machen können.»

Gary stand vor der manuellen Automatikschaltung. Seine weißen Cowboystiefel standen rechtwinklig zur Wand. Er bewegte seine Schultern und lockerte die Jackettärmel, so daß seine Kleidung seine Bewegungen nicht behinderte. Ich stand neben ihm, und als sich seine Hände bewegten, um die Zugstangen zu ergreifen, konnte ich sehen, wie sie sich in den lichtempfindlichen Gläsern seiner Pilotenbrille und in seinem glitzernden Schmuck widerspiegelten. Er trug eine teure Golduhr, die heftig in seiner Brille glänzte, und an derselben Hand trug er zwei klobige Goldringe, die mit Diamanten besetzt waren. Er zog den ersten der beiden Griffe, und zwei Geräusche folgten beinahe gleichzeitig: das laute Klacken der gezogenen Stangen und der kurze, metallische Klang des Kolbens, der in dem Kasten auf der anderen Seite der Wand herunterfiel.

«Was passiert, wenn die Hinrichtung vorbei ist?» fragte ich. «Was machen Sie dann?»

«Sobald der Doktor dem diensttuenden Beamten signalisiert, daß die Hinrichtung vorbei ist, werden die Jalousien runtergelassen und die Zeugen aus ihrem Areal geleitet. Sobald der Befehl erteilt wird, aus dem Zeugenstand zu treten, lasse ich den Vorgang in umgekehrter Reihenfolge ablaufen», sagte Gary. «Ich spüle die Maschine mit Salzlösung aus, um sie zu reinigen, und packe alles weg. Ich räume den Raum auf, nehme die Sitzbänke runter und räume sie für das nächste Mal weg. Dann gehe ich hoch, und das war's.»

Was in Garys Augen die Professionalität ausmachte, war ein Hinweis auf das beinahe soldatisch inspirierte Gefühl von einer Befehlsverkettung und einem Verfahren, das sicherstellte, daß eine Hinrichtung glatt verlief, aber nur zum Teil auf die Gefühle der Leute Rücksicht nahm, die sie durchführten. Ich wollte danach fragen, aber Paul schaute auf seine Uhr, und es war klar, daß alle das Gefühl hatten, es sei Zeit, den Hinrichtungsraum zu verlassen.

Gary war daran gelegen, mir die technische Abteilung des Gefängnisses zu zeigen, und Paul verabschiedete sich für den Nachmittag. «Lassen Sie uns wissen, was Sie morgen tun wollen, wir richten es für Sie ein», sagte er mir. Ich dankte ihm, während Gary den

Hinrichtungsraum abschloß. Sobald alles in Ordnung gebracht war, schlug er vor, nach draußen zu gehen und eine Zigarette zu rauchen.

Wir gesellten uns zu den Schwestern und den Beamten, die vor dem Hospitaleingang rauchten.

«Ein schöner Tag», sagte Gary.

Gary und ich gingen rüber zum Wartungsareal. Er schilderte mir den Umfang seiner Tätigkeit, daß er zwanzig Leute habe, die unter ihm arbeiteten. Er war sehr stolz auf seine Verantwortung für die Wartung des ausgeklügelten Klima- und Sicherheitssystems in Potosi.

«Sicherheit ist alles», sagte er zu mir. «Das hier sind gefährliche Kriminelle, die gefährlichsten im Staat. Man muß die ganze Zeit über an Sicherheit denken. Wenn man auch nur für einen einzigen Augenblick nicht auf der Hut ist, sitzt man in der Tinte. Die machen aus allem eine Waffe, und dann wird jemand umgelegt. Wir lassen keine Werkzeuge draußen in der Werkstatt, wir lassen die Häftlinge keinerlei Werkzeug benutzen. Wir müssen jedem Auftragnehmer, der von draußen hierher kommt, um eine Arbeit durchzuführen, im Nacken sitzen und dafür sorgen, daß sie kein Werkzeug rumliegen lassen und daß sie allen ihren Müll mitnehmen, wenn sie fertig sind. Alles, was man für eine Klinge braucht, ist ein kleines Stückchen Metall und ein bißchen Klebeband für einen Griff, und man hat ein Messer, mit dem man einen Mann töten kann.»

Wir betraten den Wartungsraum, wo zwei von Garys Männern gerade eine große Kaffeemaschine reparierten.

«Ich will Ihnen etwas zeigen», sagte Gary. Er rief zu einem der beiden Männer, die an der Kaffeemaschine arbeiteten, hinüber: «Ist mein Gerät noch unten?»

Der Monteur sah einen Augenblick lang verwirrt aus. «Oh, *dein* Gerät? *Das* Gerät?»

«Ja», sagte Gary, «mein Gerät.»

«Ich glaub schon.»

Während der Monteur loslief, um nach «dem Gerät» zu schauen, erklärte Gary, um was es sich handelte.

«Im letzten Jahr ging ich hoch nach Illinois und half ihnen bei einer Hinrichtung. Sie hatten seit langer Zeit keine mehr gehabt. Sie hatten eine von Freds Maschinen gekauft, aber sie mußte gewartet werden, und ich weiß, daß Fred da in Illinois einige Probleme hatte, also haben sie mir einen Vertrag angeboten, daß ich komme und es für sie mache.»

Ich konnte mir zwar denken, daß es sich um die Hinrichtung von Charles Walker handelte, wußte aber nichts davon, daß Gary Sutterfield von Missouri aus angereist war, um sie durchzuführen. Nach dem Aufruhr, den das *Carnes-Memorandum* und der *Leuchter Report* verursacht hatten, hatte Illinois seinen Vertrag mit Fred gekündigt. Fred erklärte mir, daß er das Opfer von «jüdischen Gesetzgebern» sei, die «mich aus ihrem Staat heraushaben wollten».

Die Hinrichtung von Walker, die am 12. September 1990 im *Stateville Correctional Center* in der Nähe von Joliet stattfand, war umstritten, weil zwar Walker seinen Revisionsantrag zurückgezogen hatte, aber andere Insassen des Todestrakts Klage gegen den Staat erhoben hatten, mit der Begründung, daß eine Hinrichtung mit Fred Leuchters Injektionsmaschine eine grausame und unübliche Bestrafung sei. Sie machten geltend, daß das Todes-Injektionsgesetz von Illinois die Verwendung von zwei chemischen Wirkstoffen autorisiere, einem Barbiturat und einem paralysierenden Wirkstoff. Da die Leuchter-Maschine drei Chemikalien verwende, sei seine Verwendung, so argumentierten die Häftlinge, eine Verletzung des Staatsstatus. Die Häftlinge legten auch eine unter Eid abgegebene Erklärung von Dr. Edward Brunner vor, dem Präsidenten des *Department of Anesthesia* der *Northwestern University Medical School*, der geltend machte, daß die Leuchter-Maschine samt Protokoll «das substantielle Risiko schaffe, daß die Kläger bei der Injektion von drei Chemikalien ersticken oder qualvolle Schmerzen erleiden, aber durch den lähmenden Wirkstoff daran gehindert werden, ihren Schmerz mitzuteilen».

Ich hatte die Brunner-Erklärung während des Labor Day mit Fred diskutiert, und er hatte mir gesagt: «Was die Frage betrifft, ob Kaliumchlorid Schmerz verursacht oder nicht, so bin ich kein Physiologe und weiß es nicht. Aber ich will soviel sagen: Zu dem Zeitpunkt, an dem das Kaliumchlorid verabreicht wird, besteht schon eine so weitreichende Schädigung des Gehirns, daß ein Schmerz ausgeschlossen ist. Also glaube ich nicht, daß Kaliumchlorid Schmerz verursacht, wenn die Person entweder total hirngeschädigt ist oder schläft. Aber es könnte sehr wohl Schmerz verursachen, wenn es ohne die anderen Chemikalien verabreicht würde.»

Als Illinois Fred kündigte, stürzte sich die Presse auf die Geschichte, was zur Folge hatte, daß sich die Beamten des Staatsgefängnisses bloßgestellt und unsicher fühlten. Da der einzige andere Staat, der Freds Maschine benutzt hatte, Missouri war, nahm der Gefängnisdirektor von Stateville Kontakt mit Potosi auf. Gary erhielt einen Vertrag vom *Illinois Department of Corrections*, der vom 25. August bis zum 25. November 1990 galt. Ihm wurde ein tägliches Honorar von fünfhundert Dollar gezahlt plus die Kosten für seine Teilnahme an der Hinrichtung von Charles Walker.

Der Monteur brachte ein Gerät aus Holz, Plexiglas und Stahl und setzte es auf der Arbeitsbank neben der kaputten Kaffeemaschine ab.

«Das ist mein Herzblatt», sagte Gary. «Als sie da oben in Illinois das Problem hatten, entstand die Frage, ob Freds Maschine benutzt werden konnte. Paul fragte mich, ob das Problem hier in Missouri auftreten könnte, und natürlich wußten wir das nicht. Also baute ich, um sicher zu sein, mein eigenes Gerät. Es funktioniert vollständig per Hand, aber es würde die Aufgabe erledigen. Ich nenne es mein Neunundzwanzig-fünfundneunzig-Gerät, im Gegensatz zu Freds Neunundzwanzig-fünfundneunzig-Maschine.»

«Sie meinen 29,95 Dollar im Unterschied zu 29 095 Dollar?»

«Genau.»

Gary schaute auf seine Uhr. «Halb fünf. Feierabend.» Er leitete mich zurück durch die Zentralkontrolle und an Pauls Büro vorbei. «Bleiben Sie noch ein Weilchen hier?» fragte er.

Ich sagte ja.

«Was ist mit einem Bier morgen abend?»

Ich sagte, das fände ich gut.

Nachdem ich mich von Paul verabschiedet hatte, kam Greg Wilson vorbei.

Paul rief: «Hast du die Röntgenaufnahme gekriegt, die du haben wolltest?»

«Kein Problem», antwortete Red.

«Hast du gefunden, was du gesucht hast?»

«Na klar.»

Am nächsten Morgen kam ich, nicht ohne ein gewisses Unbehagen, früh am Gefängnis an. Mein Plan war, mit den Interviews von Todestraktinsassen zu beginnen. Ich hatte darum ersucht, mit ihnen allein in einem Raum reden zu dürfen, bei geschlossener Tür, so daß keine Vollzugsbeamten oder anderes Personal hören konnten, was geredet wurde. Paul Delo hatte dem zugestimmt und angeboten, mir einen Raum in dem Gebäude zur Verfügung zu stellen, wo die Büros der Betreuer untergebracht waren, im Hof direkt neben der Wohneinheit 5.

Einer der Betreuer, Fred Johnson, kam, um mich reinzugeleiten. Er war ein netter alter Kerl mit rosigen Wangen, mit Hochschulausbildung und einem starken Dialekt. Er fragte mich, wen ich sehen wollte. Ich hatte keine Möglichkeit zu wissen, welcher der Verurteilten Lust auf ein ausführliches Interview hatte oder auch nur, ob überhaupt einer Lust haben würde, mit mir zu reden. Nachdem ich die Liste der Verurteilten, die mir in Jefferson City gegeben worden war, studiert hatte, hatte ich beschlossen, mit zwei Extremen zu beginnen, Jugend und Alter.

Missouri hat den ältesten Mann und die älteste Frau in einem Todestrakt in den Vereinigten Staaten, Ray und Faye Copeland. Ray ist 1914 geboren, Faye 1921. Sie waren vor drei Monaten, im Juni, zum Tode verurteilt worden. Ich hatte über ihren Fall gelesen, der den Tod von fünf Männern betraf, die zur Arbeit auf der Copeland-Farm in Chillicothe, Missouri, verleitet worden waren. Danach hatte man Bankkonten auf ihren Namen eingerichtet. Die Copelands hatten mit zahlreichen ungedeckten Schecks, die auf die Konten der Arbeiter lauteten, Vieh gekauft und dann die Männer getötet. Alle wurden mit einem Gewehr vom Kaliber .22 erschossen.

Missouri hatte auch einen der jüngsten Männer im Todestrakt, Heath Wilkins. Er war sechzehn gewesen, als er das Verbrechen beging, das ihm die Todesstrafe einbrachte. Inzwischen war er, gerade vor dem Labor Day, zweiundzwanzig geworden.

Fred Johnson hatte eine Liste von anderen Häftlingen im Todestrakt gemacht, von denen er dachte, daß ich sie vielleicht interviewen wollte, einschließlich einiger, deren Hinrichtungsdatum schon nahe herangerückt war. Er war auch bemüht gewesen, eine Auswahl aus schwarzen und weißen Häftlingen zu treffen. Er räumte seinen Tisch ab, um für mich und meinen Kassettenrecorder Platz zu machen, und rief in Ray Copelands Zellenblock an, damit man ihn rüberschicke.

Trotz seines Alters war Ray Copeland ein großer und stämmiger Mann. Er war in grauer Gefängniskleidung und trug einen Hut, den er abnahm, als er mir die Hand schüttelte.

Ich fragte ihn, wie es ihm gehe. Er antwortete nicht, und dann sagte er mir, daß er schwerhörig sei und daß ich in sein gutes Ohr sprechen müsse. Ich kam um den Schreibtisch herum und zog einen Stuhl neben ihn. Ich stellte meine Frage noch einmal, und er sagte mit einer Stimme, die zugleich heiser und brüchig klang, daß er sich gut fühle. Ich fragte ihn, ob er sich schon eingelebt habe, und er bejahte das. Ich fragte ihn, ob er schon einmal im Gefängnis gewesen sei, und er erzählte mir, daß er als junger Mann in Haft gewesen war.

Ich fragte, ob er von seiner Frau gehört habe, und er begann zu weinen. Diese ganze Idee mit dem Interview erschien mir, als ich zusah, wie der alte Mann seine Tränen mit dem Ärmel abwischte, auf einmal ziemlich schlecht.

«Ich bin unschuldig», sagte er zu mir.

«Was ist passiert?» fragte ich ihn.

Er händigte mir einen schmuddeligen Umschlag aus und fragte, ob ich die Papiere darin lesen wollte. Er sagte, sie bewiesen seine Unschuld.

Im Umschlag war ein Haufen von ungeordneten Papieren. Da waren alte Seiten des Gerichtsprotokolls und andere Dinge, die sich auf seinen Fall bezogen, alles in einem undurchschaubaren Durcheinander.

«Ich bin unschuldig», sagte er. «Und das ist der Beweis.»

Ich hatte mir, bevor ich in Potosi angekommen war, immer wieder gesagt, daß es unklug wäre, meine Aufmerksamkeit auf die Einzelheiten eines bestimmten Falles zu richten. Ich hatte keinerlei Möglichkeit, die Verantwortung dafür zu übernehmen, jemandem bei seiner Berufung zu helfen. Wichtiger noch, ich fühlte, daß, wenn es einen letzten Einwand gegen die Todesstrafe geben sollte, er nicht auf dem Argument beruhen konnte, daß die Todesstrafe deshalb schlecht ist, weil der Staat eine unschuldige Person hinrichten könnte. Wenn Hinrichtungen in einer zivilisierten Gesellschaft nicht wünschenswert sind, gilt das für Schuldige wie für Unschuldige. Eine Verurteilung zu lebenslänglich und fünfzig Jahren oder lebenslänglich ohne Bewährung, wie in Missouri, machte es beinahe hundertprozentig sicher, daß der Häftling niemals wieder in die Gesellschaft zurückkehrte.

Ich fragte Ray, ob er sich fit fühle, und er sagte mir: «Ich habe gestern auf der Bank 290 Pfund gestemmt. Ich kann hier beinahe jeden Mann schlagen. Ich habe ihnen gesagt, ich würde gerne arbeiten. Aber sie haben keine Arbeit für mich.»

Als das Interview vorbei war, erwähnte ich dies gegenüber Fred Johnson, der dazu bemerkte, daß es Leute nervös machen könnte, Ray mit einer Schaufel in der Hand zu sehen.

«He», fügte er hinzu, «haben Sie gehört, daß Mr. Copeland ein Buch schreibt?»

«Nein, das wußte ich nicht.»

«Doch. Es heißt *How to Run a Farm on a Skeleton Crew*.*»

---

* Ein unübersetzbares Wortspiel: *skeleton crew* kann sowohl «eine Mannschaft aus Skeletten» wie «Kern- oder Stamm-Mannschaft» heißen.

Heath Wilkins hat in seinem kurzen Leben einen zweifelhaften Ruhm erlangt. Er ist einer der jüngsten Männer in einem Todestrakt in den Vereinigten Staaten (der jüngste in Missouri). Und er war Gegenstand einer epochemachenden Gerichtsentscheidung, *Wilkins vs. Missouri* (1989), in der der Oberste Gerichtshof entschied, daß die Hinrichtung von sechzehn und siebzehn Jahre alten Tätern nach der Verfassung der Vereinigten Staaten zulässig ist. Er setzte sich und erwies sich als ein Bündel von Widersprüchen. Als er mir die Hand schüttelte, hatte er etwas Jungenhaftes an sich, obgleich es mit einer Vorsicht gemischt war, die kein Erwachsener jemals lernt, der nicht Jahre im Gefängnis zugebracht hat. Blond, schlank und leicht gebräunt, war Heath in ein T-Shirt und Shorts gekleidet und ließ sich gerade, mit bescheidenem Erfolg, einen Bart wachsen. Wären die Umstände unserer Begegnung anders gewesen, wäre es mir schwergefallen, Heath unter einer Anzahl amerikanischer Jugendlicher gleicher Erscheinung als jemand herauszupikken, der vom Staat als zu gefährlich zum Weiterleben angesehen wird.

Ein Junge, der seit seinem achten Lebensjahr in verschiedenen Institutionen aufgezogen worden war, hatte Heath in seinem kurzen Leben nur sechs Monate Freiheit erfahren, bevor er zum Tode verurteilt worden war. Aufgewachsen in Little Rock, Arkansas, war Heath von seinen beiden Eltern seit seiner frühesten Kindheit schwer mißhandelt worden. Als er zwei war, verließ sein Vater das Haus. Seine Mutter, die damals regelmäßig Drogen nahm, setzte die Prügeleien fort. Der Bruder von Heaths Mutter lebte bei der Familie, und Heath sagte in seinem Prozeß aus, daß dieser Bruder ihm, seit er sechs Jahre alt war, Drogen gegeben habe. Der Freund der Mutter verprügelte Heath und seinen Bruder ebenfalls.

Als Kind war Heath dabei erwischt worden, wie er einen Trecker verwüstete, kleine Brände legte und kleinere Diebstähle beging. Als er zehn Jahre alt war, versuchte er, seine Mutter und ihren Freund zu töten, indem er Tylenolkapseln mit Gift versetzte. Er wurde für sechs Monate in eine Heilanstalt eingewiesen. Im Alter von zehn unternahm er den ersten von drei Selbstmordversuchen, indem er sich von einer Brücke vor einen herannahenden Lastwagen warf, der aber ausweichen konnte. Die nächsten drei Jahre verbrachte er in einer anderen Anstalt, in der ihm bescheinigt wurde, daß er eine «schizotype Persönlichkeitsstruktur» habe, und wo er auf Mellaril gesetzt wurde. Sein zweiter und dritter gescheiterter Selbstmordversuch involvierte Drogen und Alkohol. Er wurde in ein Pflegeheim gebracht, dann in eine andere Institution (wo er auf Thorazin gesetzt wurde), und dann in ein weiteres Pflegeheim. Im Jahre 1985 wurde er wieder der Obhut seiner Mutter übergeben, die sich aber weigerte, ihn bei sich aufzunehmen.

Von Mai 1985 bis zu dem Zeitpunkt im Juli 1985, als er einen Mord beging, lebte Heath auf den Straßen von Kansas City, Missouri. Er, seine Freundin Midget und zwei Freunde, die Bo und Shades hießen, lebten im *Penguin Park*, einem heruntergekommenen Vergnügungspark für Kinder, der sich durch die Ausstellung von drei Stockwerke hohen Betontieren auf einem Morgen Land auszeichnete, das mit struppigem Gras bewachsen war. Heath und seine Freundin wohnten in dem Kehlhautsack des Betonpinguins. Sie verbrachten ihre Zeit damit, Pfirsichschnaps zu trinken und «schwarzer Drache» zu nehmen, ein selbstgemachtes LSD-Substitut. Gewöhnlich hingen sie in einem nahegelegenen Einkaufszentrum herum und wechselten sich dabei ab, Lebensmittel zu stehlen, wenn sie hungrig waren.

Heath hatte sich in die Vorstellung verrannt, daß sich sein Leben ändern würde, wenn er genug Geld hätte, sich ein Motorrad zu kaufen. Er und sein Freund Bo betraten am 27. Juli 1985 kurz vor 23.00 Uhr einen Laden für Fertignahrung in Avondale, Missouri. Heath hatte den Mord vorausgeplant. Bo sollte sich im Waschraum verstecken, während Heath ein Sandwich bestellte. Als Heath ein zweischneidiges «*butterfly*»-Messer gegen die Ladenangestellte, Nancy Allen, zog, kam Bo aus dem Waschraum hervor und hielt ihre Arme fest. Midget und Shades warteten in der Nähe mit Kleidern zum Wechseln. Heath stach auf Nancy Allen ein, während Bo

sie festhielt. Dann, während Bo die Kasse leerte, stach Heath sie in
Rücken, Brust und Herz. Während sie vergeblich um ihr Leben
flehte, stieß Heath ihr viermal das Messer in den Hals. Er sagte
später aus, er habe sie in den Hals gestochen, um ihre Hilferufe zu
stoppen.

Ich fragte Heath: «Als Sie Ihr Verbrechen begangen hatten, haben Sie sich da irgendwelche Gedanken über die Folgen gemacht,
also, ich meine, daß Sie ins Gefängnis kommen könnten?»

«Ja, habe ich. Aber ich dachte, ich würde sterben. Ich dachte,
sie würden mich umbringen.»

«Aber Sie waren überrascht, als das Gericht ein Todesurteil gegen jemand verhängte, der so jung war wie Sie damals?»

Heath zeigte Geduld mit meinem offensichtlichen Mangel an
Verständnis. Als er sprach, war seine Stimme leise und kindlich,
aber die Worte, die er zu sagen hatte, gingen über die Erfahrung
der meisten Leute hinaus. «Nein», sagte er zu mir, «ich habe
darum gebeten. Ich war wirklich entsetzt bei dem Gedanken, den
Rest meines Lebens im Gefängnis zu verbringen. Ich habe versucht, mich umzubringen, und jedesmal, bevor ich das Bewußtsein
verloren hatte, habe ich gekniffen. Also habe ich gedacht, ich
stoße mich selbst. Es ist, wie wenn man näher an den Rand einer
Klippe herangeht. Ich dachte, wenn ich die Todesstrafe kriege,
dann wüßte ich, daß ich *keinen* Ausweg mehr habe. Dann könnte
ich es tun.»

«Hatten Sie vorher schon andere Selbstmordversuche unternommen, die fehlgeschlagen sind?»

Heath nickte.

«Und dadurch, daß Sie jemand anderem das Leben genommen
haben, haben Sie sich in eine Lage gebracht, in der Sie hofften, daß
Ihnen selbst das Leben genommen wird?»

Heath sagte, das sei der Fall.

Heath erzählte mir über sein Leben in den staatlichen Einrichtungen seit seiner frühen Jugend und darüber, wie er sich zur Zeit
des Mordes gefühlt habe.

«Ich habe immer eine Waffe bei mir getragen. Ich dachte, ich
könnte irgendwie Geld kriegen, um mir ein Motorrad zu kaufen,
damit ich wenigstens da raus konnte, damit ich irgend etwas tun

konnte. Ich hatte ein paar Stiefel an. Ich hatte mir auf der Suche nach einem Job Löcher in die Stiefel gelaufen.»

Als er mir seine Geschichte erzählte, traten kleine Details aus seiner Drogenvergangenheit hervor und nisteten sich in meinem Gedächtnis ein wie Objekte in einem unheimlichen Stilleben. Das Messer. Die Stiefel. Die alte Harley-Davidson, die einem Freund gehörte, die Heath als Mittel erschien, seine jämmerliche Existenz hinter sich zu lassen. Die gewöhnliche Bedeutung dieser Objekte wurde durch die Umstände und die Verwirrung eines verletzten und erschreckten unreifen Geistes verwandelt, und eine unschuldige Frau war zur Gelegenheit für das Eintreten dieser alptraumartigen Verwandlung geworden.

Ich fragte Heath nicht nach seinem Geisteszustand, aber er erklärte, wie «sie mich für geistesgestört erklärten, als sie mich festnahmen». Dann «kam irgend jemand auf die Idee, mich für schuldig zu erklären und das alles».

Aber Heath ließ sich von seinem Selbstmordplan nicht abbringen. Er feuerte seinen Anwalt und vertrat sich, im Alter von sechzehn Jahren, in einem Fall von Mordanklage selbst vor Gericht.

«Wie lange hat der Prozeß gedauert?» fragte ich ihn.

«Es gab keine Geschworenen», antwortete Heath und kam damit gleich auf den Kern der Geschichte zu sprechen. «Ich wollte keinen Geschworenenprozeß.»

«Wie lange hat es gedauert?»

«Sie haben es noch länger ausgedehnt, aber das meiste haben sie an einem Tag gemacht.»

Ich fragte mich, wie ein Richter einem Minderjährigen erlauben konnte, ohne einen gesetzlichen Vertreter die Todesstrafe für sich zu fordern. Ich fragte Heath, ob der Richter eine Anstrengung unternommen habe, ihm die Absicht auszureden, sein Leben aufzugeben.

«Zuerst haben sie sich darum Sorgen gemacht, und ich habe es gesehen. Aber ich wußte, daß...» Heaths Gesicht verzerrte sich zu einem verwirrten und schmerzlichen Ausdruck. Er war frustriert, ihm fehlten die Worte. «Wissen Sie, was ich sagen will? Er sagte nicht allzu häufig ‹hör mal, hm, ich glaube, du solltest nicht, hm...›» Heaths Stimme wurde schleppend, als er an den Richter dachte. «Er hat es gemacht, weil er dachte, er muß es.»

Fred Leuchter im Keller seines Hauses in Massachusetts. Neben ihm das Kontrollmodul seiner Injektionsmaschine. (Foto: Stephen Trombley)

Der elektrische Stuhl des River-Bend-Hochsicherheitsgefängnisses in Nashville, Tennessee. Konstruiert und gebaut von Fred A. Leuchter Associates. (Foto: Stephen Trombley)

Die Gaskammer im Staatsgefängnis von Missouri. Im Innern sieht man die Liege, auf die Tiny Mercer am 6. Januar 1989 bei der ersten Hinrichtung durch Injektion geschnallt wurde. Bei der Hinrichtung wurde Fred Leuchters Injektionsmaschine zum erstenmal benutzt. (Foto: Stephen Trombley)

Mark Schreiber, Mitverfasser des Missouri-Protokolls – der detailliert ausge-
arbeiteten Anweisung für Hinrichtungen in diesem Staat. Hier sieht man ihn
mit Häftlingen im Hof des Jefferson-City-Gefängnisses (des ehemaligen Staatsgefängnisses von Missouri). (Foto: Stephen Trombley)

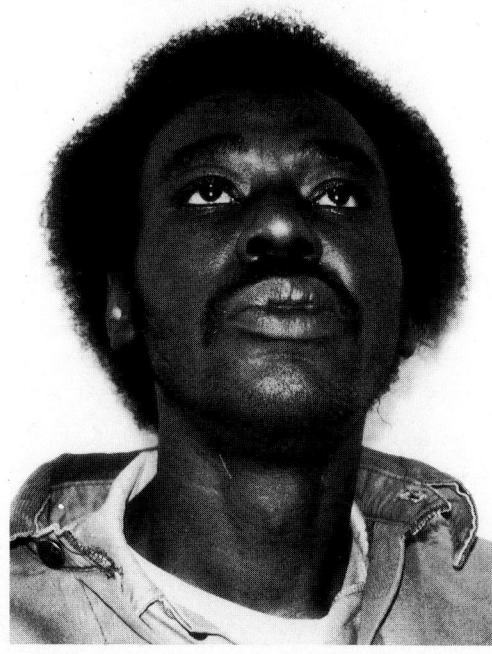

Bobby Shaw, CP7. 1980 wegen Mordes
an einem Gefängniswärter im Staatsgefäng-
nis von Missouri zum Tode verurteilt.
Shaw wartet seit fast zwölf Jahren auf seine
Hinrichtung. Es wurde ein organischer
Hirnschaden diagnostiziert, und es erhob sich
die Frage, ob bei ihm nicht eine verminderte
Zurechnungsfähigkeit vorliege.
(Foto: Stephen Trombley)

Stephen Trombley (rechts) mit A. J. Bannister vor dessen Zellentür
im Wohnblock 5 im Gefängnis Potosi. (Foto: Lukasz Jogalla)

Das Gefängnis Potosi. Es liegt 65 Meilen südwestlich von St. Louis; jeder der dreihundert
Gefangenen ist wegen Mordes verurteilt. Fast hundert sind zum Tode verurteilt. Der Rest hat
lebenslänglich ohne Bewährung oder lebenslänglich ohne Aussicht auf Bewährung
während der nächsten fünfzig Jahre. (Foto: Lukasz Jogalla)

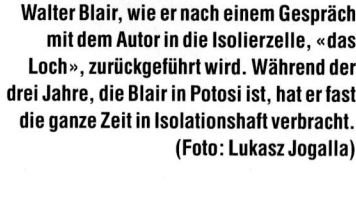

Walter Blair, wie er nach einem Gespräch mit dem Autor in die Isolierzelle, «das Loch», zurückgeführt wird. Während der drei Jahre, die Blair in Potosi ist, hat er fast die ganze Zeit in Isolationshaft verbracht. (Foto: Lukasz Jogalla)

Paul Delo, Leiter des Gefängnisses Potosi. Nach einer erfolgreichen Militärkarriere arbeitete er im Staatsgefängnis von Missouri, ehe er Direktor von Potosi wurde. (Foto: Lukasz Jogalla)

Rechts: Bill Armontrout in der alten Gaskammer im Staatsgefängnis von Missouri. (Foto: Lukasz Jogalla)

Links: Gary Tune, Kaplan in Potosi. (Foto: Lukasz Jogalla)

Typische Gefängniszelle im ehemaligen Todestrakt des Gefängnisses von Jefferson City (dem früheren Staatsgefängnis von Missouri). Eng, schmutzig, kalt im Winter und heiß im Sommer. Die zum Tode Verurteilten, die hier einsaßen, beschrieben diese Zellen als die Hölle. (Foto: Lukasz Jogalla)

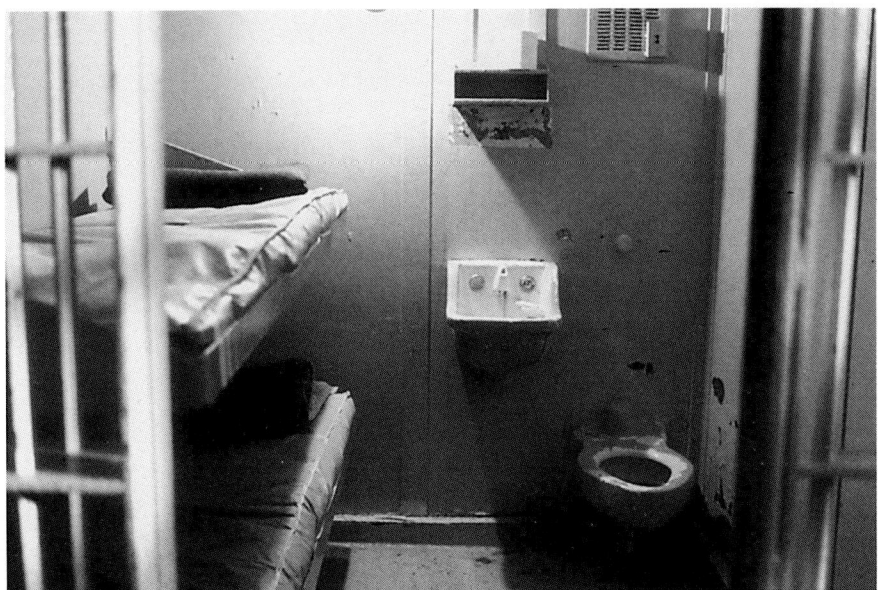

Rechts: Doyle Williams, CP 14. Williams wurde 1981 zum Tode verurteilt und erhielt im März 1990 drei Stunden vor seiner Hinrichtung einen Aufschub. (Foto: Lukasz Jogalla)

Links: Joe Amrine, CP 48. Amrine ist 36 und wartet seit sechs Jahren auf seine Hinrichtung. (Foto: Lukasz Jogalla)

Unten: Lloyd Schlup, CP 42. Der einunddreißigjährige Schlup wurde 1986 zum Tode verurteilt. Das Foto entstand einige Stunden nachdem er, während er bereits in der Beobachtungszelle saß, einen Hinrichtungsaufschub erhielt. (Foto: Lukasz Jogalla)

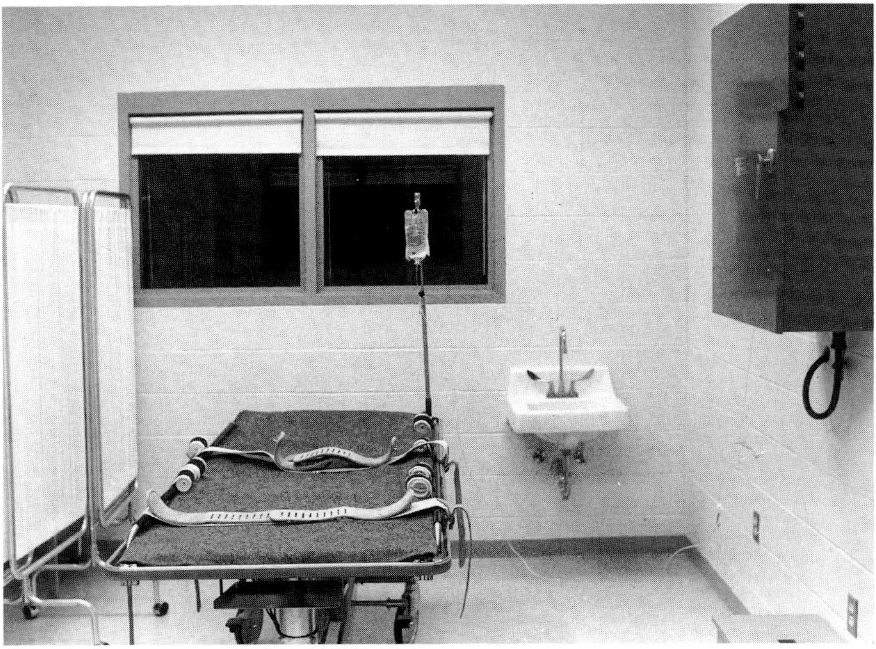

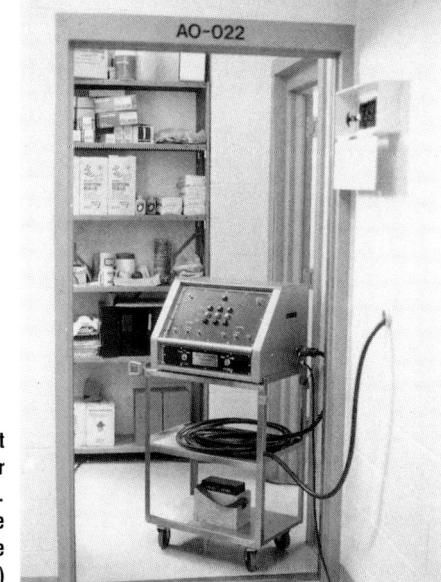

Der Hinrichtungsraum im Gefängnis Potosi. Er liegt im Krankentrakt. Der Arzt kontrolliert das Herz des Sterbenden von einem Monitor aus, der sich hinter dem Wandschirm (links) befindet. Der Chefwartungsingenieur koordiniert von einer Ecke des Raums aus (vorne rechts) die Hinrichtung. Er beobachtet die Lichter auf dem Zuführungsmodul der Injektionsmaschine, das an der Wand befestigt ist. Sie signalisieren ihm, daß jede der drei Chemikalien injiziert wurde. (Foto: Lukasz Jogalla)

Das Kontrollmodul der Injektionsmaschine steht im Vorratsraum der zahnärztlichen Abteilung, der sich direkt neben dem Hinrichtungsraum befindet. An der Wand (oben rechts) befestigt sind die manuellen Züge, die betätigt werden, wenn die Automatik ausfallen sollte. (Foto: Lukasz Jogalla)

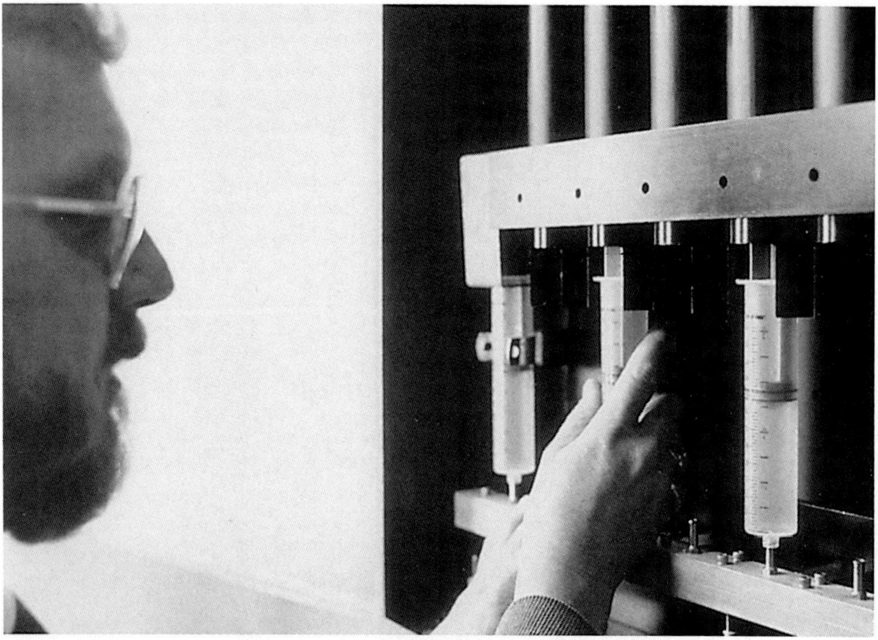

Gary Sutterfield, Chefwartungsingenieur am Gefängnis Potosi. Er ist für die Wartung und das Funktionieren der Injektionsmaschine verantwortlich. Wenn eine Hinrichtung stattfindet, macht er die Maschine startbereit und lädt sie. Hier füllt er die tödlichen Chemikalien in die Spritzen. (Foto: Lukasz Jogalla)

Tiny und Christy Mercer. Sie heirateten im Gefängnis von Missouri. Christy Mercer war bei der Hinrichtung ihres Mannes am 6. Januar 1989 dabei. (Foto: Mit Erlaubnis von Christy Mercer)

Heath war dann in den Todestrakt des MSP gelegt worden. Ich fragte ihn, wie das gewesen sei.

«Es ist jetzt viel besser. Es war wirklich schlimm. Wir waren in unsere Zellen eingeschlossen. Wir hatten sehr wenig Besuch. Vielleicht einmal jeden Monat. Ich hatte echt Angst. Da war ich, ein kleiner, dünner Junge, und dann all diese riesigen Kerle.»

Ich fragte ihn, wie er Potosi im Vergleich zum MSP fände.

«Dieser Ort ist ein echtes Gottesgeschenk», sagte er ohne Zögern. «Er ist sauber. Im MSP habe ich Wanzen in meinem Tee gehabt.» Bei der Erinnerung an die Zeit im MSP nahm Heaths Stimme einen hellen, jungenhaften Klang an, und er grinste breit. «Mir sind immer Mäuse ins Gesicht gesprungen. Sie wohnten im Fernseher.»

Aber das helle, offene Lächeln verschwand nach einem Moment und machte einem schmerzlichen Ausdruck Platz. «Jefferson City hatte eine wirklich negative Atmosphäre.»

Heath erzählte mir, daß er sich inzwischen von dem Heranwachsenden, der einen Mord begangen habe, stark unterscheide. «Ich habe immer gedacht, es sei eine Stärke, grausam zu sein», sagte er.

Potosi sei voll von grausamen Leuten, sagte Heath nachdenklich. Einige Leute – Beamte und Häftlinge gleichermaßen – blühten im Gefängnis wegen der Gelegenheiten zur Grausamkeit, die es biete, regelrecht auf; andere würden durch die Umgebung, in der sie sich befinden, grausam gemacht. «Einmal», erinnerte er sich, «kam eine Wache ins MSP, um da zu arbeiten. Und ich sagte zu ihm: ‹Suchen Sie sich lieber woanders eine Stelle zum Arbeiten. Selbst wenn Sie weniger verdienen. Sie wollen diesen Job nicht wirklich. Er ruiniert Ihren eigenen Charakter, er ruiniert Ihr Familienleben.›» Er schüttelte seinen Kopf. «Ist es möglich, daß jemand hierherkommt und arbeitet und so grausam ist und sich dann draußen nicht ganz genauso verhält? Und selbst wenn man hier ist, wissen Sie, was ich sagen will, passieren Dinge. Man wird verrückt. Man reagiert. Man versucht, damit fertig zu werden. Und das ist die Art, wie man in einer grausamen Umwelt damit fertig wird: daß man selbst grausam ist.»

«Was ist mit dem Beamten passiert?» fragte ich.

«Der arbeitet noch immer hier. Er ist vom MSP mitgekommen und ist jetzt hier unten. Er hat seine Frau verloren und alles.» Heath erklärte etwas, was ich später vom Stab in Potosi hören sollte. Die Arbeit in einem Gefängnis, besonders einem Hochsicherheitsgefängnis, ist derart belastend, daß es oft schwierig ist, zu Leuten außerhalb dieses Tätigkeitsbereichs eine Beziehung zu finden. Oft leidet das häusliche Leben darunter. Die gerade laufenden Scheidungen sind ein Hauptgesprächsthema in Potosi.

Seit er im Todestrakt von Potosi sitze, sagte Heath, sei er zum Christen geworden und verbringe viel Zeit damit, die Bibel zu studieren.

Ich fragte ihn nach der Kapelle in Potosi.

«Ob Sie's glauben oder nicht, da gehen nicht viele hin. Nur zehn oder zwölf, höchstens mal zwanzig. Es gibt zwar eine Menge Leute, die sich mit Gott auseinandergesetzt haben, aber sie gleiten wieder zurück.»

«Was für ein Mensch ist der Gefängniskaplan?»

«Er ist ein Verwaltungstyp. Er ist einer von ihnen. Er ist wie die Wachen.»

«Ist der Kaplan nicht in einer merkwürdigen Position, wenn er hier bei Hinrichtungen dabeisein muß?»

Heaths Gesicht zeigte keinerlei Ausdruck. «Wie Sie sagen, er ist in einer komischen Lage.»

Ich hatte mich jahrelang, wenn ich über die Todesstrafe nachdachte, gefragt, wie es möglich ist, die Zeit zu strukturieren, wenn man weiß, daß einem in absehbarer Zukunft das Leben genommen wird. Seine Zeit im Gefängnis abzusitzen ist eine Sache; aber seine Zeit dort zu verbringen, wenn nur eine geringe Chance besteht, jemals wieder herauszukommen, und jede Chance, hingerichtet zu werden, schien mir eine Unmöglichkeit. Und schon als Kind zum Tode verurteilt zu werden, schien doppelt unmöglich.

«Zuerst», sagte Heath, «sondert man sich von der Realität ab. Plötzlich eines Tages wachte ich auf, und ich sagte mir: Ich bin seit *vier* Jahren im Gefängnis.» Heath suchte sich Brieffreunde und führte eine intime Korrespondenz mit zwei Frauen, einer aus New York und einer aus Los Angeles. Schließlich heiratete er die Frau aus Los Angeles, und sie besucht ihn in Potosi.

«Ein Beispiel dafür, wie grausam die Wachen sein können», fing Heath an zu erzählen. «Mann. Wissen Sie, daß sie manchmal Besucher, die hierherkommen, einer Leibesvisitation unterziehen? Wenn man hierherkommt, muß man ein Papier unterschreiben, in dem steht, daß man mit einer Leibesvisitation einverstanden ist. Wenn das passiert, dann nehmen sie dich in einen kleinen Raum, und du mußt alle Kleider ausziehen. Sie kontrollieren deine Haare, deine Ohren, deinen Mund und deinen, na ja, Sie wissen schon...»

Ich nickte.

«Das ist eine Vergewaltigung, Mann. Ich habe zu meiner Frau gesagt, ich sagte: ‹Liebling, unterzeichne das, mach das. Aber wenn sie jemals aus irgendeinem Grund eine Leibesvisitation mit dir machen wollen, dann komm hier nicht rein.› Sie können alles mit mir machen, was sie wollen, aber wenn sie es bei ihr machen würden, dann könnte ich es nicht ertragen. Und ich habe Wachen gehabt, die sind raufgegangen und haben meine Frau im Besucherraum beleidigt.»

Der Betreuer hatte mir gesagt, daß Heaths Frau sehr attraktiv sei und daß «der gute alte Heath gerne mal seine Hand unter ihren Rock schiebt».

«Das Besuchszimmer ist ein *Privileg*. Und die Jungs, die viel Besuch kriegen, die sind wirklich in ihrer Hand», sagte Heath.

Wir sprachen über die natürliche Umgebung von Potosi. Heath war gerade aus der Turnhalle zurückgekommen, und ich machte eine Bemerkung darüber, wie gesund er aussehe.

«Na ja, verglichen mit Jeff City...»

Zuweilen scheint es, als ob Heath kaum glauben kann, daß er das MSP verlassen hat oder daß Potosi real ist. Die Definition von Komfort hängt wirklich stark von der Erfahrung von Komfort ab. Für Heath kommt Potosi einem Zuhause näher als alles, was er bisher erlebt hat.

«Es gibt ein Fenster in der Zelle, was wirklich einen großen Unterschied macht, wissen Sie, was ich meine?»

«Was können Sie aus Ihrem Fenster sehen?»

«Auf der anderen Seite des Zauns gibt es Bäume und einen See und alles.»

Ich fragte, ob je einer versucht habe, aus Potosi zu entfliehen.
Heath lachte. «Haben Sie den Zaun rund um diesen Ort gesehen? Wenn jemand hier herauskäme, würde man es *sehen*. Es wäre wie ein Hubschrauber direkt im Hof. Früher haben sie Stacheldraht verwendet. Aber dann haben sie angefangen, diesen *razor*-Draht zu nehmen. Und jetzt nehmen sie nicht einmal mehr den. Das Zeug da draußen ist Ziehharmonikadraht. Er packt einen, verstehen Sie, man kommt davon nicht mehr los. Der Hof hat einen Zaun drumherum plus zwei Umfassungszäune, und dann haben sie noch einen dritten Umfassungszaun mit Sensoren drin.»

Wir redeten über Heaths Berufungen und wie groß deren Erfolgsaussichten seien. Eine Zeitlang hatte er sich nicht um seine Berufungen gekümmert. Aber seine Bekehrung zum Christentum und seine Heirat hatten seine Ansicht vom Leben geändert. Er kümmert sich jetzt um seine Berufungsanträge, aber er nimmt einen streng moralischen Standpunkt, der auf seiner Ansicht vom Christentum beruht, hinsichtlich der Form ein, wie das geschieht.

«Früher haben sie in meinen Revisionen gelogen und gesagt, ich sei unschuldig.» Heath sah mir gerade in die Augen und sagte: «Wenn man in einer Berufung lügt und verliert, und wenn man dann stirbt...?»

Heaths Glaube an ein Leben nach dem Tode, dessen Qualität davon bestimmt wird, wie er sich jetzt verhält, machte mich sprachlos.

Er war nachsichtig mit mir, als ich keine Antwort gab, und wiederholte nochmals. «Ich würde mich weigern, sie die Berufungen einlegen zu lassen. Ich würde sagen: ‹Nein, Mann, du lügst die ganze Zeit. Laß diesen ganzen Kram. Ihr Jungs könnt alles sagen, aber sagt nicht, daß ich unschuldig bin.›»

Ich hätte gern gewußt, wie Heath sein Todesurteil jetzt betrachtete. «Als Sie in Jeff City waren», fing ich an, «und damit einverstanden waren, daß Sie zum Tode verurteilt worden sind...»

Ich suchte nach der richtigen Art, eine sehr schwierige Frage zu stellen.

Heath stieß einen furchtbaren Seufzer aus und sagte: «Ja...»

«Haben Sie sich damals Sorgen gemacht?»

«Wegen der Hinrichtung?»

«Ja.»

«O Mann... Manche von den Jungs hier, die es jetzt vor sich haben, denken nicht einmal darüber nach. Die Burschen hier drin, wenn die denken würden, verstehen Sie, was ich sage?»

«Nein.»

«Einige von denen sind überhaupt nicht da, wissen Sie, was ich meine? Wenn, äh, aus irgendeinem Grund eine Situation entstünde und sie das Gefühl hätten, sie müßten jemanden umbringen, dann würden sie es immer noch tun. Selbst wenn ihnen gesagt würde... sie würden es einfach tun. Du denkst über die Todesstrafe gar nicht nach, bis sie dich in diese kleine Zelle nehmen und dich da einschließen und auf den Tisch binden.»

«Denken Sie darüber nach?»

«Ob ich über die Todesstrafe nachdenke?»

«Ich meine, in Beziehung auf Sie selbst.»

«Nein.»

«Denken Sie daran, daß sie eines Tages kommen und Sie holen?»

«Nein.»

Er blieb einen Moment still, dann stellte er sich die Frage noch einmal selbst.

«Ob ich denke, daß sie mich holen? Ich weiß wirklich nicht. Ich glaub es nicht. Aber wissen Sie, ich sag, mit der Zeit wird man es sehn.»

Heath lenkte das Gespräch von sich selbst weg, um über die Todesstrafe allgemein zu reden. Er leitete seine Gedanken mit der Bemerkung ein: «Ich komme mir irgendwie heuchlerisch vor, daß ich das sage, denn das zählt ja nicht, in meiner Lage. Aber es ist Unrecht. Es ist Rache in reinster Form. Die Ankläger kommen dabei groß raus... Die denken wirklich, das ist das Höchste. Denen geht einer ab bei der Todesstrafe.»

Andererseits, sagte Heath, könne er schon verstehen, warum Leute für die Todesstrafe seien.

«Wenn jemand meine Mutter oder meine Frau tötet, und auf so eine gräßliche Art – wissen Sie, was ich sagen würde? Mann, da würd ich doch auch... Ich könnte verstehen, wie denen zumute ist. Ich würde dem Mann den Tod wünschen, so aufgebracht wär ich. Vielleicht wär ich mit Gottes Hilfe imstande, ihm zu vergeben. Aber trotzdem, daß ich ihm vergebe, heißt noch nicht, daß so einer wieder frei rumlaufen soll. Also, lebenslänglich ohne Bewährung, das seh ich ein, aber nicht die Todesstrafe.»

«Was wäre, wenn Sie statt des Todesurteils lebenslänglich ohne bekommen hätten?»

«Wissen Sie, wenn man lebenslänglich bekommt, heißt das, man *kann* jedes Jahr Bewährung bekommen. Das heißt nicht, daß sie einen rauslassen müssen. Sie können einen auch für den Rest des Lebens im Gefängnis behalten. Wenn man also eine Gefahr für die Gesellschaft ist, können sie einen drin behalten. Aber lebenslänglich ohne Bewährung heißt im Grunde, daß man sagt, *es ist uns egal, ob du dich änderst oder nicht.*»

«Wenn Sie hingerichtet werden müßten», fragte ich Heath, «was halten Sie dann von der Injektions-Hinrichtung als Methode?»

«Die Vorstellung, auf den Tisch gelegt zu werden, gefällt mir nicht. Ich will nicht hingelegt werden. Ich würde lieber aufrecht sitzen.»

Sich zur Hinrichtung niederlegen zu müssen, erschien Heath als die letzte Entwürdigung.

«Etwas anderes, das mich wirklich quält», sagte Heath, «ist, daß sie einem eine Spritze geben, bevor sie einen reinbringen und hinrichten. Und ich weiß nicht, ob das – sehn Sie, ob sie einem das aufzwingen müssen oder was. Aber man wird ruhiggestellt, damit man sich nicht wehrt und all so was. Ich weiß aber nicht, ob das obligatorisch ist oder nicht. Manche sagen nein, und manche sagen ja.»

Heath erklärte mir, wenn er hingerichtet werde, möchte er bei klarem Verstand erleben, was mit ihm geschieht.

«Ob Sie's glauben oder nicht», sagte er und strich sich den Flaum an seinem Kinn, «es klingt vielleicht irgendwie schmalzig – aber ich will nicht sterben. Wegen meiner Frau nicht und auch nicht wegen meiner Mutter. Wenn ich draußen niemand mehr hätte, dem was an mir liegt, dann wär mir's egal. Aber ich habe noch viele Menschen draußen, denen was an mir liegt, und darum will ich nicht sterben.»

Ich fragte Heath, welche Auswirkungen Hinrichtungen auf die anderen Insassen des Todestrakts in Potosi hätten.

«Es macht mir zu schaffen, ganz persönlich. Zuerst mal, ich kenne die Typen. Ich habe mit diesen Typen zusammengelebt. Ich habe die Typen ihre Späße machen sehn. Ich hab mit ihnen gelacht. Ich hab die Typen in Wut gesehn. Natürlich, wenn man jahrelang mit ihnen herumsitzt, lernt man sie kennen. Und, hm, das heißt nicht unbedingt, daß sie einem sympathisch sind.» Heath lachte kurz auf. «Aber man lernt sie kennen.»

«Wie benehmen sich die Beamten, wenn eine Hinrichtung bevorsteht?»

«Viele von den Wärtern sagen die seltsamsten Sachen. Viele von diesen Wärtern – und das sind nicht die Weißhemden, sehn Sie, die bleiben davon vollkommen unberührt – aber alle Wärter finden die Hinrichtungen gar nicht gut. Dabei achtet man doch bei einem Wärter auf jede Schwäche, und dann versucht man die auszumustern. Jeden Wärter, der gegen die Todesstrafe ist. Ich hab schon Wärter erlebt, die kommen vorbei und fragen, wie's mir geht, und ich sag: ‹Hör mal, ist das dein Ernst?› Er ist doch einer von denen, die den nächsten Typen hinrichten werden.»

Heath erzählte mir eine Geschichte, die in Analogie verdeutlichen soll, wie ihm die Beteiligung der Vollzugsbeamten an Hinrichtungen erscheint – nämlich als Beihilfe zur Tötung. «Ein Typ sitzt hier im Todestrakt, weil er einen Wärter festgehalten hat, und jemand anderes hat auf den Wärter eingestochen und ihn getötet. Er hat nicht gewußt, daß der andere ein Messer rausflutschen läßt und den Mann ersticht. Er hat nur gewußt, daß der Typ ihn zusammenschlagen wollte. Und dafür hat er die Todesstrafe gekriegt. Und da sagt so ein Wärter zu mir», Heath lachte und schüttelte den Kopf: «‹Weißt du, das ist nicht persönlich gemeint, wir tun ja nichts... wir halten dich bloß fest.›»

Heath weiß, daß die «Weißhemden» mit den Hinrichtungen direkter zu tun haben, und ihnen gilt daher seine besondere Abneigung.

«Die Weißhemden, vielen von denen gefällt das sogar, denn die sind – und das sag nicht nur ich, und das denke ich mir nicht nur so aus – mir hat ein Wärter mal gesagt: ‹Ich kann's kaum erwarten, daß› – der sprach über mich und sagte das zu einem anderen Wärter – ‹ich kann's kaum erwarten, daß der Typ hingerichtet wird. Wenn es soweit ist, da möcht ich dabeisein.›»

Heath sagte mir, daß er am Tag einer Hinrichtung bei manchen Beamten eine ausgelassene Stimmung bemerkte. In Missouri, wie auch anderswo, sind Hinrichtungen zwar nicht in dem Maß eine Volksbelustigung, wie es eine öffentliche Hinrichtung am Galgen wäre, aber nichtsdestoweniger sind sie ein vom Staat veranstaltetes öffentliches Schauspiel.

«Was tun sie denn?» fragte ich.

«Was sie tun? Sie tafeln. Kennen Sie den Besucherraum?»

«Ja.»

«Da schieben sie einen langen Tisch rein, für Kaffee und Getränke – keine alkoholischen, natürlich –, aber Kaffee und so allerlei. Snacks und so was. Weil da all diese hohen Tiere kommen, und die stehn dann da rum und brauchen eine Erfrischung. Daraus wird dann so eine kleine Geselligkeit, eine Party. Waren Sie da, als Byrd hingerichtet wurde?»

«Nein.»

«Versuchen Sie mal dabeizusein, dann sehn Sie, wie das ist. Wenn sie Sie dann reinlassen. Ich bin ziemlich sicher, das werden sie machen. Schnuppern Sie nur mal die Atmosphäre. Und schauen Sie sich die Gesichter an. Es ist wirklich eine Sauerei. Aber so ist es.»

«Was hält man hier denn von dem Hospital?» fragte ich. «Geht man da hin?»

«Zuerst mal, wir... Die Typen erwarten *nichts* Gutes von da. Wenn man da rübergeht, und das kostet ihn...»

«Ihn?»

«...den Doktor mein ich. Wenn es den etwas kostet, einem rauszuhelfen... Wissen Sie, was Einliegen ist?»

«Nein.»

«Wenn Sie eine Verletzung haben, sehn Sie, mit der man keinen Sport treiben kann, bleibt man in seinem Block und bekommt das Essen gebracht. Aber das benutzen sie dazu, wenn man über irgendwas klagt, daß sie einem sagen: ‹Na, dann müssen wir dich aber in deine Zelle einschließen. *Du darfst nicht raus.*› Zum Beispiel, als ich Probleme mit dem Rücken hatte – deshalb haben sie mich in der Zelle eingesperrt gehalten. Sie haben gesagt: ‹Na, du kannst doch nicht draußen rumrennen oder arbeiten.› Aber ich könnte trotzdem noch in die Kapelle gehn. Es ist heuchlerisch, was sie daraus machen, darum überlegen wir uns dreimal, mit was für Problemen man da hingeht. Und außerdem, oft behandeln sie einen gar nicht.»

«Weiß hier jeder, wo der Hinrichtungsraum ist?»

«Ja.»

«Kommt Ihnen das nicht ein bißchen gefühllos vor?»

Heath lachte. «Nein, das nicht. Denn Sie müssen sich mal vorstellen, jedesmal, wenn wir Besuch von der Frau oder den Angehörigen haben wollen, dann können sie bei denen eine vollständige Leibesvisitation machen.»

Ich dachte mir, daß wohl niemand im Todestrakt ständig über seine Hinrichtung und deren Begleitumstände nachgrübeln kann. Die alltäglichen Schändlichkeiten stehen deutlicher vor Augen. Aber ich wiederholte meine Frage, was die Häftlinge davon hielten, daß sich der Hinrichtungsraum im Gefängnishospital befindet.

Heaths Gesicht umwölkte sich vor Erbitterung und Ratlosigkeit.

«Das ist irgendwie…»

Es war eine Frage, auf die Heath wirklich keine Antwort wußte. Seine Stirn furchte sich, und seine Augen wurden glasig vor Unverständnis.

«Die Schwestern da drin, wissen Sie, was ich meine? Ich weiß nicht. Ich glaube, das ist… die wissen etwas mehr, als wir je erfahren werden. Dabei sind wir es doch, die man umbringt.»

«Was ist mit Meister Heath?» fragte einer von den Betreuern, als wir zusammen über den Hof und wieder zu Paul Delos Büro gingen. «Isser nich schön?»

Die Insassen aus fünf Häusern strömten in langer Reihe aus der Tür neben dem Büro der Betreuer. Es war Punkt 11.30 Uhr, und sie gingen zum Essen.

«Wissen Sie, woran man erkennen kann, daß ein Häftling lügt?» fragte der Betreuer.

Ich nahm die Frage ernst. «Ich denke schon», sagte ich.

«Daß er lügt, können Sie daran erkennen», sagte der Betreuer, «daß er den Mund aufmacht.»

A. J. Bannister bekam ich zum erstenmal vom Fenster des Büros der Betreuer zu Gesicht. Er betrat das Wartezimmer auf eine langsame, bedächtige Weise. Mein erster Eindruck war der eines einschüchternd kraftvollen Mannes. Sein Gang verriet Trotz und Arroganz. Als er sich auf den Plastikschalensitz im Wartezimmer niederließ, schien mir sein Gesicht den verfestigten Ausdruck von Verachtung aufzuweisen. Er ist vierunddreißig, sieht aber älter aus.

Die Kurzcharakteristik des Betreuers lautete, A. J. Bannister sei pervers, gewalttätig und gefährlich.

A. J. trat ins Zimmer, und wir gaben uns die Hand. Einsfünfundachtzig groß und massiv gebaut wie ein Anstoßspieler bei den Chicago Bears, schien er mir neugierig und mißtrauisch zugleich zu begegnen, denn er wußte nicht, warum ich mit ihm reden wollte. Er trug ein graues Anstaltshemd mit der Häftlingsnummer CP24 in verblaßter schwarzer Wäschetinte auf der Brust, dazu Shorts und Trainingsschuhe.

«Nehmen Sie Platz», forderte ich ihn auf.

A. J. Bannisters physische Erscheinung wirkte stärker als die aller anderen, die mir in Potosi begegnet waren. Er war bei weitem nicht der größte Mann dort und hatte auch nicht die wie mit dem Meißel herausgearbeitete Muskulatur, die viele von den Häftlingen sich antrainiert hatten. Er war eher fleischig, sogar mit einem leichten Bauchansatz, aber mein Instinkt sagte mir, daß er einer der denkbar gefährlichsten Insassen von Potosi war. Er war ein Mann, von dem man, wenn man ihm in einer Bar begegnete, an der Theke mehrere Plätze Abstand hielt.

«Was soll das?» fragte er, mit Bezug auf das Interview. Seine Augen verengten sich und fixierten mich unverhohlen herausfordernd. Das eine Auge war fast geschlossen zu einem ständigen Blinzeln.

Als er redete, erstaunte mich der Kontrast zwischen seiner einschüchternden physischen Erscheinung und dem tiefen und kultivierten Klang seiner Stimme. Sein Akzent war nicht das breite Genöle von Missouri oder Arkansas, obwohl unverkennbar aus dem mittleren Westen. Die Stimme klang intelligent, und daß sie tief wirkte, lag nicht nur an der geringen Tonhöhe. Sie war erfüllt von einem stillen Zorn, in dem Traurigkeit mitklang. Der Kontrast war überwältigend und verwirrend. A. J. war mir als Gewaltverbrecher angekündigt worden, als Auftragsmörder, der im Handumdrehen einen Menschen umbringen konnte. Aber schon das erste halbe Dutzend Worte von ihm strafte dieses billige Urteil Lügen.

Ich sagte ihm, warum ich in Potosi sei und was für Fragen ich ihm stellen wolle. Der Gedanke, durch Konzentration auf Prozeß und Prozedur der Hinrichtung die Gefängnisleitung zu offenen Äußerungen über die Todesstrafe und die Vollstreckungsweise zu bewegen, gefiel ihm.

Wir sahen uns an, und ich dachte mir, daß A. J. abwog, ob er es riskieren könne, mir einiges zu erzählen und sich darauf zu verlassen, daß ich fair und zutreffend wiedergab, was er sagte. Meine Vermutung war richtig.

«Viele Reporter kommen hier vorbei und suchen nach einer Story», sagte er langsam. «Nach Schlagzeilen. Und wir werden nie fair dargestellt. Immer werden wir als Ungeheuer geschildert. Und so sind wir einfach nicht.»

A. J. wußte nicht, ob ich seinen Fall kannte, und er fragte auch nicht danach. Ich wußte nichts über ihn, außer daß er von der

Gefängnisleitung als «Auftragsmörder» bezeichnet wurde. Aus
Gründen, die nur er kannte, beschloß A. J., mir einen Teil seiner
Geschichte zu erzählen, und der Augenblick dieses Entschlusses
war deutlich zu erkennen. Sein Gesicht entspannte sich, sein Blick
war nicht mehr so argwöhnisch, und mit tiefer, klarer Stimme begann er: «Ich wurde am 21. August 1982 verhaftet. Verurteilt
wurde ich am 14. März 1983. Bei meiner Verhaftung war ich vierundzwanzig Jahre alt. Als Verteidiger wurde mir ein Amtsanwalt
zugewiesen, und der brachte zu meiner Verteidigung nicht viel zustande. Der Prozeß dauerte fünf Tage. Ich war sechs Jahre im
MSP.»

«Wie fanden Sie das MSP?» fragte ich.

«Es läßt viel zu wünschen übrig.»

«Als Sie Ihr Verbrechen begangen haben, dachten Sie damals
daran, daß Sie im Todestrakt im MSP landen würden?»

«Ich hatte nicht mal an die Möglichkeit gedacht, daß man mich
je hierherschicken könnte.»

«Und als es dann doch so kam?»

«Da hab ich erwartet, daß hinter jeder Ecke ein zähnefletschen-
der Mörder auf seine Opfer lauert», sagte er mit leiser, ironiegela-
dener Stimme. «Aber so war es nicht. Die Zustände in Jefferson
City waren erbärmlich. Nach jedem Regen stand Wasser auf den
Fußböden. Dreck, Staub, Küchenschaben. Das Essen war kalt.
Wir hatten keinen Zutritt zu unserem Speisesaal wie die andern
Leute da. Wir waren vollkommen isoliert und abgesondert. Und
wir waren meistens… wir waren im Keller und wurden vergessen.»

«Missouri ließ damals niemanden hinrichten – dachten Sie
darum, daß das Urteil ernst gemeint war? Kam es Ihnen glaubhaft
vor?»

«Zu der Zeit, nein.»

«Wann änderte sich das?»

«Vor Tiny Mercers Hinrichtung. Er war mein Zellennachbar.»

A. J. vergewisserte sich durch einen Blick in mein Gesicht, daß
ich wußte, wer Tiny Mercer war. Später, als unsere Beziehung enger wurde, gab er auf meine Fragen meist ausführlichere Antworten – mit Pausen von zehn oder fünfzehn Sekunden, in denen er

sich überlegte, was er sagen wollte und wie die Ereignisse seines Lebens im Todestrakt erzählerisch in Form zu bringen seien. Bei unserem ersten Gespräch kannte ich A.J. noch nicht gut genug, um diese Schweigepausen eintreten zu lassen. Ich wollte mehr über sein Verhältnis zu Tiny Mercer erfahren, aber sein Gesichtsausdruck, als Mercers Name fiel, verriet mir, daß dies ein heikles Thema war, und ich beschloß, A.J. zu überlassen, wieviel er mir erzählen wollte. In bezug auf Tiny Mercer lenkte ich das Gespräch auf eine weniger persönliche Ebene.

«Kam der Termin für Tiny Mercers Hinrichtung aus heiterem Himmel?» fragte ich.

A.J. erklärte, der Hinrichtungsbefehl sei schon vorher einige Male erteilt worden, aber jedesmal habe es wieder einen Aufschub gegeben. Beim letztenmal jedoch wußten alle, auch Tiny Mercer selbst, daß es das Ende war. «Das hat viele aufgeweckt», sagte A.J. «Wir hatten geglaubt, mit diesen Berufungen könnte sich das ewig so hinschleppen. So ist es nicht. Ich selbst bin vorigen Monat abgewiesen worden, und darüber bin ich nicht gerade froh.» Er erklärte mir, daß er schon achtmal Berufung eingelegt hatte und daß ihm jetzt nur noch sehr wenige Wege offenblieben.

«Mein Anwalt hat mir grad gesagt, im ungünstigsten Fall habe ich noch zwölf bis achtzehn Monate zu leben.»

Ich rechnete mir aus, daß A.J. seit fast achteinhalb Jahren im Todestrakt saß. Seine Zeit wurde kürzer. Er wartete schon ein Jahr länger auf seinen Henker als der durchschnittliche Todestraktinsasse in Amerika.

«Gerechtigkeit gibt's einfach nicht, wenn man kein Geld hat», sagte A.J. «Wenn Sie welches haben, kriegen Sie nicht die Todesstrafe. Es trifft im wesentlichen die Schwarzen und die Leute an der Armutsgrenze oder darunter, die sich nicht von Anfang an eine juristische Vertretung leisten können. Und wenn die Qualität der Verteidigung von der sozialen Stellung abhängt, dann ist das von Grund auf ungerecht.»

Ich fragte, ob die Entscheidung des Staates Missouri, von der Gaskammer- auf die Injektionshinrichtung umzuschalten, den Todestraktinsassen im MSP viel Eindruck gemacht habe.

A.J. nickte und sah mich an, als ob er sagen wolle, okay,

kommen wir gleich zum Kern der Sache. Er legte einen Fuß übers Knie, und auf dem andern Knie sah ich eine Knasttätowierung mit dem Monogramm A. J., wie auf einem Hemd oder Taschentuch. «Da gab es vieles, was dazu führte. Tiny und ich haben einige Male darüber diskutiert, ob Injektion oder Gas. Er, seine Frau und manche Freunde von ihnen fanden es richtig, daß die Gesetzgebung in Missouri auf Injektionshinrichtung umschaltete. Eine schmerzlose Todesart, vermutlich. Man dachte, solange die Gaskammer in Gebrauch ist, werden nach den Hinrichtungen immer wieder Greuelgeschichten herauskommen. Und das Publikum kriegt zu hören, wie jemand acht, zehn, zwölf Minuten lang gejapst hat; wie die Zunge schwillt, die Augen rausquellen und dergleichen. Und davor graut es den Leuten. Und wenn ihre Meinung zur Todesstrafe auf der Kippe steht und sie lesen so was, dann könnte es sie *dagegen* einnehmen. Aber so wie jetzt, mit der Injektion, so will es der Staat haben, denn das ist so, wie wenn beim Tierarzt ein Hund eingeschläfert wird.»

Der letzte Halbsatz kam langgedehnt heraus und endete in einem Seufzer, in dem A. J. die Absicht des Staates und seine eigene Frustration zusammenfaßte. Seine Worte hingen in der klimatisierten Luft des Zimmers, und die einzigen Geräusche waren das Summen der Neonbeleuchtung und aus der Ferne das leise Dröhnen der Lüftungsanlage auf dem Gefängnisdach.

«Man kriegt die erste Spritze und döst ein», redete er nach einer Pause weiter. «Man kriegt die zweite Spritze, und die Lungen setzen aus. Die dritte, und das Herz bleibt stehen. Die Zeugen sehen Hinrichtungen, die...»

A. J. fand keine Worte. Er hielt sich seine mächtigen Hände vors Gesicht, als ob er versuchen wolle, eine Erkenntnis oder wenigstens einen Ausdruck damit zu packen, der aus seiner Frustration etwas Greifbares machen würde, das er aus der Luft fischen und mir geben könne, damit ich ihn verstünde.

«...es ist unpersönlich», sagte er und ließ die Hände in den Schoß fallen. «Der Mann schläft ein. Das ist alles, was die Leute sehen. Sie sehen nichts von der inneren Qual, die er vorher durchmacht, wenn er weiß, was passieren wird. Und sie wissen auch nichts davon, daß der Mann vor seiner Hinrichtung in dieses

Hospital da drüben kommt. Und da haben wir einen Arzt, den niemand sonderlich schätzt, und der untersucht ihn und sucht gleich eine Vene heraus. Man kriegt einen Katheter in den Schwanz gesteckt und einen Stöpsel in den Arsch, damit man sich vor den Zeugen nicht vollscheißt, denn das würde den sterilen Eindruck zuschanden machen.»

Der festgewordene Ausdruck der Verachtung in A. J.s Gesicht, als er ins Zimmer getreten war, bekam Sinn. Er war permanent. Er drückte aus, wie mir auch zumute wäre, wenn ich in Potosi säße und meiner Hinrichtung entgegensähe.

«Mir wäre es einfach lieber gewesen, sie wären bei der Gaskammer geblieben. Nicht, weil das ein angenehmer Abgang gewesen wäre – ich glaube, es gibt keine leichte Todesart, wenn man Monate und Monate im voraus weiß, was passieren wird, und immer die Tage zählt, bis zur letzten Minute. Hätte man die Gaskammer beibehalten, könnten ein paar von uns vielleicht am Leben bleiben. Und das hat zu großen Verstimmungen zwischen uns und manchen Gruppen geführt, die sich für die Abschaffung der Todesstrafe einsetzen, denn die waren der Meinung, sie könnten für die Injektionshinrichtung sein, weil sie für den Mann und seine Familie der leichtere Abgang ist. Und ich konnte einfach diese Denkweise nicht verstehen. Tot ist man in beiden Fällen. Dann soll wenigstens etwas für uns andere dabei herauskommen, die wir nicht dafür sind. Und doch waren sie dafür. Und damit haben sie für uns an Glaubwürdigkeit verloren. Wenn man gegen die Todesstrafe ist, kann man nicht für eine bestimmte Hinrichtungsmethode sein. Das ist doch ein Widerspruch in sich.»

Wir besprachen, inwiefern die Injektion eine besonders moderne Methode sei, jemanden zu töten: «sauber», «human». Relativ schnell. Vielleicht schmerzlos – obwohl das nie jemand mit Gewißheit wird sagen können.

«Was halten die Häftlinge von der Tatsache, daß der Hinrichtungsraum im Krankentrakt ist?» fragte ich.

A. J. lachte bitter. «Sie denken nicht viel darüber nach. In früheren Jahren, im MSP, da gab es ein kleines… ein Todeshaus, wo die Gaskammer war und zwei Beobachtungszellen. Das war in einem Gebäude für sich.»

Ich sagte A. J., daß ich dort gewesen sei. Er schüttelte grimmig den Kopf.

«Hier ist es...» Er holte tief Luft und stieß sie sehr langsam wieder aus. «Hier sind sie einfach nicht darauf eingerichtet, es... so zu machen. Denn es ist ja eine Art Symbol, ein *Todeshaus* zu haben. Wenn man es in den Krankentrakt verlegt, hat es nicht die gleiche Bedeutung. Man bekommt diesen Teil des Gebäudes nie zu sehen, bis zu dem Moment... bis man getötet wird. Und sie tun alles Erdenkliche, um dafür zu sorgen, daß man da vorher nicht hinkommt.»

Wir sprachen darüber, daß Potosi im Vergleich zum MSP oder überhaupt zu den meisten neugebauten Gefängnissen in den USA ein Vorzeige-Gefängnis sei. Ich fragte A. J., wie die Zusammenlegung der Todestraktinsassen mit den zu lebenslänglich plus fünfzig Verurteilten aus der Sicht der Todeskandidaten funktioniert habe.

A. J. lächelte. «Als wir hierherkamen, wurden wir nicht gleich eingegliedert. Das kam erst Anfang dieses Jahres. Es geschah nicht aus Mitleid von seiten der Gefängnisleitung oder des Staates, sondern wir knallten ihnen eine gerichtliche Anordnung vor den Latz. Ohne daß sie ein Verschulden zugaben, mußten sie die Zustände ändern. Und die waren im MSP wirklich übel. Als wir hierherkamen, sollten einige von den neuen Regelungen in Geltung bleiben. Aber sobald wir hier waren, fingen sie an, das zu ändern. Sie fanden, sie waren nicht mehr daran gebunden. Aber solange wir abgesondert gehalten wurden, sogar hier, waren wir nicht genug, um auch nur einen Block vollzumachen. Da haben sie in ihrer unendlichen Weisheit beschlossen, jetzt wollen wir diese Leute mal in die Gesamtpopulation eingliedern, dann können wir jede Zelle ausnützen, die wir hier haben. Und sie haben das Ding hier gebaut und Cameron – die Strafvollzugsanstalt West-Missouri – und den Steuerzahlern erzählt: ‹Seht mal, nun haben wir hundert Millionen Dollar ausgegeben, aber damit sind bis Ende 1995 alle Überfüllungsprobleme gelöst, *macht euch keine Sorgen mehr deswegen.*› Und jetzt haben wir 1991, und sie haben keinen Platz mehr. *Schon wieder!* Jetzt müssen sie die Statuten so ändern, daß die A- und B-Kapitalverbrechen wegen guter Führung

Strafverkürzung bekommen. Und das macht den Steuerzahlern Eindruck und beeinflußt damit auch die Politiker, die gewählt werden wollen. Denn die halten sich an die Parole: ‹Schärfer durchgreifen gegen Verbrechen!› Und das macht manchen Leuten Eindruck, denn die Leute haben Angst. Was man ihnen nicht sagt, ist, daß wir unsere Steuerdollars damit auf viele Jahre hinaus festlegen. Und das fehlt dann beim Straßenbau, es fehlt bei den Schulen. Und jetzt kommt es so weit, daß sie begreifen, daß diese Burschen mit lebenslänglich plus fünfzig nach den heutigen Bestimmungen tatsächlich *fürs ganze Leben* hierbleiben werden. Und da diese Männer ja älter werden, hat man am Ende ein Altersheim. Und das wollen sie jetzt ändern. Aber sie wissen nicht recht, wie sie das machen *und* gleichzeitig die Todesstrafe beibehalten können. Und mit den Steuerdollars, die vom Straßenbau, den Schulen und all dem abgezogen werden, geht unser Bildungssystem in den USA rasch den Bach runter. Wenn Sie unsere Schulkinder fragen, die denken, euer Neville Chamberlain, das ist eine Miniserie.»

Ich fragte A. J., ob Analphabetentum unter den Häftlingen verbreitet sei.

«Im Todestrakt nicht so sehr, aber sonst gibt es das. Und von diesen Jungs mit lebenslänglich, von denen haben viele sich schuldig bekannt, um der Todesstrafe zu entgehen. Die Staatsanwälte benutzen das als Druckmittel. Sie drohen diesen jungen Männern, sie sagen: ‹Also bitte, ihr kriegt die Todesstrafe, wenn ihr euch nicht schuldig bekennt.› Und davor haben die eine Heidenangst. Denn manche von denen sind zum erstenmal straffällig. Sie haben nicht die leiseste Ahnung, was gespielt wird. Sie erstarren in Ehrfurcht vor dem Gerichtsverfahren. Sieben Zellen von mir sitzt ein Sechzehnjähriger. Er ist seit zwei Jahren hier. Er hat lebenslänglich plus fünfzig.»

A. J. machte keinen Versuch, seine Schuld an einem Mord zu bestreiten. Aber er kritisierte heftig die Willkür, mit der zwei Männer, die fast das gleiche Verbrechen begangen hatten, entweder zum Tod oder zu lebenslänglich plus fünfzig verurteilt worden waren. Mit Verachtung sprach er von einem Häftling, den er gekannt hatte: Der Mann war des fünffachen Mordes angeklagt worden und hatte lebenslänglich bekommen – als Gegenleistung dafür, daß er dem Staatsanwalt verraten hatte, wo die Leichen vergraben waren. «Man *kann* das nicht aufrechnen, ein Mord gegen fünf – beides ist gleich schlimm. Ich konnte verstehen, daß der Staatsanwalt zu einem Handel bereit war, mit Rücksicht auf die Familien der Opfer. Sie wollten sie beerdigen und wissen, wo sie sind. Nicht jahrelang im Ungewissen sein, in welchem Acker sie wohl liegen oder in welchem Graben. Aber wenn man mit solchen Tauschgeschäften erst mal anfängt, dann gibt man dem nächsten Mann einen Tip. ‹Also, du versteckst deine Opfer und sagst uns nicht, wo sie sind, und damit kannst du dann ein Geschäft machen.›» A. J. klatscht sich aufs Knie und wirft die Hände in die Luft. «‹Wir gehn darauf ein.› In meinem Fall haben sie mir zu Anfang auch so einen Handel vorgeschlagen. Wenn ich ein Geständnis ablege, lebenslänglich plus fünfzig. Ich dachte mir, nein, das kann ich nicht machen, denn ich war damals vierundzwanzig. Ich glaubte nicht, daß ich die vierundsiebzig im Gefängnis erleben würde, also mußten sie mir schon den Prozeß machen. Kam vor Gericht, und das Todesurteil kriegte ich im Grunde, weil ich mein sogenanntes verfassungsmäßiges Recht auf ein Schwurgericht in Anspruch nahm.»

Viele Untersuchungen, die von den Gegnern der Todesstrafe durchgeführt wurden, haben sich auf die Rasse als einen Schlüsselfaktor bei der inkonsequenten oder willkürlichen Fällung von Todesurteilen konzentriert. A. J.s Fall lag anders. Er war weiß, sein Opfer ebenfalls. Er kam aus einer Arbeiterfamilie, aber nicht aus tiefster Armut.

«Wie das Urteil ausfällt, hängt von allerlei Dingen ab. Es hängt sogar von der Jahreszeit ab. Davon, ob es ein Wahljahr ist. O ja, das ist sehr wichtig. Steht ein Amtsinhaber zur Wiederwahl? Hat er einen Herausforderer? Die Art, wie Politik die Todesurteile in Amerika beeinflußt, ist tragisch. Die von Bush ernannten Leute in den Bundesgerichtshöfen sind konservativ. Diese Bundesrichter, sogar die im Supreme Court, stimmen nicht mehr unbedingt nach ihrem Gewissen ab. Sie stimmen ab nach dem Gewissen der Partei, die sie in ihr hohes Amt gehievt hat. Sie haben ihre Position auf

Lebenszeit, und sie ändern den ganzen Charakter der amerikanischen Justiz. In den letzten zehn Jahren haben wir die Erschießungen aus überholenden Wagen gehabt, die Gangs in Los Angeles, die jamaikanische Selbstjustiz – und die amerikanische Öffentlichkeit hat einfach eine Höllenangst. Nirgendwo in Amerika ist man davor sicher. Die Drogen sind überall. Jetzt haben sie den Drogen den Krieg erklärt, und sie bekämpfen sie auch. Aber dazu müssen sie noch mehr Gefängnisse bauen. Jetzt wollen sie auf Bundesebene die Todesstrafe auch für Drogenhandel in größerem Maßstab einführen. Noriega sitzt unten in Florida im Gefängnis. Klar, der hat Panama beherrscht und durch seine Kanäle Drogen in die Staaten geschwemmt und eine Menge Geld damit verdient. Aber man sagt den Amerikanern nicht, daß im Grunde wir ihn an die Macht gebracht, finanziert und jahrelang gehätschelt haben. Das sagt man den Leuten nicht. Aber da schweifen wir wohl vom Thema ab», sagte A. J.

Ich wollte auf meine Frage zurückkommen, was für einen Eindruck Hinrichtungen auf die übrigen Häftlinge machen.

«Bei Mercers Hinrichtung, der ersten, waren wir alle im MSP, in Jefferson City. In verschiedenen Abteilungen, so daß wir im Todestrakt zu den übrigen Häftlingen keinen Kontakt hatten. An dem Abend ließen sie im Knastfernsehen eine Anzahl Videos laufen. Punkt Mitternacht gab es ein Sex-Video. Die Überlegung war, daß sich das eine Menge Leute ansehen würden, und die würden dann nicht daran denken, was sich zweihundert Meter weiter abspielte. Tiny wurde von fast allen respektiert. Ich kannte ihn seit Jahren. Man spürte den Verlust. Hier in Potosi machen sie es immer um 0.01 Uhr. Ich meine, eine Schandtat macht man immer mitten in der Nacht. Am Tag vor der Hinrichtung wissen alle, was bevorsteht. Und alle hoffen irgendwie, daß noch mal ein Gericht dazwischenfährt. Aber alle wissen auch, daß die Hoffnung nicht groß ist... Wie die Chancen stehn, wird es wohl stattfinden. Zwischen fünf und sechs holen sie uns zum Abendessen, und wenn wir wieder in unsere Blocks zurückkommen, werden wir eingeschlossen. Das machen sie so, damit sie Wärter freibekommen, die sie draußen auf Streife schicken können, um vor den paar Demonstranten für oder gegen die Hinrichtung großes Theater zu machen. Und ich kann ihre Sorge verstehen, daß jemand ausrasten könnte, wenn wir zu der Zeit draußen wären. Aber auch hier werden dann Videos gezeigt. Bis drei, vier oder fünf Uhr morgens, weil man hofft, die Männer damit von dem abzulenken, was siebzig Meter weiter in unserem Krankentrakt passiert.»

A. J.s Gesicht verfinsterte sich; er sah mich lange und scharf an, und dann sah er zu Boden.

«Man möchte wissen, was grad in dem Moment passiert, wenn man da drüben selbst drankommt. Man möchte wissen, wie das wohl sein wird, denn man ist isoliert. Die letzten vier oder fünf Tage vor der Hinrichtung hat man einen Wärter da, der vierundzwanzig Stunden am Tag auf einen aufpaßt. Und dann haben wir den sogenannten Abschreckungseffekt, denn sie konnten die Tatsache nicht widerlegen, daß die Mordrate nach einer Hinrichtung *steigt*. Ich meine, das können sie einfach nicht erklären. Und jetzt sagen sie im Grunde, es ist Vergeltung. Die Gegenwehr der Gesellschaft gegen Gewaltverbrechen.»

Die Betreuer hatten sich im Vorraum versammelt, und einer von ihnen zeigte auf seine Uhr und gab mir durchs Fenster Zeichen, daß es Zeit sei zu gehen. A. J. sagte, er sei überrascht, daß man mir erlaubt habe, allein und vollkommen vertraulich mit ihm zu reden. Ich sagte, ich sei auch überrascht gewesen.

Die Betreuer gaben uns noch fünf Minuten, und wir gingen raus, um eine Zigarette zu rauchen. Beide fanden wir es etwas seltsam, daß man uns allein ließ und daß niemand dazukam, um ein Auge auf uns zu haben. Ich bot A. J. eine Zigarette an, aber er wollte lieber seine eigene Marke rauchen – die echten filterlosen. Ich fragte ihn nach seiner nächsten Berufung.

«Im Grunde ist das Glückssache. Wer die drei Richter in dem Gremium sind, dem ich zugeteilt werde. Ob sie von Carter, Nixon oder Ford ernannt sind – mein Leben hängt davon ab, wer sie ins Amt eingesetzt hat. Republikaner. Das ist kein gutes Omen.»

A. J. stieß einen tiefen Seufzer aus. Ich war von dem Interview erschöpft. Jemandem zuzuhören, der zwei Stunden lang eingehend über den bevorstehenden eigenen Tod spricht, war für mich kein alltägliches Erlebnis. Ich konnte mir nicht vorstellen, wie es wäre, so zu leben. Als es Zeit wurde zu gehen, gaben wir uns die Hand. Ich sagte A. J., ich würde nach meiner Rückkehr nach London wahrscheinlich noch eine Menge Fragen haben, und fragte, ob ich ihm schreiben dürfe.

«Klar», sagte er. «Ich freue mich drauf.»

An diesem Abend wollten Paul Delo und einige seiner Mitarbeiter mit mir ausgehen. Gary Sutterfield holte mich im Hotel ab, und wir gingen zum *Elks Lodge* hinüber.

«Es gibt hier nicht allzu viele Lokale, wo man was trinken gehn kann», sagte Gary, «wenn Sie einfach in Ruhe einen trinken wollen. In die meisten Bars hier geh ich nicht rein, wenn ich nicht grad voll bin. Man kommt ohne Schlägerei fast nicht wieder raus.»

Das *Elks Lodge* war ein bunkerähnliches Gebäude mit einem großen Parkplatz davor. Drinnen gab es eine riesige ovale Theke und Tische. Außer der Bar gab es noch zwei Nebenräume. In dem einen war eine Partie Bingo im Gang. Im andern stand ein Pool-Billardtisch.

Dort fanden wir Paul Delo mit seiner Frau Sharon, zwei von den Wartungstechnikern und noch einige andere vom Gefängnispersonal. Wir tranken Bier und spielten Billard bis spät in die Nacht.

«Na, Steve», fragte mich Paul, «haben Sie erfahren, was Sie wissen wollten?»

Ich sagte, der Anfang sei gemacht. Am nächsten Morgen wollte ich nach Nashville fahren, um mir Fred Leuchters neuesten elektrischen Stuhl anzusehen.

Paul fragte, ob ich wiederkommen würde, und ich sagte, es sehe so aus, als ob ich da sein würde, wenn die nächste Hinrichtung in Missouri stattfinde.

«Das dürfte nicht mehr sehr lange hin sein», sagte er mir.

TEIL ZWEI | THANKSGIVING

Aus Missouri nach London zurückzukehren war ein seltsames Erlebnis. Nach zwanzig Jahren Hin und Her zwischen den USA und England erforderten die Unterschiede zwischen beiden Ländern, sosehr ich sie auch bemerkte, keine große Umstellung mehr. Aber nach der Rückkehr von meiner ersten Reise durch Amerikas Hinrichtungsindustrie hatte England einen gespenstischen Schimmer von Normalität, wie ich es auch bei der Rückkehr von anderen schwierigen Aufträgen erlebt hatte, etwa von der Arbeit in südafrikanischen Townships Mitte der achtziger Jahre oder aus den Favelas von Salvador in Bahia, im Nordosten Brasiliens. Das Amerika, das ich eben besucht hatte, war ein unbekanntes Land.

Nach der Rückkehr schickte ich A. J. eine lange Liste von Fragen. Ich erzählte ihm auch ein bißchen von meinem Leben und meiner Kindheit im Hinterland von New York. Am 21. Oktober bekam ich einen Brief von ihm, mit dem Datum des 4. Oktober und dem Poststempel vom 16. Der Umschlag war in einer schönen, wie gestochenen Handschrift adressiert, mit A. J.s vollständiger Postanschrift in der oberen linken Ecke:

A. J. Bannister C. P. # 24 5B-37
Potosi Correctional Center
Rte 2 Box 2222
Mineral Point, Missouri 63660
USA

Der Brief kam an einem sonnigen Tag an, und es dauerte einen Moment, bis ich mich auf die Welt, aus der er abgeschickt war, eingestellt hatte – eine Welt, in der die Wartenummer in der Reihe derer, die demnächst sterben müssen, ebenso zum Namen des Insassen gehört wie die Nummer des Blocks und der Zelle.

Der zehn Seiten lange Brief war auf sehr dünnem Luftpostpapier geschrieben, und zwei Dokumente lagen ihm bei: Kopien eines Briefes, den A. J. von seiner Anwältin erhalten hatte, und eines Urteils des U. S. District Court vom 23. August. Das Gerichtsurteil stand auf einem vom Gerichtssekretariat getippten Formular. Die Kopfzeile lautete: «Alan J. Bannister, Kläger, gegen Bill Armontrout u. a., Beklagte». Das Formular hatte zwei Kästchen, «Spruch der Geschworenen» und «Entscheidung des Gerichts». Das zweite Kästchen war angekreuzt und enthielt das Ergebnis von A. J.s höchstwahrscheinlich vorletzter Berufung. Ich las: «Entscheidung des Gerichts. Dieser Antrag wurde vor dem Gericht verhandelt. Die Fragen wurden erörtert, und eine Entscheidung wurde getroffen. Es wird angeordnet und für Recht erkannt, daß Bannisters Zweite Erweiterte Habeas-Corpus-Petition abgewiesen wird.»

Die Anwältin schrieb in ihrem Brief, die Abweisung sei «für mich ziemlich überraschend gekommen, und sicherlich auch für Sie». Der Brief endete: «Versuchen Sie, sich nicht ganz entmutigen zu lassen.»

Ich legte die juristischen Dokumente beiseite und begann den Brief zu lesen.

«Lieber Stephen,

herzliche Grüße aus den Kolonien! Ich bekam Ihren Brief heute abend. Ich hatte schon darauf gewartet, von Ihnen zu hören. Die 5 Dollar, die Sie für Porto beigelegt hatten, haben sie konfisziert und verlangt, daß ich sie binnen 30 Tagen an jemand schicke oder sie für einen wohltätigen Zweck ihrer Wahl ‹stifte›, was praktisch bedeutet, es geht in ihre Kassen, und darum habe ich sie meiner Mutter geschickt. Danke für die Absicht.

Also, zweitausend Fragen würden Sie gern stellen. Ich gebe zu, es ist schwierig bei der Entfernung. Aber, solange Sie noch damit zu tun haben, die Finanzierung für diesen Dokumentarfilm zusammenzubringen, haben Sie bitte keine Bedenken, soviel zu fragen, wie Sie wollen, und ich werde mein Bestes tun, nach bestem Wissen darauf zu antworten.

Ihre erste Frage war nach George ‹Tiny› Mercer, was für ein Mensch er war und was mir von ihm in Erinnerung geblieben ist. Ich lernte Tiny im Mai/Juni 1983 kennen, als ich in Zelle 15 verlegt wurde – er war in Zelle 16. Anfangs kam er mir ziemlich absonderlich vor. Er schlief auf dem Fußboden statt in seiner Koje, und seine ganze Zelle war mit religiösen Dingen geschmückt – Kreuze an der Wand, Gemälde von Jesus und mehrere Bibeln. Er hatte 1980 oder 1981 ein Mädchen namens Christy geheiratet, sie wohnte hier in Jefferson City. Er stemmte jeden Vormittag Gewichte, bekam fast jeden Nachmittag Besuch von seiner Frau, und abends schrieb er ihr, blieb lange auf und las in seiner Bibel. Manche Leute hielten sein ‹Christentum› für einen Trick, um den Behörden etwas vorzumachen. Aber in all den Jahren, in denen ich ihn kannte, habe ich ihn in seinem Glauben nie wanken gesehen. Seine Frau war ebenso religiös, fast schon fanatisch. Es ist nur meine Meinung, aber ich glaube, ihm war es ernst mit seiner Religion. Ich habe allerdings im Lauf der Jahre eine Anzahl Männer gesehen, bei denen die Hinwendung zur Religion eine Form der mentalen Flucht vor der Realität des ‹Knasts› oder ihres Verbrechens war. Manche vergraben sich in Rechtsstudien, andere fahren voll auf Gewichtheben und Bodybuilding ab, und wieder andere verbringen ihre Zeit mit Versuchen, jede erdenkliche Regel zu umgehen. Tinys Ausflüchte waren Religion und Gewichtheben. Er war ein sehr uneigennütziger Mensch. Er und seine Frau waren beide so und immer bereit, jedem von uns zu helfen, wie sie nur irgend konnten. Damals durften wir keine Fernseher in den Zellen haben, nur auf dem Gang draußen. Tiny und ich hatten zusammen einen Apparat – wir machten einen Tisch auf Rollen und mit einer Leine, an der man hin- und herziehen konnte, um die Programme zu wechseln. Eine meiner schönsten Erinnerungen an Tiny ist, daß wir beide einen Lieblingsfilm hatten, den wir wohl fünfzigmal angeschaut haben müssen – es war Mel Gibsons ‹Road Warrior›. Beide mußten wir immer hysterisch lachen bei der einen Szene mit dem kleinen Jungen und dem Bumerang. Bis heute weiß ich nicht ‹warum›, aber wir fanden das immer sehr komisch.

Ihre nächste Frage war nach dem Tag und der Nacht, als er hingerichtet wurde, wie die Prozeduren an dem Tag anders liefen und was ich von der Hinrichtung selbst weiß. Zunächst mal, er wurde vier oder fünf Tage vor der Hinrichtung aus dem Trakt herausgeholt. Ich erinnere mich, ich war gerade im Kraftraum. Er packte seine Sachen, und dann kam er noch mal, um den vier oder fünf von

uns im Kraftraum ‹Goodbye› zu sagen. Er wußte, wie wir alle, daß
die Sache stattfinden würde und daß wir ihn nicht mehr zu sehen
bekämen. Es war ein unheimlicher Moment. Er gab sich ange-
strengt gutgelaunt. Wir drückten ihm alle die Hand, und ich weiß
noch, wie einer von uns ‹see ya later› sagte und gleich begriff, wie
unpassend das war. Tiny lächelte nur und sagte ‹im Himmel›. Es
war ein Moment, wie ich ihn noch nie erlebt hatte, Stephen. Über
sechs Jahre hatte ich in engster Nachbarschaft mit ihm verbracht,
und ich spürte eine Frustration und Hilflosigkeit, aber auch etwas
Stolz. Tiny zeigte keine Angst und hatte sich mit seinem Schicksal
abgefunden. Ich weiß nicht, ob Sie seinen Fall kennen, aber um es
kurz zu machen, kann man sagen, er war ein Motorradtyp. Angeblich brachte ein Freund ihm ein Mädchen zu seinem Geburtstag mit,
und er soll sie beim Geschlechtsverkehr erwürgt haben. Es ist vollkommen möglich, daß Tiny daran unschuldig war, aber er wußte,
wer das Verbrechen begangen hatte, und seine Prinzipien erlaubten
ihm nicht, ihn zu verraten. Er hat mir von dem Verbrechen erzählt,
und ich glaube, ziemlich gut beurteilen zu können, ob einer lügt
oder nicht, wenn es darum geht, seine Unschuld zu beteuern. Die
Medien schilderten das Opfer als aufrechte Mitbürgerin, so rein
wie ein neugeborenes Lämmchen [...]. Aber ihr Lebenswandel tut
natürlich nichts zur Sache. Der Grundtenor war, sie sei einem ab-
scheulichen Verbrechen zum Opfer gefallen – und jemand mußte
dafür büßen. Tinys Mitangeklagter, der für ein milderes Urteil gegen ihn aussagte, wurde wenige Monate nach Tinys Hinrichtung
aus der Haft entlassen. Am 5. Januar 1989 wurden wir alle den ganzen Tag lang eingeschlossen gehalten, als Sicherheitsvorkehrung.
Tiny war auch bei den Wärtern im MSP beliebt, und sie waren wegen seiner bevorstehenden Hinrichtung sichtlich betroffen. Um
7 Uhr abends an diesem Tag begannen sie im Hausprogramm Filme
zu zeigen, ab 11 Uhr einen Softporno. Uns allen war klar, daß sie
dachten, das würde uns von dem, was passierte, ablenken. Es war
ruhig in der Nacht. Ich sah die Nachrichten, und um 0.20 Uhr
wurde gemeldet, daß Missouri seine erste Hinrichtung seit fast 24
Jahren durchgeführt hatte, daß Tiny Mercer getötet worden war.
Was die Hinrichtung selbst angeht, so waren seine Frau und eine
Freundin von ihnen als Zeugen da. Als sie ihm das Pentothal ein-

spritzten, bildete er mit den Lippen die Worte ‹I love you› zu ihr hin und wurde bewußtlos. Beim Einspritzen der anderen Medikamente gab es Zuckungen. Ich darf davon eigentlich nichts wissen, aber nach dieser Hinrichtung wurden am Exekutionstisch noch drei weitere Schnallen angebracht, um die Zuckungen auf ein Minimum zu beschränken. Er hatte sich gewünscht, in seiner Lederjacke begraben zu werden – es wurde abgelehnt. Was ich Ihnen jetzt sage, ist nicht allgemein bekannt, aber Christy grub seinen Sarg aus, um ihm die Lederjacke anzuziehen – und wurde dabei erwischt. Darüber wurde Stillschweigen bewahrt. Außerdem, ich glaube, ich erzählte Ihnen schon, daß eine der Prozeduren darin besteht, dem Verurteilten einen Rektalstöpsel und einen Katheter anzusetzen (damit die Hinrichtung bei den Zeugen keinen Anstoß erregt). Jedenfalls, statt den Katheter zu entfernen, haben sie ihn einfach abgebrochen.

Ihre dritte Frage war, was für einen Eindruck diese erste Hinrichtung auf mich und die anderen im Todestrakt machte, in Anbetracht dessen, daß sie in diesem Staat so lange nicht mehr vollstreckt worden war, und auf was für Gedanken sie mich womöglich in bezug auf mein eigenes Urteil brachte. Ich habe schon immer gewußt, daß es dem Staat mit der Durchführung von Hinrichtungen vollkommen ernst war. Daß man Tiny hinrichten würde, hatte ich schon vom vorigen Oktober an gedacht. Er war auch da schon darauf gefaßt. Sehr viele von meinen Mithäftlingen wurden in dieser Nacht auf den Boden der Tatsachen gestellt. Sie hatten sich eingeredet, daß es einfach nicht stattfinden könne, daß der Staat sich damit irgendwie bloß einen Scherz erlaube. Sie mußten sich nicht nur damit abfinden, daß es tatsächlich stattgefunden hatte, sondern mußten auch umdenken und sich von der falschen Sicherheit ihres ausgeklügelten ‹Mir kann nichts passieren› losmachen. Viele von ihnen waren danach wochenlang wie benebelt. Ganz plötzlich gab es dann eine neue Anstrengung, sich mit den Berufungsprozessen zu befassen. Das hielt nicht lange vor, ein paar Monate bestenfalls. Nun dazu, was für Gedanken mir durch diese Hinrichtung in bezug auf mein eigenes Urteil kamen. Im Nachspiel zu Tinys Hinrichtung schilderten die Medien ihn wirklich im schlimmstmöglichen Licht, und ich konnte nicht umhin, mich zu fragen, was sie nach meiner Hinrichtung über mich sagen würden. Die große Öffentlichkeit bekam kein zutreffendes Bild von ihm. Die Medien und der Staat möchten die Wählerschaft glauben machen, daß wir alle Killer sind, mit irrem Blick und Schaum vor dem Mund, und nur darauf warten, sie umzubringen. Wenn man die reden hört, sind wir allesamt sabbernde Idioten, Psychopathen, die man töten muß, um die Öffentlichkeit vor unserem mörderischen Wüten zu schützen. Es stört mich wirklich, auch nur indirekt in dieser Weise geschildert zu werden. Das trifft überhaupt nicht zu. Ich bin immer noch ein bißchen überrascht, daß sie Ihnen erlaubt haben, mit mir zu reden. Die Gefängnisleitung hier kennt meine unverblümte Art. Meist sind die Häftlinge, die für die verschiedenen Medienkanäle interviewt werden, handverlesen – und man wählt die ‹Heulsusen› aus und diejenigen, die trotz erdrückender Schuldbeweise weiterhin ihre Unschuld beteuern. Wir haben hier mehrere solcher Personen, die die staatliche Auffassung über ‹uns› nur glaubhaft erscheinen lassen könnten, aber wir haben ihnen in nicht undeutlicher Weise klargemacht, daß sie keine Interviews zu geben haben, die uns alle in ein schlechtes Licht bringen.

Ihre vierte Frage war nach den anderen fünf Männern, die hingerichtet wurden, und wie sich alles geändert hat, seit die Hinrichtungen häufiger geworden sind. Der zweite, der hingerichtet wurde, war Gerald Smith. Er und ich waren viele Jahre lang Partner beim Binokel. Gerald war an dem Verbrechen, für das man ihn hinrichtete, *nicht* schuldig. Tatsächlich hatte sein Bruder es begangen. Gerald deckte seinen jüngeren Bruder. Aber er und ein anderer C. P. haben 1985 einen Insassen im MSP ermordet, wofür sie beide ein weiteres Todesurteil erhielten. Gerald war sehr leicht zu manipulieren. Ich würde ihn mit einer ferngesteuerten Rakete vergleichen, die man nur auf ein Ziel einstellen muß. Ich glaube, er war manischdepressiv. In den Jahren, in denen ich ihn kannte, hatte er auf seine Berufungen mehrmals verzichtet und sie dann wieder aufgenommen. Am Ende ging ihm die Zeit aus. Die Prozedur war dieselbe wie bei Tiny Mercer – sie holten ihn mehrere Tage vorher heraus und legten ihn in einen Beobachtungsraum drüben im Krankentrakt, und am Abend der Hinrichtung zeigten sie wieder Filme. Und gleich nach dem Abendessen wurden alle Häftlinge im ganzen Gefängnis eingeschlossen. Gerald wurde am 18. Januar 1990 hingerichtet, zufällig am gleichen Tag, als die rumänische Regierung, die Ceauşescu gestürzt hatte, die Todesstrafe abschaffte. Dann, im Mai 1990 – am 12. und 13. – kamen Winford Stokes und Leonard Laws kurz hintereinander dran. Bei Stokes, den niemand hier leiden konnte, wurden wir zehn Minuten nach seiner Hinrichtung aus der Einschließung entlassen. Ich fand das sehr schäbig. Klar, er war nicht beliebt, aber trotzdem war er ein Mensch. Die Hinrichtung von Leonard Laws hat mich am meisten mitgenommen. Er war ein sehr stiller Mensch und gab für andere sein letztes Hemd her. Was mir an seinem Tod so zu schaffen machte, ist, daß die Gerichte ein paar Jahre früher zu seinen Gunsten entschieden hatten – auf lebenslänglich, und der Staat legte dagegen Berufung ein und brachte ein höheres Gericht dazu, die günstige Entscheidung aufzuheben – und das Todesurteil wurde wieder gültig. Das brach seinen Mut. Er gab einfach auf. In seiner Todesnacht habe ich tatsächlich vor Enttäuschung geheult, als ich dran dachte, wie dieser Mann durch die Reisfelder von Vietnam gestapft war und den dichtesten Dschungel überlebt hatte, nur um in die Vereinigten Staaten zurückzukehren und dort ‹eingeschläfert› zu werden wie ein Hund. Oh, Winford Stokes, der brach am Ende zusammen und winselte um sein Leben. Der nächste war George Gilmore. Er hatte allgemein wenig Sympathien für sich, wegen der brutalen Art seiner Verbrechen. Er raubte alte Leute aus, ermordete sie und steckte ihre Behausung in Brand, um seine Verbrechen zu vertuschen. George wehrte sich am Ende, und ich habe Gerüchte gehört, daß mehrere Wärter noch auf ihn eingeschlagen haben, als er schon sicher auf dem Tisch festgeschnallt war. Ich bin mit George ausgekommen, aber bei all seiner Feigheit war er doch gefährlich. Ich wußte, er war der Typ, der vor einem Boxkampf wegläuft, aber draußen, mit einer Pistole in der Hand – durch und durch gefährlich. Und dann kam Maurice Byrd, erst diesen 23. August. Maurice könnte unschuldig gewesen sein, ich weiß es wirklich nicht. In der Nacht seiner Hinrichtung konnte ich nicht umhin, daran zu denken, daß er C. P. Nummer 21 ist und daß ich in dieser Nacht ebensogut hätte dran sein können, wenn alles nur ein bißchen anders gelaufen wäre. Zeitlich ist kein großer Unterschied zwischen Nummer 21 und 24. Ich war seit vier Jahren in der einen Phase des Berufungsverfahrens, und unglücklicherweise wurde am gleichen Tag – am 23. August – mein Habeas-Antrag abgewiesen. Ich erfuhr es erst am 24. August – bekam einen großen braunen Umschlag von meiner Anwältin, und weil ich nichts Schlimmes erwartete, machte ich ihn gleich auf. Ich brauchte nur den Begleitbrief zu lesen. Ich lege eine Kopie davon bei, auch von der ersten Seite der Entscheidung. Keine gute Nachricht, kann ich nur sagen. Am Tag, bevor wir geredet haben, hatte ich Besuch von einem Anwalt, der an meinem Fall arbeitet, und der hatte mir gesagt, daß ich, wenn man den schlimmstmöglichen Fall annehme, noch ungefähr 12 bis 18 Monate zu leben habe, bevor man mich tötet. Das lag mir also noch schwer auf der Seele, als wir gesprochen haben, und ich entschuldige mich, wenn ich Ihnen zerstreut vorgekommen sein sollte. Ich bin für gewöhnlich ein sehr guter Gesprächspartner, aber als ich da saß, hörte ich selbst, wie ich über Wörter stolperte und dergleichen.

Nun zu Ihrer fünften Frage. Das Delikt, für das ich die Todesstrafe bekommen habe, mein Prozeß und die späteren Berufungen. Um es von vornherein zu sagen, Stephen, ich bin nicht unschuldig. Der Grad meiner Schuld wurde aber von den Behörden übertrieben. Dem Staatsanwalt zufolge soll ich für Geld einen Mann ermordet haben. Das trifft nicht zu. Ich muß Ihnen sagen, ich rede sehr ungern über meinen Fall, nicht weil ich etwas zu verbergen habe, sondern weil ich mit mir über das, was ich getan habe, nicht ins reine gekommen bin. Ich will versuchen, es zu erklären.»

Wie der Staatsanwalt den Fall Bannister darstellte, wird in einem 1989 in der *St. Louis Post-Dispatch* erschienenen Bericht über den Todestrakt von Missouri zusammengefaßt: «Alan Jeffrey Bannister wurde verurteilt wegen des Auftragsmords an Darrell Ruestman aus Joplin, begangen im August 1982. Bannister erhielt für den Mord 4000 Dollar von einem Mann, der angab, seine Frau habe ihn Ruestmans wegen verlassen. Bannister hatte Vorstrafen wegen Vergewaltigung, bewaffnetem Raubüberfall, perverser sexueller Mißhandlung und Einbruch.»

In dem Brief erzählte A. J. mir seine Version, wie er Darrell Ruestman getötet hatte.

«Es fing an im Juni 1982. Ich bekam eine Chance angeboten, etwas schnelles Geld zu verdienen, durch Verkauf von Drogen für einen

Typ, den ich seit Jahren kannte. Ich nahm sein Angebot an, aber mir war nicht wohl dabei. Und dann ergab sich die Gelegenheit zu einer Reise nach Phoenix, ich nutzte sie – hatte aber immer noch etwas Kokain und konnte den Typ nicht finden, um es ihm zurückzugeben, darum gab ich es einem gemeinsamen Freund von uns, damit der es ihm geben sollte, und fuhr weg. Jedenfalls, der Mann, dem ich das Kokain zur Rückgabe anvertraut hatte, ging eine Woche lang auf eine Sauftour, und es sah für alle so aus, als ob ich mit dem Stoff abgehauen wäre (was nicht stimmte). Er wurde dem Typ schließlich zurückgegeben, aber erst, als er mich schon in großem Stil verleumdet hatte, und von diesem ganzen Durcheinander wußte ich zu der Zeit gar nichts. Als ich davon hörte, rief ich ihn sofort an, und inzwischen war die Sache auch schon wieder beigelegt – oder wenigstens glaubte ich das. Es stellte sich heraus, er hatte so üble Sachen über mich gesagt, daß er es nicht mehr über sich brachte, seinen Fehler zuzugeben, und am 9. Juli 1982 wurde ich auf dem Parkplatz des *Cactus Club* in Paradise City, Arizona, von drei Männern angegriffen. Ich bekam sechs Stiche in den Rücken und wurde – scheinbar tot – liegengelassen. Einen von ihnen erkannte ich vage, aber sie dachten, ich sei hin, und machten eine Bemerkung, daß ich ‹keinen mehr reinreißen› würde. Ich wurde per Hubschrauber ins Krankenhaus gebracht – und blieb am Leben. Ich kann gar nicht sagen, wie wütend ich war. Ich kehrte nach Illinois zurück. Auf dem Weg dorthin hatte ich Zeit, mich abzukühlen und mir darüber klarzuwerden, daß es so ausgesehen haben konnte, als hätte ich diese Drogen gestohlen. Aber trotzdem, dieser Typ hatte mich fast töten lassen, und ich wußte, daß da noch jemand anders beteiligt sein mußte. Bei meiner Rückkehr nach Illinois tuschelte die ganze Gegend erwartungsvoll von einer Konfrontation zwischen ihm und mir, und die Spannung war unverkennbar. Mir ging es damals mehr darum, mich zu erholen, aber jemand schoß mit einem Gewehr auf mich, als ich auf einer Ufermauer am Illinois River saß. Das reichte mir, und ich machte mit dem Typ ein Treffen für den Abend aus. Er bestand darauf, daß er nichts damit zu tun hätte, daß auf mich geschossen worden war, und dann sagte er weiter, was er sich für Vorwürfe mache wegen der Messerstiche und daß sein Lieferant die Sache angezettelt habe, und er selbst habe nichts davon gewußt, bis es zu spät gewesen sei, mich zu warnen. Das Ganze kam mir plausibel vor, obwohl ich merkte, daß er die Schuld abschieben wollte. Also fragte ich ihn, wer dieser Lieferant sei, und er nannte mir Namen und Adresse eines Mannes in Missouri. Seine Geschichte war, daß dieser Typ weggezogen sei, als er hörte, daß ich nicht tot sei und zurückkäme. Ich überlegte mir die Sache und beschloß, diesem Typ die gleichen Schmerzen zu verpassen, die ich selbst durchgemacht hatte. Ich schäme mich, Ihnen das zu erzählen, aber mein erster Gedanke war, ihn niederzustechen. Ich ließ diese Idee schnell wieder fallen und beschloß, ihm in die Kniescheiben zu schießen, um ihn zum Krüppel zu machen. Ich machte aus meiner Wut und meinen Absichten kein Geheimnis und fuhr los nach Missouri. Ich kam hin, machte den Mann ausfindig und vergewisserte mich, daß er gerade aus Illinois dorthin gezogen war. Ich setzte mich an den Wohnwagen neben seinem, und er kam vorgefahren. Es war ein heikler Moment, weil ich dachte, er würde mich erkennen und durchdrehen. Er erkannte mich nicht. Er ging einfach an mir vorbei, sagte sogar noch ‹hallo!› und sah überhaupt nicht nach einem Dealer aus. Ich kehrte zurück in mein Motel und rief den Typ an, der mir seinen Namen genannt hatte, und der versicherte mir, das sei er. Ich hatte einen Revolver, 22er Kaliber, den man mir gegeben hatte. Also fuhr ich wieder zu diesem Wohnwagenpark, setzte mich da hin und überlegte mir alles. Ich begriff, ich konnte diesem Typ nicht die Kniescheiben zerschießen. Die Bilder aus einer Fernsehserie gingen mir durch den Kopf – wo einem Mann ins Bein geschossen wird und er dann zu Tode blutet. Darum lief ich in diesem Wohnwagenpark herum und suchte nach einem Baseballschläger, um ihn damit zu verprügeln. Ich fand keinen, kam zurück zu meinem Plätzchen und dachte eine Weile nach. Ich kam auf etwas, wovon ich dachte, es wäre die Lösung – dem Typ die ganze Geschichte zu erzählen, auch wie mir sein sogenannter Partner seinen Namen und seine Adresse genannt hatte. Ich stellte mir vor, das würde Streit zwischen den beiden stiften, und ich wäre fein raus. Ich hatte meinen Revolver zuerst vorn in meine Hose gesteckt. Dann nahm ich ihn heraus und steckte ihn in die linke Gesäßtasche, für den Fall, daß er einen Kniestoß versuchen sollte, und dann ging ich hin und klopfte an die Tür. Er machte auf, und ich war wie erstarrt. Alles, was mir noch einfiel, war zu sagen: ‹Ich komme aus Illinois und möchte wissen, warum.› Er ging sofort auf mich los. Er war 40 bis 50 Pfund schwerer als ich, und ich war erst seit sechs Wochen aus der Intensivstation entlassen und in keiner Verfassung für einen Kampf. Ich umschloß den Revolver mit der linken Hand und holte aus, um ihm damit ans Kinn zu schlagen. Er hatte mich mit dem rechten Arm fest im Griff. Als ich ausholte, versuchte er abzublokken – und es gelang ihm auch, und bis heute weiß ich nicht, ob es sein Unterarm war oder meine Handwurzel, was den Abzug berührte und den Revolver losgehen ließ. Aber er ging los, und alles geschah wie in Zeitlupe. Es ist für immer in mein Gedächtnis eingegraben. Der Griff, in dem er mich hielt, löste sich, in seinem Gesicht war nichts von Schmerz zu sehen, ganz im Gegenteil, ein fast friedlicher Ausdruck, als er sich ganz ruhig umdrehte und in den Wohnwagen zurückging. Ich drehte durch und rannte weg, weil ich mir sicher war, er wollte sich seinen Revolver holen. Ich war mir nicht mal sicher, ob er getroffen worden war. Ich versuchte mir zu überlegen, wo ich hin sollte. Ich war fest überzeugt, daß er mir nachstellen würde, und natürlich stand es in seiner Macht, mich über Illinois in Arizona aufzuspüren. Um 5.10 Uhr am nächsten Morgen saß ich in einem Busbahnhof, als ich im Fernsehen die Nachricht von einem Mann hörte, der in der Nacht zuvor in diesem Wohnwagenpark ermordet worden war. Mir war übel zumute, Stephen! Ich wußte, sie sprachen über Darrell Ruestman, und ich war wie erstarrt. Trotzdem war ich auch erleichtert, daß er mir nun nicht mehr nachkommen konnte. Zwanzig Minuten später wurde ich verhaftet. Ich kannte die Gesetze hinreichend, um nichts zu sagen, aber als ich hörte, daß sie es als Auftragsmord bezeichneten – da konnte ich es nicht fassen. Wie sich herausstellte, war die Kugel etwa vier Zoll über seiner rechten Brustwarze eingedrungen, war dann in einem Winkel von 60 Grad abwärts gewandert – und hatte den Herzbeutel durchschlagen. Ich brauchte nicht lange, um ein paar Dinge herauszubekommen, die mich wirklich plätteten. Wie sich ergab, war Darrell Ruestman kein Dealer und hatte absolut nichts mit den Messerstechern, die mich überfallen hatten, zu tun. Ja, er hatte Illinois gerade verlassen. Warum? Weil der Mann seiner Freundin, von dem sie sich getrennt hatte, sie belästigte und Leute dafür bezahlt hatte, daß sie ihn angriffen. Es war der schlimmste Fall von Verwechslung, den man sich vorstellen kann. Er muß gedacht haben, ich sei wieder einer seiner Angreifer, und ich dachte, er sei der Hintermann meiner Messerstecher. Wir haben beide verloren, er sein Leben, ich meine Freiheit und sehr wahrscheinlich auch das Leben. Obwohl sein Tod ein Zufall war, kann ich die Verantwortung dafür nicht abwälzen. Wenn ich ihn wieder lebendig machen könnte, würde ich mein Leben mit Freuden dafür hergeben. Mein Prozeß, das war eine Posse. Trotz allem hatten sie nicht mal greifbare Beweise gegen mich. Der Staatsanwalt dieses Bezirks stand zur Wiederwahl an, und obwohl er wußte, daß es kein Auftragsmord war, klagte er es als solchen an. Um den Schuldspruch durchzusetzen, traten mehrere Polizisten in den Zeugenstand und sagten aus, ich hätte Dinge gesagt, die mich belasteten. Die Wahrheit ist, das hatte ich nicht. Aber wem sollen die Geschworenen glauben? Den örtlichen Rechtshütern oder einem langhaarigen kriminellen Typ aus einem anderen Bundesstaat? Der Meineid war noch nicht einmal gut durchdacht. Der Sheriff sagte aus, ich hätte ihm erzählt, wie ich mich auf eine Böschung über der Straße gesetzt und zugesehen hätte, ‹wie der Krankenwagen langsam vorbeifuhr›, um mich zu vergewissern, daß ich richtig ‹getroffen› hätte. Das Problem ist nur, da konnte ich unmöglich gewesen sein, weil ein anderer Zeuge der Staatsanwaltschaft mich fast zur gleichen Zeit 26 Blocks weit entfernt eindeutig erkannt hatte! Ich erklärte meinem Pflichtverteidiger diesen Fehler, und er ging einfach darüber hinweg. Ich wollte auch, daß er den Geschworenen klarmache, daß der Einschußwinkel nicht so war, daß ich es absichtlich getan haben konnte. Er sagte davon kein Wort. Statt dessen erzählte der Ankläger den Geschworenen, um dies zu erklären, ich sei ‹zweihändig›. Tatsache ist, ich bin ausschließlich rechtshändig. Auch über die Messerstiche, die ich abbekommen hatte, und über das Drogengeschäft wurde kein Wort verloren. Das hätte zu ihrer Theorie vom Auftragsmord nicht gepaßt. Dabei wußten buchstäblich Hunderte von Leuten in Illinois darüber Bescheid. Es gibt noch viele andere Unstimmigkeiten, die ich alle widerlegen und dokumentarisch nachweisen kann – und zwar nach *ihrer* Dokumentation. Aber das bringt nichts. Alles in allem ist es nicht Mord, dessen ich schuldig bin, sondern entweder

Mord zweiten Grades oder Totschlag, was beides nicht mit dem Tod bestraft werden kann. Letzten Endes wird man mich hinrichten, Stephen. Aber diese Bestrafung durch den Staat, so unmäßig sie auch ist, ist nichts im Vergleich zur Selbstbestrafung eines gequälten Gewissens. Vielleicht können Sie nun verstehen, warum es mir schwerfällt, über dieses Thema zu sprechen.»

A. J. ging dann auf die Ungleichheit der Urteile in Mordfällen ein, und zum Schluß kamen ein paar Seiten über seine Kindheit, wobei er die Tatsache lustig fand, daß ich als Kind oft die Schule geschwänzt hatte, während er immer brav hingegangen war. Er schrieb über die britischen Fernsehprogramme, die er gern sah, und schloß mit den Worten, «ich freue mich auf Ihre Rückkehr ins gute alte Potosi. Bitte zögern Sie nicht, Fragen zu stellen. Passen Sie auf sich auf.»

Ich beantwortete seinen Brief, und in der Zwischenzeit hatte ich bei der Vorbereitung meines Films allerlei zu erledigen. Der schwedische Sender TV 2 war der erste, der dem Projekt finanzielle Unterstützung gewährte. In Großbritannien stieß ich auf viel Widerstand. Manche Fernsehfunktionäre sahen in der Beschäftigung mit den Henkern allein schon eine Geschmacklosigkeit. Andere bezogen eine strengere moralische Position und fanden das Projekt voyeuristisch; es würde an die niedrigsten Instinkte der Zuschauer appellieren. Als empfänglicher erwiesen sich die Vereinigten Staaten, wo zwei Sender für den Film Angebote machten. Der eine, ein großes Pay-TV-Programm, bot eine wesentlich höhere Summe als der andere. Im Oktober fanden eingehende telefonische Verhandlungen statt, und vor Thanksgiving * machte ich mich wieder auf in die USA, wo ich auch den Vertrag festmachen wollte, bevor ich nach Potosi fuhr. Die Verhandlungen waren in vieler Hinsicht schwierig, wurden aber schließlich doch per Handschlag besiegelt. Als ich am nächsten Tag ins Büro des Senders kam, um die Vereinbarungen zu unterzeichnen, stellte ich fest, daß eine neue Klausel hinzugefügt worden war, die besagte, ich würde garantieren, daß bis zu einem bestimmten Datum in Missouri eine Hinrichtung stattfinde; andernfalls wäre ich vertragsbrüchig.

* Vierter Donnerstag im November

Ich erklärte geduldig, was ich für selbstverständlich hielt: daß die Hinrichtungstermine vom Obersten Gerichtshof des Staates Missouri festgesetzt werden und daß man unmöglich voraussagen könne, wie lange die Berufungen eines Verurteilten sich hinziehen würden und wie das Gericht darüber entschiede. Natürlich war der Fertigstellungstermin des Films ein wichtiger Vertragspunkt. Der Film war jedoch insofern ungewöhnlich, als er Fragen von Leben und Tod, daß er Wirklichkeit zum Thema hatte, und der Zeitplan des Films würde sich daher nach dem des juristischen Verfahrens richten müssen. Zu meinem Erstaunen gab es in diesem Punkt keine Einigung. Wir nahmen dann die Verhandlungen mit einer anderen Fernsehgesellschaft wieder auf, die imstande war, ihre kommerziellen Anforderungen mit einem Verständnis für das Thema und dem Sinn für die Bedeutung einer solchen Diskussion zu vereinbaren.

Ich mußte immer wieder an etwas denken, was Paul Delo mir gesagt hatte. Er stellte einen Vergleich an zwischen seiner Rolle bei den Hinrichtungen und seinen Erfahrungen beim Militär. Er sprach davon, daß er in einem Zustand der «Gefechtsbereitschaft» sein müsse. Der Unterschied zwischen einem Krieg und einer staatlichen Hinrichtung ist natürlich, daß im zweiten Falle jedermann im voraus weiß, wer das Töten besorgen und wer der Getötete sein wird. Es ist jedoch die Gewißheit dieses Ereignisses, auf die man sich psychologisch, in den persönlichsten Tiefen des Selbst, vorbereiten muß. Man befand sich also sozusagen doch im Krieg: im Krieg gegen das Verbrechen, im Krieg gegen die Drogen. Es war ein Krieg mit vielen Opfern, mit Toten und Verwundeten. Gefangene wurden gemacht, und manche von ihnen waren hinzurichten. Abwarten hieß das Spiel, und ich merkte, wie ich von Tag zu Tag mehr daran teilhatte.

Während ich in New York war, kam Fred Leuchter wieder mal in die Schlagzeilen. Am 27. September brachte der *Jewish Chronicle* in London auf der Titelseite einen Artikel mit der Überschrift «NUS fordert Einreiseverbot für Leuchter» (NUS ist die *National Union of Students*). Ich wußte, daß David Irving eine Reihe von Veranstaltungen in Deutschland, Frankreich und England vorbereitete, bei denen Fred über den *Leuchter Report* sprechen sollte. Der Artikel im *Jewish Chronicle* besagte, daß verschiedene Gruppen und der Vorsitzende des Unterhaus-Ausschusses für Innere Angelegenheiten den Innenminister aufgefordert hatten, Fred die Einreise ins Vereinigte Königreich zu untersagen. In der Woche darauf machte Fred die Hauptschlagzeile des *Jewish Chronicle*: «Einreiseverbot des Innenministers für Holocaust-Revisionisten.» Der damalige Innenminister Kenneth Baker sagte, er habe beschlossen, Leuchter nicht ins Land zu lassen, weil seine «zutiefst widerwärtigen» Ansichten eine Beleidigung für die britischen Juden seien und weil «seine Anwesenheit hier dem Allgemeinwohl nicht zuträglich» sein würde.

Ich rief Fred an und fragte ihn, was da los sei, und er sagte mir, er halte die ganze Geschichte für eine Fopperei. Ich fragte ihn, ob er keine Nachricht vom Innenministerium erhalten habe, daß er nicht einreisen dürfe. Er sagte, ein Schreiben sei angekommen, aber an die Adresse seines Vaters gerichtet. Es komme ihm verdächtig vor, weil es kein Aktenzeichen habe. Dieser Teil des Formbriefs sei nicht ausgefüllt worden.

Ich bat Fred, mir eine Kopie durchzufaxen. Das Schreiben trug das Datum des 1. Oktober 1991 und lautete:
«Lieber Mr. Leuchter,
der Innenminister weist mich an, Ihnen mitzuteilen, daß er angeordnet hat, Ihnen die Einreise ins Vereinigte Königreich zu verwehren, mit der Begründung, daß Ihre Anwesenheit hier dem Allgemeinwohl nicht zuträglich wäre.

Da diese Anordnung vom Innenminister persönlich getroffen wurde, gemäß Abschnitt 13 (5) des Einwanderungsgesetzes von 1971, steht Ihnen kein Einspruchsrecht zu, wie es andernfalls nach Abschnitt 13 dieses Gesetzes der Fall wäre. Sollten Sie versuchen, ins Vereinigte Königreich einzureisen, wird Ihnen daher der Zutritt verweigert werden.»

Unterzeichnet war der Brief von einem Beamten des Innenministeriums. Ich rief die Abteilung Einwanderung und Nationalitäten an, um herauszufinden, ob es eine gültige Anordnung war oder, wie Fred argwöhnte, das Werk einer «radikalen jüdischen Gruppe». Das Innenministerium bestätigte die Echtheit der Anordnung, und ich berichtete Fred von dem Gespräch.

«Na, aber das hindert mich nicht, nach Deutschland zu fahren», sagte er.

Und er reiste tatsächlich nach Deutschland, wo er bei rechtsradikalen politischen Veranstaltungen sprach. Dann, mit einem deutschen Mietwagen, gelang es ihm und Caroline, unbemerkt nach England einzureisen, auf dem Seeweg über den Hafen Dover. Die gelungene illegale Einreise hatte Irving geplant, der sich später weigerte, den Reportern zu verraten, wie er Fred eingeschmuggelt hatte, denn, sagte er, denselben Weg wolle er auch in Zukunft noch benutzen.

Am 15. November tauchte Fred mit Irving und dem französischen Revisionisten Robert Faurisson in der Chelsea Town Hall in London auf, um dort zu einer Versammlung zu sprechen. Irving stellte ihn als «amerikanischen Gaskammer-Spezialisten» vor und drückte ihm zur Begrüßung auf dem Podium die Hand. Fred hatte eben mit seinem Vortrag begonnen, als Irving aufs Podium zurückkam und ihm ins Ohr flüsterte: «Da ist ein Herr, der Sie sprechen möchte.» Der Herr erwies sich als ein Inspektor der Londoner Polizei.

Fred wurde festgenommen und mit Caroline auf eine Polizeiwache gebracht. Er wurde vierzehn Stunden in einer Zelle festgehalten, während Caroline im Vorraum der Polizeiwache wartete. Er behauptete, legal nach England eingereist zu sein und zeigte zum Beweis seinen gestempelten Paß. Er selbst habe kein Einreiseverbot erhalten, behauptete er, aber anscheinend sein Vater. Wegen seiner illegalen Einreise gab es einigen Ärger, nachdem sie dem Innenministerium durch John Marshall, dem Abgeordneten für Hendon South, angezeigt worden war. Er sagte zu den Reportern: «Es ist sehr beunruhigend, daß eine Person, gegen die ein Einreiseverbot ausgesprochen worden ist, ohne jede Behinderung hereingetanzt kommen kann. Es wirft ernste Fragen nach der Gewissenhaftigkeit mancher Beamten auf.» Ein Sprecher des Innenministeriums antwortete: «Das System hat nicht versagt, es hat richtig funktioniert. Er war nicht lange hier.» Fred erbat Hilfe von der amerikanischen Botschaft in London, stieß aber dort auf taube Ohren.

Fred sagte, die Polizisten, die ihn verhaftet und festgehalten hätten, hätten «nur ihre Pflicht getan», beschwerte sich aber, daß man ihm während der vierzehn Stunden in der Polizeizelle nur eine einzige Tasse Kaffee und nichts zu essen gebracht habe. Als er die Polizeiwache verließ, um zum Flughafen zu fahren, gab er eine Presseerklärung ab, die besagte: «Ich wurde in eine kalte Zelle eingesperrt, zusammen mit notorischen Schwerverbrechern (ein gefährlicher und möglicherweise tödlicher Aufenthalt für einen Hersteller von Hinrichtungsgeräten).» In Heathrow gab man ihm ein Einfach-Ticket für den Rückflug nach Boston, mit freundlichen Empfehlungen von Ihrer Majestät Regierung.

Als ich in der Woche vor Thanksgiving wieder nach Potosi kam, waren die Temperaturen unter den Gefrierpunkt gefallen, und die Bäume hatten die Blätter verloren. Ich fand eine andere Landschaft vor. Wichtige Kennzeichen der Landbezirke St. Francis und Washington hatten sich mir im Sommer eingeprägt; aber nun standen sie vor einem harten, grauen Himmel. Die Bäume, Wassertürme und stillgelegten Bleibergwerke wirkten platt und kahl; aber das erzhaltige Gestein, durch das der *Highway 8* gesprengt worden war, trat im grauen Licht blaugrün hervor und glitzerte in dem Wasser, das von den struppigen Hügeln über die Felswand herablief.

Bei der Ankunft im Gefängnis empfing mich Paul Delo. Ich begrüßte auch die anderen Mitglieder des Hinrichtungsteams, die ich von meinem ersten Besuch her kannte. Das wichtigste Gesprächsthema unter ihnen war die Hirschjagd. Paul war mit seinem Vorderlader auf Anstand gewesen und hatte auch einen Hirsch gesichtet, war aber nicht richtig zum Schuß gekommen. Überall im Gefängnis hörte man an diesem Morgen, als die Tagesschicht zur Arbeit kam, die Begrüßung «Bambi gekriegt?»

Paul stellte mir seine beiden Stellvertreter Don Roper und Phil Banks vor. Beide waren leitende Mitglieder des Hinrichtungsteams, die abwechselnd zwei Funktionen innehatten. Phil war zur Zeit der «Operations Officer» oder Vollzugsleiter, was bedeutete, daß er außer dem Arzt und dem Verurteilten während der Hinrichtung als einziger im Hinrichtungsraum war; außerdem war er, abgesehen von dem Verurteilten, als einziger für die Zeugen sichtbar. Die andere Funktion, die zur Zeit Don Roper innehatte, bestand darin, die vom Staat geladenen Zeugen zu begleiten und sich um die Amtspersonen zu kümmern, die wegen einer Hinrichtung aus Jefferson City kamen.

Don Roper stammte aus dem südlichen Missouri. Er war stämmig, vollbärtig, von sprudelndem Temperament und unbeschwertem Lächeln, hatte unzählige Witze auf Lager und war berühmt für seine grellbunten Hemden und Krawatten. Aber hinter seinem lässigen Äußeren verbarg sich tödlicher Ernst. Sein Glaubensbekenntnis lautete: «Jedesmal, wenn man da reingeht, muß man dran denken, wo man ist. Diese Typen sind Mörder. Sie würden unsereinen binnen Sekunden umbringen, wenn sie einen Vorteil darin sähen.» Er nahm mich mit in sein Büro und goß uns Kaffee ein. Don war ein erfahrener Strafvollzugsbeamter; er fühlte sich in seiner Stellung wohl. Er legte die Füße auf den Schreibtisch, und ich lenkte das Gespräch auf die bestickten Wimpel, die an seinem Anschlagbrett hingen. Jeder bedeutete einen Hirsch, den Don erlegt hatte, und gab die Zahl der Geweihenden an. Fotos zeigten Don mit seiner Beute, den Bogen in der einen Hand, das Geweih in der anderen. Die Bogenjagd ist in Südost-Missouri sehr beliebt, und ich hörte, daß Don in der Rangliste der amerikanischen Bogenschützen seinen Platz hatte.

«Haben Sie dieses Jahr schon einen geschossen?» fragte ich.

Don machte ein finsteres Gesicht und sagte, bis jetzt habe er noch kein Glück gehabt. «Das erste Jahr, in dem ich noch keinen gekriegt habe.»

Wir begannen darüber zu sprechen, was für Häftlinge hier in Potosi untergebracht seien, und er sagte mir: «Sehn wir mal die Tatsachen. Die Typen, die wir hier draußen haben, bei denen kommt alles zu spät. Wir spielen für den Rest ihres Lebens für sie den Babysitter, egal, wann dieses Ende kommt – entweder durch Hinrichtung oder, wenn einer lebenslänglich plus fünfzig hat und er ist schon fünfzig, dann wird er ja wohl nicht hundert werden. Also müssen wir sie einfach hier unterbringen und babysitten, egal, was es kostet. Und es gibt Aspekte im Programm, die ihre eigenen Probleme schaffen werden, wenn das so weitergeht.»

«Sie meinen, das wird hier allmählich ein Altersheim werden?» fragte ich.

«Richtig. Und wir werden allerlei Probleme haben. Es wird sehr personalintensiv sein, und die medizinischen Kosten gehn rauf bis in die Wolken.»

«Die Häftlingspopulation in Missouri», fragte ich, «hat sich

doch in den letzten zehn Jahren verdoppelt, und sie wird sich noch einmal verdoppeln. Was ist die Lösung?»
Er zuckte die Achseln. «Weiß ich nicht. Sagen Sie es mir.»
Er begann über die Philosophie zu sprechen, die hinter dieser Strafanstalt stand, und brachte sie auf eine schlichte Formel. «Diese Typen sind als C-5 klassifiziert, die Kategorie mit den höchsten Sicherheitserfordernissen. Aber wir haben sie beiseitegenommen und ihnen gesagt: ‹Ihr sollt das beste Essen kriegen, die besten Erholungsmöglichkeiten, die der Staat zu bieten hat. Klimatisierte Räume. Das ist sozusagen Zuckerbrot und Peitsche, und hier habt ihr das Zuckerbrot. Ihr könnt so etwas wie eine halbe Freiheit haben. Aber gleich hier, auf der andern Seite der Halle, in der Einzelhaft, da haben wir die Peitsche. Wir überlassen es euch. Wenn ihr lieber stänkern, aggressiv und gewalttätig sein wollt, dann haben wir die Peitsche.› Ich glaube, das haben sie sich gesagt sein lassen – jedenfalls die Häftlinge im Todestrakt.»
«Wie war das, als das Gefängnis neu eröffnet worden war und die ersten zum Tode Verurteilten eintrafen?»
Don schenkte Kaffee nach und sagte: «Wissen Sie, das hatte eine eigene Art von Ironie. Als wir sie losmachten und sie ohne Behinderung den 4. Juli feiern ließen, und sie spielten Volleyball, manche von ihnen zum erstenmal seit zehn Jahren ohne Fußeisen oder Behinderung, da konnten sie sich gar nicht mehr bewegen.» Er beugte sich vor und sagte: «Sie schlurften. Denn sie hatten sich daran gewöhnt, mit den Eisen an den Füßen zu gehen, sie schlurften. Darum wußten sie, was die Peitsche zu bedeuten hatte.»
Ich wollte wissen, ob es anfangs Spannungen zwischen den zum Tode und den zu lebenslänglich plus fünfzig Verurteilten gegeben habe.
Don sagte, die gebe es nicht, weil beide wegen der gleichen Art von Verbrechen in Potosi seien. «Der einzige Unterschied zwischen den zum Tode und den zu lebenslänglich plus fünfzig Verurteilten ist, daß manche von ihnen gute Anwälte hatten und manche nicht. Oder einer hatte einen Super-Ankläger und bekam deshalb die Todesstrafe statt lebenslänglich.» Er zuckte die Achseln.
«Es hat funktioniert», sagte er. «Wir haben über vierzigtausend Dollar für eine juristische Bibliothek ausgegeben. Wir haben Kabel-

fernsehen legen lassen. Viele Leute in diesem Land können sich das nicht leisten. Klar, das ist mir doch lieber, wenn so ein Typ in der Zelle liegt und sich einen Film reinzieht, als daß er draußen um sich schlägt, Tunnels gräbt oder über die Zäune zu klettern versucht. Lieber soll er sich im Fernsehen einen erotischen Film ansehen und seine sexuellen Probleme aus der Welt schaffen, als hier draußen irgendein kleines Miststück zu vergewaltigen.»

Don wies mich darauf hin, wie wenig Gewalttätigkeiten es in Potosi seit der Eröffnung des Gefängnisses gegeben habe, und schaute sich nach Holz zum Draufklopfen um. «Sie kennen den alten Spruch, ‹wenn der Hund beißen soll, leg ihn an die Kette›? Ich glaube, das kann man auf Menschen übertragen. Und zwischen den Gruppen der Todeskandidaten und der Lebenslänglichen hat es keine Gewalttätigkeiten gegeben. Innerhalb der Gruppen gab es Messerstechereien. Aber klar, wenn Sie fünfhundert Matrosen auf einem Schiff haben, gibt es da ebenso viele Auseinandersetzungen wie hier bei uns.»

Ich fragte Don, ob er an der Hinrichtung von Tiny Mercer im MSP beteiligt gewesen sei. Er sagte mir, er habe zu dem ersten, von Fred Leuchter geschulten Hinrichtungsteam gehört, aber bei Mercers Hinrichtung sei er nur Beobachter gewesen. Seit man die Hinrichtungen nach Potosi verlegt habe, seien sie zu einer fehlerlos funktionierenden Prozedur geworden, worauf sie alle sehr stolz seien. Der Hauptgrund für das Gelingen der Hinrichtungen in Potosi, sagte er, sei die Entscheidung der obersten Behörde, die Leitung des Gefängnisses ohne äußere Einmischung Paul Delo zu überlassen. «Die obersten Beamten haben gesagt: ‹Wir übertragen Ihnen die Verantwortung und die Vollmacht, das zu erledigen, und wir werden Ihnen nicht dazwischenfunken.› Und so ist es gelaufen. Die Leute aus dem mittleren Management haben alles erledigt. Die hohen Tiere, die direkt den Politikern verantwortlich sind, haben wir draußen gehalten. Alles bleibt den Typen überlassen, die im mittleren Management die Finger drin haben.»

Ich fragte Don nach seiner Rolle bei den Hinrichtungen, und er sagte mir: «Als Vollzugsleiter habe ich dafür zu sorgen, daß bei der praktischen Durchführung alles klappt. Ich oder Phil Banks.»

Bevor wir näher auf seine Rolle eingingen, warf Don eine Frage auf, die andere ihm schon gestellt hatten, nämlich ob die Durchführung von Hinrichtungen eine schwierige, belastende Aufgabe sei. «Ich bin Vietnam-Veteran», sagte er, «leide aber nicht unter posttraumatischem Streß. Ich habe gar nicht gewußt, was das ist, bis ich zu einem Seminar darüber gegangen bin.»

Er erzählte mir von einem Streß-Seminar der Strafvollzugsbehörde, das er zusammen mit der Gefängnispsychologin Betty Weber und einigen anderen Mitarbeitern aus Potosi besucht hatte. Insgesamt sechs Gruppen waren dort, aus Gefängnissen im ganzen Bundesstaat. «Man machte sich Sorgen, daß Leute, die an Hinrichtungen beteiligt sind, darunter leiden würden», sagte er. «Bei diesem Seminar mußte also jede Gruppe eine Prioritätsliste der sechs am stärksten belastenden Arbeitssituationen aufstellen, die sie sich denken konnten. In meiner Gruppe war die erste Situation, von Häftlingen als Geisel genommen zu werden. Die zweite war, bei der Ermordung oder Vergewaltigung von Kollegen zuschauen zu müssen. Und noch ein paar andere. Und als Nummer sechs fiel uns nichts mehr ein, darum schrieben wir hin, *eine Hinrichtung mitzumachen*. Von den sechs Gruppen waren die anderen fünf der Meinung, eine Hinrichtung mitzumachen sei die Streß-Situation Nummer eins. Aber die kamen alle nicht aus Potosi, und keiner hatte Erfahrungen. Wenn es so professionell gemacht wird wie hier in Potosi, gibt es sehr wenig Streß. Bei einem Aufschub ist der Streß viel größer.»

«Es belastet Sie gar nicht?» fragte ich.

Er sah mir in die Augen und sagte nein. «Ich weiß nicht, ob es daran liegt, daß wir so verrohte Individuen sind, oder was. Ich weiß nicht. Die Leute sagen: ‹Also, Sie sind doch direkt bei denen im Hinrichtungsraum. Ich meine, Sie sind es doch, der ihre letzten Atemzüge sieht. Sie sind doch der letzte, der dem Mann noch eine Zigarette gibt und ihn rauchen läßt. Belastet Sie das denn nicht?› Und ich sage nein. Es belastet mich wirklich nicht. Klar, ich nehm es so, wie es ist. Und ich *weiß*, woran ich bin. Und als Professioneller im Strafvollzug kenne ich meine Pflicht. Diese Leute haben jemanden umgebracht. Ich nicht. Ich mache nur meine Arbeit, wie der Staat sie von mir verlangt.»

Wir redeten weiter über Streß und die Tätigkeit im Strafvollzug, und Don sagte mir: «Unsere Häftlinge hier, das sind die Schlimmsten der Schlimmen. Sie haben ganz abscheuliche Verbrechen begangen. Und im Umgang mit ihnen muß man die ganze Zeit auf Draht sein, hundert Prozent der Zeit. Ich glaube, das ist der Grund, warum es ein Job mit hohem Streß ist. Wahrscheinlich ist die Ehescheidungsquote im Strafvollzug, bei Feuerwehrmännern, Polizisten und im gesamten Vollstreckungsbereich allgemein sehr hoch. Ich glaube, der Grund ist der hohe Streß.»

Dons Respekt vor den stets gegenwärtigen Gefahren, die in Potosi lauerten, ging schon in Angst über. Nicht in die schlichte Angst vor der physischen Bedrohung, obwohl man, erklärte er, verrückt sein müßte, wenn man davor keine Angst hätte, sondern in die Angst vor dem Ausgenutztwerden durch die Häftlinge. «Wenn man nur einmal nicht aufpaßt...» setzte er an. «Diese Häftlinge sind vierundzwanzig Stunden am Tag hier drin und denken sich aus, wie sie das System unterlaufen können. Und wenn sie einen als Vollzugsbeamten dabei ausnutzen können, dann tun sie das. Und darauf verstehn sie sich. Alles ist auf Schwindel angelegt bei denen, und Tatsache, sie können einem die Haare vom Kopf schwindeln! Das muß nicht sofort sein; sie können sich die nächsten zehn Jahre Zeit lassen, ganz langsam und unauffällig. Es geht einem wie dem Frosch im kochenden Wasser: Er merkt gar nicht, daß er gekocht wird, bevor er nicht tot ist. Und dasselbe passiert im Strafvollzug. Diese Typen sind aalglatt, und mit der Zeit kriegen sie einen dazu, daß man Sachen für sie macht.»

«Und haben Sie auch Angst um die eigene körperliche Sicherheit?» fragte ich.

«Unbedingt», sagte Don. «Wissen Sie, die Leute fragen mich: ‹Na, haben Sie denn keine Angst?› Ich sage: ‹Und ob, jedesmal, wenn ich da reingehe.› Aber ob man die Angst beherrschen kann, das macht den Unterschied zwischen dem guten Beamten aus und dem nicht so guten. Manche von den Beamten würden Ihnen wahrscheinlich nicht sagen, daß sie Angst haben. Sie haben manchmal Angst, aber ich denke, sie haben die Angst gut unter Kontrolle. Ich glaube, das macht den Unterschied aus zwischen einem mittelmäßigen oder schlechten und einem guten Beamten. Er weiß, daß er Angst hat, und er weiß auch, wie man die Angst beherrschen kann.

Und er weiß auch, wie man sich aus einer gefährlichen Situation heraushält.»

«Erzeugt die Angst nicht auch Wut? Führt das nicht zu schwierigen Situationen?»

«Sicher. Im letzten Monat hatten wir einen Zwischenfall, wo Beamte mit irgendwelchen Flüssigkeiten beworfen und angespuckt wurden. Ich weiß, daß ich, wenn mich jemand anspuckt, ganz, ganz wütend werden kann, schließlich bin ich ja ein Mensch. Und es tut mir leid, aber dann kriegt jemand den Arsch voll. Vielleicht nicht von mir selber, aber klar, wenn mich einer anspuckt, so ein Typ bin ich nun mal! Mich spuckt keiner ungestraft an. Darum haben diese Beamten meiner Meinung nach sicherlich ein Recht, wütend zu sein, wenn jemand mit Pisse nach ihnen schmeißt oder sie anspuckt. Und klar, es kommt vor, daß vielleicht mal exzessiv Gewalt angewendet wird, weil ein Häftling jemanden angespuckt hat.»

Ich fragte Don, warum die Einheimischen hier so sehr daran interessiert gewesen seien, daß man das Gefängnis in ihrer Gemeinde baute. Er erzählte mir, während seiner Dienstzeit im Strafvollzug habe er mit drei verschiedenen Gefängnis-Neubauten zu tun gehabt. «Ich erinnere mich noch an den ersten, damals verbrannten sie das Schild am *Missouri Eastern Correctional Center*, weil sie das Gefängnis dort nicht haben wollten. Dann kam ich nach Farmington und half dort, die Sache aufzubauen, und auch da gab es allerhand Opposition. Aber als ich zur Grundsteinlegung hier in Potosi eingeladen war, herrschte eine ganz andere Atmosphäre. Blaskapellen waren da, das Schulorchester spielte, und Politiker kamen und hielten Reden. Die Leute trugen Hüte mit der Aufschrift ‹Ja zum Potosi-Gefängnis›. Es war das erste Mal, daß ich eine Gemeinde erlebt habe, die zusammenhielt und sogar Druck ausübte, um ein Gefängnis in ihren Bereich zu bekommen. Es war eine ganz andere Atmosphäre.»

«Aber», fragte ich, «selbst wenn der Landbezirk Washington eines der wirtschaftlich schwächsten Gebiete des Bundesstaats ist, warum sollte jemand sich ein Hochsicherheitsgefängnis wünschen, in dem Menschen lebenslänglich verwahrt oder hingerichtet werden sollen?»

«Es ist eine umweltschonende Industrie», erklärte mir Don, «eine Art Industrie, die keine Verschmutzungen mit sich bringt. Wir streuen keine Chemikalien in die Luft oder in die Bäche. Gerade dieser Bezirk hat unter allen umliegenden die höchste Arbeitslosenquote. Darum war es ein Schritt in die Richtung, der nötig war, um ihre wirtschaftliche Lage zu verbessern und etwas hierher zu bekommen, was für die Ortsgemeinde Arbeitsplätze schafft.»

«Welches ist nun Ihre Rolle bei den Hinrichtungen?» fragte ich. «Was machen Sie im Rahmen des Missouri-Protokolls?»

«Des Protokolls in bezug auf die Hinrichtungen? Der Hinrichtungsbefehl wird vom Obersten Gerichtshof von Missouri ausgestellt, dann wird er gewöhnlich vom Büro des Attorney General an Mr. Delos Sekretariat durchgefaxt. Zu dem Zeitpunkt läßt Mr. Delo gewöhnlich mich und den anderen Stellvertreter kommen, und wir besprechen, ob die Sache Aussichten hat. Normalerweise telefoniert Mr. Delo eine ganze Weile mit dem Büro des Attorney General, um zu erfahren, wieweit der Hinrichtungsbefehl stichhaltig und gültig ist. Wenn wir finden, daß er eine gewisse echte, solide Gültigkeit hat und die Möglichkeit besteht, daß die Hinrichtung ausgeführt wird, dann gehen wir jeder auf seinen Posten und machen uns nach den festgelegten Prozeduren an die Arbeit.»

«Welches ist der nächste Schritt in der Prozedur?»

«Mr. Delo, ich und der andere Stellvertreter überbringen dem Verurteilten persönlich den Hinrichtungsbefehl. Zu diesem Zeitpunkt stellen wir es dem Häftling normalerweise frei, ob er in die Beobachtungszelle kommen oder noch draußen bleiben will. Es kommt auf den Häftling an. Es kommt auch sehr stark auf unsere Psychologin an zu entscheiden, ob der Typ in der psychischen Verfassung ist, in der er damit zu Rande kommt, wenn er draußen bleibt. Wir reden also mit einigen Leuten. Wir reden auch mit den Betreuern. Und Mr. Delo, ich und Mr. Banks werten die Informationen aus, die wir erhalten. Dann treffen wir die Entscheidung, zu welchem Zeitpunkt oder in welchem Stadium wir den Verurteilten in die Beobachtungszelle legen sollen. Einmal haben wir einen Häftling schon eine Woche vorher –»

«Warum?»

«Okay. Weil er ziemlich labil war, und das hatte er uns auch

wissen lassen. Darum meinten wir, daß wir ihn zum Schutz unseres Personals wie auch zu seinem eigenen Schutz in die Beobachtungszelle legen sollten. Der letzte, den wir gerade –»
«Maurice Byrd?»
Don nickte. «Im Grunde ein ziemlich guter Häftling. Wir haben ihn erst ungefähr achtundvierzig Stunden vor der Hinrichtung in die Beobachtungszelle gelegt.»
«Wenn der Häftling in der Beobachtungszelle ist», fragte ich, «was geschieht dann mit ihm?»
«Er darf seine ganze persönliche Habe mitnehmen. Insbesondere darf er alle seine juristischen Unterlagen mitnehmen. Er hat freien Zugang zum Telefon und kann unbeschränkt mit seinem Anwalt telefonieren, um sich nach jederlei Einspruchsmöglichkeiten in letzter Minute oder Anordnungen des Obersten Gerichtshofs zu erkundigen. Er wird ständig beobachtet, ist rund um die Uhr unter Aufsicht von Vollzugsbeamten. Grundsätzlich machen Mr. Delo, ich oder Mr. Banks, der andere Stellvertreter, ihm mindestens alle vierundzwanzig Stunden einen Besuch. Wir gestatten ihm ziemlich freien Zugang zur Kantine, und was Snacks und Soda und dergleichen angeht, bekommt er alles, was er braucht. Wir versuchen in diesen letzten paar Stunden seines Lebens alles so professionell und für ihn angenehm zu machen wie möglich.»
«Sagen Sie mir, wo sich die Beobachtungszelle befindet, in bezug zum Hinrichtungsraum. Wo ist sie räumlich innerhalb der Anstalt?»
«Die Beobachtungszelle ist in der Nähe der medizinischen Abteilung und ganz dicht beim eigentlichen Hinrichtungsraum selbst. Bis dahin sind es nur ein paar Schritte. In ihrer Nähe ist auch der Block eins, der totale Einschließung hat. Darum ist der Häftling innerhalb des Blocks ziemlich isoliert.»
«Welche Aufgaben hat der wachhabende Beamte in der Beobachtungszelle bei dem Todeskandidaten?»
«Das ist ein offener Raum, in der Mitte durch Maschendraht unterteilt. Der Beamte, mit Schreibmaschine und Telefon, sitzt auf der einen Seite und hält in chronologischer Folge alles fest, was passiert. Und ich meine alles. Jedes Telefongespräch, was er ißt,

seine Einstellung – alles kommt auf eine Zeittafel. Und Mr. Delo und ich halten ständig Verbindung mit dem Beamten und dem Häftling.»

«So», sagte ich. «Nun haben Sie den Häftling in der Beobachtungszelle. Was kommt als nächstes?»

«Von da an machen wir uns an die Vorbereitungen für die Hinrichtung. Etwa achtundvierzig Stunden vor der Hinrichtung machen wir einen vollständigen Probelauf. Alles, Schritt für Schritt, jede Kleinigkeit. Wo noch ein Tüpfelchen auf einem i fehlt, setzen wir es drauf. Wir gehen alles durch und sagen uns: ‹He, das wird in der Nacht passieren. So werden wir's in der Nacht tun.› Und wir machen es bis zum Ende durch, wir legen sogar eine Person auf die Hinrichtungsliege. Bei diesem Probelauf checken wir auch unsere Maschine. Wir proben alle Sicherheitsmaßnahmen im Außenbereich. Wir proben die inneren Sicherheitsvorkehrungen. Wir prüfen alle ausführenden Posten und alle Sicherheitsposten. Wir gehn die Zeugen durch – die aus dem Personal ebenso wie die von der Presse, und bereiten die Leute darauf vor, was passieren wird. Ich glaube, damit die Sache so glatt läuft, wie sie bisher gelaufen ist, kommt es vor allem darauf an, daß die Leute wissen, was passieren wird. Sie wissen genau, wie sie in einer bestimmten Situation zu reagieren haben, und sie verhalten sich dann sehr professionell.»

«Und am Tag der Hinrichtung?»

«Am Morgen vor der Hinrichtung machen wir die Anstalt nach und nach zu. Wir fangen damit an, daß wir allen Verkehr in die Anstalt unterbinden. Wir fangen auch an, Parkplätze für die Mitarbeiter aus dem Hauptbüro, für die Zeugen und die Medienleute, die kommen, freizuhalten. Wir lassen unsere Mitarbeiter am entfernten Ende des Parkplatzes parken, damit all die Würdenträger und die Leute, die kommen, gleich am Eingang parken können – solche Dinge werden alle gleich am Morgen erledigt. Der Vollzugsleiter macht eine Vormittagschronologie für alles, was in bezug auf die Hinrichtung selbst passiert, zusätzlich zu der Chronologie, die der Beamte in der Beobachtungszelle weiterführt. Alles irgendwie Auffällige, jeder Anruf von einem Journalisten – für das alles ist diese Zeittafel da. Sie soll festhalten, was sich tut im Hinblick auf die Nachrichtenmedien und die Presse.»

«Wann fangen die Leute an, ihre Posten zu beziehen?» fragte ich.

«Die meisten erst ungefähr um 15.30 Uhr am Nachmittag vor der Hinrichtung, die um 0.01 Uhr ist. Die erste Besprechung mit diesen Personen ist um drei, und dann kommt noch eine um sechs. Die Außensicherung fängt um drei an, und da halten wir diese Besprechung und schicken diese Leute auf ihre Posten. Während des ganzen Vorgangs sind Leute da, die mit den Nachrichtenmedien telefonieren, und Leute, die mit allen Justiz- und Polizeibehörden telefonieren, die mit der Hinrichtung zu tun haben. Wir lassen noch Einsatztrupps aus anderen Anstalten kommen, und die werden in der Befehlszentrale draußen in Bereitschaft gehalten, für den Fall, daß irgend etwas eintritt, das außerhalb der Norm ist, zum Beispiel eine ungewöhnlich große Anzahl Demonstranten für oder gegen die Hinrichtung. Beides haben wir schon ein paarmal erlebt, darum halten wir Leute in Bereitschaft, um auf alle Eventualitäten vorbereitet zu sein. Wir fangen allmählich an, die Anstalt abzuriegeln, bis sie wirklich dicht ist. Schon wenn Sie unter dem Viadukt sind, wo das Anstaltsgelände beginnt, werden Sie angehalten. Und wenn Sie keinen Grund haben, hier zu sein, werden Sie zurückgeschickt. Alle Lieferungen werden gestoppt. Jeder Verkehr von draußen wird gestoppt. Die einzigen, die zu der Zeit auf das Anstaltsgelände gelassen werden, sind die Leute, die an der Hinrichtung unmittelbar beteiligt sind oder in der Abendschicht Dienst haben.

Um sechs halten wir unsere Besprechung für alle Sicherheitsposten und für diejenigen Personen, die unmittelbar in der Nähe des Hinrichtungsraums zu tun haben. Jeder erhält seine Anweisungen und das Abzeichen für den jeweiligen Posten, der ihm zugeteilt wird.»

Ein streng geheimer Teil des Missouri-Protokolls ist das Sicherheitssystem, nach dem jeder Schlüsselposten bei der Hinrichtung ein farbkodiertes Abzeichen trägt.

«Was geschieht nach dieser letzten Besprechung?»

«Alle werden entlassen, und kurz nach dieser Besprechung gibt es einen Gottesdienst, zu dem jeder gehen kann, wenn er will, um eine kleine Predigt vom Kaplan zu hören, ein Gebetsgottesdienst. Das ist für alle Mitarbeiter. Dann bekommt jeder seinen Posten zugewiesen, und kurz danach gehen alle auf ihre Posten. Die innere Sicherheit wird hermetisch abgeriegelt. Die Kontrollzentrale läßt niemanden mehr rein, wenn er nicht das richtige Farbabzeichen trägt oder nicht in der richtigen Position ist.»

«Was geschieht zu dieser Zeit im Hinrichtungsraum?»

«Der Bereich wird von der eigentlichen medizinischen Abteilung mit Vorhängen abgeteilt. Wir wollen die medizinischen Behandlungen nicht stören, denn die Anstalt ist ja weiter in Betrieb. Wenn wir also medizinische Probleme haben, müssen die Leute imstande sein, sich darum zu kümmern. Ein Mann kontrolliert von außen die Tür und achtet darauf, daß jeder, der hinter den Vorhang geht, ausgewiesen ist und dort sein darf. Wir haben drei Personen, die Techniker sind, Sergeants und Lieutenants, die dafür sorgen, daß die inneren Sicherheitsbestimmungen befolgt werden. Wie schon gesagt, das sind sehr professionelle Leute, die in diesem speziellen Bereich mit den Staatszeugen und den Pressezeugen in Kontakt sein werden.

Im Hinrichtungsraum selbst vergewissert sich der Wartungsingenieur mit seinen Gehilfen noch einmal, daß die Maschine betriebsbereit ist und daß alle Spritzen richtig gefüllt sind, mit der richtigen Menge und den richtigen Präparaten. Wir haben zwei oder drei Personen in diesem Bereich, die dafür sorgen, daß die Telefone funktionieren, daß die manuellen Systeme betriebsbereit sind, daß die Jalousien einsatzbereit sind. Der Arzt ist da, checkt die Maschine und vergewissert sich, daß alle nötigen Geräte – Spritzen, Schläuche und alles – vorhanden und bereit sind. Wir haben auch einen Krankenpfleger unter Vertrag, der den Katheter dann tatsächlich ansetzt. Diese Person ist schon da, um sich noch einmal zu vergewissern, daß alles Nötige da ist und zum Gebrauch bereitsteht. Die Psychologin und der Kaplan sind auch verfügbar, falls jemand mit ihnen reden möchte. Sie haben zu dieser Zeit freien Zutritt zu dem Verurteilten. Also, wie schon gesagt, wir machen das alles auf sehr professionelle Art und versuchen alle auf dem laufenden zu halten, was sich so tut.»

«Während all diese Vorbereitungen im Gang sind, was geschieht da mit dem Verurteilten?»

«Etwa von sieben Uhr an fängt alles an sich zu beschleunigen. Alle seine Einsprüche und Gnadengesuche sind noch im Gange. Er steht in Verbindung mit seinem Anwalt. Wir stehen in Verbindung mit dem Büro des Attorney General, und der wieder steht in Verbindung mit dem Gericht, wo der Einspruch verhandelt wird – entweder das Appellationsgericht für den achten Bezirk oder das Oberste Bundesgericht. Um sieben wird ihm ein Beruhigungsmittel angeboten, ob er es nimmt, steht ihm frei. Das Beruhigungsmittel wird ihm nicht aufgezwungen. Ich sag es noch mal, er entscheidet, ob er es nehmen will oder nicht. Die meisten nehmen es. Wir setzen zu dieser Zeit die Hinrichtungsvorbereitungen fort. Gewöhnlich besuchen Mr. Delo oder ich selbst um diese Zeit den Verurteilten. Wir haben schon Ausnahmen von den Besuchsregeln gemacht und Besuchern erlaubt, bis gegen neun oder neun Uhr dreißig bei ihm zu bleiben, aber von neun Uhr dreißig an geht es wirklich los. Alles ist nach dem Hinrichtungsprotokoll geregelt. Alles ist zu dieser Zeit fertig und bereit. Gewöhnlich trifft zu dieser Zeit auch unser Direktor in der Anstalt ein. Alle Presse- und Staatszeugen werden zu einer Besprechung gebeten. Wir brauchen ungefähr vierzehn Zeugen, ob von der Presse oder aus dem Staatsdienst. Sie kommen in den Versammlungsraum und werden informiert, was zu erwarten ist. Dann, etwa um elf, werden sie nach unten zu einer gesonderten Besprechung mit dem Direktor der Strafvollzugsbehörde, Mr. Dick Moore, und George Lombardi, dem Direktor der Erwachsenenstrafanstalten, gebracht. Sie werden aufgefordert, aus ihrer Mitte einen Sprecher zu wählen, der den Gang der Ereignisse in der nächsten Stunde den anderen Medienleuten, die weiter oben warten, weitermelden soll. Sie haben Gelegenheit, sich hinzusetzen und sich zu besprechen.»

«Und der Verurteilte?»

«In der Beobachtungszelle ist der Verurteilte währenddessen ständig unter Aufsicht und Beobachtung.»

Dons Stimme blieb ruhig und klar, als er mir aus seiner eigenen Erfahrung als leitendes Mitglied des Hinrichtungsteams berichtete, was mit einem Verurteilten in den letzten fünfundvierzig Minuten seines Lebens geschieht.

«Etwa um elf Uhr fünfunddreißig wird der Verurteilte in den eigentlichen Hinrichtungsraum gebracht, wo er auf einer Liege festgeschnallt wird. Kurz darauf wird ihm die Kanüle in den Arm gesetzt.»

Er beugte sich vor und sah mir ins Gesicht. «Diese letzten fünfundzwanzig Minuten, wenn man als Vollzugsleiter im Hinrichtungsraum steht und alles, was sich tut, bescheinigt und aufzeichnet – da dauert eine Minute so lange wie ein ganzes Leben. Wirklich. Und alles ist sehr ernst, in der ganzen Anstalt. Nichts an dieser Hinrichtungsprozedur nehmen wir leicht. Aber soviel ist sicher, in diesen letzten dreißig Minuten, wenn man sich darauf vorbereitet, einem Menschen das Leben zu nehmen – da muß man in sich selbst hineinblicken und sich sagen: ‹Ich bin ein Werkzeug des Staates. Ich habe eine Aufgabe zu erfüllen, und ich habe sie mir selbst ausgesucht. Ich habe nie einen Menschen getötet, aber diese Person hier ist dessen überführt worden. Und darum ist dies die höchste Strafe, die vollstreckt werden wird, und wir sind die Werkzeuge, durch die sie vollstreckt wird.›»

Don hatte zu Beginn unseres Interviews sein Walkie-talkie abgeschaltet, darum war es nun still in seinem fensterlosen Büroraum.

«Im Raum selbst», fuhr er fort, «befindet sich der Vollzugsleiter, also Mr. Banks oder ich, der an Ort und Stelle alles aufzeichnet, was geschieht. Der Wartungsingenieur ist da, für den Fall, daß in letzter Minute noch Vorbereitungen an der Maschine zu treffen sind. Hinter geschlossenen Türen warten vier weitere Personen, die den Knopfdruck als solchen vornehmen werden, wenn wir jetzt zu den letzten Minuten des Hinrichtungsvorgangs kommen. Mr. Sutterfield, Mr. Delo, Mr. Armontrout und Mark Schreiber, das sind die Hauptpersonen im Hinblick darauf, daß sie sich vergewissern, daß alles… daß die richtige Information vom Direktor an sie ergeht, und sie verständigen den Vollzugsleiter, der das Kommando zur Hinrichtung gibt. Zwei weitere Personen sind in ständiger telefonischer Verbindung mit der Telefonzentrale im Obergeschoß, um dafür zu sorgen, daß Anschlüsse frei sind, wenn es einen Aufschub in letzter Minute geben sollte. Sogar den Gouverneur rufen wir an, um zu hören, ob er den Typ begnadigen will oder möchte, daß die Hinrichtung aufgeschoben wird.»

Seit der Wiederaufnahme der Hinrichtungen in Missouri im Jahr 1989 hat der Gouverneur John Ashcroft alle Gnadengesuche abgewiesen.

Dann beschrieb Don den Befehlsweg in den letzten Augenblikken vor einer Hinrichtung, vom Hinrichtungsraum selbst bis hinauf zum Wohnsitz des Gouverneurs in Jefferson City, und dessen Aufgabe, so wie er sie schilderte, bestand darin, dem Hinrichtungsteam den maßgeblichen Vollzugsbefehl zu geben.

«Kurz vor zwölf werden alle Systeme gecheckt. Den ganzen Weg hinauf, vom Hinrichtungsraum angefangen. Wir reden mit dem Direktor, der wieder redet mit seinem Rechtsberater und mit dem Rechtsberater des Gouverneurs, um zu hören, ob sich an der bevorstehenden Hinrichtung noch irgend etwas ändert. Um zwölf Uhr Mitternacht wird der Befehl erteilt, mit der Hinrichtung zu beginnen, und zu dieser Zeit erhält der Vollzugsleiter protokollmäßig auf dem Befehlsweg die Anweisung, und er gibt die Anweisung weiter. Zu diesem Zeitpunkt wird die Maschine aktiviert. Dann werden die Knöpfe gedrückt, und die Hinrichtung beginnt. Von dem Moment, wenn das erste Präparat eingeflößt wird, bis zum endgültigen Tod vergehen etwa viereinhalb Minuten. Es sind drei Präparate, die durch Schläuche intravenös dem Körper der Person eingeflößt werden. Es ist im Grunde völlig schmerzlos und geht sehr schnell. Die Person schläft ein.»

«Was erleben Sie persönlich während einer Hinrichtung?»

«Als Vollzugsleiter bin ich die letzte Person, die im Hinrichtungsraum zu sehen ist. Ich notiere alles, was passiert. Wir bieten dem Verurteilten an, daß er jede letzte Bitte aussprechen darf, oder was auch immer; er hat die Möglichkeit zu sprechen, wenn er will. Um zwölf schaut die Person normalerweise noch einmal seine Besucher an oder blickt sich einfach so um. Alles ist ganz spannungslos, ohne Zuckungen, Gebrüll oder Paranoia. Das hat es im Grunde nie gegeben. Im allgemeinen hat die Person sich damit abgefunden, daß sie gewissermaßen irgendwie sterbenskrank ist, und fügt sich in ihr Schicksal. Wie schon gesagt, es ist die äußerste Strafe für die Verbrechen, die die Verurteilten begangen haben. Und sie machen im wesentlichen... die Augen klappen einfach zu, und sie sind tot.»

«Was hören Sie dabei?»

«Stille. Es ist wirklich ganz still. Wahrscheinlich könnte ich mein Herz schlagen hören, lauter als alles andere, was mir in den letzten drei, vier, fünf Minuten bewußt ist, nachdem der Hinrichtungsbefehl verlesen und grünes Licht für den Vollzug gegeben worden ist.»

«Was macht der Arzt?»

«Der Arzt selbst ist hinter einem Schirm und beobachtet ständig den Herzmonitor, damit er die Person für tot erklären kann. Es dauert etwa vier Minuten, und sobald es soweit ist, meldet er, daß die Person verstorben ist, und zu dem Zeitpunkt schließen wir die Jalousien und nehmen dem Verurteilten die Anschlüsse ab.»

«Und was geschieht außerhalb des Hinrichtungsraums?»

«Wahrscheinlich geht es dort ein klein bißchen aufgeregter zu als drinnen. Die staatlichen Zeugen und die Pressezeugen werden entlassen, aber vorher müssen sie eine notarielle Urkunde unterschreiben, daß sie der Hinrichtung beigewohnt haben. Das geschieht gleich nach der Hinrichtung selbst, und dann können sie ins Obergeschoß gehen und den übrigen Medienleuten berichten, was gewesen ist. Mr. Dick Moore geht auch in die Presseräume hinauf und verliest eine Erklärung, gewöhnlich vom Gouverneur oder vom Büro des Gouverneurs, im Hinblick auf das, was stattgefunden hat.»

«Was geschieht nach der Hinrichtung im Hinrichtungsraum?»

«Im Raum selbst werden dem Verurteilten, dem verstorbenen Verurteilten zu diesem Zeitpunkt, die Fingerabdrücke abgenommen. Es wird verifiziert, daß dies die rechtmäßig hingerichtete Person ist. Und wenn alle diese Dinge gemacht sind, kommt der örtliche Leichenbeschauer herein und übernimmt die Leiche.»

«Wenn das Abnehmen der Fingerabdrücke den Zweck hat, den Verurteilten eindeutig zu identifizieren, warum nehmen Sie ihm die Fingerabdrücke dann nicht vor der Hinrichtung ab?»

«Wir sind sehr... wir wissen genau, wer der Häftling ist, bevor er da reingeht. Aber wir brauchen die Fingerabdrücke als Anlage zur Hinrichtungsurkunde, weil damit belegt wird, daß dieser Verurteilte der Verstorbene ist. Sie werden der Hinrichtungsurkunde angeheftet, die ins Zentralbüro geht und dann zur Justizbehörde, wo sie zu den Akten gelegt wird. Dann steht in den Akten, daß der

Verurteilte gemäß dem Gesetz des Staates Missouri hingerichtet wurde.»

«Wie ist es nach einer Hinrichtung? Nicht nur für Sie, sondern auch für die anderen Mitglieder des Teams?»

«Man ist erleichtert. Sehr ruhig, gelassen, gefaßt. Sehr professionell.» Don lehnte sich in seinem Sessel zurück und sagte: «Wir haben in bezug auf die Hinrichtungen viel Streß vorausgesehen. Das ist nicht eingetreten. Die Leute haben sich den Anforderungen gewachsen gezeigt, wenn Sie so wollen, haben den Streß bewältigt und sind darüber hinweggegangen. Sehr professionell. Und wenn eine Hinrichtung vorbei ist, gehen die Leute eben einfach nach Hause. Was mich angeht, ich packe dann meist alles zusammen, schließe gegen zwei Uhr morgens mein Büro ab und gehe nach Hause. Normalerweise ist meine Frau dann noch auf, und wir setzen uns hin, reden und diskutieren, und dann geh ich schlafen. Ich habe kein Problem mit dem Einschlafen nach einer Hinrichtung.»

Während Don nach einer Hinrichtung heimgeht, feiern die anderen aus dem Team eine Party.

Wir fanden, daß es der richtige Augenblick für eine Zigarettenpause war. Draußen war es kalt, und der *Highway 0*, wo er sich nach Mineral Point hinschlängelte, war in einen leichten Nebel gehüllt. Ein Güterzug ratterte bedächtig auf den Gleisen dahin, die durch Mineral Point hindurchführen, und gab ein Pfeifsignal.

Als wir wieder hineingingen, bat ich Don, mir von den fünf Hinrichtungen zu erzählen, die in Potosi schon stattgefunden hatten.

«Okay. Unsere erste Hinrichtung in Potosi, im Januar 1990, war Gerald Smith. Die nächste war im Mai 1990, Winford Stokes, und im Mai 1990 machten wir noch eine, Leonard Laws. Dann, im August 1990 kam George Gilmore, und unsere letzte Hinrichtung, im August 1991, war Maurice Byrd. Nun, alle diese Hinrichtungen wurden sehr professionell gemacht.»

Ich fragte, ob eine der Hinrichtungen ihm besonderen Eindruck gemacht habe.

«Die eine, an die ich mich besser erinnere als an die von Gerald

Smith, war die von Leonard Laws», sagte Don. «Leonard Laws war ein Veteran, und er bekam ein paarmal Aufschub mit Rücksicht auf seine Vergangenheit beim Militär. Und möglicherweise hatte seine Kriegsteilnahme in Vietnam Einfluß auf das Verbrechen, das er begangen hatte. Was das Verbindende zwischen Leonard und mir angeht, weil er ein Veteran war, das habe ich nie so empfunden. Leonard Laws war einfach ein guter Häftling, nicht aufsässig oder destruktiv. Er wurde nicht gewalttätig oder aggressiv gegen das Personal. Vermutlich war er aus der Sicht der Gemeinde – denn er stammte von hier – ein ziemlich guter Kerl, der auf die schiefe Bahn geraten war.»

Leonard Laws war in Mineral Point geboren. Er hatte das Haus seiner Opfer in Brand gesteckt. Ich hatte die Ruine des Hauses gesehen, in dem er aufgewachsen war; ironischerweise war es auch niedergebrannt. Es lag Paul Delos Haus an der Straße fast unmittelbar gegenüber.

«Leonard wurde wegen Mittäterschaft beim Mord an vier älteren Leuten – einer davon im Rollstuhl – angeklagt, alles wegen ein paar Dollars, er brannte ihr Haus nieder. Natürlich kamen sie alle darin um. Er wurde wegen vierfachen Mordes angeklagt», sagte mir Don.

Daß Leonard Laws ein Vietnam-Veteran gewesen war, ebenso wie die leitenden Mitglieder des Hinrichtungsteams, ließ mich an Paul Delos Metapher der «Gefechtsbereitschaft» denken, mit der er die Bereitschaft zum Vollzug einer Hinrichtung bezeichnete. Ich fragte Don, ob er meine, daß seine militärischen Erfahrungen seiner Fähigkeit zugute kämen, problemlos in einer Gruppe mitzuarbeiten, die es mit Vorsatz darauf anlege, jemandem das Leben zu nehmen.

«Unter dem Gesichtspunkt des Protokolls, des Befehlswegs, sicherlich, das liegt eindeutig auf einer Linie mit dem militärischen Befehlsweg. Und ich habe Paul oft davon wie von einem Gefecht sprechen hören, oder möglicherweise auch wie von der Vorbereitung einer bestimmten Initiative, eines bestimmten Gefechts. Und ich meine, das hat eine gewisse Berechtigung, auch aus meiner Sicht, wie ich damals nach Vietnam gekommen bin. Ich wußte, ich hatte da eine Aufgabe zu erledigen, und ich wußte auch, was das für eine Aufgabe war. Und ich wußte, daß Menschen getötet werden würden. Das wußte ich von vornherein. Darum denke ich, diese Bereitschaft könnte so etwas Ähnliches sein. Ich denke nicht bewußt an Vietnam, weil ich da eine ziemlich feste mentale Sperre aufgebaut habe und diese Geschichte vergangen und vergessen lassen sein will. Aber klar, meinen Befehlsweg kenne ich. Ich weiß, was von mir erwartet wird. Ich habe mich darauf vorbereitet. Ich habe das eingeübt. Und damit Mr. Delo gut dasteht, erledige ich meinen Job hundertzehnprozentig. Und ich glaube, das wirkt alles zusammen.»

«Was sagen Sie zu der Maschine? Macht sie einen Unterschied im Vergleich zu der Todesspritze von Hand, wie in Texas? Macht es für die Leute, die den Knopf drücken, wirklich einen Unterschied, wer von ihnen die Maschine in Gang gesetzt hat?»

«Viele Leute kennen die Hinrichtungsart von Texas, das heißt, einfach eine Spritze, der Typ kriegt eine Injektion. Diese Maschine hier ist eine computerisierte Maschine, die von Gewichtskolben an einem Zylinder ausgelöst wird, der eine bestimmte Menge eines Präparats in einen intravenösen Schlauch drückt und von da in die Venen der Person. Binnen Sekunden nach dem Eintritt des ersten Präparats in den Schlauch verliert die Person das Bewußtsein. Also eine ziemlich komplizierte Maschine, nicht einfach bloß eine Spritze mit Nadel. Sie ist mehr als das, viel mehr. Sie schaltet fast... nahezu jedes menschliche Versagen aus. Und sie schaltet auch den Zweifel aus, wer nun eigentlich den Knopf drückt, denn sie funktioniert nach einem Computer-Rotationsmechanismus, wodurch es im Bewußtsein des einzelnen, der den Knopf gedrückt hat, immer zweifelhaft ist, ob er derjenige gewesen ist, der die tödliche Injektion in Gang gesetzt hat oder nicht. Damit hat man eine äußere Ungewißheit, die wahrscheinlich jemand einen Schutzmechanismus liefert, weil er sich sagen kann, ‹ich weiß nicht, ob ich es war›.»

«Aber wenn Sie einen der Knöpfe drücken würden, würde für Sie das doppelte Kontrollsystem dann einen Unterschied machen? Würde es für Sie einen Unterschied machen, ob Sie es wissen oder nicht?»

«Nein, für mich würde das überhaupt keinen Unterschied machen. Ich habe mich, wie schon gesagt, dafür entschieden, ein Werkzeug des Staates zu sein, und ich vollstrecke dies als eine Strafe, wobei die Todesstrafe die äußerste Strafe ist. Und es würde mir gar nichts ausmachen, den Knopf zu drücken. Diese Personen sind kapitaler und in vielen Fällen mehrfacher kapitaler Verbrechen angeklagt und überführt worden.»

Schon bei meinem ersten Besuch hatte Paul Delo mir geraten, mit der Gefängnispsychologin Betty Weber zu sprechen. Er sagte mir, daß sie nach Beginn der Hinrichtungen in Potosi eine Umfrage gemacht habe, um die psychischen Auswirkungen auf die Mitarbeiter herauszufinden. Betty war gerade zum Angeln gefahren, aber sie antwortete dann auf einen Brief, den ich ihr aus England schrieb, und legte ein Exemplar ihres Fragebogens und die Ergebnisse bei.

Vierunddreißig Mitarbeiter in Potosi hatten die Umfrage beantwortet, davon vierundzwanzig Strafvollzugsbeamte und sechs Führungskräfte. Die Umfrage war im Juni 1990 durchgeführt worden. Sie bestand aus vierzehn Ja/Nein-Fragen, denen eine Erklärung über den Befragungszweck vorausgeschickt wurde: «Der folgende Fragebogen wurde entwickelt, um die Gedanken und Gefühle unserer Mitarbeiter in bezug auf Prozeß und Prozedur unserer Hinrichtungen genauer zu erfassen. Der Fragebogen hat den Zweck, uns ein besseres Urteil über den Gesamtvorgang zu ermöglichen und dabei zu erkennen, ob die Interessen und Bedürfnisse der Mitarbeiter hinlänglich berücksichtigt und befriedigt werden. Ihre Antwort würde uns sehr helfen, Ihre Interessen richtig einzuschätzen und die Verfahrensweisen bei zukünftigen Hinrichtungen dementsprechend zu planen.»

Nach Auswertung der Antworten berichtete Betty Weber: «Der allgemeine Konsens der Meinungen ging dahin, daß die erwarteten Probleme wie z.B. Streß, Schuldgefühle, Depressionen etc. nach den Hinrichtungen nicht aufgetreten seien.» Die Umfrage zeigte, daß fünf Mitarbeiter Zweifel hatten, ob sie Arbeitseinsätze während einer Hinrichtungsnacht annehmen sollten (einer antwortete nicht); acht sagten, sie verstünden das Berufungsverfahren bei Todesurteilen nicht (zwei sagten, sie verstünden es «ein wenig»); achtzehn sagten, sie könnten von Schulungsmaßnahmen in bezug auf das Berufungsverfahren profitieren (dreizehn beantworteten diese

Frage nicht); fünf hatten Vorbehalte hinsichtlich der Schuld der Verurteilten; und vier Mitarbeiter sagten, sie müßten sich nach einer Hinrichtung mit jemandem aussprechen.

Betty verbreitete die Ergebnisse unter den Mitarbeitern, mit einer Anmerkung, die lautete: «Angesichts der Tatsache, daß wir an den Gedanken und Gefühlen aller in bezug auf die Hinrichtungsprozedur und die damit zusammenhängenden Pflichten, die wir übernommen haben, interessiert sind, meinen wir, daß offene Kommunikation nötig ist und für unsere kooperativen Bemühungen um kompetentes, professionelles Verhalten förderlich sein wird. Zugleich ist es unser Ziel, den Kollegen Rückhalt zu geben und gegenüber allen Beteiligten Einfühlung, Anteilnahme und Mitgefühl zu bewahren.»

Ich traf Betty in Potosi während der Woche vor Thanksgiving. Sie ist eine füllige, mitteilsame Frau, trägt weite, geblümte Kleider und stammt wie ihr Mentor Bill Armontrout aus Oklahoma. Sie ist seit siebzehn Jahren im Strafvollzug und hat schon in Gefängnissen jeden Typs gearbeitet. Bill Armontrout hatte sie anfangs für das MSP engagiert, und seither hielten sie engen Kontakt. Bei der Hinrichtung von Tiny Mercer war sie am MSP, und sie lernte Fred Leuchter kennen, als er seine Injektionsmaschine installieren kam und das Hinrichtungsteam von Missouri daran schulte.

Betty ist ein wichtiges Mitglied des Hinrichtungsteams. Zwar hat sie mit dem Befehlsweg und der Bedienung der Injektionsmaschine nichts zu tun, aber ihre Anwesenheit ist ein wesentliches Element des Missouri-Verfahrens beim Vollzug von Hinrichtungen. Sowohl Paul Delo wie auch Bill Armontrout halten es für wichtig, daß eine Psychologin da ist, um sich mit allen etwa auftretenden Problemen der Mitarbeiter zu befassen oder mit dem Verurteilten während seiner letzten Stunden zu sprechen, wenn er das wünscht. Im Verlauf einer Hinrichtung arbeitet Betty eng mit Gary Tune, dem Gefängniskaplan, zusammen, und sie erfüllen gemeinsam eine teils seelsorgerische, teils psychotherapeutische Aufgabe. Ich war interessiert zu erfahren, was das Missouri-Protokoll aus ihrer fachlichen Sicht für sie bedeutete. Ich fragte sie zunächst, welches ihre Pflichten seien.

Eine der schwierigsten, sagte sie mir, sei die Bestimmung der

Zurechnungsfähigkeit. Zweck einer solchen Bestimmung ist es zu klären, ob der Häftling «geistig tauglich» ist, hingerichtet zu werden. Dies ist ein kontroverses Thema, das vor allem von den Gegnern der Todesstrafe immer wieder aufgegriffen wird. Sie behaupten, wenn die geistige Zurechnungsfähigkeit eines Verurteilten fraglich sei, dann gehöre er oder sie gar nicht erst in die Todeszelle. Wenn der Verurteilte geistesgestört sei, hätte er oder sie nicht wegen Mord zum Tode verurteilt werden dürfen. Neben der Hinrichtung von Jugendlichen oder von Personen, die noch nicht achtzehn Jahre alt waren, als man sie zum Tode verurteilte, ist auch die Hinrichtung retardierter oder geistig unzurechnungsfähiger Personen ein Angriffspunkt für heftige Kritik von seiten der liberalen Presse und der Gruppen, welche die Todesstrafe bekämpfen.

Eines der Probleme bei den Zurechnungsfähigkeitsuntersuchungen ist die Auswahl des Gutachters. Betty sagte mir: «Wenn unser Mann es macht, sagt der Anwalt des Häftlings, wir würden unseren Standpunkt vertreten, weil wir den Häftling umbringen wollen. Wenn der Anwalt des Häftlings die Wahl hat, na ja, dann sagen alle, er will ihn raushauen.»

Ich wußte, daß diese Streitfrage sich während der letzten Wochen im Fall Bobby Shaw zugespitzt hatte. Bobby Shaw ist der Häftling mit der Nummer 7. Er sitzt seit 1980 im Todestrakt, und die meisten Mitarbeiter in Potosi erwarteten, daß er als nächster hingerichtet wird.

Im Juli 1979 verbüßte Shaw eine lebenslängliche Strafe wegen Mordes im MSP, als er einen einundsechzigjährigen Vollzugsbeamten erstach. Der Mord war in der Gefängnisküche geschehen, und auf dem Gefängnishof des MSP wurde Shaw gestellt. Einem Beamten auf dem Wachtturm wurde befohlen zu schießen, aber der Befehl wurde verweigert. Shaw wurde schließlich von einem Beamten entwaffnet, der ihm mit einem Baseballschläger auf den Kopf schlug.

Zwar hatte ich mit Bobby Shaw bis dahin noch nicht gesprochen, aber die Einstellung der Vollzugsbeamten gegen diesen Häftling, der einen von ihnen umgebracht hatte, war klar. Die meisten sagten unumwunden, daß sie sich auf seine Hinrichtung freuten.

Ich hatte mit Paul Delo über Bobby Shaw gesprochen und ihn gefragt, ob ich mit ihm ein Interview machen könne.

«Sicher. Sie können's versuchen», sagte Paul, «aber Bobby Shaw hat seit Jahren zu niemandem mehr viel zu sagen gehabt.»

«Was meinen Sie?» fragte ich Paul. «Ist er tauglich für die Hinrichtung?»

Paul lächelte und beantwortete die Frage so diplomatisch er konnte. «Ich glaube, Bobby Shaw ist heute nicht dümmer als an dem Tag, als er ins Gefängnis kam.»

Ich fragte Betty, ob sie an den Zurechnungsfähigkeitsuntersuchungen im Falle Bobby Shaw beteiligt gewesen sei.

Sie bejahte und sagte mir: «Ich glaube, der Haupteinwand ist – anfänglich und auch jetzt noch – geistige Retardierung.»

«Ist er geistig retardiert?» fragte ich.

«Da ist was dran», sagte sie. «Aber wie sollen wir wissen, daß das nicht erst verursacht wurde, als sie ihm die Waffe abnahmen.»

«Als sie Gewalt anwandten, um ihn gefügig zu machen?»

«Ja. Er hatte danach ein Kopfproblem.»

Betty seufzte resigniert. «Er ist wie so viele Häftlinge... sie zeigen einem nur, was sie einem zeigen wollen. Und ich habe doch lange genug bei ihm gesessen und mit ihm geredet, um zu wissen, daß er depressiv ist.»

Ich fragte Betty, ob Bobby Shaw ihrer Meinung nach bereit sein würde, mit mir zu reden.

«Ich glaube schon», sagte sie. Sie warnte mich, daß das Gespräch, wenn es zustande käme, sehr schwierig sein würde. «Sie müssen sich erst mal hinsetzen und etwas Zeit mit ihm verbringen. Bringen Sie ihn ein bißchen in Fahrt. Hören Sie zu, was er sagt. Lassen Sie ihm so viel Zeit, wie er braucht. Da können Sie nicht gleich zur Sache kommen.»

«Wie hoch ist sein IQ?» fragte ich.

«Wohl knapp an der Grenze», antwortete Betty. «Er ist organisch hirngeschädigt. Zugegeben, viele von ihnen sind organisch hirngeschädigt. Aber auch viele Leute, die draußen frei herumlaufen, sind das, auch etliche unserer Mitarbeiter, zumindest ein wenig. Aber das heißt noch nicht, daß man unzurechnungsfähig oder untauglich wäre. Aber sie machen eine große Geschichte draus und sagen, ‹damit ist er unzurechnungsfähig›.»

Ich fragte Betty nach ihrem allgemeineren Eindruck.

«Er sitzt meistens einfach so da, mit einem verbiesterten Gesicht», sagte sie.

«Ist er schon einmal kurz vor einer Hinrichtung gestanden?»

«Ja», sagte Betty. «Am Tag davor bekam er einen Aufschub.»

«War ihm völlig klar, was vorging?»

«Ja.»

Ich drängte Betty, mir mehr zu sagen. Sie sagte, er sei «ein passiver Typ, der tötet».

«Wie interpretieren Sie diese Passivität?»

«Wie es aussieht, soweit es das Verhalten hier betrifft, muß einer, der so passiv ist, der nach außen hin so sehr Einzelgänger ist, einfach eine Menge an aufgestauter Frustration, an Wut, in sich haben.» Sie nickte, um dem Gesagten Nachdruck zu geben. «O ja...»

Ich war interessiert, Bettys Meinung über A. J. Bannister zu erfahren. «Erzählen Sie mir von Ihren Gesprächen mit ihm», bat ich sie.

«Die waren alle ganz freundlich. Wirklich. Das einzige Mal, daß ich etwas länger mit ihm geredet habe, war es so was wie ein Spiel. Wie Tennis. Er spielt einem die Bälle zurück, will sehn, was er aus einem herausholen kann, wo man steht. Selten ein ernsthaftes Gespräch.»

Ich meinte, daß die Häftlinge vielleicht mißtrauisch Betty gegenüber seien, und fragte sie, ob ihr das nicht die Arbeit erschwere.

Betty antwortete unverblümt. «Für die bin ich hier der Feind, meistens. Sie denken sich, ‹was du auch von ihr willst, sie wird dich doch nur umbringen›.»

Die Tatsache, daß die Strafanstalt Potosi eine Einrichtung ist, die eigens für den Zweck erbaut wurde, daß hier die Todesstrafe vollstreckt werden kann, bedeutet, daß jeder, der hier arbeitet, am Prozeß der Hinrichtungen beteiligt ist. Betty fühlt sich dadurch in dem, was sie leisten könnte, behindert.

«Das erschwert mir manchmal die Arbeit», sagte sie. «Es gibt immer Bedenken ihrerseits, ob ich vertrauliche Mitteilungen für mich behalte.»

Betty gab zu, daß Diskretion auch für sie ein Problem sei. Wenn sie etwas erfährt, was für die Sicherheit der Anstalt wichtig sein könnte oder was eine Gefahr für einen anderen Häftling oder einen

Mitarbeiter darstellt, ist sie verpflichtet, diese Information weiter-
zugeben, damit geeignete Maßnahmen ergriffen werden können.
Die erste Pflicht für Betty, ebenso wie für den Kaplan und den Arzt,
ist es, für die Sicherheit der Anstalt zu sorgen.

Wir sprachen über die Schwierigkeiten einer Behandlung von
Menschen, die keine Zukunft außerhalb des Gefängnisses mehr
haben. Welchen Sinn hat es, auf eine Rehabilitation hinzuarbeiten,
wenn der Staat schon entschieden hat, daß der Sträfling unverbes-
serlich ist und entweder hingerichtet oder bis zu seinem Tod in Haft
bleiben wird?

«Bei den Langzeit-Häftlingen», sagte Betty, «ist mein Ziel nicht
Heilung, sondern Stabilisierung. Im Grunde bin ich hier nur die
Feuerwehr.» Sie bedauerte, daß sie nicht die Möglichkeit habe, alle
ihre Fähigkeiten einzusetzen, Behandlungsprogramme zu planen
und Forschungen durchzuführen. «Aber ich bin ja freiwillig hierhergekommen», sagte sie. «Das ist meine eigene Schuld.»

«Was ist mit Problemen der Mitarbeiter?» fragte ich. «Haben Sie
damit auch zu tun?»

«Das hat mich viel von meiner Zeit gekostet», sagte Betty. «Es
kommt so in Wellen. Viele haben Probleme zu Hause.»

«Bedingt durch die Arbeit?»

«Schwer zu sagen, was zuerst da war, das Huhn oder das Ei. Hat
die Arbeit die Probleme zu Hause verursacht, oder waren die Probleme zu Hause von Anfang an da; und wenn dann der Job zum
Problem wird, dann spitzt sich alles irgendwie zu. Es gibt viel Alko-
holprobleme. Auch der Druck unter Kollegen ruft zu Hause Probleme hervor.»

Betty sagte auch, daß es beim Personal häufig Gewalttätigkeit
innerhalb der Familie gebe. Ich fragte sie, ob sie das für eine unmittelbare Folge dieses Berufs halte. Sie sagte, ihrer Ansicht nach hätten die meisten, die zur Gewalttätigkeit neigten, damit schon Probleme gehabt, bevor sie in Potosi zu arbeiten anfingen.

«Werden diese Probleme manchmal so schwer, daß Sie sich fragen müssen, ob der Betreffende weiterhin im Gefängnis beschäftigt
werden kann?»

«Ich mache meistens folgendes: Ich teste die geistige Verfassung.
Und wenn ich etwas sehe, was unter dem Sicherheitsaspekt die

Arbeit dieser Person beeinträchtigen könnte, rede ich mit dem Vorgesetzten. Andernfalls sage ich mir, okay, ich glaube, diese Person wird mit der Situation fertig; oder wir werden damit in ein paar Sitzungen fertig.»

Aber die Behandlung sehr schwerer Probleme bei einem Mitarbeiter müßte außerhalb des Gefängnisses stattfinden, sagte mir Betty. «Wenn eine Langzeitbehandlung nötig wäre – und das ist schon vorgekommen –, dann könnte ich für den Betreffenden zu einer Bedrohung werden, weil ich zuviel weiß.»

Wir sprachen über Bettys Rolle im Hinrichtungsprozeß, und sie sagte mir, daß sie vom Zeitpunkt eines Hinrichtungsbefehls an auf Abruf bereitsteht. Während der letzten achtundvierzig Stunden eines Verurteilten in der Beobachtungszelle arbeitet sie eng mit dem Kaplan zusammen; sie steht für die Mitarbeiter und für den Verurteilten zur Verfügung. Am Tag einer Hinrichtung machen sie und der Kaplan einen Rundgang durch die Blöcke und geben den Häftlingen zu verstehen, daß sie verfügbar sind, wenn jemand mit ihnen sprechen möchte. Wenn die Hinrichtung näherrückt, begeben Betty und der Kaplan sich in den Hinrichtungsbereich, wo sie bleiben, bis die Prozedur abgeschlossen ist. Bisher sind ihre Dienste nicht sehr gefragt gewesen. Aber die Anwesenheit beider scheint für das Missouri-Protokoll ein wichtiger Teil des Rituals zu sein.

Ich wollte auf die Umfrage zurückkommen, die Betty entwickelt hatte. Da sie sich auf Ja/Nein-Antworten beschränkte, wollte ich wissen, ob Betty dachte, daß die Mitarbeiter auch Probleme hätten, die über das, was ein kurzer Fragebogen erfassen konnte, hinausgingen.

«Alle meinen, wir müßten Probleme haben. Ich hab immer gesagt, nein, glaub ich nicht. Denn wir können jederzeit aussteigen und nicht teilnehmen. Wir werden ja nicht *gezwungen*, Hinrichtungen zu machen. Und diese Sicherheit allein hilft einem schon ein ganzes Stück weiter.»

«Aber hat es nicht sehr viel Angst bei denen gegeben, die noch nie eine Hinrichtung mitgemacht hatten?»

«Die Neugier hilft anfangs zum großen Teil darüber hinweg. Wissen Sie, man will sehn, wie das zugeht. Es ist etwas Neues.»

«Wie war das bei Ihnen?» fragte ich. «Wie haben Sie reagiert, als

Sie an dem Verfahren, jemand das Leben zu nehmen, beteiligt wurden? Hatte das irgendwelche Auswirkungen auf Sie?»
«Eigentlich nicht. Mein Gefühl ist darin ganz klar und sicher. Ich habe nicht die Entscheidung getroffen, den Häftling hinzurichten. Ich habe damit nichts zu tun. Ich bin dazu da, soviel Trost und Rückhalt zu geben wie möglich.»

Betty war bei Tiny Mercers Hinrichtung im MSP und bei allen Hinrichtungen in Potosi dabeigewesen. Sie sagte, daß Fred Leuchters Maschine und das Missouri-Protokoll viel dazu beitragen würden, das mit einer Hinrichtung verbundene Streß-Niveau zu senken. Die ständige Übung, die Auflösung des Prozesses in spezifische Rollen, das klare Wissen jedes Mitarbeiters, was genau seine Rolle sei, dies alles sorge für eine Prozedur, die sie als kompetent, professionell und streßfrei bezeichnete.

Nach meinem Interview mit Betty Weber lud ich sie zum Essen ins Restaurant im Ort ein. Als wir dort ankamen, saßen Paul Delo und einige seiner Mitarbeiter am Nebentisch. Ich sprach mit Betty, als Paul zu uns herüberkam und uns begrüßte.

«Heute nachmittag kann ich Sie leider nicht reinlassen», sagte er.

Ich machte mir Sorgen, ob irgend etwas schiefgegangen sei – ob ich aus Versehen irgendeine Regel verletzt hatte und Paul mir jetzt zu verstehen gebe, daß ich nicht wiederkommen dürfe. Außerdem hatte ich für diesen Nachmittag ein Gespräch mit A. J. verabredet und hoffte, auch Bobby Shaw zu treffen. Ich befürchtete, ich könne ihnen vielleicht keine Nachricht mehr zukommen lassen.

«Sie können heute nachmittag im Verwaltungsblock bleiben und mit jedem dort sprechen, mit dem Sie sprechen wollen. Aber die meisten werden heute nachmittag wegen einer Versammlung keine Zeit haben.»

«Okay», sagte ich.

«Na schön», sagte Paul. «Dann bis später.»

«Wissen Sie, um was es da geht?» fragte ich Betty.

«Hm», sagte sie. «Keine Ahnung.»

Während des Essens war mir die Sache nicht geheuer, und als ich Betty zum Gefängnis zurückfuhr, stand Paul vor dem Haupteingang und rauchte eine Zigarette.

«Ich will Ihnen sagen, um was es geht, Steve.» Er blickte auf seine Uhr. «Ich muß den Mitarbeitern und danach der Presse heute nachmittag etwas bekanntgeben. Sie müssen mir versprechen, es bis morgen für sich zu behalten.»

Ich versprach es ihm.

«Ich gebe bekannt, daß wir die HIV-positiven Häftlinge nicht mehr isolieren, sondern eingliedern werden.»

«Ich verstehe.»

«Ich informiere heute nachmittag auch die Häftlinge. Und nur zur Vorsicht, für den Fall, daß es Unruhe gibt, möchte ich lieber, daß Sie heute nachmittag nicht reingehen.»

Ich bedankte mich für Pauls Erklärung und sagte ihm, daß ich mir Sorgen gemacht hatte.

«Kein Problem», sagte er. «Kommen Sie morgen wieder und machen Sie, was Sie wollen.»

An diesem Vormittag hatten die Bands der Häftlinge im Gefängnis ein Konzert gegeben, und ein Fernsehsender aus St. Louis hatte ein Aufnahmeteam hergeschickt. Am Abend blieb ich in meinem Zimmer und sah die Nachrichten an, ob etwas über Potosi käme, aber weder das Konzert noch die neue HIV-Regelung wurden erwähnt.

Am nächsten Tag suchte ich den Betreuer auf, bei dem ich um ein Interview mit Bobby Shaw nachgesucht hatte. Ich hatte sehr wenig Hoffnung, daß Shaw dazu bereit sein würde, aber zu meiner Überraschung und auch zur Überraschung des Betreuers willigte er ein.

Bobby Shaw kam in das Sprechzimmer geschlurft. Er hatte die graue Gefängniskleidung. Anders als die meisten Häftlinge hatte er nicht ein einziges Kleidungsstück an, das ihm eine gewisse persönliche Note oder eine Identität gegeben hätte. Ich hatte gehört, Bobby sei wohl der ärmste von allen Häftlingen in Potosi. Er hatte kein Radio, kein Fernsehen, so gut wie gar keine persönliche Habe. Er trug das Haar in einem ungekämmten Afro-Schnitt, der zur Zeit seiner Verhaftung, vor zehn Jahren, modern gewesen war. Seine Lider hingen schwer über den Augen, und seine Bewegungen waren langsam. Zur Begrüßung gab er mir schlaff die Hand. Wenn er sprach, hörte es sich an wie eine Schallplatte mit falscher Drehgeschwindigkeit. Er setzte sich auf den Stuhl, den ich ihm anbot, und heftete den Blick in einem Fünfundvierziggradwinkel aufwärts an die Decke, während ich ihm den Zweck meines Besuchs erklärte. Meinem ersten Eindruck nach war er stark geistesabwesend. Aber er hörte sich genau an, was ich zu sagen hatte, und beantwortete die Fragen, die ich ihm stellte.

Ich fragte ihn nach seinem vorigen Hinrichtungstermin, und er erzählte mir, daß die Gerichte eingegriffen hatten.

«Bekommen Sie viel Hilfe von Ihren Anwälten?»

«Ich weiß nicht», sagte Bobby. «Ich hab nichts von ihnen gehört.»

«Kommen sie manchmal her, um Sie zu besuchen?»

«In letzter Zeit nicht.»

«Sind Sie mit jemand hier besonders eng befreundet?»

«Nein. Keine richtige Freundschaft.»

Ich fragte Bobby, wie er seine Zeit verbringe.

«Ist kalt draußen», sagte er.

«Und ob!» sagte ich.

Der Winter konnte in Potosi brutal kalt sein, und das Gefängnis war so angelegt, daß der Wind die Wände entlangfegte. Nur wenige Insassen waren draußen auf dem Hof.

«Weiß nicht. Lesen, manchmal. Zeitungen und so Zeugs. Grad hab ich eine Broschüre von einer Organisation gekriegt, die gegen die Todesstrafe ist. Les auch in meiner Bibel.»

Ich fragte Bobby, ob er schon Christ gewesen sei, bevor er ins Gefängnis kam. Er sagte, er sei christlich erzogen worden, aber kein Kirchgänger gewesen.

«Wie kamen Sie darauf, die Bibel zu lesen?»

«Weiß nicht. In der Kapelle. Eine Bibelstunde.»

Ich fragte Bobby, wie er mit den Wärtern in Potosi auskomme.

Er blickte zur Decke und gab keine Antwort.

Ich fragte ihn, ob er glaube, mit seinen Berufungen eine Chance zu haben.

«Weiß nicht. Ich kann's Ihnen nicht sagen.» Er lachte. «Wie soll ich das wissen?»

Als ich Bobby fragte, ob er mit einem Filminterview einverstanden wäre, antwortete er mit klarerer und lauterer Stimme, und seine Rede wurde schneller und lebhafter als zuvor.

«Was haben Sie vor, wollen Sie's in Amerika senden oder drüben in London?»

Ich sagte ihm, daß der Film in den USA und in Europa gezeigt werden würde.

Bobbys Entscheidung war sehr bestimmt. «Ich möchte doch lieber nicht im Fernsehen kommen. Manche würden's gern.»

Als er ins Gebäude der Betreuer kam, war A. J. Banninster guter Laune und freute sich sichtlich, mich zu sehen. Eine halbe Stunde lang erzählten wir uns von allem, was wir inzwischen erlebt hatten, und redeten über aktuelle Vorkommnisse. Ihn amüsierte die Geschichte des britischen Oberstaatsanwalts, den die Polizei dabei ertappt hatte, wie er in einem schäbigen Londoner Gäßchen vom Wagen aus eine Prostituierte ansprach. Vor die schwierige Aufgabe gestellt, die polizeiliche Anzeige in seinem eigenen Fall zu bearbeiten und zu entscheiden, ob er gegen sich selbst Anklage erheben sollte, hatte er keine andere Wahl gehabt, als von seinem Amt zurückzutreten. Weniger amüsierte ihn die Ernennung von Clarence Thomas zum neuesten Mitglied des Obersten Bundesgerichts. Wir sprachen darüber, wie man Thomas Hunderte von Fragen über seine Haltung zur Abtreibung gestellt hatte und wie er, ohne auch nur eine davon klar zu beantworten, dennoch seine Ernennung bestätigt bekam. Über die Todesstrafe hatte man ihm nur eine Frage gestellt, und die hatte er prompt beantwortet: Er halte sie nicht für verfassungswidrig.

Trotz des kalten Wetters trug A. J. ein kurzärmeliges Hemd. Ich fragte ihn, warum er keine Jacke anhabe, und er erzählte mir, vor einiger Zeit habe ihn ein Wärter einmal gezwungen, ohne Jacke über den Hof zu gehen; darum lehne er es jetzt ab, und zwar immer, eine zu tragen.

Ich erklärte ihm, warum ich zu unserer Verabredung gestern nicht gekommen war, und er lächelte. Ich fragte ihn, ob der Beschluß unter den Häftlingen zu Problemen geführt habe.

«Eigentlich nicht. Vor ein paar Jahren sind die HIV-Häftlinge einmal aus ihrem geschlossenen Block im MSP ausgebrochen, und das gab einigen Wirbel. Aber hier wissen wir, wer es ist.»

Ich fragte ihn, wie seine Berufungen stünden, und er sagte, er habe nichts Neues gehört. Wir fingen an, über die Berufungsverfahren zu reden, besonders darüber, wie die Spielregeln immer wieder geändert wurden.

A. J. sagte: «Das *Barefoot*-Urteil (*Barefoot vs. Estelle*, 1983) hat ein Ende damit gemacht, daß die Häftlinge im Todestrakt Berufungsgesichtspunkte zurückhielten, so daß sie immer wieder ein neues Argument vorzubringen hatten. Winford Stokes hat es so gemacht, und das hat gegen ihn ausgeschlagen. Die Hinrichtungen werden auf eine Minute nach Mitternacht angesetzt. Er hatte an dem Abend einen Aufschub bekommen, kurz vor seiner Hinrichtung. Jemand aus dem Amt des Attorney General von Missouri erreichte es, daß der Aufschub gestrichen wurde, und er wurde so gegen neun Uhr dreißig an einem Freitagabend hingerichtet. Sie wußten, sie hatten den ganzen Tag Zeit. Null Uhr eins ist keine vorgeschriebene Zeit. Die Sache *kann* nur da anfangen. Aber sie kriegten seinen Aufschub gestrichen, sperrten uns um sechs an diesem Abend ein, richteten ihn um neun Uhr dreißig hin und ließen uns gegen neun Uhr fünfundvierzig wieder raus.»

A. J.s Stimme klang zornig, und er wollte sichergehen, daß ich verstand, warum er wegen Stokes' Hinrichtung zornig war, obwohl er gegen diesen Mithäftling doch eine persönliche Abneigung hatte.

«In der Nacht wurden ein paar echt bizarre Dinge gesagt. Leute redeten davon, daß sie nachher eine Party feiern wollten, und das ist einfach... So abscheulich fanden sie ihn. Den Tod eines Mitgefangenen zu feiern!»

Ich wußte, daß die Frau von Winford Stokes durch den ganzen Staat gefahren war, um bei seiner Hinrichtung im Gefängnis zu sein. Als der Aufschub gewährt wurde und es den Anschein hatte, als ob die Hinrichtung nicht stattfinden würde, war sie nach Kansas City zurückgefahren. Ihr Mann wurde hingerichtet, während sie unterwegs war. Sie erfuhr es durch ihr Autoradio.

A. J. sagte, das Leben der Verurteilten in Potosi sei nicht immer nur düster, es gebe auch lustige Momente. Er erzählte mir von einem dicken Wärter, wie er durch den Gang geschlendert kam und mit Falsettstimme *Killing Me Softly with His Song* sang.

«Als ich das hörte, mußte ich lachen», sagte A. J. «Aber er begriff natürlich gar nichts.»

«Manchmal geht es schon komisch zu hier», erzählte er, «es gibt so Momente. Eines Abends sitzen wir beim Essen und reden über Computer und Nintendo, und ein Typ sagt, daß er sich ein paar ‹Sloppy-Disks› besorgen will. Er meinte ganz im Ernst, sie hießen ‹Sloppy-Disks›.* In solchen Momenten löst sich die Spannung mal. Und wie wir uns aufziehen! Als es die Gaskammer noch gab – ich meine, das ist schon ein morbider Humor –, da war einer der Standardsprüche ‹tief durchatmen›! Das wurde so im Spaß gesagt. Das sind halt so die Späße unter uns. Es ist nicht bös gemeint.»

Ich konnte mir vorstellen, warum A. J. über den singenden Beamten auf seinem Gang gelacht hatte; aber ich wollte wissen, wie er ihre Einstellung zu den Hinrichtungen sah.

«Manche von ihnen haben so die Mentalität, daß sie da etwas aus der Welt schaffen, was anderen Menschen sozial nicht zumutbar ist. Aber die große Mehrheit der Wärter hier führt nur Befehle aus. Und ich denke mir, damit rechtfertigen sie es auch, wenn sie an so einer Übung wie der an dem Abend in der Sperrzone teilnehmen oder die Aufsicht über einen eingeschlossenen Block führen, wobei ihnen klar ist, daß sie dagegen nichts tun können. Was mir aufgefallen ist: Diejenigen, die dagegen empfindlich sind, denen gibt man einen Posten möglichst weit weg davon. Diejenigen, die entschieden dafür sind, die sind es auch, die den Mann dann auf die Liege schnallen.»

A. J. lag viel daran, mir die Willkür bei den Todesurteilen und bei den Berufungsverfahren klarzumachen. Er erzählte mir, daß man Martsay Bolder (CP Nummer 5) erst die Umwandlung des Todesurteils gewährt und sie dann später wieder aufgehoben hatte.

«Was sagen Sie zu James Schnick?» fragte ich.

A. J. schüttelte resigniert den Kopf.

James Schnick ist ein Milchfarmer aus Elkland, Missouri. 1987 wurde er des Mordes an seiner Frau und sechs weiteren Familienangehörigen angeklagt. Es war der schlimmste Massenmord in der Geschichte von Missouri. Für drei dieser Morde bekam er die Todesstrafe. Schnick ist Vietnam-Veteran, und es hieß, er sei infolge

---

* «Sloppy» = schludrig. Der Häftling meinte «Floppy Disks» (wörtl. «biegsame Scheiben») = Computerdisketten.

von posttraumatischem Streß gestört gewesen. Etwas früher an diesem Tag war Schnick die Umwandlung seines Todesurteils gewährt worden. Ich hatte Paul Delo gefragt, was nun mit Schnick geschehen werde.

«Ach, man wird ihn ins Bezirksgefängnis bringen. Aber er hat so viele Morde auf dem Gewissen, daß wir ihn schließlich hier wiedersehen werden.»

«Die Sache mit Schnick ist die», sagte A. J., «daß viele Leute wütend sind, weil er die Umwandlung aus einem juristischen Grund bekommen hat, den man bei anderen Häftlingen in der Vergangenheit nicht hat gelten lassen. Es hängt eben alles von der Willkür des Gerichts ab, was es sich grad ausdenkt, und davon, welcher Richter bereit ist, welches Argument anzuhören.»

Er fuhr fort: «Bobby Shaw ist ein Beispiel. Bobby Shaw hat einen Wärter getötet. Bobby Shaw ist ein Schwarzer. Aber dennoch sollte er vor Gericht dieselben Rechte haben wie jeder andere auch. Wenn ein Weißer mit einem siebziger IQ aus diesem Grund mildernde Umstände bekommt, sollte ein Schwarzer mit siebziger IQ die auch bekommen.»

A. J. erzählte mir, daß er und noch einige andere Häftlinge sich um Bobby kümmerten. «Er hat nicht viel Geld», sagte A. J., «darum kriegt er von uns Zigaretten und Soda.» Von Paul und Betty hatte ich erfahren, daß Bobby Shaw zwar aus einer großen Familie kam, aber fast gar keinen Besuch erhalten hatte, seit er in Potosi war. Sein einziger Besucher, an den man sich erinnern konnte, war ein Bruder gewesen, der in Kalifornien lebte und auf der Durchreise durch Missouri gekommen war.

Die Ungleichheit des Urteils in Mordfällen ist ein Thema, das A. J. keine Ruhe läßt, weil sein Leben davon abhängt. Er erklärte mir: «Es ist frustrierend, weil wir alle wissen, daß es so zugeht. Viele klagen und meckern darüber, aber dann wird die Welt draußen aufmerksam und sieht, worauf wir hinauswollen. Man erwartet von uns gar nichts anderes, als daß wir klagen und meckern und uns Sachen ausdenken. *Klar, schuldig seid ihr ja sowieso.*

Den Anklägern dient das als politisches Instrument. Zwei Personen können das gleiche Verbrechen begehen – was uns betrifft, Mord. In dem einen Bezirk entscheidet die Anklage ‹ach, das rechtfertigt keine Todesstrafe› und klagt den Mann nur auf Mord zweiten Grades an. Und dabei weiß man natürlich, daß nach dem Urteil und dem Schuldspruch, mit der Höchststrafe für den zweiten Grad, daß dieser Mann in zehn oder elf Jahren wieder draußen sein wird. Dagegen im Nachbarbezirk, unter den gleichen Umständen, wird der Mann aus welchem Grund auch immer – vielleicht hat er keine Angehörigen in der Gegend, oder das Opfer ist jemand von Ansehen –, da wird der Mann auf Mord ersten Grades angeklagt und erhält das Todesurteil. Es steht im Ermessen der Anklage. Dafür gibt es keine einheitlichen Richtlinien. Und das nutzen sie aus, um ihren Namen in die Zeitungen zu bringen. Wenn sie die Todesstrafe fordern, ist das eine fette Nachricht, und sie wissen, das bringt ihnen viele Zeilen ein. Es ist traurig, aber so stehn die Dinge hier in den Vereinigten Staaten, soweit es die Todesstrafe betrifft, denn die Reichen kriegen sie nicht – diejenigen, die von einem tüchtigen Anwalt vertreten werden. Ich hatte einen Pflichtverteidiger, der in dem Bezirk jeden vertrat, der sich keinen Anwalt leisten konnte. Und er hatte keinerlei vorherige Erfahrung mit Mordprozessen. Da hat man es schwer. Was mich besonders nervös machte, war, daß sie mir schon im voraus sagten, ich würde die Todesstrafe bekommen. Sie machten so einen Zirkus daraus, daß sie an einem Verhandlungstag die Staatsbürgerkunde-Klasse von der örtlichen High School in den Zuhörerraum brachten.»

A. J.s Zorn schien den ganzen Raum zu erfüllen.

«Und wenn man erst mal schuldig gesprochen ist und in die Berufungen geht, verschiebt sich die Beweislast auf den Angeklagten. Und es ist schwer, etwas zu beweisen, denn wir haben nicht die gleichen Mittel wie das Amt des Attorney General und der Staat. Ich habe keine fünf Millionen Dollar, mit denen ich Ermittlungen für mich anstellen lassen oder dieses oder jenes Papier ausgraben könnte.»

A. J.s Zorn rief mir sein Vorstrafenregister für Gewalttätigkeiten in Erinnerung, und ich wollte ihn danach fragen. Ich hatte seine Polizeiakte gesehen. Zwischen 1975 und 1983 war er wegen zahlreicher Delikte angeklagt worden: unerlaubter Waffenbesitz, Einbruch, Schlägerei, Besitz von Cannabis, Anstiftung eines Kindes zu einer sexuellen Straftat, Tätlichkeit, Freiheitsberaubung, bewaffneter Raub, unerlaubter Waffengebrauch, Vergewaltigung, Fahrerflucht nach einem Unfall, illegaler Alkoholtransport, Flucht vor der Polizei, Widerstand gegen einen Polizisten und perverse sexuelle Mißhandlung. Ich fragte ihn nach den Delikten, deren er für schuldig befunden worden war, bevor man ihn der Tötung Darrell Ruestmans überführte.

«Da war einmal bewaffneter Raub. Das kam so, daß ich und ein anderer Typ eine Nutte mitnahmen. Wir bezahlten sie. Sie ist ihm frech gekommen, und nachher haben wir sie ausgeraubt. Und das ist der bewaffnete Raub und die perverse sexuelle Mißhandlung. Das hängt einem dann ewig an.»

«Sie haben eine ganze Menge Sachen mit Gewalt gemacht», sagte ich. «Die Leute halten Sie für gefährlich. Sind Sie's?»

«Vor zehn Jahren, da hatte ich das drauf. Ich war jähzornig und hatte einen Hang zur Gewalt, der herauskam, wenn man mich reizte. Aber seitdem? Nicht, daß mich das Gefängnis rehabilitiert oder verändert hätte, aber ich bin einfach erwachsen geworden, wenn auch ein bißchen zu spät. Ich hatte einen schweren Start und gebe niemand die Schuld, aber ich bin das erste Mal mit siebzehn ins Gefängnis gekommen, für ein Verbrechen, das ich nicht wirklich begangen habe, von dem ich aber wußte, und seither ging es rein und raus wie durch die Drehtür.»

Die erste Strafe hatte er für Diebstahl von Autoradios bekommen. Er sagte mir, daß er in dem Fall, für den man ihn bestrafte, nicht schuldig gewesen sei, daß dies aber, als er siebzehn war, sein wichtigster Erwerb gewesen sei.

«Ich wollte meinen Freund nicht alleine ins Gefängnis gehn lassen, denn an das Gefängnis dachten wir mit Grauen. Darum nahm ich zusammen mit ihm mein Teil auf mich.»

A. J., der in Peoria, Illinois, aufgewachsen war, kam ins Staatsgefängnis in Menard.

«Es war wie ein großes Sommerlager», erzählte er mir. «Ich saß neun Monate ab und kam frei auf Bewährung. Ich wollte die High School abschließen. Bis zum Beginn des nächsten Semesters mußte ich zwei Monate warten. Und im Gefängnis hatte ich Geschichten von den älteren Knackis gehört. Über die Verbrechen, die sie begangen hatten, wieviel Geld sie hatten, was für Frauen und was für

Wagen. Das wollte ich auch haben. Am Ende brach ich in ein Haus ein, stahl einen Safe, und als ich von dem Safe die Tür aufbrach, verletzte ich mir ein Auge. Und wurde erwischt und bekam die Rückfall-Strafe. Auf die High School kam ich dann nicht mehr. Mir schien es so, als ob ich jedesmal, wenn ich wieder rauskam, nur die allerbesten Absichten hatte. Aber dann war ich draußen und sah meine Freunde, mit denen ich zur Schule gegangen war, und die fingen schon an, sich Häuser zu kaufen, und hatten ihren eigenen Wagen, und das wollte ich auch haben. Genau das wollte ich auch. Aber ich begriff einfach nicht, daß der langsame Weg der beste war. Und darum ließ ich mich wieder auf etwas anderes ein.»

A. J. atmete tief und anhaltend aus. «Und das brachte mich einfach immer wieder in die Gefängnisse. Und ich wußte, es war meine Schuld. Ich wußte einfach nicht, wie ich von vorn anfangen könnte, es langsam machen könnte. Und», sagte er, «wie soll einem jemand einen Job geben, wenn man zugeben muß, ein Verbrecher zu sein? Und mit der Rehabilitation ist es nun vorbei. Jetzt gibt's nur noch Strafen. Und nur noch Verwahrung.»

Mir schien, daß A. J. meine Frage nicht wirklich beantwortet hatte. «Sind Sie jetzt gefährlich?» fragte ich.

«Ob ich jetzt gefährlich bin? Ich bin erwachsen geworden. Meine Werte haben sich geändert. Meine Prinzipien haben sich geändert.» A. J. lachte. «Inzwischen hab ich ein paar, früher nicht viele. Und ich weiß, daß ich in einem Laden wie diesem hier niemals glücklich sein werde. Und jetzt, da wünsche ich mir bereits ein betuliches, schläfriges, langweiliges *Leben*, das hat inzwischen großen Wert für mich. Das bedeutet viel für mich. Aber ich weiß auch, das ist etwas, das ich nicht kriegen werde, und darum...»

Die Stimme sackte ihm weg beim Gedanken an das, was so gut wie gewiß war.

«Und es tut weh, dran zu denken, was ich hätte haben können.» Seine Stimme lud sich auf mit Ironie. «Weil manche Leute mir sagen: ‹Na, du hattest doch *so* schöne Anlagen.›» Die Ironie machte echter Wut Platz. «Na, das ist ein bißchen spät, sich das jetzt zu sagen.»

Es gab nichts darauf zu erwidern. Fast eine Minute verging, ohne daß einer von uns etwas sagte.

Dann sagte A. J.: «Nun kommt es nur noch drauf an, mit Anstand abzukratzen. Darüber mach ich mir Gedanken.» Wieder trat Schweigen ein.

«Ich weiß nicht, wie ich reagieren werde, wenn es auf den letzten Augenblick zugeht, wenn... Ich bin schon der Meinung, es wird so kommen. Ich muß da realistisch sein. Aber wenn es soweit ist und es heißt: ‹Hüpfst du uns jetzt auf die Bahre, A. J.?›»

Als er mir erzählte, wie er sich seine letzten Minuten vorstellte, ging sein Atem schnell, sein Gesicht war angespannt, seine Stimme wie eine geballte Faust.

«Ich weiß einfach nicht, was ich machen werde. Der Instinkt sagt mir: ‹Scheiß auf euch, ich hau euch in die Fresse. *Wie könnt ihr mich so was Blödes fragen?*› Aber mir ist auch klar, daß die Leute dann nachher sagen werden: ‹Ach, was für ein Hosenscheißer, der hatte Angst vor dem Abgang! *Klar, natürlich habe ich ‹Angst vor dem Abgang.*›»

A. J.s Stimme war weich und leise, aber heftig. Sein Körper verkrampfte sich in dem Zorn und der Hilflosigkeit, mit denen er seiner Hinrichtung entgegensah.

Bevor er weitersprach, nahm er sich wieder zusammen.

«Ich weiß doch, auch wenn ich so was mache, sie kriegen mich trotzdem darauf. Und eigentlich will ich nicht auch noch verdroschen werden, während sie mich auf die Liege schnallen. Aber andererseits, in dem Augenblick, was macht das schon aus? Ein paar Schrammen...»

A. J. lachte angewidert. «Es wird ja nicht lange weh tun. Und ich bin mir sicher, von den andern hier wissen viele auch nicht, wie sie reagieren werden, wenn ihr letzter Augenblick kommt.»

Es war ein Gespräch, wie ich es noch nie erlebt hatte. Ich wußte nicht, was ich ihm sagen sollte. Ich schlug vor, auf eine Zigarette nach draußen zu gehn.

Der Tag war kalt und trübe. Wir drückten uns an die Mauer, rauchten, und einige andere Häftlinge gesellten sich zu uns. A. J. machte mich mit Doyle Williams bekannt. Über ihn hatte ich schon von Paul Delo gehört, denn Doyle ist der prozeßfreudigste Insasse von Potosi. Doyle stammt aus den Südstaaten, spricht aber schnell und mit hoher Stimme. Er trug einen buntfarbigen Trainingsanzug und auf dem Kopf eine rote Strickmütze. In der Hand hatte er eine lederne Aktentasche und unterm Arm einen Karton mit juristischen Papieren. Ein anderer Häftling, schmal, mit tätowierten Armen, stellte sich als Eric Schneider vor. Er sagte, er gehöre zu einer Band, die sich The Greystones nenne. Er stellte noch ein Mitglied seiner Band vor, einen Jungen, der nicht viel sagte.

Normalerweise, wenn ich mit A. J. sprach oder wenn wir auf den Hof hinausgingen, standen wir fast Schulter an Schulter. Jetzt aber, als die Gruppe der Häftlinge um mich größer wurde, erweiterte sie sich zu einem sehr lockeren Kreis, so daß jeder vom nächsten mindestens zwei Armlängen Abstand hatte. Obwohl wir nur fünf Personen waren, hatte der Kreis über drei Meter Durchmesser. Ich wußte da noch nicht, daß A. J. und Doyle eng befreundet waren, und auch nicht, daß er sich mit den anderen beiden nicht besonders gut verstand; aber ich begriff, daß die Etikette für dergleichen Begegnungen vorschrieb, dem anderen Platz zu lassen. Ich merkte, daß ich die Distanz zu A. J. schneller verringert hatte, als er es vielleicht gewöhnt war, seit er im Gefängnis lebte.

Eric Schneider erzählte mir von seiner Band und zeigte mir ein paar Blätter mit Texten. Das eine Lied war eine Anti-Drogen-Nummer, das andere, mit dem Titel «Null Uhr eins», handelte von der Todesstrafe. «Haben sie Ihnen schon die Geschichten erzählt, die sie mit uns hier machen?» fragte er. «Haben sie Ihnen vom Kokon erzählt? Das ist eine Form von Strafe. Sie legen einen zwischen zwei Bahren, und die werden dann zusammengeschnallt. Nur noch Kopf und Füße gucken raus. Dann schlagen sie einen, lassen einen auf den Kopf fallen oder lassen einen den ganzen Tag lang gegen eine Wand gelehnt stehen.»

A. J. nickte mir leicht zu, wie um zu sagen: «Ja, diese Sache namens Kokon, die gibt es.» Und sein nächster Blick besagte: «Na und?»

Wir redeten eine Weile, und als nur noch A. J., Doyle und ich da waren, erzählte A. J. mir etwas über Doyles Fall. Er sagte, Doyle sei in diesem Jahr schon in der Beobachtungszelle gewesen und habe drei Stunden vor seiner Hinrichtung einen Aufschub erhalten.

Doyle fragte mich nach dem Film, den ich machte, und wir verabredeten uns für den nächsten Tag.

Als wir wieder im Sprechzimmer waren, sagte A. J., er glaube,

daß ich von Doyle einiges erfahren werde, besonders, weil er im
Lauf dieses Jahres schon so kurz vor der Hinrichtung gestanden
habe.
«Eins, was mir an seiner Beinah-Hinrichtung aufgefallen ist»,
sagte A. J., «ist ein Besuch seiner Freundin in der Beobachtungszelle, der ihm gestattet wurde. Und das hat mir etwas klargemacht, ist ja traurig, daß man das sagen muß, aber ich hab nur eine
Chance, noch mal einen schönen Arsch zu sehn. Und das wird sein,
kurz bevor ich sterbe.»

Aber als wir das Interview wieder aufnahmen, verlor sich das
Gefrotzel der letzten halben Stunde und machte der harten Realität
der voraussehbaren Hinrichtung Platz. Er sagte mir: «Wenn ein
Verbrechen begangen wird, denkt der Täter nicht daran, daß er
geschnappt wird. Ich wußte nicht mal, als ich hierherkam, daß es in
Missouri die Todesstrafe gibt. Nicht im entferntesten hab ich daran
gedacht. Was ich im Sinn hatte, war Rache; nur das war mein Mo-
tiv und nichts sonst. Was für Folgen es hätte, wenn man mich er-
wischte, darüber hab ich nicht weiter nachgedacht.»

Ich fragte ihn, wie ihm die Zeit vergehe mit dem Todesurteil.

«Die Hinrichtung selbst, glaube ich, ist nichts so Grausames und
Ungewöhnliches. Sondern was dahin führt. Diese paar letzten Tage
oder Stunden... was... was man durchmachen muß, wenn man
weiß, daß es so kommen wird, und daß... daß man nichts... daß
man gar nichts dagegen tun kann. Und daß ich zwangsläufig dran
denken werde, wie meine Mutter es aufnimmt, wie meine Brüder
und Schwestern es aufnehmen. Was werden der und der denken?
Was werden die Medien noch alles über mich sagen, nachher, wenn
ich mich nicht mehr wehren kann? Und das Bedauern und die Ge-
wissensbisse wegen der Dinge, die ich tatsächlich... Daß man keine
Chance mehr hat, vielleicht einem ganz bestimmten Menschen zu
sagen, daß er einem wichtig war, daß etwas in der Vergangenheit...»

A. J. ließ den Kopf hängen.

«An was man alles denkt in diesen letzten Stunden! Bis zum letzten Stündlein ist es bei mir noch nicht gekommen, aber bis auf ein
paar Tage dran bin ich auch schon gewesen. Das war 1985. Ich
glaube, das ist das Schlimmste an der Hinrichtung, die Jahre und

Jahre davor, die darauf zuführen. All die Hoffnungen und Erwartungen, die man sich aufbaut und die jedesmal wieder umgeschmissen werden, wenn wieder ein Gericht einen abweist.»

Nach einer Weile beschlossen wir, mit dem förmlichen Teil des Interviews für heute Schluß zu machen und noch ein Weilchen nach draußen zu gehn, um zu reden und zu rauchen. A. J. fragte, was ich zu Thanksgiving vorhabe, in ein paar Tagen. Ich sagte, ich wisse es nicht. Er sagte mir, er freue sich auf die nächste Woche, weil seine Mutter und seine Schwester ihn besuchen kämen. Seine Schwester, erzählte er mir, mache gerade ihren Abschluß in Strafrecht. Das brachte ihn zum Lächeln, und mich auch.

«Aber meistens freut man sich hier nicht auf die Feiertage», sagte er.

Ich sagte, das könnte ich verstehen.

Er sah mich an, als ob er nicht glaubte, daß ich das verstünde.

«Ich bekomme gar nicht mehr mit, wie die Wochen vergehn. Und die Monate. Alles nur, weil am Ende etwas kommt, das ich nicht will. Ich will nicht, daß dieser Augenblick kommt. Es ist mit Weihnachten zu vergleichen, als ich noch klein war. Wenn der erste Dezember um war, schleppten sich die Tage nur so dahin. Hier ist es genau umgekehrt. Die Zeit vergeht, ich will diese Feiertage gar nicht haben. Und danach sind sie irgendwie weggerutscht, denn am Ende des Regenbogens erwartet mich kein goldener Topf. Aber dann gibt es auch wieder Zeiten, wo ich etwas habe, auf das ich mich freuen kann, auf einen Besuch von meiner Mutter, von meinen Schwestern oder von manchen Freunden. Wenn ich ein oder zwei Wochen vorher weiß, daß sie kommen, dann vergeht mir die Zeit sehr langsam, und jede Stunde an jedem Tag wird mir viel deutlicher bewußt. Denn ich freue mich auf etwas. Aber meistens vergeht die Zeit zu schnell. Der Tag hat nicht genug Stunden.»

Ich erzählte A. J., daß ich mit Tiny Mercers Frau Christy Kontakt aufnehmen wolle.

Er überlegte ein Weilchen. «Ich weiß nicht genau, wo sie ist. Irgendwo in Jefferson City. Ich weiß, sie arbeitet als Kellnerin dort in einer Cocktail-Bar.»

«Hört sich an, als ob es ein schweres Stück Nachforschung wird», sagte ich.

«Ach, ich glaube, Sie schaffen es schon», sagte mir A. J.

Er gab mir die Telefonnummer einer Frau in Jefferson City, die mir sagen könne, wo Christy Mercer zu finden sei. «Sie ist eine Freundin von ihr», sagte A. J. «Eine Christin. Christy ist manchmal ein bißchen verrückt. Aber ein gutes Mädchen.»

Ich schrieb mir die Nummer auf und steckte sie in die Tasche. Meine Pläne für Thanksgiving waren nun fertig.

Ich fragte A. J., ob er meinen letzten Brief bekommen habe.

«Ist schon ewig lange her», sagte er. «Haben Sie meinen bekommen?»

«Nein.»

«Abgeschickt hab ich ihn, äh, vor ein paar Wochen.»

Ich wußte instinktiv, daß das stimmte. Aber ich hatte den Brief nicht bekommen.

«Vielleicht hat er meinen Weg gekreuzt, als ich im Flugzeug saß», sagte ich und lachte.

«Vielleicht», sagte A. J.

Er fragte, wann ich wiederkäme.

«Zur nächsten Hinrichtung, wahrscheinlich.»

A. J. nickte. «Na, da werden Sie wohl nicht lange warten müssen. Passen Sie auf sich auf.»

Doyle Williams trat ins Sprechzimmer und nahm seine rote Strickmütze ab, unter der ein kahlrasierter Schädel zum Vorschein kam.
Er streckte mir die Hand hin und sagte: «Mann, ist das kalt draußen!»

Doyle kommt aus North Carolina, aber anders als viele Südstaat-
ler spricht er so schnell, daß die Stimme durch das Tempo hoch-
geschraubt wird. Er nimmt kein Blatt vor den Mund und weicht
keinem Thema aus, und darum legte er auch gleich los mit einem
Kommentar zu der eben bekanntgewordenen Urteilsumwandlung
für James Schnick und zu dem, was Schnicks Fall für ihn symbo-
lisierte.

«Mr. Schnick hat beim Militär Erfolg gehabt», erklärte mir
Doyle. «Er hat in Vietnam für sein Land gekämpft. Und wenn so
einer wie Mr. Schnick, der nie auch nur eine Strafe wegen Falsch-
parken oder Geschwindigkeitsüberschreitung bekommen hat –
ein absolut gesetzestreuer Bürger sein Leben lang, ein Farmer, sag
ich Ihnen, so einer, den wir für eine Säule der Gesellschaft halten, so
ein durchschnittlicher, so ein vollkommen zuverlässiger... Na, und
wenn so einer eines Morgens aufsteht und seine halbe Familie umbringt, dann *ist doch etwas passiert*! Da ist etwas nicht in Ordnung.
Das war kein Verbrechen, um eine Versicherung abzukassieren. Es
gab keine Versicherung abzukassieren. *Etwas ist passiert*. Da muß
eine Sicherung in seinem Kopf durchgebrannt sein. Das kann doch
nur einer mit einem psychischen Problem getan haben.»

Als wir über die Hinrichtungen zu sprechen begannen, ge-
brauchte Doyle, wie auch schon Paul Delo und manche Mitarbeiter
des Hinrichtungsteams, eine militärische Metapher zur Bezeich-
nung dafür, wie die Todesstrafe heute in den USA eingesetzt wird.
Doyle sieht darin fast so etwas wie einen «geheimen Krieg».

«Solange sie Menschen umbringen – ob mich oder irgendwen
sonst», sagte Doyle, «und das machen sie hundert Meilen von jeder

größeren Stadt und mitten in der Nacht, da könnten das ebensogut die Boatpeople in Kambodscha oder die Vietnamesen sein. Sie schaffen uns aus der Welt. Aus den Augen, aus dem Sinn. Wenn sie mich diese Nacht hinrichteten, oder wen auch immer, dann würde das dem durchschnittlichen Arbeiter in St. Louis überhaupt nichts ausmachen. Auch nicht in Des Moines, Iowa, oder egal wo. Wenn man an diesen Vorstellungen etwas ändern wollte, müßte die Hinrichtung mindestens im Fernsehen übertragen werden. Stattfinden müßte sie vielleicht um zwölf Uhr mittags auf dem großen Platz in der Innenstadt von St. Louis. Ich meine, wenn die Öffentlichkeit die Leute umbringen will, dann sollte die Öffentlichkeit auch beteiligt werden. Mindestens beteiligt werden, mindestens als Fernsehzuschauer. Mindestens etwas dabei tun. Denn man nimmt ja teil, wenn man den Stimmzettel dafür einwirft. Wenn man Bush wählt, und es wird Krieg erklärt, nimmt man daran teil. Ihr müßt antreten, und eure Söhne und Töchter ziehn die Uniform an, und dann beteiligt man sich wirklich und ganz handfest daran, die irakischen Soldaten zu töten. Wenn ihr denkt, das ist eine gute und gerechte Sache, dann stimmt dafür und beteiligt euch.»

Ich fragte Doyle, was er von Präsident Bushs Gesetzesvorlage zur Verbrechensbekämpfung halte. Es sah damals so aus, als ob sie angenommen werde.

«Also, das ist eine Ironie, daß Mr. Bush jetzt ein Gesetz vorantreibt, um die Todesstrafe für einen weiten Bereich von Verbrechen durchzusetzen, nicht nur für Mord.» Er lächelte bitter. «Mir scheint, wir machen Fortschritte. Vor hundert Jahren haben wir Menschen für Pferdediebstahl hingerichtet. Dann wurden mehr Menschen in Amerika wegen Vergewaltigung hingerichtet als wegen jedes anderen Verbrechens; aber vor so etwa vierzig Jahren hat das Oberste Bundesgericht entschieden, das sei verfassungswidrig, es sei grausam und ungewöhnlich, jemanden hinzurichten, außer wenn er das Kapitalverbrechen begangen hat, einen anderen zu töten. Jetzt kommen wir anscheinend wieder darauf zurück zu sagen: ‹Wenn du dies tust, wenn du jenes tust, auch wenn du niemanden ermordest, können wir dich trotzdem hinrichten.› Ich finde das traurig. Jetzt werden sie anfangen, Menschen umzubringen, die angeblich Drogen verkauft haben.»

«Glauben Sie, daß die Todesstrafe einen Abschreckungseffekt hat?» fragte ich.

Doyle lächelte. «Mr. Delo hat das bei zwei verschiedenen Gelegenheiten gesagt, als man ihn nach den Hinrichtungen interviewt hat. Er sagt: ‹Die Todesstrafe *ist* eine Abschreckung. Sie verhindert mit absoluter Sicherheit, daß der Bestrafte einen weiteren Mord begeht.›»

«Was glauben Sie also, was der echte Grund ist, warum es die Todesstrafe gibt?»

«Es ist die Rache der Gesellschaft an den Mördern.»

Wir erörterten die praktischen Alternativen zur Todesstrafe.

«Was sagen Sie zu lebenslänglich plus fünfzig?» fragte ich.

«Lebenslänglich plus fünfzig, das nennen wir die langsame Todesstrafe. Das bedeutet, man muß ein Minimum von fünfzig Jahren abgesessen haben, bevor man für die Bewährungsentlassung in Frage kommt – nicht bevor man entlassen wird, sondern bevor man dafür *in Frage kommt*. Natürlich ist das eine Strafe, die man unmöglich verbüßen kann. Es sei denn, man wäre zu Anfang erst sechzehn gewesen. Es liegt eine Ironie darin, daß die Alternative zur Todesstrafe fünfzig Jahre ohne jede Möglichkeit einer Bewährung waren; und dann die Gesetzgebung von Missouri fand, daß das noch nicht streng genug sei, weil manche ja schon mit sechzehn oder siebzehn hereinkommen und allen Ernstes fünfzig Jahre abbüßen könnten. Darum haben sie das zu lebenslänglich ohne Bewährung abgeändert.»

Weil mir bekannt war, daß Doyle über die Gesetze zur Todesstrafe ausgiebig Bescheid wußte, fragte ich ihn, was sein juristischer Haupteinwand gegen die Todesstrafe sei.

«Sie ist grob ungerecht», sagte er, «weil sie davon abhängt, in welchem Bezirk man zufällig verhaftet wird. Eine Reihe von Faktoren wirkt sich aus, lange bevor man vor das Schwurgericht kommt: der Bezirk, in dem man zufällig verhaftet worden ist, und die politischen Ambitionen des Anklägers – ob er irgendwann in nächster Zeit zur Wiederwahl ansteht oder nicht, ob er gerade wiedergewählt worden ist. Wenn er gerade sein Amt antritt, wird er wahrscheinlich nicht auf die Todesstrafe aussein, weil sie viel mehr Arbeit macht und für den Bezirk viel teurer ist. Wenn seine Amtszeit dagegen ausläuft und er wiedergewählt werden will, dann bringt ihm nichts so viele Schlagzeilen wie der Ruf der Unerbittlichkeit. Zum Beispiel Todesstrafen. Außerdem, die Leute fangen an zu glauben, Gewalt sei die einzige Möglichkeit, mit Gewalt fertig zu werden. Darum, glaube ich, ist die Todesstrafe immer noch so populär.»

Doyle wurde 1980 verurteilt und hat die Häftlingsnummer 14. Er hat neun Jahre im alten Todestrakt im MSP verbracht, und ich fragte ihn, wie er das neue Gefängnis in Potosi finde.

«Na ja», sagte er, «dies ist eine sehr ländliche Gegend. Und ich glaube, wie überall in Amerika, wenn man in ländliche Gegenden wie diese hier kommt, findet man zwei Arten von Leuten: Leute, die auf die Landwirtschaft ausgerichtet sind oder auf sehr, sehr kleine Gewerbe wie Schuh- oder Hutherstellung. Ich glaube, hier im Ort haben wir eine Hutfabrik. Aber überwiegend sind die Leute aus der Landwirtschaft. Bei einem der ersten Gespräche, die ich mit Mr. Delo hatte, hat er mir gesagt: ‹Doyle, das dauert hier noch eine Weile.› Er hat gesagt: ‹Meine Betreuer haben vor sechs Monaten noch in einer Schuhfabrik gearbeitet, sie haben absolut keine Ahnung oder, sagen wir lieber, keine Erfahrung darin, wie man ein Gefängnis organisiert oder wie man mit Menschen umgeht.› Das Gefängnis ist zur Hälfte voll mit Schwarzen, und ich glaube, wir haben einen einzigen schwarzen Vollzugsbeamten. Und aus Gründen, die ich nicht kenne, halten sie den immer in der Mitternachtsschicht. Das gibt einiges an Reibung zwischen den weißen Beamten und den schwarzen Insassen.»

«Wie geht es hier zu in einer Hinrichtungsnacht?»

«Oben in Jefferson City, da spielten sie jedesmal, wenn sie dachten, es könnte eine Hinrichtung geben, vier oder fünf Videos, die sexuell sehr deutlich waren. Offenbar spielten sie die Videos, um die Häftlinge von dem abzulenken, was passierte, und sie mit den Videos zu beschäftigen. Hier sind die Videos zwar sexuell nicht so deutlich, aber auch hier zeigen sie mindestens vier oder fünf Filme.»

Doyle ließ seinem Zorn über diese Gepflogenheit freien Lauf. Er sah darin einen Versuch der Gefängnisleitung, jeder etwaigen Solidarität unter den Todeskandidaten oder auch zwischen ihnen und den Lebenslänglichen entgegenzuwirken. Doyle, A. J. und noch

einige andere Todestraktinsassen boykottieren die Filme, und sie
haben ein eigenes Ritual entwickelt, nämlich um null Uhr eins,
wenn die Hinrichtungen stattfinden, das Licht an- und auszu-
knipsen.

Aber obwohl Doyles Anteilnahme am Schicksal der anderen
Todestraktinsassen bedeutet, daß er viel Zeit darauf verwendet, geduldig ihre Berufungen durchzugehen und ihnen bei ihren rechtlichen Schreibereien zu helfen, wahrt er doch eine gewisse Distanz
zu der Hinrichtungsprozedur.

«Man kann schlicht und einfach die Tatsache, daß der Typ, mit
dem man gestern noch Karten gespielt hat oder Basketball oder was
auch immer, und man weiß, den schnallen sie heute nacht fest, um
ihn umzubringen – das darf man nicht zu nah an sich heranlassen.
Sonst wird man damit nicht fertig. Man muß es im Kopf behalten,
klar, heute nacht bringen sie ihn um, und ein paar Nächte später
bringen sie vermutlich mich um. Dann fällt es einem ein bißchen
schwer, herumzusitzen und sich leid zu tun, womit man sich ja nur
selbst fertigmacht. Und wie soll einem jemand anders leid tun,
wenn man weiß, dasselbe wird einem selbst auch passieren? Man
fühlt mit ihnen. Aber das Ganze ist ein Krieg, und er fordert seine
Opfer. Ich weiß nicht, wie ich's anders nennen soll.»

Doyles Einstellung zum Leben in der Erwartung, getötet zu werden, ist merkwürdigerweise von der des Hinrichtungsteams nicht
allzu verschieden. Er akzeptiert die Unausweichlichkeit der Sache,
und auch er sieht darin etwas wie einen Krieg. Der einzige Unterschied ist, daß das Hinrichtungsteam weiß, es wird ihn töten, während er weiß, er wird getötet werden. Es fehlt der Zufall oder das
Glück, von dem es im Krieg abhängt, ob man tötet oder getötet
wird. Statt dessen herrscht Gewißheit, wer die Verurteilten sind
und wer die Henker.

«Wie werden Sie damit fertig?» fragte ich.

«Ich weiß nicht. Sagen Sie doch, wie Sie's machen würden», forderte er mich heraus. «Man steht einfach jeden Morgen wieder auf,
man wird von Tag zu Tag damit fertig. Man versucht, nicht zu weit
voraus in die Zukunft zu denken. Damit meine ich, man könnte sich
vielleicht denken, was einem bevorsteht, kommt am nächsten Wochenende oder kommt noch nicht; aber darüber hinaus kann man

nicht denken oder planen. Niemand sitzt hier herum und denkt
sich, ‹in einem Jahr machen wir dies oder in zwei Jahren jenes›. Ich
meine, wenn man normalerweise gewöhnt ist zu sagen, ‹ich kaufe
mir diesen Wagen, und in der und der Zeit habe ich ihn abbezahlt›,
oder ‹ich kaufe mir dieses Haus›, oder ‹ich arbeite in diesem Beruf,
und in zwei Jahren seh ich zu, daß ich befördert werde› – niemand
hier versucht auch nur, in dieser Art zu denken. Das schlägt man
sich einfach aus dem Kopf.»

Ich wußte, daß Doyle eine Zeitlang als Bürogehilfe für Gary
Tune, den Pfarrer, gearbeitet hatte – eine Information, die mich
erstaunt hatte. Ich hielt Doyle nicht für besonders religiös, darum
fragte ich ihn, wie es dazu gekommen sei.

Doyles Miene zeigte eine Mischung von zynischem Humor und
Abscheu. «Jetzt reden wir mal über den Herrn Pfarrer», sagte er.
«Der Pfarrer ist ein ganz einmaliger Mensch. Ich kann das vielleicht
ins rechte Licht rücken, wenn ich Ihnen sage, daß es für mich zu
einer sehr schweren Belastung wird, wenn ich tagaus, tagein, jahr-
aus, jahrein mit juristischen Dingen zu tun habe. Darum hab ich vor
anderthalb Jahren beschlossen, mir mal eine Pause zu gönnen. Ich
hab mir gedacht, jetzt hör ich mal so weit wie möglich auf, in den
Gesetzen herumzustochern, und nehme einen Job als Bürogehilfe
beim Pfarrer Tune an. Je besser ich Pfarrer Tune kennenlernte, desto unmöglicher wurde das. Ich glaube, ich kann das alles anhand
eines kleinen Gesprächs zusammenfassen, das wir mal hatten. Wir
sitzen um einen Tisch, drei oder vier Häftlinge, alle aus dem Todestrakt, mit einem katholischen Geistlichen und dem Pfarrer Tune.
Und grad drei oder vier Tage vorher war George Gilmore hingerichtet worden. Einer von den Männern fragte den katholischen
Geistlichen: ‹Wie finden Sie das? War das eine gute Sache? War das
richtig, was sie gemacht haben?› Und der Geistliche hat gesagt:
‹Natürlich nicht, was für eine dämliche Frage!› Dieselbe Frage
wurde auch Pfarrer Tune gestellt. Und der sagte: ‹Ja, das haben sie
richtig gemacht. Sie mußten ihn töten. Sie müssen euch alle töten.
Ihr habt vor Gericht gestanden und seid verurteilt worden, und das
ist nun mal das Gesetz, und darum solltet ihr hingerichtet werden.›»

Doyle schüttelte den Kopf über diese Absurdität.

«Wie bringt denn der Pfarrer die Hinrichtungen mit dem christlichen Glauben zusammen?» fragte ich.

«Na ja», sagte Doyle, «rationalisieren kann man alles. Man nimmt eben die Bibel, sucht sich einen Vers heraus und biegt ihn sich zurecht. Man liest die Teile, wo steht: ‹Auge um Auge, Zahn um Zahn›. Na und okay, das heißt dann, du hast jemanden getötet, darum verdienst du, hingerichtet zu werden. Wenn man natürlich das Neue Testament berücksichtigen will und sich sagt, was ist denn mit dem ‹Du sollst nicht töten›? *Wieviel kaltblütiger kann ein Mord denn noch sein? Ihr plant das Jahre im voraus.* Darauf weiß ich keine Antwort. Er sagt nur, daß er denkt, es sei Gottes Wille. Der Mann ist ein absoluter Heuchler. Ich kann Ihnen sagen, der Mann ist all das, wovon man denken sollte, daß ein Geistlicher es nicht ist. Er ist sehr heuchlerisch, sehr doktrinär. Ein Arschloch.»

Ich wollte von Doyle unbedingt erfahren, wie es ihm vor ein paar Monaten in der Beobachtungszelle ergangen war. Er war bereit, mir die Geschichte zu erzählen, wollte aber wissen, ob ich den Fall kannte, der ihm das Todesurteil eingetragen hatte.

Ich kannte den Fall in den Grundzügen aus der Sicht der Staatsanwaltschaft. Demnach hatte Doyle einen Mann namens Kerry Brummett getötet, der wußte, daß Doyle in eine Arztpraxis in Auxvasse, Missouri, eingebrochen war. Der Staatsanwalt behauptete, Doyle habe sein Opfer mit Handschellen gefesselt, es geschlagen und mit dem Pistolenkolben mißhandelt. Bei einem Fluchtversuch sei Brummett in den Missouri River gerannt und ertrunken.

«Okay», begann Doyle. «Wenn Sie alles glauben, was dem Staatsanwalt zufolge in meinem Fall passiert ist – und ich bestreite das entschieden –, aber wenn Sie alles glauben, was der Zeuge der Staatsanwaltschaft ausgesagt hat, und es war nur einer... Der Zeuge sagt, ich und ein anderer Mann hätten einen Mann aus dem Kofferraum eines Wagens gehoben, und dieser Mann hätte sich von mir losgerissen und sei davongerannt. Sie sagten, ich sei zwei oder drei Schritte hinter ihm gewesen, hätte den Arm ausgestreckt, wie wenn ich ihn packen wollte. Der Mann rannte mir davon und sprang in den Missouri River. Ich rannte bis ans Ufer und blieb stehen. Wartete eine Minute, sprang dann rein und suchte nach ihm. Der Anklagezeuge sagt nun, ich hätte den Mann in den Fluß

gestoßen. Der Mann hätte auch in jede andere Richtung wegrennen
können. Die Todesursache war Ertrinken. Das ist die Geschichte.»
«Hatte er die Hände frei?» fragte ich.
«Nein, in Handschellen.»
Doyle sah mich an. «Ich bin verantwortlich für seinen Tod. Aber
ich habe ihn nicht wissentlich, mit Absicht und Vorsatz getötet.»
Nach dieser Einleitung erzählte mir Doyle die Geschichte, wie er
im März 1991 bis auf drei Stunden an die Hinrichtung herankam.
Er hatte eine Umwandlung des Todesurteils erreicht, aber sie war
wieder aufgehoben worden. Als es dazu gekommen war, erzählte
mir Doyle, «wußte ich mit einiger Sicherheit im voraus, was nun
geschehen würde. Ich wußte, wenn das Appellationsgericht für den
achten Bezirk mein Gesuch abgewiesen hätte, würde man das
Oberste Bundesgericht auffordern, eine Anhörung abzulehnen,
und dreißig Tage danach würde man einen Hinrichtungstermin ansetzen. Und ich war fest davon überzeugt – und das sagte ich auch
meiner Familie –, daß eine achtzigprozentige Aussicht bestand, daß
man mich töten würde. Ich war vollkommen darauf gefaßt, am
20. März 1991 zu sterben.»

Was ich mir von Doyle wünschte, war ein Blick auf das Missouri-
Protokoll aus einer anderen Perspektive. Ich hatte in Mark Schrei-
bers Büro die elfte Fassung des Protokolls gelesen und mit jedem
Mitglied des Hinrichtungsteams eingehend darüber gesprochen.
Doyle war insofern ungewöhnlich, als er bis in die letzten Vorbereitungen hinein erlebt hatte, wie es ist, nach diesem Protokoll hingerichtet zu werden. Er war am Leben geblieben und konnte nun erzählen, was tatsächlich dabei geschah.

«Drei Tage vorher wurde ich in die Beobachtungszelle gebracht.
Am Dienstag wollten sie mich hinrichten, und Freitag brachten sie
mich da rein. Und sie *sagten* mir, das würden sie nicht machen.»

Mir war nicht klar, was Doyle meinte. «Sie sagten Ihnen, sie würden was nicht machen?»

«Paul Delo ließ mich an dem Freitag in sein Büro kommen und
sagte: ‹Wann wollen Sie denn da rübergehn?› Und ich sagte:
‹Warum nicht am Sonntag?› Und er sagte: ‹Okay, schön.› Und kaum
bin ich wieder unten und mache mich an meine gewöhnlichen Be-
schäftigungen – ich hatte vor, noch ein bißchen Basketball zu spie-

len und eine Weile mit meinen Freunden zusammenzusein, um mich zu verabschieden –, da kommen die Wärter und legen mir Handschellen an, die Arme auf dem Rücken, und fangen an, meine Sachen einzupacken. Also hatte er mich schlicht belogen. Ich sollte nicht wissen, wann sie mich rüberbrachten. Wir nennen das Kidnappen.»

Doyle kritisierte und kommentierte nicht weiter, was mit ihm geschehen war. Er beschrieb es mir nur.

«Was kam dann?»

«An dem Freitag brachten sie mich rüber. Meine Mutter wohnt in Jefferson City, meine Schwester kam aus Nashville in Tennessee, und meine Nichte kam auch. Und sie kamen tagsüber. Er gestattete mir Besuche von ein Uhr nachmittags an. Meine Familie konnte zu mir in den kleinen Käfig kommen. Sie blieben bei mir von ein Uhr bis etwa halb sechs oder sechs. Mit meinen Angehörigen dazusitzen, bei Popcorn und Pepsi, in der Erwartung, daß ich in der Nacht zum Montag umgebracht werde, war für mich sehr schwer. Allein wäre ich besser damit fertig geworden.»

Auch A. J. hatte mir gesagt, wie ihn der Gedanke bedrückte, daß seine Mutter und seine übrigen Verwandten zu seiner Hinrichtung kommen würden. Sich aufs Sterben gefaßt zu machen, war schon schwer genug; auch noch andere trösten zu müssen, war fast unmöglich.

«Zuerst dachte ich, der Besuch meiner Familie würde diese Zeit schneller herumgehen lassen. Aber weil ich ja glaubte, daß dies die Hinrichtung sein würde, fand ich, daß dadurch alles noch ein bißchen schwerer wurde. Ich fand, wenn meine Mutter dasaß und ich sah, sie gab sich alle Mühe, nicht zusammenzuklappen und zu weinen, und meine Schwester ebenso, ich fand, daß es, wenn man weiß, man muß sterben, und man sitzt so da mit seinen Freunden, dann kommt es mir so vor, als ob man ihnen das eigene Leiden aufdrängt. Sie können es einem nicht leichter machen; man drängt es *ihnen* auf. Aber was soll man machen? Man kann doch den Angehörigen nicht sagen, sie dürfen nicht kommen. Man kann ihnen doch nicht sagen: ‹Nein, mit euch will ich nicht meine letzten paar Stunden verbringen.› Also muß man wohl damit fertig werden, so gut man kann.»

Ich fragte Doyle, womit er die meiste Zeit in der Beobachtungszelle verbracht habe. Er sagte, er habe viele Videos angeschaut. «Dann, so gegen halb sechs, kam meine Freundin. Sie wissen, ich war damals verlobt. Sie kam so gegen halb sechs oder sechs, wenn sie von der Arbeit kam. Und sie blieb ungefähr bis um halb zehn oder zehn Uhr abends. Und so um zehn sah ich mir meistens mit dem Wärter noch einen Film an, in der Regel einen, den er sehen wollte.»

«Wie haben Sie geschlafen?» fragte ich.

«Das hat mich wirklich überrascht», antwortete Doyle, «ich habe sehr gut geschlafen. Sonst hab ich damit sogar Probleme. Es fällt mir sehr schwer *ein*zuschlafen, die Gedanken abzuschalten. Aber während der Zeit hab ich geschlafen wie ein Baby.»

Ich fragte Doyle, ob er die Prozedur mit der Beobachtungszelle für notwendig halte.

«Man könnte genug Heroin besorgen, um sich eine Überdosis zu spritzen. Dreihundert Dollar würden reichen. Wenn man die Nachricht herumgehen ließe, hätte man in ein paar Tagen genug zusammen.»

«Was sagen Sie über die Beamten, die in der Beobachtungszelle arbeiten? Wie benehmen sie sich, während sie darauf warten, daß man zur Hinrichtung abgeführt wird?»

«Ich denke mir, die sind da ganz unbeteiligt. Klar, ich wüßte auch nicht, wie sie anders sein könnten. Wenn sie daran emotional Anteil nehmen wollten, müßten sie da aussteigen. Es sei denn – und ich weiß nicht, was sie von mir persönlich halten – aber nehmen wir mal an, mich mochten sie nicht. Und das wäre die einzige andere Alternative, daß ihnen diese Sache eine gewisse Befriedigung gibt – ‹so ist es richtig, so muß es sein, da mach ich mit›. Wie wenn man im Krieg gegen Deutschland kämpft. Wenn sie so denken, dann haben sie's mir nicht gezeigt. Sie sind sehr darauf bedacht, keine Gefühle gegen einen zu äußern. Ich würde sagen, gegen meine Familie waren sie alle sehr höflich.»

«Was geschah an dem Tag, als Sie hingerichtet werden sollten?»

«Paul Delo kam herunter und fragte mich, was ich mir als letzte Mahlzeit wünschte. Er wollte auch wissen, was mit meinem Eigentum, meinen Sachen geschehen sollte. Er stellte mir Fragen wie: ‹Wissen Sie schon, wer auf Ihre Leiche Anspruch erheben wird? Wollen Sie, daß sie Ihrer Mutter übergeben wird, oder wollen Sie das nicht?› Solche Sachen hat er mich gefragt. Er hat gesagt: ‹Wir bringen die Liege runter in *diesen* Raum.› Und er hat mir empfohlen: ‹Bevor es soweit ist, empfehle ich unbedingt, daß Sie sich das Beruhigungsmittel geben lassen.› Er hat gesagt: ‹Ich möchte nicht um *Ihretwillen*, daß Sie das Beruhigungsmittel nehmen.›»

«Was bedeutet das?»

«Sie wollen, daß man nahezu handlungsunfähig ist, so daß man gar keinen Widerstand leisten kann. Das Beruhigungsmittel soll dafür sorgen, daß alles glattgeht. Nicht wegen der psychologischen Wirkung, die es auf einen hat, sondern daß kein Widerstand möglich ist. Und wenn sie einem eine wirklich starke Dosis flüssiges Valium geben, dann wird man ganz schön gefügig. Obwohl er gesagt hat, das sei nicht obligatorisch.»

«Was war mit den anderen ärztlichen Maßnahmen?»

«Von ärztlichen Maßnahmen zu sprechen ist ein Witz. Vor der Hinrichtung machen sie eine kurze Generaluntersuchung. Sie messen Temperatur und Gewicht, und der Doktor schlägt einem ans Knie, um zu sehn, ob man Reflexe hat. Und wenn ich mich recht erinnere, holte er sein Stethoskop hervor und horchte meine Herztöne ab. Ich fand das irgendwie blöd. Ich hab gesagt: ‹Was werden Sie mit mir machen, wenn ich nun krank bin?› Verstehn Sie? Und er hat nicht geantwortet. Und in drei Minuten war das überstanden. Sie fragten mich, was ich mir als letzte Mahlzeit wünschte, und ich bestellte das, und sie brachten es auch.

Gegen acht Uhr abends erfuhr ich, daß sie mich nicht hinrichten würden. Ich bekam einen Anruf von meinem Anwalt, der mir sagte, daß das Oberste Bundesgericht der USA einen Aufschub gewährt hatte. Nach diesem Anruf, und ich hatte die Wärter nicht merken lassen, um was es ging, kam dieser Arzt herein. Dr. Cayabyab. Der kommt rein und sagt: ‹Es ist Zeit für Ihre Spritze.› Ich hab gesagt: ‹Ich will keine Spritze.›»

Doyles Stimme wurde bei der Erinnerung an Dr. Cayabyabs Besuch scharf und kalt.

«‹Es ist Zeit für Ihre Spritze›, hat er gesagt. ‹Damit Sie entspannter werden.› Und er hatte noch einen Mann bei sich. Ich hab gesagt: ‹Nein›. Ich hab gesagt: ‹Ich will keine Spritze. Ich brauche mich nicht zu entspannen. Ich will nur, daß Sie mich in Ruhe lassen, damit ich für meine Freundin Zeit habe.› Und er blieb noch eine Weile da stehen. Sie müssen wissen, wir glauben, daß sie anderen die Spritze aufgezwungen haben. ‹Wenn Sie mir diese Spritze aufzwingen›, hab ich zu ihm gesagt, ‹und ich werde nicht hingerichtet, dann holen wir eine Menge Geld raus bei dem Prozeß.› Und dann sind sie rüber in die Ecke gegangen, haben sich kurz beraten und sind verschwunden. Sie haben beschlossen, sie mir nicht aufzuzwingen.»

Wir sprachen darüber, daß eine Einnahme von Beruhigungsmitteln vor der Hinrichtung nach dem Missouri-Protokoll freiwillig sein soll.

Doyle lachte. «Wie soll man's wissen? Der einzige Zeuge wird ja umgebracht.»

«Also, nachdem der Arzt gegangen war, was passierte dann?»

«Mein Anwalt rief nochmals an. Er sagte, wortwörtlich: ‹Es ist alles vorbei.›»

Doyles erste Reaktion, erzählte er mir, war Entsetzen. Er fragte den Anwalt, wie er das meine. Der Anwalt bestätigte ihm nochmals, das Oberste Bundesgericht habe ihm einen Aufschub der Hinrichtung gewährt.

«Ich kann mir nicht vorstellen, wie so etwas ist», sagte ich. «Wie war Ihnen zu der Zeit zumute?»

«Ich war darauf gefaßt zu sterben. Wollte aber leben. Um *jeden* Preis. Zugleich wollte ich nicht, daß meine Familie in neunzig Tagen noch mal das gleiche durchmachen müßte. Ich weiß nicht, wie ich das nennen soll. Erleichtert war ich, würde man wohl normalerweise sagen. Aber ich weiß nicht, ob das der richtige Ausdruck ist. Ich weiß nur noch, wie ich an dem Nachmittag dagesessen bin und an die vielen Dinge gedacht habe, die ich gern von vorn anfangen würde...»

«Als Sie in der Beobachtungszelle waren, was hat man Ihnen da über die Prozedur gesagt? Darüber, wie man Sie dann tatsächlich töten würde?»

«Sie legen einen auf dieses Ding, etwa dreißig Minuten, bevor sie es machen. Dreißig bis fünfundvierzig Minuten, bevor sie soweit sind, daß sie einen töten. So um elf oder elf Uhr dreißig würden sie mich auf die Liege schnallen.»

«Und was ging Ihnen durch den Kopf, als Sie sich darauf gefaßt machten, hingerichtet zu werden?»

«Ich nahm einfach an, es würde so ähnlich sein wie eine schwere Operation oder so was, nur daß man nicht mehr aufwacht.»

«Finden Sie, das ist ‹human›, wie man so sagt?»

«Darum geht's doch nicht wirklich, oder? In Wirklichkeit geht's doch darum, ob es etwas anderes ist, als wenn sie von hinten an einen herantreten, einem die Pistole an den Kopf halten und abdrücken. Niemand weiß, was für Empfindungen einem durchs Hirn gehen, während dieses Gift einem in die Venen fließt. Es gibt keine humane Art, Menschen zu töten. Es ist falsch.»

«Wie haben die einzelnen Mitglieder des Hinrichtungsteams sich an dem Abend benommen? Was haben Sie beobachtet?»

«Ich weiß gar nicht, wie ich beschreiben soll, was die Leute tun, aber wenn sie im Begriff sind, einen umzubringen, dann scheinen sie einfach sehr, sehr nervös zu sein. Es scheint, sie können nicht stillstehen. Sie machen Konversation über nichts; sehn Sie, ‹wie ist das Wetter?› wäre für Sie schon ein komplexes Gespräch. Es scheint ihnen bei dem, worauf sie sich vorbereiten, sehr, sehr unbehaglich zu sein. Aber gleichzeitig sind sie anscheinend auch begierig, es zu machen. Ich kann nicht recht verstehen, warum gerade diese Personen eine gewisse Befriedigung dabei empfanden zu denken, ‹gleich bringen wir dich um›. Ich weiß es nicht.»

Doyle erzählte mir, daß fast eine Stunde vergangen sei, bis man die Nachricht von dem Aufschub im Gefängnis offiziell bekanntgab, und daß man ihn weiterhin in der Beobachtungszelle ließ.

«Wie haben sie es bekanntgegeben?» fragte ich.

«Ich habe es über das Radio eines Wärters gehört», sagte er.

«Was haben sie gesagt?»

Doyles Antwort gab ein neues Beispiel für die militärische oder kriegerische Metaphorik bei den Hinrichtungen in Potosi.

«Sie haben gesagt: ‹Übung abbrechen! Übung abbrechen!› So haben sie das genannt, eine Übung. Als sie sagten, daß sie abzubrechen wäre, hieß das, zurück zum normalen Betrieb. Es dauerte fast eine Stunde, nachdem mein Anwalt mich von dem Aufschub benachrichtigt hatte, bis diese Durchsage kam. Und die Enttäuschung in ihren Gesichtern konnte man sehen.»

«Nachdem der Befehl gegeben war, die Übung abzubrechen, ist da jemand gekommen, um mit Ihnen zu reden?»

«Ungefähr zwanzig Minuten danach kam Paul Delo herunter, streckte den Arm durch die Tür, drückte mir die Hand und erzählte mir, wie er sich freue, daß es für mich gut ausgegangen sei. Dieser verlogene Hurensohn! Viel lieber würde er mich umbringen. Die Tatsache, daß Mr. Delo Leiter eines Gefängnisses ist, in dem Hinrichtungen durchgeführt werden, verschafft ihm einen Rang und eine Pension, wie er sie nirgendwo anders bekäme. Und dieser Rang und diese Pension, daran liegt ihm viel. Ich glaube, Mr. Delo hatte sich darauf gefreut, mich umzubringen.»

«Was geschah danach?»

«Sie lassen einen erst mal da, wo man ist. Meine Besucherin, sehn Sie, die war noch da. Paul Delo kommt rein, gibt die Hand, sagt, er freut sich, daß es so ausgegangen ist. Und dann hat er sich zu meiner Freundin umgewandt, zur Uhr hinaufgeschaut – es war zehn nach neun – und hat gesagt: ‹Miss... kann noch bis neun Uhr dreißig bleiben. Mr. Williams, Sie bringen wir morgen in Ihren Block zurück›, und ist gegangen. Am nächsten Tag rollten sie zwei Wäschekarren da rein, Plastikkarren, und haben gesagt: ‹Packen Sie Ihr Zeug zusammen!› Und dann legt man alle Sachen da hinein, seinen Fernseher, seinen Teppich, die Laken, die Decken, das kommt alles in die zwei Wäschekarren, und die schiebt man dann, einen nach dem andern, zurück in den Block.»

«Wie war das, als Sie in den Block zurückkamen, nachdem alle erwartet hatten, Sie würden hingerichtet?»

«Meine Freunde sind gekommen und haben mir die Hand gedrückt. Manche haben mich umarmt. Es ist, wie wenn einer aus einer Schlacht zurückkehrt.»

«Und wie war Ihnen zumute», fragte ich, «als Sie aus dem Krankentrakt herauskamen? Sie hatten doch nicht erwartet, da lebendig wieder herauszukommen?»

Doyle rückte auf seinem Stuhl hin und her, und seine Stimme wurde ein wenig brüchig.

«Herausgekommen bin ich am 21. März. Ich erinnere mich, wie

ich … ich weiß nicht, warum mir grad dieser eine Satz immer wieder einfiel, aber so war es: ‹Die Sonne scheint, und ich kann sie sehen.› Und das brachte mich zum Weinen. Denn ich hatte gewiß nicht erwartet, sie wiederzusehen. Es ist ein fürchterliches Erlebnis. Hoffentlich machen Sie so was nie mit.»

Nachdem ich mich von Doyle verabschiedet hatte, sah ich einen von den Betreuern in der Wartezone sitzen. Als Doyle zur Tür hinausging, sagte der Betreuer zu mir mit lauter Stimme: «So, Steve, denn komm' Se mal und sehn Se zu, wenn wir Doyle hinrichten!»

Phil Banks ist Paul Delos zweiter Stellvertreter, und als einzigen unter den leitenden Mitgliedern des Hinrichtungsteams hatte ich ihn noch nicht interviewt. Phil war nach Potosi gekommen, nachdem er acht Jahre auf dem Gebiet der Bewährungshilfe – im Unterschied zum Strafvollzug – gearbeitet hatte. Er war ein großer, ruhiger Mann aus dem nördlichen Missouri, das neueste Mitglied des Hinrichtungsteams. Er hat an zwei Hinrichtungen teilgenommen, das erste Mal als Vollzugsleiter bei der Hinrichtung von Maurice Byrd. Er ist ein umgänglicher, aber etwas undurchsichtiger Mensch. Er hat ungewöhnlich vielseitige musikalische Neigungen, von neuer Country-Music bis hin zu Chicago-Blues und Rhythm and Blues. Er wirkt eher wie ein Geschäftsmann als wie ein Strafvollzugsbeamter. Er sagt im Scherz, daß er seinen Job aufgeben und BMW-Verkäufer werden möchte.

Ich machte die Bemerkung, er sei das einzige Mitglied des Teams, dessen frühere Erfahrungen auf dem Gebiet der Bewährungshilfe und nicht im Strafvollzug lägen. Phil sagte mir, seiner Ansicht nach habe ihn seine Arbeit in der Bewährungshilfe für die Rolle eines stellvertretenden Gefängnisleiters besonders geeignet gemacht. Ich fragte ihn, wie er das Leben in Potosi finde.

«Es ist erstaunlich, dieses Gefühl der Gefahr, das man kriegt, wenn man auf den Hof geht. Aber das ist auch in unseren minimal- und mittelgesicherten Gefängnissen nicht anders.» Dann lachte er. «Das greift über bis in die Postämter und auf die Straßen.»

«Wie ist es, das neueste Mitglied im Hinrichtungsteam zu sein?» wollte ich wissen. «War es schwer, sich da einzufügen?»

«Das war kein Problem», sagte Phil, lehnte sich in seinem Sessel zurück und kreuzte die Füße auf dem Schreibtisch. «Es war ziemlich leicht, sich hineinzufinden, wegen der Kameradschaft, von höchster Ebene bis hinunter zum Personal.»

Phil kam mir zarter besaitet vor als manche anderen Mitglieder des Hinrichtungsteams. Jedenfalls sah er weniger nach einem Henker aus als die anderen.

«Wie berühren die Hinrichtungen Sie persönlich?» fragte ich.

«Es wird zu einer Art Sachzwang», sagte er.

Ich sah ihn an und wartete auf nähere Erklärungen; aber es sollte keine mehr geben.

Phil war nach außen hin aufgeschlossen, aber er war nicht bereit, sehr viel über seine Rolle bei den Hinrichtungen zu sagen. Für ihn schien das Missouri-Protokoll gut zu funktionieren. Dank der breitgestreuten Verantwortung, der Auflösung des Hinrichtungsvorgangs in eine Reihe von Teilaufgaben, kann sich jedes Mitglied des Teams ganz auf seinen Teilbeitrag statt auf den Gesamtprozeß und dessen Ergebnis konzentrieren.

«Wie finden Sie's, wenn es einen Aufschub gibt?» fragte ich. «Wie berührt Sie das?»

«Für mich persönlich ist das wie jede andere Sache, die man vorbereitet hat und aus der dann nichts wird. Das gibt dann kein Stimmungstief oder so was. Wir fangen einfach an, die Sache abzubrechen.»

Wir redeten noch eine Weile, und bei meinen späteren Besuchen in Potosi gingen wir mal zusammen essen oder nach der Arbeit ein Bier trinken. Aber seine persönlichen Gefühle über die Teilnahme an den Hinrichtungen behielt Phil immer für sich.

Ich saß eines Morgens in Paul Delos Büro beim Kaffee, als zwei Gäste von der Strafvollzugsbehörde von Illinois zu Besuch kamen. Gary Sutterfield und Phil Banks waren auch da. Die Kollegen aus Illinois, der eine schwarz, der andere weiß, beide Anfang vierzig, waren leitende Beamte und wollten sehen, wie die Dinge in Potosi liefen. Meine Anwesenheit im Zimmer war ihnen unangenehm, und mir schien, daß ihr Unbehagen Paul Delo ein gewisses Vergnügen bereitete – als ob er ihnen sagen wollte: «Da seht ihr, wir haben nichts zu verbergen!»

Illinois war der zweite Staat, der beschlossen hatte, Hinrichtungen mit Fred Leuchters Injektionsmaschine zu vollstrecken, und man hatte dort zu dieser Zeit 139 Personen im Todestrakt. Die Strafvollzugsbehörde von Illinois hatte Paul Delo ihren Dank dafür ausgesprochen, daß er Gary Sutterfield gestattet hatte, hinzufahren und bei der ersten Hinrichtung zu assistieren. Als Zeichen des Dankes schickte man Paul ein Namensschild für seinen Schreibtisch mit der Aufschrift «Paul K. Delo».

«Es wurde von den Typen angefertigt», erklärte Paul mir mit einem Lächeln, «die da drüben die Grabsteine machen.»

Am Nachmittag wurde ich zum Essen mit den Männern aus Illinois mit eingeladen. Es stellte sich heraus, daß beide Vietnam-Veteranen waren, und sie sagten, in welchen Einheiten sie gekämpft hatten. Dann drehte sich das Gespräch eine Weile um die Hirschjagd, und schließlich kam man zur Sache.

«Sehn Sie, wir haben ein Problem in Illinois», begann der Weiße, «weil der amerikanische Ärzteverband [American Medical Association] wegen der Teilnahme von Ärzten an den Hinrichtungen Krach geschlagen hat.»

Paul nickte.

Gary Sutterfield sah mich an. Auch aus seiner Sicht waren die Ärzte ein Problem, aber nur, weil bei der Hinrichtung von Charles

Walker drei von ihnen nicht imstande gewesen waren, die intravenöse Kanüle richtig anzusetzen. Sie hatten sie so angesetzt, daß das Gift in die falsche Richtung, vom Herzen weg, floß.

«Hier», erklärte Paul, «haben wir einen Krankenpfleger unter Vertrag, der zu den Hinrichtungen kommt und das Einsetzen übernimmt. Das ist eine Art Spezialaufgabe.»

Der schwarze Strafvollzugsbeamte hielt die Hand am Kinn und nickte.

«Natürlich», fuhr Paul fort, «hier bei uns erfordert das Gesetz nicht, daß wir einen Arzt dahaben müssen, der den Mann für tot erklärt. Das kann auch der Leichenbestatter. Aber selbst den braucht man eigentlich nicht, denn auch ein Hilfssheriff kann einen Mann für tot erklären. Ich habe das ein paarmal gemacht, als ich beim Sheriff diente oder bei der *Highway Patrol*. Also, ich bin Hilfssheriff, Greg Wilson hier ist auch einer, und theoretisch würden wir dazu gar keinen Arzt brauchen.»

«Aber trotzdem habt ihr einen Arzt dabei?» fragte der Weiße.

«Ja. Unser Arzt liest das EKG ab und erklärt ihn für tot», sagte Paul.

Die Männer aus Illinois kauten auf dem Problem eine Weile herum, wobei sie von der naheliegenden Lösung, auf die Ärzte zu verzichten, absahen. Als dies vorgeschlagen wurde, schien es ihnen nicht zu behagen. Die Injektionshinrichtung ist dem äußeren Anschein nach ein medizinisches Verfahren. Vielleicht, dachte ich, fühlen diejenigen, die an Hinrichtungen nach dieser Methode beteiligt sind, sich verpflichtet, einen Arzt dabeizuhaben, damit die Ansicht bekräftigt wird, dies sei ein «humanes» Verfahren. Das Missouri-Protokoll hatte einen gewissen rituellen Aspekt, und dies schien ein wichtiger Teil davon zu sein.

Bevor ich nach Jefferson City abfuhr, zwei Tage vor Thanksgiving, saß ich mit Paul allein in seinem Büro. Er sagte:

«Sehn Sie, wir haben eigentlich keine Probleme mit den Hinrichtungen gehabt. Ich jedenfalls nicht. Bevor man eine gemacht hat, da fragt man sich, wie das wohl sein wird. Aber es scheint psychologisch einfach keine schädlichen Folgen zu haben. Vielleicht gibt es Spätfolgen, ich weiß nicht.»

«Und wenn es welche hätte?» fragte ich.

«Ich würde mir einen andern Job suchen.»

Wir nahmen Abschied, und als ich meine Fahrt über den *Highway 8* nach Jefferson City begann, dachte ich an die Henker, die Memoiren geschrieben hatten. Albert Pierrepoint, jahrzehntelang Englands Scharfrichter, hatte in seiner Autobiographie die Todesstrafe verurteilt; desgleichen Clinton Duffy, der Direktor von San Quentin, der neunzig Hinrichtungen mit Gas durchgeführt hatte; und desgleichen Robert Elliott, der Henker von New York.

Am Vorabend des Thanksgiving traf ich Bill Armontrout in der Strafvollzugsbehörde in Jefferson City. Meine Odyssee durch Missouri hatte drei Monate zuvor in seinem Büro begonnen, und ich berichtete ihm, was ich während dieser Zeit erfahren hatte.

Bill erzählte mir einige Geschichten aus seiner Zeit am MSP – von Rache, Mord und sexueller Eifersucht unter den Insassen.

«Von den Todestraktinsassen», sagte er, «gehören etwa zehn in meinen Zuständigkeitsbereich, wurden von mir wegen Mordes an einem Insassen oder Beamten dahin geschickt.»

Er erzählte mir die Geschichte von Frankie Guinan und Richard Zeitvogel, die im Staatsgefängnis ein Liebespaar geworden waren. Frankie Guinan kam schließlich in den Todestrakt, nachdem er zwei Mitinsassen umgebracht hatte. Er und Zeitvogel erstachen John McBroom im Jahr 1981, dann, 1985, ermordeten Guinan und Gerald Smith Robert Baker. Nachdem Guinan in den Todestrakt kam, beging Zeitvogel noch einen Mord: Er erwürgte seinen Zellengenossen, Gary Dew, mit einem Stück Draht. Bill erzählte mir, Zeitvogel habe es getan, um im Todestrakt wieder mit Guinan zusammensein zu können. Bill sagte, Frankie Guinan sei für ihn beinahe wie ein Sohn. «Für mich fühlt sich das an, wie wenn ich ihn großgezogen hätte und daran gescheitert wäre. Es wird schwer sein, Frankie dranzunehmen.»

Ich fragte Bill, ob er glaube, daß die Strafanstalt eine Schule für Kriminalität sei, ob junge Männer, die als Ersttäter eingeliefert würden, bei ihrer Entlassung auf ein Leben als Gewaltverbrecher vorbereitet seien.

«Sehen Sie, es kommt bisweilen vor, daß sie wegen einer geringfügigen Sache reinkommen. Und schließlich bringen sie jemanden um. Und dann haben sie die Todesstrafe am Hals. Vor Jahren war es so, daß sie für den Mord an einem Insassen keine Strafverlängerung kriegten. Damals wurde ihnen deswegen nicht einmal der Prozeß gemacht. In den letzten zwanzig Jahren haben wir jedes Verbrechen, das in der Anstalt begangen wurde, strafrechtlich verfolgt. Irgendwie geht es einem schlecht, wenn man sieht, wie diese jungen Typen da reinkommen und im Todestrakt enden. Irgendwie hat man das Gefühl, man hätte versagt. Daß man sie besser hätte schützen müssen.»

Ich wollte mehr hören von Bills Erfahrungen bei der Hinrichtung von Edward Earl Johnson in Mississippi. Er erzählte mir, daß ein Kamerateam von der BBC dabeigewesen sei. Es belustigte ihn zu sehen, wie die «um zwei Uhr morgens einfach abhauten, mitten ins Nirgendwo. Sie konnten nicht schnell genug da wegkommen.»

«Kannten Sie den Insassen, bevor Sie ihn hingerichtet haben?» fragte ich.

Bill sagte, er habe nicht viel mit ihm gesprochen, außer gegen Ende hin.

«Was haben Sie zu ihm gesagt?»

«Nach unserem Gespräch tat er genau das, was ich ihm geraten hatte. Ich sagte: ‹Wenn du den Hebel schalten hörst und wenn du die Dämpfe aufsteigen siehst, dann atmest du ein paarmal tief durch.› Und das tat er. Und als ich den Hebel hörte, fing ich an zu zählen. Ich zählte bis achtundfünfzig. Und als ich bei achtundfünfzig angelangt war, war der Junge weg, bestimmt.»

Bill und ich hatten zuvor schon, bei meinem ersten Besuch in Jefferson City, über die Schwierigkeiten einer Hinrichtung mit Giftgas gesprochen. Ich fragte ihn, ob er, falls Missouri weiterhin verpflichtet wäre, Hinrichtungen mit Giftgas durchzuführen, ein ebenso pflichtbewußtes Team zusammenstellen könnte wie dasjenige, das die Hinrichtungen mit der Todesspritze durchführte.

«Man braucht wirklich einsatzfreudiges Personal, um eine Hinrichtung mit Gas durchzuführen», sagte Bill. «Vor allem beim Abwaschen des Körpers. Aber wir hatten schon über ein Jahr an der Gaskammer geübt, bevor der Beschluß zur Todesspritze durchkam. Seit mehr als einem Jahr war ich darauf vorbereitet, eine mit Giftgas durchzuführen.»

Bei der Frage fiel Bill eine Geschichte ein, die er mir erzählen wollte.

«Um die Zyanidpatronen zu kaufen, mußte ich zweihundert Kilo davon erstehen. Ich konnte nicht einfach einen Eimer voll, oder was immer, kriegen. Also hatte ich zweihundert Kilo Patronen. Für die Sache selbst brauche ich nur siebenunddreißig Stück. Ich hatte genug Patronen, um alle Einwohner Missouris umzubringen.»

«Was wird Ihrer Ansicht nach in den anderen Staaten geschehen», fragte ich, «wo immer noch die Gaskammern in Gebrauch sind oder elektrische Stühle, die ab und zu Ausfälle haben?»

«Ich denke, die Todesspritze wird sich nach und nach überall durchsetzen. Eine Weile lang. Bis man ein anderes, humaneres Verfahren findet.»

Unser Gespräch kam schließlich auf Dr. Jack Kevorkian, der vor kurzem in den Schlagzeilen gewesen war, nachdem sich zwei Frauen an seiner Euthanasiemaschine ein tödliches Gift eingespritzt hatten. Bill bemerkte, daß Kevorkians Maschine Ähnlichkeiten mit derjenigen aufwies, die der Staat Missouri von Fred Leuchter gekauft hatte. Ich erzählte Bill, daß Dr. Kevorkian in medizinischen Zeitschriften einige Aufsätze veröffentlicht hatte, in denen die Todesspritze als Hinrichtungsverfahren propagiert wurde.

Ich wollte noch mehr über Tiny Mercer erfahren, bevor ich versuchte, mit seiner Frau Christy in Kontakt zu treten. Ich fragte Bill nach seiner Beziehung zu Tiny.

«Es mag merkwürdig klingen, wenn ich so etwas sage, aber Tiny und ich waren Freunde. Wenn ich im Todestrakt irgendwelche Schwierigkeiten aufkommen sah, ging ich zu Tiny und sagte: ‹Tiny, beruhige diese Typen mal. Versuche herauszufinden, worüber sie sich aufregen, und dann wollen wir mal sehen, ob wir etwas dagegen tun können. Wenn es etwas ist, das ich tun kann, ohne die Sicherheitsvorschriften zu verletzen, dann werde ich es tun, das weißt du.› Weil wir alle nur Menschen sind. Und Tiny gehörte zu dieser Art Mensch. Und seine Frau, die in der Stadt lebt – wir sind befreundet.»

Das überraschte mich. Ich fragte Bill, wie er Tiny kennengelernt habe.

Bill traf Tiny erstmals, als er stellvertretender Aufseher am Staatsgefängnis von Missouri war. «Ich kannte Tiny von früher, als er eine kurze Strafe absitzen mußte. Und als er das Todesurteil erhielt, fing er an, Gewichte zu heben und Konditionstraining zu machen, und er begann, die Bibel zu lesen. Von allen Insassen, die ich kenne, welche behaupten, sie hätten im Gefängnis den Herrn gefunden, habe ich nie einen gesehen, dem ich es geglaubt hätte. Aber bei Tiny war ich davon überzeugt. Tiny hat tatsächlich zu Gott gefunden. Und er war mit sich in Frieden. Noch im letzten Augenblick wollte er meine Hand halten. Und ich sagte: ‹Tiny, ich kann nicht, ich muß ein paar Dinge erledigen.› Und er sagte: ‹Darf ich meine Bibel halten?› Und ich sagte: ‹Natürlich kannst du deine Bibel halten.› Meine Frau begleitete seine Frau als Zeugin. Und, wie ich schon sagte, heute sind wir Freunde. Wir verkehren nicht miteinander, aber wir kennen einander sehr gut. Ich habe überhaupt keine Angst vor ihr. Ich habe sie vor ein paar Tagen erst gesehen.»

Mir erschien es sehr eigenartig, daß Bill, der Christy Mercers Mann umgebracht hatte, behaupten konnte, sie seien befreundet.

«Worüber sprechen Sie denn, wenn Sie sich sehen?» fragte ich.

«Sie ist irgendwie etwas merkwürdig. Jedesmal, wenn ich sie sehe, sagt sie: ‹Bill, warum hast du Tiny umgebracht? Gott liebt dich, aber warum hast du Tiny umgebracht?› Solche Dinge. Oder wenn sie in einem der Lokale in der Stadt serviert, kommt sie immer zu mir und sagt: ‹Bill, Gott liebt dich, aber warum hast du Tiny umgebracht?› Ein sehr eigenartiges Mädchen.»

Ich fragte Bill, wie Tiny und Christy sich kennengelernt hatten und wie ihre Beziehung zueinander war.

«Sie heirateten, nachdem er im Todestrakt war», sagte Bill. «Also dieser Tag, an dem sie heirateten! Ich war damals stellvertretender Aufseher, und mein Büro sah zur Straße vor dem Staatsgefängnis hin – und nachdem die Hochzeitszeremonie vorüber war, natürlich ließen wir sie keine Zeit miteinander verbringen. Sie hatte zwei Brautjungfern bei sich. Und sie gingen alle über die Straße vor meinem Büro und zogen ihre ganzen Kleider aus. Bis sie splitternackt dastanden. Ich schaue zu, ich glotze sie an, und da kommt meine Sekretärin rein, und ich sage zu ihr: ‹Carol, ruf die Polizei – in ungefähr dreißig Minuten.› Jedenfalls, das war eine Art Ritual, was sie da abhielten.»

Bill wollte mir von Tinys Delikt erzählen.

«Tiny war der Anführer einer Motorradgang in der Nähe von

Kansas City. Das Mädchen, das er umbrachte, hatten ihm einige Gangmitglieder als Geschenk mitgebracht. Tiny hatte Geburtstag. Also zogen sie los und entführten sie und brachten sie rein und sagten: ‹Tiny, hier ist dein Geburtstagsgeschenk.› Tiny hat mir die ganze Zeit über versichert, daß nicht er sie umgebracht habe, daß das einer von den anderen war. Aber er wurde dafür verurteilt. Und, wie ich ihm sagte, ich sagte: ‹Tiny, du hast eine Reihe Berufungsverfahren gehabt, die Gerichte sagen, daß du es warst, und mir bleibt natürlich nichts anderes übrig, als zu tun, was die Gerichte mir sagen.› Und das hat er verstanden. Aber ich konnte mich immer auf Tinys Hilfe verlassen, wenn er mir irgendwie helfen konnte. Und bis zum letzten Augenblick wollte er meine Hand halten. Er wollte eine Zigarette, und wir gaben ihm eine Zigarette. Es war schwer. Es war sehr schwer, ihn dranzunehmen.»

An Bills Aufrichtigkeit bezüglich Tiny Mercer war nicht zu zweifeln; und für einen Touristen in der seltsamen Welt des Todesstrafvollzugs gehörte dies vielleicht zum Unbegreiflichsten. Es beruhigte mich, daß keiner der andern es verstehen konnte – weder das Hinrichtungsteam noch die Insassen, die mit Tiny Mercer befreundet gewesen waren.

Im Gespräch mit A. J. Bannister über die Mercer-Hinrichtung bestätigte er, was mir Bill über Tiny erzählt hatte.

«Er hatte einen Ruf, den er mit sich gebracht hatte, und immer, wenn es Schwierigkeiten gab, versuchte er, sie mit unserem Haussergeant zu klären», sagte A. J. «Armontrout und er verstanden sich richtig gut. Ich glaube sogar, Bill hat einmal gesagt, es tue ihm leid, daß er derjenige sein müsse, der Tiny hinrichten würde, weil sie sich die ganzen Jahre über gekannt hatten. Aber er tat es trotzdem. Ich nehme an, es gehört zu seinem Job als Aufseher.»

Gary Sutterfield, der zusammen mit Fred Leuchter die Injektionsmaschine in der Gaskammer, in der Tiny Mercer hingerichtet wurde, aufgestellt hatte, erinnerte sich an jene Nacht.

«Als wir Tiny Mercer hinrichteten, erfuhr ich, daß Mr. Armontrout und Tiny sich während Tinys Haftzeit im Staatsgefängnis von Missouri ziemlich nahestanden. Und mir fiel an Bill ein eher ernstes Verhalten auf. Bill ist ein sehr extrovertierter Mensch, der gerne Späße macht, fischt und alles andere, aber an dem Abend nach der

Hinrichtung fiel mir auf, daß er sehr ruhig war. Abgekehrt von der Menge um ihn herum.»

Wenn man alles zusammennimmt, waren die Dinge, die Bill erlaubten, Tiny Mercer hinzurichten, abgesehen vielleicht vom Glauben an seine Schuld, einmal Fred Leuchters Maschine und dann das Missouri-Protokoll. Während das Protokoll ihm eine gewisse Sicherheit verlieh, gab die Maschine eher Anlaß zu Bedenken. Sie war noch nie benutzt worden, und niemand wußte mit Sicherheit, ob sie funktionieren würde.

«Wir wußten wirklich nicht, ob sie funktionieren würde», sagte Bill zu mir. «Wir hatten sie getestet und getestet, und wir hatten geübt und geübt und geübt, und alle waren an dem Punkt angelangt, wo sie hervorragend eingespielt waren. Selbst die Presse lobte meine Leute, wie ernst sie die Sache nahmen – es war kein Herumalbern festzustellen – und wie würdig die ganze Angelegenheit war. Aber wir hatten so verdammt viel geübt dafür, wir waren einfach auf dem Gipfel der Perfektion, genau so war es. Und der einzige Rückschlag, den wir hatten, war, als etwa zehn Uhr abends die Hinrichtung aufgeschoben wurde. Das ist fast so niederdrückend wie die tatsächliche Durchführung.»

«Wie kommt das?» fragte ich.

«Aufschübe sind psychisch sehr schwer zu verkraften. Weil man sich auf diese Sache so lange eingestellt hat. Ich habe festgestellt, daß wir, wenn wir einfach vorwärts machen und die Sache durchführen, weit weniger deprimiert sind, als wenn wir sie aufschieben müssen. Ein Aufschub macht dich einfach fertig. Man hat sich so sehr darauf eingestellt. Und man ist so müde.»

Bill erzählte mir von anderen Hinrichtungen, die er in Potosi durchgeführt hatte, von ein oder zwei Vorfällen, die sich ihm eingeprägt hatten. Er sagte, daß bisweilen Insassen, die vorher ihre Unschuld beteuert hatten, kurz vor der Hinrichtung ein Geständnis ablegen würden. Im Fall von Gerald Smith war das so gewesen.

«Als wir Gerald hinrichteten, sagte mir Gerald die ganze Zeit über immer wieder, daß er dieses Mädchen nicht umgebracht habe. Erst im allerletzten Augenblick sagte er zu mir: ‹Bill, ich habe das getan, wofür sie mich verurteilt haben. Aber ich habe es nicht so getan, wie sie glauben.› Was mir Gerald Smith damit also eigentlich sagen wollte, war: ‹Ja, mir geschieht recht.› Aber all die Jahre über sagte er mir immer: ‹Nein›.»

Zum Fall von Leonard Laws erzählte Bill: «Einmal fehlten noch zwei Stunden bis zu seiner Hinrichtung, und als wir dann einen Aufschub erhielten, war er darüber wirklich aufgebracht. Ihm ging es wie uns, weißt du. Es war für ihn ein unglaublicher Rückschlag. Er wollte einfach vorwärts machen und die Sache hinter sich bringen. Und als wir ihn das nächste Mal dran hatten, war er bereit zu gehen, ohne weitere Schwierigkeiten. Er war ganz aufgedreht und darauf eingestellt.»

«Aber», sagte Bill, «derjenige, der es wie ein Mann hinnahm, war vor allen anderen Tiny. Der es wie ein Mann auf sich nahm. Und Leonard Laws, ausgerechnet. Aber wir hatten mit keinem von ihnen je Schwierigkeiten.»

Bill sagte, er müsse los, da er nach Oklahoma hinauffahren wolle, um Thanksgiving mit seiner Mutter zu verbringen. Wir rauchten eine Zigarette vor dem Gebäude der Strafvollzugsbehörde, und Bill fragte mich, wie mir mein Aufenthalt in Missouri gefallen habe.

«Es ist eine wunderschöne Gegend», sagte ich.

Am selben Abend wählte ich die Nummer, die mir A. J. als Ausgangspunkt gegeben hatte, um mit Christy Mercer in Verbindung zu treten. Ihre Freundin war am Apparat und hörte sich an, warum ich Christy suchte. Sie sagte, sie wüßte Christys Privatnummer nicht, aber daß sie als Cocktail-Kellnerin in Jefferson City arbeite, und sie gab mir die Adresse. Sie sagte auch, daß Christy ihren Namen geändert habe. Sie nannte ihn mir, und dann fragte sie, was ich am Sonntag vorhätte und ob ich mit ihr in die Kirche kommen wollte. Ich dankte für die Einladung, sagte aber, daß ich wahrscheinlich bis dahin nicht mehr in der Stadt sein würde.

Ich hatte keine Ahnung, zu welchen Zeiten Christy arbeitete oder an welchen Tagen. Um sechs Uhr an jenem Abend betrat ich die Cocktailbar, die zu einem der Hotels unweit der Stadtautobahn gehörte, und setzte mich an die Theke. A. J. und Christys Freundin in Jefferson City hatten ihr Aussehen beschrieben: groß, schlank, lange schwarze Haare, sehr attraktiv. Die Frau, die meine Bestellung entgegennahm, war bestimmt nicht Christy. Genausowenig wie die Kellnerinnen, die vom Restaurant in die Bar kamen, um Bestellungen abzugeben.

Ich wartete eine Weile, dann fragte ich den Studenten, der mich bediente, ob – ich nannte Christys neuen Namen – an dem Abend noch reinkommen würde. Der Student verneinte, meinte aber, daß sie am folgenden Tag, Thanksgiving, dasein werde.

Am Thanksgiving wachte ich auf und stellte fest, daß das Restaurant in meinem Hotel den ganzen Tag über geschlossen sein würde. Ich beschwerte mich bei der Frau, die strickend an der Rezeption saß. Nachdem ich in einem anderen Hotel gefrühstückt hatte, verbrachte ich den Vormittag damit, die Informationen, die ich zu Tiny Mercers Hinrichtung vom Hinrichtungsteam, von den Insassen und aus Zeitungsberichten erhalten hatte, einigermaßen zusammenzustückeln.

Tiny sollte am 20. Oktober 1988 hingerichtet werden, aber ein Gremium von drei Richtern des Achten Berufungsgerichts hatte am 19. Oktober einen Aufschub gewährt. Dann, am 3. Januar 1990, ordneten dieselben drei Richter den Vollzug der Hinrichtung für den 6. Januar an. Tinys Anwälte legten am 4. Januar beim Obersten Bundesgericht Einspruch ein. Der Einspruch wurde am Tag vor der Hinrichtung vom Obersten Bundesgericht abgelehnt, und am selben Tag weigerte sich der Gouverneur von Missouri, John Ashcroft, eine Begnadigung zu unterzeichnen.

Ein kalter Regen fiel in der Nacht von Tiny Mercers Hinrichtung im Staatsgefängnis von Missouri. Während Bill mir erzählt hatte, daß Tiny bereit gewesen sei, «seinem Schöpfer gegenüberzutreten», hatte ich von anderen Gefängnisbeamten gehört, daß die Nachricht von der Ablehnung seines letzten Einspruchs durch das Oberste Bundesgericht für ihn niederschmetternd gewesen sei. Er bestellte seine letzte Mahlzeit – gegrillte Steaks und Rippchen, Tacos, Burritos und Salat mit Öl und Essig. Er bot Bill Armontrout einen Burrito an, den er nicht mehr essen konnte.

Um 23 Uhr wurden die Journalisten in Busse verladen und zur Strafanstalt hinausgefahren, wo sie im Regen in der Nähe der Todeskammer auf die Hinrichtung warteten. Um 23.09 Uhr kam der Arzt, der den Katheter bei Mercer einführen und die Injektionskanüle in seiner Leiste setzen und der dann den Tod festzustellen hatte. Er fuhr in einem Wagen mit Nummernschildern, auf denen EISMANN stand, vor dem Gefängnis vor. Um 23.42 Uhr suchte sich der Journalistenbus seinen Weg durch die Straßen hinter dem Todeshaus, und die Journalisten wurden in das Gebäude hineingeführt.

Vor dem Gefängnis, zusammen mit Fernsehlastwagen und Dutzenden von Journalisten, die sich im Todeshaus keinen Platz hatten sichern können, standen ungefähr hundert Demonstranten schweigend im Regen, brennende Kerzen in den Händen, die ihren Widerstand gegen die Hinrichtung symbolisieren sollten. Einer von ihnen trug ein Plakat, auf dem geschrieben stand: «Warum töten wir Menschen, um zu zeigen, daß Menschen zu töten falsch ist?»

Im Todeshaus selber hatten Christy Mercer und ein alter Freund von Tiny aus dem Motorradklub die Erlaubnis erhalten, bei ihm zu bleiben, nachdem er auf der Liege in der Gaskammer festgeschnallt worden war. Während Bill Armontrout Tinys Bitte, die Farben seines Motorradklubs und seine Lederjacke tragen zu dürfen, nicht gewährt hatte, war ihm ein schwarzes Stirnband gestattet worden. In den letzten Monaten seines Lebens hatte er sich wieder einen Bart wachsen lassen.

Nachdem die Zeugen auf den tribünenartigen Bänken um die alte Gaskammer Platz genommen hatten, verlas der Vorsteher der Strafvollzugsbehörde, Dick Moore, eine Erklärung des Gouverneurs Ashcroft, in der es hieß: «Dieses schmerzliche Ereignis ist notwendig, um der Wertschätzung des Staates von Missouri für unschuldiges menschliches Leben Nachdruck zu verleihen.»

Als die Jalousien hochgezogen wurden und man Tiny sehen konnte, schnellte sein Kopf von der Liege hoch auf der Suche nach Christy. Doug Waggoner, der der Hinrichtung als Zeuge für die mittlerweile eingegangene *Jefferson City Post-Tribune* beiwohnte, schrieb, daß Tinys Augen «leicht verstört» gewesen seien und daß sein Gesichtsausdruck «Wut oder Unruhe verriet, als er seine Frau nicht sofort sah, oder wegen des Trubels um ihn herum». Als er Christy und seinen Freund erblickt hatte, versuchte Tiny zu reden.

«Es war unmöglich festzustellen, was Mercer sagte», berichtete Waggoner, «aber man konnte sehen, wie seine schwarzhaarige Frau lächelte und nickte. Sie sah ihn mit trauriger Ergebung an, während sie versuchte, ihm zu antworten.

«‹Hi. Ich liebe dich›, schien er zu sagen. Sekunden später schüttelte sie den Kopf und formte mit den Lippen die Worte: ‹Ich kann dich nicht verstehen.› Nach einigen weiteren Augenblicken stummen Gesprächs erhob sie zwei Finger zum Zeichen des Sieges oder des Friedens, nickte dann und deutete himmelwärts.»

Während der ganzen Zeit, als Tiny versuchte, durch das dicke Glas mit Christy zu reden, verlas Bill Armontrout den Hinrichtungsbefehl.

Entgegen der Erinnerung Bill Armontrouts, daß «kein Husten oder Würgen erfolgt sei», berichtete Waggoner, daß die «Wirkung der Mittel sofort erkennbar war. Ein kurzer Anfall von Husten und Würgen riß Mercers Kopf zweimal von der Liege, bevor er endgültig darauf zurückfiel. Sein Kopf bewegte sich nicht mehr, aber seine Augen blieben geöffnet und auf die Decke gerichtet, während er in einem schlafähnlichen Zustand verharrte. Um 0.05 Uhr hatte er das Bewußtsein verloren, und bald darauf waren keine Atemzüge mehr festzustellen.»

Für Christy Mercer war die Hinrichtung eine Qual. «Als die Wirkung der Mittel einzutreten begann, sah Mrs. Mercer eine halbe Minute lang zu, bevor sie sich von dem Fenster, das auf ihren Mann sah, entfernte. Sie kehrte zum Fenster zurück, schaute mit verschwommenem Blick kurze Zeit auf Mercer und zog sich dann wieder zurück, begleitet diesmal von Mercers anderem Zeugen. Sie kam ein letztes Mal für einige Sekunden wieder, bevor die Jalousien um 0.09 Uhr herabgelassen wurden und Mercers Tod festgestellt worden war.»

Ich erinnerte mich an das, was mir Fred Leuchter kurz nach Labor Day gesagt hatte: «Meine Injektionsmaschine wurde das erste Mal bei Tiny Mercer im Staate Missouri benutzt. Das war eine interessante Premiere, nicht nur für mich und die Maschine, sondern auch für den Staat Missouri, weil es seit Jahren die erste Hinrichtung war, weil der Staat mitten in Amerika liegt und mitten im fundamentalistisch-religiösen Gürtel des Landes.»

Als ich Fred fragte, ob er bei der Hinrichtung Mercers anwesend gewesen sei, sagte er, daß er noch nie einer Hinrichtung beigewohnt habe, daß das «nicht notwendig» sei «für das, was ich tue». Aber Gary Sutterfield widersprach Freds Darstellung. Er erzählte mir: «Wir hatten mit der Maschine ich weiß nicht wie viele Probedurchläufe gemacht, um sicher zu sein, daß sie richtig arbeiten würde. Wir hatten eine Menge Schulung erhalten, um möglichst keine Probleme damit zu haben. Der Hersteller der Maschine war die ganze Zeit über bei uns und war auch am Abend der Hinrichtung anwesend. Sie funktionierte genau so, wie er es vorausgesagt hatte. Ich glaube, daß sie seine und unsere Erwartungen erfüllt hat.»

Ich versuchte mir vorzustellen, wie jene Nacht für die verschiedenen Beteiligten gewesen sein mochte. Für A. J., der Tinys unmittelbarer Nachbar im Todestrakt gewesen war, und für die anderen Männer, die im Keller des Staatsgefängnisses von Missouri einge-

schlossen waren; für Bill Armontrout, der eine aufrichtige Zuneigung zu Tiny verspürt hatte, und für Christy Mercer, die in all den
Jahren, in denen sie mit Tiny verheiratet gewesen war, nur moment-
weise seine Hand auf ihrem Körper gespürt hatte. Sie hatte während der Vorbereitungen zur Hinrichtung mehr körperlichen Kontakt mit ihm gehabt als an ihrem Hochzeitstag.

Am Mittag fuhr ich zur Cocktailbar, in der Christy arbeitete. Das
Restaurant war voll besetzt mit Familien, die sich zu Thanksgiving
einen Tisch hier bestellt hatten. Der Parkplatz war besetzt mit Wagen aus vielen anderen Staaten. Und nicht wenige dieser Leute hatten drei oder vier Staaten durchquert, um mit ihren Familien diesen
unkommerziellsten Feiertag Amerikas zu verbringen.

Christy war nicht zu sehen. Ebensowenig der Bartender, der mich
am Abend zuvor bedient hatte. Ich bestellte einen Drink und
schaute ein wenig Football im Fernsehen. Ich wollte nicht mit allzu
vielen Fragen die Aufmerksamkeit auf Christy lenken. Ich kam mit
einer Kellnerin ins Gespräch, die beim Tragen der Drinks von und
zum Speisesaal außer Atem gekommen war. Sie überredete mich,
einen Tisch im Speisesaal zu nehmen, und ich verzehrte ein einsa-
mes Thanksgivingmahl, umgeben von Gruppen zu sechs, zehn,
zwölf Leuten.

Nach dem Essen kehrte ich in die Bar zurück und fragte schließlich eine der Bardamen, wann Christy kommen würde. Sie erzählte
mir, daß Christy ihre Dienstzeiten mit einem anderen Bartender
getauscht hatte und daß sie einige Tage nicht dasein würde. Enttäuscht schrieb ich eine Nachricht an Christy und bat ihre Kollegin,
sie ihr bei ihrer Wiederkehr zu übergeben.

Am Tag darauf flog ich nach New York, um Freunde zu besuchen.

«Wann ist die Hinrichtung?» war beinahe das erste, was alle zu
mir sagten. Nervöse Fernsehprogrammleiter und Verleger riefen
mit ermüdender Regelmäßigkeit an, um dasselbe zu fragen. Bill Armontrout hatte am Tag vor Thanksgiving gesagt, er sei überrascht,
daß seit Maurice Byrd im letzten August keine Hinrichtung mehr
stattgefunden habe. Er meinte, es würde ihn sehr verwundern,
wenn sie vor Weihnachten nicht zumindest eine hätten. Ich wurde
es müde, die Frage mit der Erklärung zu beantworten, daß ich kei-

nen Einfluß auf die Festlegung der Hinrichtungstermine hätte. Der Oberste Gerichtshof von Missouri und das Oberste Bundesgericht hatten wieder und wieder bewiesen, daß sie keine Hemmungen verspürten, eine Hinrichtung anzuordnen.

Wenn die Zeit gekommen war, würde es noch früh genug sein.

TEIL DREI | **NEUJAHR**

In der Woche vor Weihnachten kehrte ich nach New York zurück, um mit den Vorbereitungen für die Dreharbeiten zu *Die Hinrichtungsindustrie* zu beginnen. Am dreiundzwanzigsten fuhr ich nach Ballston Spa, im Staate New York, und verbrachte seit fünfzehn Jahren das erste Mal wieder Weihnachten mit meiner Familie.

Meine Mutter freute sich, mich zu sehen, aber mein Vorhaben beunruhigte sie. «Es kann doch nicht gut für dich sein, soviel Zeit mit diesen Leuten zu verbringen», sagte sie.

«Mit welchen Leuten?» fragte ich. «Mit den Insassen oder mit dem Hinrichtungsteam?»

«Mit beiden», sagte sie.

«Die meisten sind relativ normale Typen», sagte ich. «Manche sind gar nicht so verschieden von mir.»

Meine Mutter runzelte die Stirn.

Am Weihnachtstag schneite es, und als sich die Familie zu einem zweistündigen Festessen niedersetzte, fiel mir eine Bemerkung A. J.s ein: Er freue sich nicht mehr auf Weihnachten, weil damit das Vorübergehen eines weiteren Jahres gekennzeichnet werde und alle Todeskandidaten daran erinnere, daß die ihnen verbleibende Zeit um soviel kürzer geworden sei.

Am 2. Januar begannen die Dreharbeiten zu *Die Hinrichtungsindustrie* in Malden, Massachusetts, in Fred Leuchters Haus.

Nach den Dreharbeiten ging ich zurück nach New York, um die Muster einzusehen und die Dreharbeiten in Missouri vorzubereiten. Mein Leben war eine einzige Warterei geworden. Ich war in vierundzwanzigstündiger Bereitschaft, ein Fax aus Potosi zu erhalten, mit der Meldung, wer wann als nächster hingerichtet werden würde.

Eines Abends beim Essen in einem Restaurant nahm ich eine *New York Post* zur Hand, die ein anderer Gast hatte liegenlassen.

Ich entdeckte darin eine Schlagzeile: «Eichmanns ‹Tagebuch› erregt Gemüter in Israel.» Daneben war ein Foto des Nazi-Kriegsverbrechers Adolf Eichmann in Israel, der der Verlesung seines Todesurteils beiwohnte, bevor er weggeführt und aufgehängt wurde. Aber was meine Aufmerksamkeit erregte, war der Name David Irvings, des englischen Holocaust-Revisionisten, der maßgeblich an der Zeugenaussage Fred Leuchters im Zundel-Prozeß beteiligt gewesen war und der in England den *Leuchter Report* veröffentlicht hatte. Die Geschichte befaßte sich mit einem neu entdeckten, 1000seitigen Tagebuch, das Irving von einer Kontaktperson in Buenos Aires erhalten haben wollte. Ein Fernsehinterview zitierte Irving dahingehend, daß das Tagebuch, dessen Authentizität nicht von unabhängiger Stelle verifiziert worden war, Eichmanns Beteiligung am Holocaust nachweise. Als Folge davon hatte Irving eine Kehrtwendung gemacht und war nun der Ansicht, daß der Holocaust tatsächlich stattgefunden habe. Ich fragte mich, was Fred Leuchter von dieser Nachricht halten würde und ob er weiterhin zum *Leuchter Report* stehen würde.

Ich kehrte nach London zurück, und nach ein paar Wochen Wartezeit gab es einen angstvollen Moment, als der Vorsteher der Strafvollzugsbehörde, Dick Moore, Vorbehalte gegen die geplanten Dreharbeiten in Potosi äußerte. Die Vorbehalte konnten zum zentralen Stolperstein werden und mußten mit Vorsicht angegangen werden. Die Mitglieder des Hinrichtungsteams, die ich interviewt hatte, erklärten bereitwillig ihre Einstellung dazu und waren wegen der Grundregeln, die ich festgelegt hatte, darauf erpicht, in dem Film mitzumachen. Die einzigen Personen, die in dem Film zu Wort kommen sollten, waren diejenigen, die am Hinrichtungsvollzug beteiligt waren: Fred Leuchter, das Hinrichtungsteam des Staates Missouri und zum Tode verurteilte Insassen. Ich erklärte, daß es keine externe Erzählerstimme geben würde, kein festgelegtes Skript. Eine Überarbeitung der Aussagen würde nicht stattfinden. Der Text im Film sollte allein von den Vollstreckern der Hinrichtung und den Verurteilten kommen.

Alle Mitglieder des Hinrichtungsteams mißtrauten den Medien zutiefst, vor allem der Fernsehberichterstattung. Sie beschwerten sich, daß sie allzuoft ein längeres Interview gegeben hätten, das dann in einem zehnsekündigen Ausschnitt ohne jeden Zusammenhang ausgestrahlt wurde. Ich versprach ihnen, daß die Interviews ausführlich sein würden – tatsächlich brauchte es Wochen, um sie fertigzustellen – und daß jeder Gelegenheit haben würde, seine Aufgabe bei der Hinrichtung zu erläutern.

Schließlich schlug ich vor, nach Missouri zu fahren, um mit Abgeordneten der Strafvollzugsbehörde über die Dreherlaubnis für den Film zu verhandeln. Ende Januar flog ich ohne Zwischenhalt von London nach St. Louis und fuhr dann weiter nach Jefferson City. Ich kam um acht Uhr abends an, damit ich mich vor der Sitzung am nächsten Morgen um zehn ausschlafen konnte. Als ich im Hotel ankam, begrüßte mich die Empfangsdame herzlich und sagte: «Willkommen zu Hause.» Dann fügte sie hinzu: «Ihre Freunde warten an der Bar.»

Ich stellte meinen Koffer ab und ging an die Bar, wo ich Bill Armontrout, Paul Delo und Phil Banks vorfand. Ich hatte nicht erwartet, sie zu sehen. Sie waren von Potosi hochgefahren, um mit mir vor der entscheidenden Sitzung am nächsten Tag eine Vorbesprechung abhalten zu können. Ein Whiskey und ein Bier standen aufgereiht für mich auf der Theke. Es war eine echte Überraschung, und trotz meiner Erschöpfung – für mich war es mittlerweile zwei Uhr morgens – setzte ich mich und trank mit ihnen ein Glas.

«Sie haben die Cocktailstunde verpaßt», sagte Paul zu mir. «Wir haben einige überbackene Ravioli für Sie zurückbehalten, aber dann haben wir sie aufgegessen.»

Bill Armontrout blieb ungefähr eine Stunde bei uns und sagte dann, er müsse nach Hause. Phil Banks zog sich eine Stunde später zum Schlafen zurück. Paul und ich saßen bis Mitternacht zusammen, tranken und redeten. Sie hatten alle untereinander schon die Schwierigkeiten einer Zulassung der Dreharbeiten besprochen. Es war offenkundig, daß sich der Vorsteher der Strafvollzugsbehörde, Dick Moore, in seiner Rolle bei den Hinrichtungen unwohl fühlte. Er hatte religiöse Überzeugungen, die seiner Verantwortung als Leiter der Behörde widersprachen. Es war auch eindeutig, daß er Gouverneur Ashcroft nahestand und daß er gegen jede Auseinandersetzung über das Hinrichtungsverfahren in Missouri Vorbehalte haben würde. Paul und seine Mitarbeiter waren zu dem Schluß gekommen, daß *Die Hinrichtungsindustrie* eine gute Sache war. In unseren Gesprächen miteinander hatten sie immer bekräftigt: «Wir haben nichts zu verbergen.»

Zu Beginn meiner Nachforschungen hatte ich an ihrer Haltung gezweifelt. Ich hatte in meinen früheren Erfahrungen mit Staatsbeamten nie eine so ungekünstelte Offenheit erlebt. Bisher hatte mir Paul überall und zu jedermann im Gefängnis freien Zugang gewährt. Er hatte bei keiner einzigen Frage, die ich ihm stellte, die Antwort verweigert. Ich konnte nicht umhin, seine und Bill Armontrouts Zuvorkommenheit seit meiner ersten Bitte um ein Gespräch zu respektieren.

Fünf Stunden später, um sechs Uhr morgens, traf ich Paul und Phil in der Hotelhalle, und wir fuhren zu einem Restaurant in der Nähe der Strafvollzugsbehörde. Bill Armontrout wartete bereits auf uns. Wir besprachen ein letztes Mal, wie die Verteidigung des Films anzugehen sei, und dann kehrte ich ins Hotel zurück, um auf die Sitzung um zehn Uhr zu warten.

Als ich in der Strafvollzugsbehörde eintraf, begrüßte mich Mark Schreiber und führte mich zu den anderen in George Lombardis Büro. Mr. Moore hatte die Aufgabe, über die Zulassung der Dreharbeiten zu verhandeln, an Mr. Lombardi übertragen, der als Vorsteher der Anstalten für Erwachsene Bill Armontrouts Vorgesetzter war. Die Sitzung dauerte eine Stunde, und alle Bedenken wurden in der Verhandlung beigelegt. Mr. Lombardi stellte klar, daß es keine Gelegenheit geben werde, eine Hinrichtung zu filmen. Ich betonte, daß das nie unsere Absicht gewesen sei und daß ich der Ansicht sei, der Film könne auch im umgekehrten Fall von der Aufnahme einer Hinrichtung nichts gewinnen.

Am Abend nahm ich mir vor, Christy Mercer in der Cocktailbar, in der sie arbeitete, aufzuspüren. Ich legte mich um 18 Uhr auf ein Nickerchen hin und erwachte um 4 Uhr morgens, mich verwünschend wegen der verpaßten Gelegenheit.

Fünfzehn Stunden später nahm ich meine Suche nach Christy Mercer wieder auf. Ich setzte mich an die Bar, und sie kam auf mich zu, um mich zu bedienen. Sie war unverwechselbar. Ich bestellte einen Drink, und sie brachte ihn mir mit einem freundlichen Lächeln.

Selbst in ihrer Bardamenuniform – weiße Bluse, schwarzer Rock und schwarze Pumps – war sie außerordentlich attraktiv. Sie ist groß, hält sich sehr gut und bewegt sich mit nachlässiger Grazie. Während ich ihr zusah, begann sie mit der Schlußabrechnung. Sie teilte der anderen Bardame mit, was ich getrunken hatte, und es war offenkundig, daß sie gehen wollte. Als sie sich von der Kasse abwandte, lächelte ich sie an und sagte: «Sie sind...»

«Ja», sagte sie liebenswürdig.

Ich nannte ihr meinen Namen.

«Ach, hallo. Ich habe Ihre Nachricht von Thanksgiving erhalten. Wie lange wollen Sie hierbleiben?»

Ihre Stimme war sanft. Ihr Gesichtsausdruck war offen, ohne Zurückhaltung oder Falschheit. Ich erzählte ihr, daß ich am nächsten Tag nach Potosi fahren müsse. Sie erklärte, daß sie ein Abendstudium mache, in einer Stunde eine Arbeit schreiben müsse und deswegen nicht reden könne. Wir verabredeten uns für den darauffolgenden Sonntag.

Ich fragte sie, was sie studiere.

«Strafrecht», sagte sie. «Ich brauche nur noch ein paar Scheine bis zum Bachelor. Wie geht es A. J.?» fragte sie.

Ich sagte ihr, daß es ihm gutgehe. Ich meinte, so gut, wie es ihm unter den Umständen gehen könne.

Sie verstand genau. «Grüßen Sie ihn von mir.»

Am nächsten Tag brach ich um sechs Uhr früh nach Potosi auf. Es war ein sonniger Morgen, und die Fahrt von Jefferson City, die mir mittlerweile vertraut war, war angenehm.

Die einzigen Beteiligten am Hinrichtungsprozeß, mit denen ich noch nicht gesprochen hatte, waren der Arzt und Gary Tune, der Gefängnispfarrer. Nach einer Tasse Kaffee mit Paul Delo ließ er Gary Tune zum Gespräch herbeiholen. Wir trafen uns in Phil Banks' Büro.

Gary Tune sieht etwas ungewöhnlich aus. Ungekämmt und mit einem fettigen, fleischfarbenen Hörgerät im einen Ohr, erweckt er nicht den Eindruck eines Idealkandidaten für die Aufgabe des Geistlichen. Er hatte dem Interview zugestimmt, aber der Gedanke daran schien ihm eher unbehaglich zu sein.

Bevor er nach Potosi gekommen war, hatte Gary Tune fünf Jahre als Pastor einer Baptistenkirche in Fredericktown verbracht, zweiundvierzig Meilen südlich der Strafanstalt. Mich interessierte, warum er eine angenehme Stellung verlassen hatte, um in Potosi zu arbeiten.

«Ich spürte, daß Gott mich einem anderen Aufgabenfeld zuführen wollte», erzählte er mir in seinem breiten ländlichen Dialekt. «Ich arbeitete zunächst als Volontär in der Gefängnisseelsorge. Mit dieser Erfahrung wollte ich prüfen, ob mein Weg der richtige war», erklärte er. Nach sechs Monaten Arbeit als Volontär bewarb er sich um die Stelle in der Strafanstalt Potosi und wurde aus einer engeren Auswahl von sieben Kandidaten ausgewählt.

«Warum wollten Sie in einem Gefängnis arbeiten?»

«Warum? Ich wollte bereits mein ganzes Leben lang und besonders dann während meiner Zeit als Pfarrer den Benachteiligten helfen. Ich wollte rausgehen und die einfachen Leute bekehren. Einige Kirchenmitglieder, diejenigen mit Anzug und Krawatte, fanden das nicht so gut.»

Ich hatte den Verdacht, daß Pfarrer Tune bei der Eröffnung von Potosi dringend eine Stelle gebraucht hatte. Er sagte zu mir: «In der Bibel steht, daß die Gesunden keinen Arzt brauchen. Diejenigen, die krank sind, brauchen einen Arzt. Und das entspricht meiner Einstellung zur Erlösung und zum Christentum.» «Wie war Ihre bisherige Erfahrung am Gefängnis?» fragte ich. Er erzählte mir, daß er in Farmington gewesen war. «Da arbeitet man mit Grad-drei- und -vier-Insassen. Dann kommt man hierher und begegnet Typen, die für nicht weniger als fünfzig Jahre eingebuchtet sind. Das überwältigt dich irgendwie, der Gedanke daran. Und der Todestrakt war überwältigend.»

«Warum?»

«Am Anfang ist man etwas eingeschüchtert. Und dann, mit der Zeit, stellt man fest, daß es auch nur Menschen sind. Daß hier, in dieser Anstalt, eine eigene Gesellschaftsordnung existiert. Es ist ein anderer Schlag als der, dem man auf der Straße begegnet. Man spielt nach etwas anderen Regeln. Es wird einem mitgespielt. Aber das passiert einem auf der Straße auch. Es spielt sich einfach auf einer anderen Ebene ab.»

Ich fragte Pfarrer Tune, ob er viele Gläubige unter den Insassen von Potosi gefunden habe. Er erzählte mir, daß die Insassen beim Eintritt ins Gefängnis einen Fragebogen ausfüllen, der auch nach der konfessionellen Zugehörigkeit fragt. Er enthält auch ein Kästchen «keine festgelegte Konfession».

«Der Computer sagt, daß es 117 Baptisten, 160 andere Protestanten und 90 Katholiken gibt. Das ist dann vielleicht die Glaubensrichtung, zu der sie einmal einen Bezug hatten, aber es heißt nicht, daß sie in diesem Glauben fest sind», sagte er.

«Da es die Möglichkeit gibt, ‹keine Konfession› anzukreuzen», fragte ich, «finden Sie es bemerkenswert, daß die Leute es vorziehen, sich Baptisten oder Protestanten oder Katholiken zu nennen?»

«Im großen und ganzen», sagte der Pfarrer, «sind die meisten nicht praktizierende Gläubige.»

Ich hatte aus meinen Gesprächen mit Insassen erfahren, daß der Pfarrer in Potosi einer der unbeliebtesten Stabsangehörigen war. Betty Weber hatte erwähnt, daß von den fünf Männern, die in

Potosi hingerichtet wurden, nur einer vor seinem Tod nach dem Pfarrer verlangt hatte.

«Wie sehen Sie Ihre Aufgabe hier? War es schwierig, eine Beziehung zu den Insassen zu finden, als Sie vor drei Jahren hier eintrafen?»

«Es braucht einiges, um seine Glaubwürdigkeit zu beweisen», erwiderte er. «Es ist schwierig. Man ist Angestellter, also ist man ein Bulle. Weil man zur Administration gehört, trifft man Entscheidungen. Und man trifft Entscheidungen, die ihnen nicht gefallen.»

«Zum Beispiel?»

«Man hat Richtlinien und Handlungsvorgaben, an die man sich hält; man hat Vorschriften, an die man sich halten muß. Hin und wieder tut ein Insasse etwas, was er nicht tun sollte. Und wenn man es mitkriegt, muß man ihm einen Verweis erteilen lassen. Und so verliert man bei ihnen an Glaubwürdigkeit.»

«Beeinträchtigt Ihre Funktion als Wachperson die Seelsorge?»

«Sie ist nicht zu umgehen. Es wäre wunderbar, wenn ich keine Autorität hätte. Dann könnte ich hingehen und mit den Insassen reden, und sie würden denken: ‹Dieser Typ hat nichts mit dem zu tun, wo ich bin und was hier geschieht.› Hier kommt sehr schnell die Haltung auf: ‹Wir oder sie.› Und sie sagen: ‹Zu welcher Seite gehörst du, Pfaffe?› Aber die Arbeit selbst verlangt ja von einem, daß man sich an die Richtlinien hält.»

In vieler Hinsicht fand ich es einfacher, die Rationalisierungen von Bill Armontrout, Paul Delo und anderen Mitgliedern des Hinrichtungsteams bezüglich ihrer Rolle zu verstehen. Mir schien, daß Gary Tunes Position mit der Aufgabe eines christlichen Seelsorgers schwer zu vereinbaren sei, ebenso wie die Aufgabe des Arztes bei den Hinrichtungen kaum mit dem Eid des Hippokrates oder mit den Sanktionen der American Medical Association gegen Ärzte, die an Hinrichtungen beteiligt sind, zu vereinbaren war. Bevor ich Pfarrer Tune fragte, wie er Hinrichtungen mit dem christlichen Glauben in Einklang bringe, wollte ich wissen, wie ihn die Teilnahme daran berührt habe.

Er ließ sich mit der Beantwortung der Frage Zeit. Dann begann er zunächst, indem er mir von Gerald Smith erzählte, dem ersten Mann, der in der Strafanstalt Potosi hingerichtet worden war.

«Ich hatte etwas Kontakt zu Gerald gehabt. Er und ich sprachen ein- oder zweimal miteinander. Diese Typen – und ich glaube, damit gebe ich eine angemessene Beschreibung von Gerald –, Gerald war hohl. Es war nichts da. Es gab nur die leere Hülle eines Menschen. In dieser Hinsicht hatte ich Mitleid mit ihm. Was die Hinrichtung betrifft, die Tatsache, daß ihm das Leben genommen wurde, lassen Sie mich da zunächst etwas unterscheiden. Ich richte meine Aufmerksamkeit auf die spirituelle Seite der Dinge, als ein Mann, der an die Ewigkeit glaubt, der an ein Leben nach dem Tod glaubt. Unser Handeln und Entscheiden in dieser Welt werden bestimmen, wo unser Boot in der nächsten steht. Und dann sehe ich einen Mann wie ihn, und ich sehe, daß er ganz ohne jede Geistigkeit ist. Er ist mehr oder weniger ein Mann ohne Seele.»

Ich sah den Pfarrer an. Ich verstand nicht, was er meinte.

«Ich will ihn nicht verurteilen. Ich sage nur, was ich sehe. Er tut mir leid. Die Tatsache, daß er mit leeren Händen in die Ewigkeit geht. Schlecht vorbereitet. Überhaupt nicht vorbereitet. Ich sehe mir das an, und ich stelle dabei fest, daß die größere Frage die Ewigkeit sein sollte und nicht die Dinge dieses physischen Lebens. Ein Mann lebt – Gerald war fünfunddreißig –, und man sagt: ‹Was bleibt ihm noch, weitere fünfunddreißig, fünfundvierzig irdische Lebensjahre?› Man *könnte* sagen: ‹Lassen wir ihn doch am Leben.› Oder man könnte die Ewigkeit in Betracht ziehen. Und mich beschäftigt sein Vorbereitetsein für die Ewigkeit mehr als die Frage, ob er noch weitere fünfunddreißig oder fünfundvierzig Jahre in seinem Körper verbringt. Aber bei Gerald war nichts da.»

«Angenommen, Gerald Smith hätte lebenslänglich und fünfzig Jahre statt der Todesstrafe erhalten», schlug ich vor. «Glauben Sie an die Möglichkeit, daß seine geistige Seite sich entwickelt hätte?»

«Das ist eine Frage der Gnade. Ausgehend von dem, was ich sehen konnte, möchte ich es bezweifeln. Ich glaube aber auch an Wunder. Einige der Typen, die wir da unten hatten, waren nicht weniger grausam oder abgebrüht als er, und doch habe ich eine Veränderung in ihrem Leben beobachten können. Eine gewisse Reue.»

Und doch glaubte der Pfarrer, daß die Hinrichtung von Gerald Smith die richtige Lösung war.

«Meine Ansicht zu den fünf Hinrichtungen», fuhr er fort, «war, daß sie hohl waren. Ohne Geistigkeit. Wie Mr. Delo schon gesagt hat, hatten wir hier eine Welle von Muslims und Atheisten. Da war einer, er war ein netter Kerl und man kam gut mit ihm aus. Ich war mit ihm bekannt. Aber er war ein Mann, der dir etwas vormachen konnte. Er lächelte und war freundlich, aber innen drin war er hohl. Stokes war einer, der zwei Seiten hatte; er konnte dich anlächeln, noch während er dich bestahl.»

Ich wiederholte meine ursprüngliche Frage nach dem Eindruck, den die Hinrichtungen auf ihn persönlich gemacht hatten. «Was war mit der ersten», fragte ich. «Sie hatten keine Erfahrung mit Hinrichtungen. Wie war das für Sie?»

«Anstrengend. Man läuft auf Adrenalin. Man ist am Ende. Und wenn alles vorbei ist, weil man vom Adrenalin des Stresses vorangetrieben wurde, spürt man überhaupt nichts. Ich habe mit einigen anderen gesprochen. Ich habe mit Mr. Roper gesprochen. Er und ich stehen uns in geistigen Dingen ziemlich nahe. Ich sagte: ‹Wie fühlst du dich?› Und er sagte: ‹Leer.› – ‹Leer›, sagte ich, ‹ist das alles?› Und er sagte: ‹Das ist alles, was ich fühle. Eine Leere.› Es ist nichts da. Man denkt immer, es müßte noch irgendein Gefühl kommen. Man sucht danach. Wie fühle ich mich? Es gibt nur die Leere. Und wir glauben, daß wir herausgefunden haben, daß der Streßpegel vorher so hoch war, daß er einfach alles andere auslöscht.»

Ich hörte schweigend zu.

Der Pfarrer fuhr fort, sich selbst befragend. «Besinnung? Ich weiß nicht. Der Streß läßt kein Nachdenken zu.»

«Wenn der Streßpegel bewirkte, daß Sie am Tage der Hinrichtung oder kurz danach nichts fühlen konnten, wie ging es Ihnen, als Sie sich auf die erste einstellten?» fragte ich. «Sie konnten ja nicht ständig so hohe Streßwerte haben.»

«Ja», sagte er. «Ich fragte mich: ‹Wie wird es mir dabei ergehen?› Man macht sich Gedanken darüber. Und man weiß es nicht. Und gleichzeitig sorgt man sich um den Verurteilten. Und man tut, was man tun kann.»

Was gleich Null war, wie ich wußte, zumindest zum gegenwärtigen Zeitpunkt.

«Als wir das erste Mal eine – ich will nicht sagen ‹Trockenübung› – hatten, es war ein abgebrochener Versuch, Leonard oder George, einer von ihnen – jedenfalls waren noch sechs Stunden bis zur Hinrichtung, und dann mußten wir sie aufschieben. Zu dem Zeitpunkt war mein Zugang zum Verurteilten sehr eingeschränkt. Die Sicherheitsbestimmungen waren damals einfach überwältigend. Ich konnte den Verurteilten nur besuchen, wenn er nach mir verlangte. Es gab einige Gerichtsentscheide in Jefferson City», erklärte er, «zu Verurteilten, die nicht von irgendwelchen geistlichen oder religiösen Personen belästigt werden wollten. Es waren Klagen eingereicht worden, die besagten: ‹Schafft den Prediger hier raus›, ich weiß auch nicht, aus welchem Grund.»

Der Pfarrer beschrieb, wie er sich bei Paul Delo dafür eingesetzt hatte, Gerald Smith zumindest fragen zu dürfen, ob er ihn sehen wolle. Paul gestattete, daß er ihn in der Beobachtungszelle besuchte.

«Ich ging zu Gerald hinein. Ich sprach mit ihm. Ich fragte ihn, ob er seinen Frieden mit Gott geschlossen habe. Natürlich sagt er dir dann irgendwas, aber in seinen Augen siehst du etwas ganz anderes. Und er sagte ‹ja›. Am nächsten Tag besuchte ich ihn wieder. Und dann erhielt ich eine Nachricht, die besagte: ‹Gerald beklagt sich, du hättest ihn aufgeweckt.› Ich glaube nicht, daß ich ihn geweckt habe. Es ist möglich, aber mir schien es nicht so. Also sagte Mr. Delo: ‹Bleib lieber weg.› Seit damals geht das Verfahren so, daß ich in der Beobachtungszelle anrufe und sage: ‹Wachtmeister, ich möchte den Verurteilten gerne besuchen, wenn er mich sehen will.› Und wenn der Verurteilte ja sagt, dann gehe ich hin. Und wenn er nein sagt, dann eben nicht.»

Ich bemerkte, daß meines Wissens nach nicht oft aus der Beobachtungszelle nach ihm verlangt würde.

«Am Anfang», erklärte er, «hatte ich keine Beziehungen zu den Verurteilten. Mit der Zeit begann ich Beziehungen zu entwickeln, wobei ich feststellte, daß einige positiv und andere negativ waren. Mit der Zeit wird die Frage, ob man mich sehen will, von diesen Beziehungen abhängen.»

«Wie erscheinen Sie im Missouri-Protokoll? Was ist Ihre Aufgabe und was haben Sie laut Vollzugsplan zu tun?»

«Was ich am Tag selbst zu tun habe? Nun, am Tag selber komme

340 DIE HINRICHTUNGSINDUSTRIE

ich rein und schaue nach dem Verurteilten. Ich sehe auch nach dem Personal. Nach einer kurzen Besprechung um sechs Uhr ist eine Andacht eingeplant für diejenigen vom Personal, die daran teilnehmen möchten. Wir halten sie im Schulungsraum, im Versammlungsraum ab. Natürlich kommen die meisten nicht. Nur eine Handvoll nimmt daran teil. Manchmal frage ich mich, ob ich eigentlich etwas bewirke, ob ich vielleicht anders an das Personal herantreten müßte. Nach der Andacht erhält der Verurteilte gewöhnlich Besuch von seiner Familie. Also wandern die Psychologin und ich in den Blocks umher. Wir gehen in die Wachräume der Beamten. Wir beobachten den Streßpegel der Beamten, die reinkommen. Ich fragte einen Beamten: ‹Ich habe nicht das Gefühl, daß ich etwas bewirke.› Und er sagte: ‹Du weißt nicht, was deine Anwesenheit bedeutet.› Und ich fragte: ‹Was meinst du damit?› Er sagte: ‹Du bist an dem Raum vorbeigegangen, in dem ich mit mehreren anderen Leuten saß, und allein deine Gegenwart schien eine Art Frieden zu verbreiten.› Manchmal sind auch einige von den Insassen mit den Nerven am Ende. Wir haben einige, die mindestens jedes zweite Mal ausflippen. Also gehen wir zu ihnen. Wir gehen in die Trakte raus und reden mit den Insassen. Diejenigen, die reden wollen. Und manche wollen es. Sie sind mürbe. Sie sind deprimiert. Mensch, manche waren lange Zeit zusammen. Die Altgedienten sind seit zehn oder zwölf Jahren dabei, und sie haben Beziehungen untereinander geknüpft. Und das bedeutet dann für sie, daß einer ihrer Freunde hingerichtet wird. Das macht sie psychisch fertig. Also gehen wir zu ihnen, setzen uns mit ihnen auseinander, versuchen, ihnen seelisch beizustehen.»

«Und gegen Mitternacht, was tun Betty und Sie dann?»

«Normalerweise sind wir um die Zeit der Hinrichtung, sobald sie näherrückt, wieder im Krankentrakt. Einfach auf Abruf, so gut wie aus irgendeinem anderen Grund. Weil das die Zeit ist, in der die Belastung am höchsten ist, in der die Gefühle sich hochpeitschen. Man muß nicht nur für das Personal dasein, sondern auch für die Angehörigen. Vielleicht braucht die Familie in irgendeiner Weise Unterstützung. Ein Grund, warum Betty und ich zusammen auftreten, ist, weil die Leute manchmal sagen: ‹Ich möchte mit jemandem reden, aber ich will nicht mit diesem Pfaffen reden.› Ein anderer sagt vielleicht das Gegenteil: ‹Ich möchte mit einem Geistlichen reden.›»

Gary erzählte mir, daß er in Hinrichtungsnächten manchmal spät arbeiten müsse.

«Einige Male, während der Zeit der Hinrichtung, kam die Meldung, daß die Insassen in den Blocks unruhig seien. Wir gingen dann zurück in die Blocks, um halb eins oder ein Uhr morgens, und bisweilen bin ich hier erst um zwei oder halb drei rausgekommen, weil wir dann hingingen und uns um die Insassen kümmerten. Wir versuchten dann einfach, mit ihnen zu reden, sie zu beruhigen. Manchmal war jemand vom Personal anwesend, der bereit war, während der Zeit mit ihnen zu reden. Manchmal war der Abend also nicht um Mitternacht gelaufen. Er dauerte länger.»

«Was halten Sie vom Verfahren? Von der Hinrichtung mit der Todesspritze?»

«Die Sache ist äußerst hygienisch. Ich glaube, man empfindet auch deswegen nachher nicht viel. Wenn man die Leute in einem Stuhl sieht, wenn man sieht, wie sie zucken, die ganzen Verdrehungen, die da passieren, und selbst wenn man in Filmen sieht, wie sie jemand aufhängen, dann macht das einen gewissen Eindruck. Aber dies hier ist so hygienisch. Der Mann schläft einfach ein. Mehr ist da nicht. Ganz plötzlich. Und wenn alles gesagt und getan ist, seufzt er einmal und ist weg.»

Ich fragte: «Glauben Sie, daß dieses Gefühl der Leere, das Sie erfahren haben, anders wäre, wenn die alten Gaskammern oder der elektrische Stuhl noch in Gebrauch wären? Wäre der Eindruck auf die Leute, die zusehen, größer?»

Der Kaplan antwortete indirekt mit seiner Ansicht zur Todesspritze: «Es ist abgehoben. Ich glaube, das ist ein gutes Wort dafür, abgehoben. Weit entfernt. Man nimmt eine Zeitung zur Hand und liest von Dingen, die auf der entgegengesetzten Seite des Landes passieren, und dann passiert etwas hier, im Raum neben dir, aber weil es so hygienisch ist, erscheint es vollkommen abgehoben.»

Ich nickte.

«Je älter ich werde», fuhr er fort, «um so mehr scheinen mich Dinge, die mich früher beeindruckt haben, kaum mehr zu berühren. Man sieht den Tod aus einem anderen Blickwinkel. Einige meiner

Verwandten sind gestorben, und der Eindruck ist nicht mehr derselbe wie früher.»

«Haben Sie mit den Insassen jemals über die Todesspritze gesprochen?»

«Darüber bin ich mit ihnen nie ins Gespräch gekommen.»

Gary erzählte mir dann doch, daß er Gespräche über die moralische Rechtfertigung der Todesstrafe geführt habe und daß es ihn überrascht habe, daß einige der Insassen für die Todesstrafe waren. Er war deswegen auch beunruhigt.

«Wenn wir miteinander über das Für und Wider einer Hinrichtung sprechen», sagte er, «ist das eine Sache. Aber wenn ein Insasse mir das sagt – er hatte keine Skrupel, hinzugehen und sein Verbrechen zu begehen. Und daher glaube ich nicht, daß er das Recht hat, sich ein Urteil darüber zu bilden.»

Pfarrer Tune war, vielleicht nicht überraschenderweise, der Ansicht, daß «es keine Befürwortung des Todes geben kann, außer, man glaubt an die Ewigkeit. Wie kann man dafür sein, wenn dies bedeutet: ‹Das war's, es ist vorbei›? Man hat die Nichtexistenz verdient. Deswegen weiß ich nicht, ob ein solches Individuum jemals über die Verleugnung hinauskommt. Vielleicht sind sie deswegen so hohl.»

Meine letzte Frage an Pfarrer Tune war so offenkundig, daß ich beinahe vergaß, sie zu stellen. «Wie können Sie Hinrichtungen mit den Grundsätzen des Christentums vereinbaren?»

«Sehr schwer. Meine eigene Einstellung dazu ist folgende. Wenn man das Alte Testament nimmt, findet man eine solide Argumentationsgrundlage für die Todesstrafe. Das Alte Testament sagt: ‹Du sollst nicht töten, aber wenn du das Leben Unschuldiger nimmst, wirst du dein eigenes Leben verlieren.› Also gibt es da gute Gründe dafür. Dann kommt man zum Neuen Testament, und das Neue Testament spricht von Gnade und Vergebung und daß wir jemandem das vergeben sollen, was er getan hat. Also eröffnet sich da eine andere Einsicht. Und natürlich kann man damit sehr liberal verfahren und sagen: ‹Wir sollten ihm nur eine leichte Strafe geben›, oder man kann sagen: ‹Nun, man sollte etwas tun, aber es sollte nicht die Todesstrafe sein.› Ich persönlich glaube, und ich beziehe mich da auf eine Stelle in der Bibel, wo die Schriftgelehrten und Pharisäer zu

Jesus kommen und sagen: ‹Ist es richtig, Steuern zu zahlen?› Und
statt ihre Frage direkt zu beantworten, verlangt Jesus nach einer
Münze. Man gibt ihm eine, und er sagt: ‹Wessen Bild ist da drauf?›,
und sie sagen: ‹Es ist der Kaiser.› Und er sagt: ‹Gebt dem Kaiser,
was des Kaisers ist, und gebt dem Herrn, was des Herrn ist.› Also
bin ich zum Schluß gekommen, daß die Todesstrafe keine spirituelle Angelegenheit ist. Sie ist keine Frage des Christentums. Dies ist
unsere Regierung, unsere Regierung hat dies beschlossen, und dem
müssen wir folgen. Und von dieser Grundlage aus gelange ich zu
den Römerbriefen, wo geschrieben steht, daß wir höhere Autoritä-
ten und Mächte ehren sollen. Und wenn unsere Regierung sagt, daß
sie eine lebenslängliche Haftstrafe gutheißt, dann bin ich damit einverstanden. Wenn unsere Regierung sagt: ‹Nehmt die Todesstrafe
an›, dann muß ich das akzeptieren.»

In jener Woche erhielt Walter Blair einen Hinrichtungsbefehl, der vierundzwanzig Stunden nach seinem Erlaß aufgeschoben wurde. Es war Ende Februar, aber das Wetter in Potosi war frühlingshaft, und im Zeitraum von einer Woche stiegen die Temperaturen auf fast dreißig Grad. An einem dieser warmen Tage traf ich A. J. Bannister wieder, und wir durften uns einen halben Tag lang ohne Zeugen unterhalten. Abwechslungsweise saßen wir im Interviewzimmer oder schlenderten über den Hof, um eine Zigarette zu rauchen.

A. J. kommentierte mir gegenüber eine Reihe von kürzlich stattgefundenen Gerichtsfällen, unter anderem den Vergewaltigungsprozeß von William Kennedy Smith, Tysons Vergewaltigungsprozeß und das Dahmer-Urteil. Ihm erschien es eine grobe Ungerechtigkeit, daß in einem Staat ein Mörder seine Opfer aufessen konnte und dafür lebenslänglich erhielt, während im andern ein Tötungsdelikt, wie er es begangen hatte – und das mit einem anderen Verteidiger eine Verurteilung wegen Totschlags oder Mord zweiten Grades hätte ergeben können –, mit dem Todesurteil bestraft wurde.

Ich vermutete, daß Mike Tyson im Gefängnis Schwierigkeiten haben könnte.

«Ach, das glaube ich nicht», sagte A. J. «Er wird sich gut einpassen. Er wird Mike Tyson, der Boxer sein – eine Zeitlang. Dann wird er einfach Tyson sein, mit einer Nummer hinter seinem Namen.»

Ich fragte A. J., ob seine Berufungsverfahren Fortschritte gemacht hätten.

«Ich habe noch immer nichts gehört. Aber ich habe in der Zwischenzeit einiges getan. Anfang Dezember starb in Illinois drüben Richard Speck. Er starb an einem Herzanfall. Er war im ganzen Mittleren Westen berüchtigt. Er hatte Mitte der sechziger Jahre neun Krankenschwestern in Chicago umgebracht, und er ist derjenige, dem man den Auftakt zu den Serienmorden zuschreibt. Ich hörte von seinem Tod, und dann befaßte sich ein lokaler Radiosender in St. Louis damit und machte ein großes Theater darum, daß niemand seinen Leichnam abgeholt habe. Er war ein solches Ungeheuer. Und darüber machten sie dann Witze. Und da fing ich an zu überlegen, falls mein Berufungsantrag abgewiesen wird, dann weiß ich, daß sie das Hinrichtungsdatum auf ungefähr zehn Tage später festlegen. Wie bei Walter Blair, der letzten Montag erfahren hat, daß man seinen Einspruch abgelehnt habe. Am Dienstag hatte er bereits den Hinrichtungstermin – den 5. März –, dann erhielt er einen Aufschub. Da bleibt nicht viel Zeit, um Vorkehrungen zu treffen. Also begann ich über die Richtlinien nachzudenken, die hier nach einer Hinrichtung in Kraft treten. Und es ist irgendwie traurig, denn die Leute erhalten ein Armenbegräbnis. Und weil ich nicht aus diesem Staate komme – der letzte Ort, wo ich in Frieden ruhen möchte» – A. J. lachte – «oder wie immer, ist der Staat Missouri. Und da hab ich herausgefunden, daß man seine eigenen Vorkehrungen treffen muß – ein Testament und alles andere –, um aus dem Staat rauszukommen. Das hätten sie mir aber nicht gesagt.»

«Wie hast du das erfahren?»

«Ich mußte diese Leute umgehen, um es herauszufinden. Delos Antwort war: ‹Du wirst es zur gegebenen Zeit erfahren.› Aber mit nur noch zehn Tagen vor mir, was soll ich da tun? Geld zusammenbetteln, um für die Kosten aufkommen zu können? Was ich also tat, war, an Angehörige und Freunde zu schreiben, an enge Freunde, und ihnen die Sache mehr oder weniger vorzulegen. Daß ich diese Sache erledigt haben wollte und warum.»

A. J. erklärte, daß er den Brief auf einer elektrischen Schreibmaschine geschrieben, dann Kopien gemacht und diese von Hand beschriftet habe. Er sagte, er sei ungern so verfahren, aber es sei einfach zuviel gewesen, sich so lange mit dieser unangenehmen Thematik zu befassen, indem man sie wieder und wieder niederschrieb.

«Es war ziemlich anstrengend, weil mir mit jedem Brief nochmals klar wurde, daß ich hier langsam in schwierige Umstände gerate. *Dire straits*. Und ich meine nicht die Musikband.»

Er hatte berechnet, daß er mit fünfzig Dollar von jedem Angehörigen und engen Freund genug Geld zusammenbringen müßte, um seinen Leichnam zur Beerdigung von Missouri nach Illinois transportieren zu lassen. Es war ihm sehr wichtig, daß nicht seine Mutter die finanzielle Last tragen müsse. Er wollte noch weniger, daß sie sich mit dem Problem befaßte, bevor es da war, und bat deswegen alle, es nicht mit ihr zu besprechen.

«Ich wollte bei diesen Leuten nicht den Eindruck erwecken, daß ich die Hoffnung aufgegeben hatte», sagte er. «Aber manche hatten diesen Eindruck. Ich wollte die Sache einfach jetzt erledigen, damit nicht am Ende meine Familie die finanzielle Bürde tragen muß. Sie werden zu dem Zeitpunkt andere Sorgen haben. Genau wie ich. Ich versuchte ihnen einfach zu erklären, daß dies der Grund sei, warum ich es jetzt tun wolle, solange ich noch Zeit und Ruhe habe, das Ganze sachlich anzugehen. Aber ich will *auf gar keinen Fall* hier in Missouri bleiben. Sobald meine Zeit hier um ist, möchte ich woanders hin.»

A. J. zeigte mir eine Kopie des Briefes. Darin war zusammengefaßt, wie weit er mit seinen Berufungsverfahren gekommen war. Sein Habeas-Corpus-Antrag war am 23. August 1991 vom Westlichen Bezirksgericht zurückgewiesen worden. Am 16. September reichte er beim Obersten Gerichtshof von Missouri einen Antrag auf Abberufung des Pflichtverteidigers ein, der am 20. September abgewiesen wurde. Am 23. September reichte er einen Wiedererwägungsantrag ein. Nach diesem Entscheid wird A. J. seinen letzten Berufungsantrag beim Achten Berufungsgericht einreichen müssen. Er schrieb seinen Freunden: «Wenn ich damit nicht durchkomme, wird der Oberste Gerichtshof von Missouri für ungefähr zehn Tage danach ein Hinrichtungsdatum festlegen. Meine Anwälte werden dann eine Reihe von Einsprüchen bei verschiedenen Gerichten einreichen, um einen Aufschub der Hinrichtung zu erlangen, weil ich bereits gezwungen war, meinen Paragraph 60 b zu benutzen, den man gewöhnlich bis zum Schluß aufhebt, um das, was als ‹aufeinanderfolgende Habeas-Anträge› bekannt ist, zu umgehen. Ich werde ihn kein zweites Mal benutzen dürfen und werde aller Wahrscheinlichkeit nach hingerichtet werden.»

A. J. erklärte in dem Brief, daß er 1988 die Begräbniskosten eingesehen habe und dabei für eine Kremation auf 875 bis 1000 Dollar gekommen sei. Als er sich neuerdings wieder danach erkundigte, waren sie auf 1000 bis 1400 Dollar gestiegen. «Es ist aufreibend, an solche Dinge denken zu müssen. Ich habe seit vielen Jahren schon das Gefühl, ich wüßte, daß ich hier in ziemlichen Schwierigkeiten bin. Und ich habe mir nie so etwas eingeredet wie: *Mir kann das doch nicht passieren.* Ich habe einfach darauf gehofft, daß sich die Dinge ändern würden. Aber ich stecke jetzt seit zehn Jahren drin, und es läuft überhaupt nicht gut. Ich denke mittlerweile ganz sachlich darüber nach, was wahrscheinlich passieren wird, und das ist ziemlich hart. Immer öfter sitze ich spätnachts noch da und denke an...»

A. J.s Stimme senkte sich zu einem Flüstern.

«...wie werde ich mich in jener Nacht verhalten. Werde ich diesem Hurensohn eins auf die Nase geben?»

Zum erstenmal, seit ich ihn kannte, brach eine Sekunde lang A. J.s Stimme.

«Die Sache ist wirklich hart.»

Er faßte sich wieder und sagte: «Ich will darüber nicht nachdenken, aber mein Verstand sagt mir, daß ich anfangen sollte, darüber nachzudenken, einfach um mich psychisch ein bißchen darauf vorzubereiten. Ich weiß nicht, ob man sich vorher überhaupt darauf vorbereiten kann.»

«Man kann im Moment wahrscheinlich Hoffnung schöpfen aus dem Umstand, daß das Achte Berufungsgericht diese Dinge zur Zeit eher blockiert und die Hinrichtungen nicht vorantreibt», sagte ich.

«Es kommt ganz darauf an, welchen Richter man beim Westlichen oder Östlichen Bezirksgericht zugewiesen bekommt. Es kommt auf den Wochentag an. Aber wir haben jetzt ein Wahljahr in den Vereinigten Staaten, und ich glaube, daß die Gerichte deswegen schnellere und einschneidendere Urteile fällen werden. Es würde mich nicht wundern, wenn bis zum Ende des Jahres drei oder vier Hinrichtungen stattfinden würden. Blair wird einer davon sein. Martsay Bolder ebenfalls. Bobby Shaw könnte drankommen. Natürlich könnte Shaw auch aufgrund dieses neuen Regierungsbeschlusses zur geistigen Zurechnungsfähigkeit entlassen werden. Und es gibt einige andere, die am Ende angelangt sind.

Larry Griffin, Doyle Williams. Es gibt eine ganze Menge. Im Fall von Walter wissen wir, daß er nicht mehr viel Zeit hat. In der Phase, in der er sich jetzt befindet, wird nichts Gutes mehr dabei herauskommen. Es sind alles nur Verzögerungstaktiken. Walter weiß das auch. Ich habe Mittwoch früh mit ihm gesprochen, und ich kenne Walter, seit ich im Todestrakt bin. Ich konnte sehen, daß er nur mit Mühe die Fassung behielt. Ich glaube, er weiß, daß sein Ende nahe ist.»

A. J. erzählte mir, daß er am vorhergehenden Abend in die Turnhalle gegangen sei, um Basketball zu spielen, und daß er sich nachher in der Kapelle ausgeruht habe, weil das der kühlste Ort des ganzen Gebäudes ist.

«Ich ging da rein, um abzukühlen, und einige Pfarrer waren da. Ich stand an der Tür und sah Walter da stehen, mitten in der Menge. Er ist der unreligiöseste Mensch, der mir je begegnet ist. Aber da stand er, mitten in der Menge, und da dachte ich, er setzt sich im Ernst mit dieser Sache auseinander – sich *jetzt* mit Gott einzurichten. Es gibt solche Kleinigkeiten, die einem in dem Moment auffallen.»

Ich erzählte A. J. auch, daß ich endlich Christy Mercer aufgespürt hatte und gab ihm ihren neuen Namen.

«Ich glaube, sie hat sich seit Tinys Hinrichtung nicht wieder gefangen», sagte er.

Ich erzählte A. J., daß ich Pfarrer Tune kennengelernt hatte.

«Das muß ja eine Freude gewesen sein», lachte er.

Er sagte, daß der Pfarrer von Potosi enttäuscht sein müsse, weil viele der schwarzen Insassen zu der schwarzen Gefängnisgang, den Moors, gehörten und einige praktizierende Muslims seien. «Er wird hier nicht viel Glück haben», vermutete A. J. «Ich glaube auch nicht, daß er selbst besonders reinen Herzens ist. Ich glaube, er hat hier eine feste Anstellung mit einigen Zusatzleistungen und Macht gefunden.»

A. J. wollte mir einige Geschichten aus der Beobachtungszelle erzählen, von denen er glaubte, daß sie nicht in den Fernsehfilm hineinkämen. Er wies darauf hin, daß eine der Ironien dieser Tage vor der Hinrichtung es sei, daß man in dem Moment, in dem man im Begriff sei, sein Leben zu verlieren, so ziemlich alles, was man wolle, haben könne. Er erwähnte, daß die Administration neben einem Videorecorder und Kassetten auch Gegenstände wie einen Nintendo bereitstelle, um den Verurteilten abzulenken.

«Und da gibt es etwas», begann er. «…ich bin seit zehn Jahren nicht mehr mit einer Frau zusammengewesen. Sieben eigentlich, weil ich drüben im MSP einmal eine auf meinem Schoß gefickt habe, während eines Kontaktbesuchs. Und sie ließen es mir tatsächlich durchgehen. Aber hier ist es so, daß die meisten von uns wissen, daß wir tagsüber Besucher haben dürfen, ohne daß die Wachen etwas sagen. Seit Jahren sehen wir Besucher fast nur hinter einem Gitter. Mit den Kontaktbesuchen ist es hier so, daß man am Ende des Besuchs den Besucher einmal küssen und umarmen darf, und das war's dann. Wenn man anfängt, eine Titte zu drücken oder so was, dann ist die Besuchszeit *vorbei*. Auf der Stelle. Und dann werden die Besuche auf sechs Monate oder ein Jahr suspendiert, man darf sich nur hinter einer dicken Glasscheibe sehen. Mir wurde gesagt, daß eine Besuchszeit zu Ende sei, weil ich dieses Mädchen *mitten*drin geküßt hatte. Die Wache nahm mich mit in den Flur und sagte: ‹Noch einmal, und deine Besuchszeit ist vorbei.› Sie treiben dich immer an die Grenze, um zu sehen, wie weit sie mit dir gehen können.»

Zu den Möglichkeiten von Sex in der Beobachtungszelle meinte A. J. scherzend: «Ich werde eine ganze Reihe von ihnen ficken. Wenn da fünf oder sechs auf einmal zu Besuch kommen, werde ich es nie bis zur Hinrichtung schaffen, weil sie mich wahrscheinlich vor lauter Eifersucht an Ort und Stelle umbringen werden. Ich sehe den Nachruf vor mir: ‹Von sechs eifersüchtigen Frauen getötet.› Alle um 150 Kilo oder mehr. Aber man weiß, daß es eben die letzte Möglichkeit ist, intim zu werden, und man unmittelbar darauf stirbt. Ich bin tatsächlich schon hier gesessen und habe mir gewünscht, ich könnte es wie Doyle machen – rübergehen, einen Hinrichtungstermin haben, ein wenig rumvögeln und dann einen Aufschub erhalten. Aber ich möchte es nicht darauf ankommen lassen. Das wäre so, als ob man mit einer geladenen Pistole russisches Roulette spielen würde.»

Weil ich mehr Ruhe haben wollte, als die Büros der Sachbearbeiter gestatteten, saß ich mit A. J. im Anwaltszimmer im Iso-

lationstrakt – im Loch. Die Tür, die ein Fenster hatte, war zu.
A. J. sagte: «Schauen Sie mal, da ist Walter.»

Ich steckte meinen Kopf durch die Tür und sah ihn von hinten, wie er in Handschellen von zwei Beamten ins Loch geführt wurde. Er trug weite Kleider, aber es war leicht zu sehen, wie gut entwickelt sein Körperbau war – vor allem die Schulter- und Nackenmuskeln. Walter hatte ein paar Tage zuvor einen Aufschub erhalten. Ich fragte mich, ob er aufgehoben worden war.

A. J. sagte, er glaube nicht, daß sie Walter deswegen abgeholt hätten. «Vielleicht ist er in eine Keilerei geraten», mutmaßte er.

Nachdem wir die schwere Stahltür hinter Walter Blair hatten zufallen hören, durften wir rausgehen, um eine Zigarette zu rauchen. Die Temperaturen waren auf ungefähr 30 Grad hochgeklettert. Die Schatten auf den Gefängnismauern fielen in Winkeln von 45 Grad. A. J. setzte sich eine Sonnenbrille mit runden, rosaroten Gläsern auf.

«Sie werden dafür ins Loch kommen», sagte ich. Ich hatte die Hausordnung der Insassen gelesen und festgestellt, daß Sonnenbrillen verboten waren.

A. J. lächelte. «Ich habe einen ärztlichen Dispens. Mein grauer Star.»

Obwohl wir während unseres Gesprächs an diesem Tag ein wenig herumgealbert hatten, schien mir A. J. im Vergleich zum letzten Mal verändert. Er war nachdenklicher, bedrückter. Der Tod von Richard Speck war ein Ereignis mehr gewesen, das A. J. gezwungen hatte, sich noch intensiver mit seiner Situation auseinanderzusetzen. Er hatte die Hoffnung nicht aufgegeben, aber was ihn von den meisten Leuten draußen und der Mehrheit der Leute drinnen unterschied, war, daß er seine Hoffnung zwang, sich der Realität zu stellen. A. J. erwartete das Schlimmste, aber er tat, was er konnte, um sich selbst zu helfen. Er verfolgte seine Berufungsanträge, dachte sich Strategien aus. Er versuchte, ein politisches Klima einzuschätzen, bei dem die Öffentlichkeit entschlossen war, harte Maßnahmen gegen Verbrechen durchzusetzen, aber nicht immer bereit war, dafür die Steuerlast zu tragen. Er stellte in Rechnung, daß die Gefängnisse in Missouri bereits überfüllt waren mit zum Tode Verurteilten und Lebenslänglichen ohne Bewährung und daß der Staat unmöglich weiterhin solche Urteile aussprechen konnte, ohne eine finanzielle Verpflichtung einzugehen, die nicht nur den Wählern mißfallen würde, sondern auch undurchführbar war: Der Staat hatte nicht unbegrenzt die Möglichkeit, Kriminelle zu eliminieren oder auf unabsehbare Zeit einzulagern. Es war immerhin denkbar, daß die Gesetzgebung von Missouri die Urteile von lebenslänglich ohne Bewährung und lebenslänglich plus fünfzig in lebenslänglich umwandeln würde. In diesem Fall, und falls es A. J. gelang, sein Todesurteil in lebenslänglich umwandeln zu lassen, war es denkbar, daß er eines Tages wieder frei sein würde.

Das Kunststück bestand darin, die Hoffnung nicht aufzugeben und sich gleichzeitig auf die wahrscheinlichere Aussicht vorzubereiten, in weniger als einem Jahr hingerichtet zu werden.

Nachdem A. J. einer Zählung wegen in seine Zelle zurückgekehrt war, ging ich in den Beamtenwachraum in der geschlossenen Abteilung, genannt das Loch. Betty Weber war da, und wir begrüßten einander. Ich sah, daß sie abgelenkt war, und ich folgte ihrer Blickrichtung, um zu sehen, was in der Abteilung los war. Einer der weiblichen Lieutenants las von einem Aktenhalter, umgeben von einer Reihe stämmiger junger Strafvollzugsbeamten. Ein anderer Beamter zeichnete ihre Aussage auf Videofilm auf.

«Was ist los?» fragte ich.

«Einer der Insassen weigert sich, einen Tb-Test zu machen. Er wurde schon einige Male aufgefordert und weigert sich herauszukommen.»

«Und wofür ist dann das Video?»

«Wir schicken ein Kommando rein. Bevor wir das machen, zeichnen wir auf, was passiert ist, und dann machen wir eine Aufzeichnung des Kommandos.»

A. J. hatte mir von dem Kommando, oder der E-Truppe, erzählt. Er nannte sie die Schlägertruppe. Von seinem Zellenfenster aus konnte er sie bei den monatlichen Trainingsabläufen beobachten, wie sie den Wasserturm in der Nähe des Gefängnisses hochkletterten und ihre paramilitärischen Übungen machten.

Wenn die Administration das Gefühl hat, daß ein Insasse ruhiggestellt werden muß, schicken sie eine Mannschaft mit sechs Beamten in voller Kampfausrüstung einschließlich den gefütterten schwarzen Anzügen und schwarzen Helmen mit Gesichtsmasken. Der erste Beamte, der durch die Tür kommt, trägt einen großen Schild aus Plexiglas, mit dem der Insasse gegen die Wand gedrängt wird. Die anderen Beamten sichern seine Hände und Füße.

Ich kehrte in das Büro unmittelbar außerhalb der geschlossenen Abteilung zurück und setzte mich hin, um einige Notizen ins reine zu schreiben. Der dortige Beamte war dabei, Leute für das Kommando zusammenzusuchen. Es dauerte eine halbe Stunde, bis alle da waren. Als sie ankamen, nahmen sie ihre Kampfmontur aus den Schließfächern; es bereitete den sechs stämmigen Männern einige Schwierigkeiten, sich in dem kleinen Raum umzukleiden. Nachdem sie ihre Helme aufgesetzt hatten und der Mann an der Spitze den Schild an sich genommen hatte, marschierten sie den Flur runter und drückten den Summer, der sie in die geschlossene Abteilung einlassen würde. Die sechs Männer warteten in einer geraden Reihe, bis der Offizier drinnen sie einließ. Die Tür ging auf, und die schwarzgekleideten Männer stapften hinein. Hinter ihnen schlug die Tür zu. Ein paar Minuten später hörte ich die Geräusche des Kommandos, das die Zelle betrat, und die Reaktion der anderen Insassen der geschlossenen Abteilung, die an ihre Türen schlugen und brüllten, so laut sie nur konnten.

Möchten Sie an diesem Wochenende zum Angeln fahren?» fragte Paul Delo, bevor wir zum Lunch gingen.

Ich war seit über zwanzig Jahren nicht mehr Angeln gewesen und ergriff begeistert die Gelegenheit.

«Um diese Jahreszeit fahren wir meist nach Clearwater, ungefähr eine Stunde südlich von hier», sagte er. «Ich kann nicht garantieren, daß die Fische anbeißen, aber das Wetter sieht ziemlich gut aus.»

Er sagte, daß unsere Angelpartie aus fünf Leuten bestehen würde. Pauls Frau Sharon und ein anderes Paar, Clyde und Karen, würden dabeisein. Wir würden in einer Hütte in Piedmont übernachten, einige Meilen vom Reservoir entfernt. Er sagte mir, wo ich eine staatliche Angellizenz erwerben könne, und sagte, er habe ein Reserveangelzeug, das ich benutzen könne.

«Ach ja, und ich hoffe, Sie haben nichts gegen Hunde. Meiner wird dabeisein», sagte Paul.

«Was für einer ist es?»

«Ein Pekinese», sagte er. «Sein Name ist Chi.»

Die Vorstellung eines großes Mannes wie Paul mit einem kleinen Hund fand ich belustigend. Sie schien eine weitere Seite in ihm anzudeuten. Sie erinnerte mich daran, daß er eine vielschichtige Figur war, die sich nicht ohne weiteres in irgendeine Schublade einordnen ließ.

Paul und ich holten Greg Wilson, den Untersuchungsbeamten, ab und fuhren zum Mittagessen in ein chinesisches Restaurant in Flat River, auf halbem Weg zwischen Potosi und Farmington. Greg erzählte mir, daß sein alter Lieferwagen seit unserem letzten Treffen bis auf weiteres den Geist aufgegeben habe. Er überlegte, ob er einen neueren Gebrauchtwagen kaufen solle, aber wollte sich wegen seiner bevorstehenden Scheidung ungern in Schulden stürzen. Der Weggang seiner Frau am Ende des vorherigen Sommers schmerzte Greg noch immer, und die Scheidungsverhandlungen wurden zunehmend verbitterter.

Während wir ins Gefängnis zurückfuhren, fragte ich Paul, warum Walter Blair ins Loch geschickt worden war.

«Walter hat Drohungen gegen jemanden vom Personal ausgesprochen», sagte er.

«Was für Drohungen?»

«Nun, er sagte, bevor er ginge, würde er die Bibliothekarin fikken.»

Ich war enttäuscht, weil ich Walter sehen wollte. Wenn ein Insasse im Loch sitzt, darf er außer seinem Anwalt keine Besuche empfangen.

«Wie lange wird er drin bleiben müssen?» fragte ich.

«Walters Zeit wird langsam knapp», sagte Paul. «Wahrscheinlich lasse ich ihn bis zum Schluß da.»

«Ich wollte noch mit ihm reden», sagte ich enttäuscht.

«Das können wir wahrscheinlich einrichten», sagte Paul. «Aber er wird in Handschellen sein. Sie können das Anwaltszimmer in der geschlossenen Abteilung benutzen.»

Ich bedankte mich bei Paul dafür, daß er für mich die Vorschriften umging. «Ginge es, daß ich ihn alleine sehe? Ich glaube, mit einem Beamten im Zimmer wäre es schwieriger zu reden.»

Paul dachte nach und sagte dann: «Gut. Aber ich müßte einen Beamten außerhalb der Tür mit Blick in den Raum aufstellen.»

«Danke», sagte ich.

«He, Steve», rief Greg.

«Was?»

«Seien Sie nett zu Walter.»

Am Samstag erwachte ich um fünf Uhr morgens und packte warme Kleider für das Angeln am Wochenende ein. Um sechs Uhr fuhren Paul und seine Frau Sharon in einem roten Kleinlaster mit weißem Besatz und einem sechzehn Fuß langen Motorboot hintendran vor meinem Motel vor. Sein Pekinese Chi saß auf dem Vordersitz zwischen ihm und Sharon. Selbst zu dieser frühen Stunde konnte man sehen, daß es ein wundervoller Tag werden würde. Es war schwer zu glauben, daß es das erste Märzwochenende war, die Wettervorhersage hatte Temperaturen um fünfunddreißig Grad angekündigt. Sharon und ich aßen ein herzhaftes Frühstück mit Brötchen, Remoulade, Würstchen und Bratkartoffeln im Restaurant des Motels. Paul bestellte ein Omelette, und wir tranken alle eine Menge Kaffee.

Mit Chi vornedrin war Pauls Laster etwas überfüllt, also folgte ich ihm mit meinem Wagen. Wir fuhren den *Highway 67* hinunter, an Fredericktown vorbei, wo Gary Tune einst Pastor einer Baptistenkirche gewesen war, und weiter nach Silva, wo wir links in die *34* einbogen und den St. Francis River überquerten. Wir fuhren durch kleine Städtchen mit winzigen, heruntergekommenen Häusern und ein Stückchen durch Piedmont. Wir fanden unsere Hütte, die in der Nähe der Abzweigung nach Clearwater lag.

Pauls Freunde Clyde und Karen waren vor uns angekommen und hatten die Hütte aufgeschlossen. Es gab noch drei weitere, die auf einer Seite des *Highway 34* lagen, an einem kleinen Steilufer über einem Flüßchen. Auf der anderen Seite der Straße lag ein Tannenwald. Unsere Hütte hatte eine Veranda mit Fliegengittern, und innendrin war ein großes Wohnzimmer mit Fernseher, Sofa, Stühlen und einem Doppelbett. Links lag eine guteingerichtete Küche, und hinten waren zwei Schlafzimmer.

Als wir ankamen, war Clyde dabei, sein Boot zu überprüfen. Er trug eine karierte Jägerjacke und eine Baseballmütze verkehrt herum, mit dem Schirm gegen den Kragenrand seiner Jacke gezogen. Paul und er waren seit langem befreundet und kannten sich, seit Clyde im Strafvollzug und dann im Bewährungsvollzug gearbeitet hatte. Karen arbeitete ebenfalls im Vollzug. Clyde kam auf uns zu und gab uns die Hand.

«Also dies hier ist der Engländer?»

«Mehr oder weniger. Er ist eigentlich Amerikaner.»

Clyde setzte eine launige Miene auf und spielte den Hinterwäldler. Er fragte mich, wie es mir in Missouri gefalle.

«Nun, ich habe zweifellos eine Menge interessanter Leute kennengelernt.»

Ich ging rein und stellte mich Karen vor, einer gutaussehenden Frau mit einer vernünftigen, handfesten Art.

«Was halten Sie von Wurstbroten zum Lunch?» fragte sie.

«Wunderbar», sagte ich.

Clyde kam rein und sagte: «Möchten Sie *meine* Wurstbrote sehen?»

Ich wußte nicht, wie ich reagieren sollte. Ich sah zu Paul hinüber, der gerade mit den zwei Bierkästen, die wir mitgebracht hatten, reingekommen war. Er lächelte nur.

«Ich zeig Ihnen mal meine Wurstbrote», sagte Clyde.

Er nahm etwas hervor, das aussah wie ein paar Brote in Alufolie gewickelt.

«Angenommen, ich bin im Wald draußen und jemand versucht, mir zu nahe zu treten, dann sage ich einfach: ‹Möchten Sie von meinem Wurstbrot etwas abhaben?›»

Ich verstand noch immer nichts.

«Das bringt sie aus der Fassung, verstehen Sie. Und wenn sie sich dann immer noch mit mir anlegen wollen, dann gebe ich ihnen etwas von meinem Wurstbrot.»

Clyde packte die Alufolie auf und enthüllte eine Pistole, Kaliber .45.

«Steve, Sie lesen gerne, stimmt's?» fuhr Clyde fort. «Ich hab hier etwas, das Ihnen vielleicht gefällt.»

Clyde nahm ein Buch von einem der Küchenregale. Es war eine alte gebundene Ausgabe von Jessica Mitfords *The American Way of Death*.

Clyde reichte es mir. «Los, schlagen Sie es auf.»
Ich nahm das Buch und öffnete es. Die Seiten waren sauber raus-
geschnitten worden, um einem Geheimfach Platz zu machen, in
dem eine Pistole Kaliber .25 lag.
Clyde nahm es mir wieder ab. «Man kann nicht vorsichtig genug
sein», sagte er.

Wir verbrachten einige angenehme Stunden damit, unsere Ausrüstung fertigzumachen und das Boot mit den Tagesvorräten zu beladen. Ich fragte, nach welchen Fischen wir aus waren.
«*Croppies*»*, sagte Paul. «Sie sind ein wenig wie Barsche. Sie
werden nicht allzu groß. Ein dreißig Zentimeter langer Croppie ist
ein guter Fisch.»
«Jemand hat gesagt, die Barsche seien am Laichen», sagte Clyde.
«Wir werden sehen», meinte Paul.
Wir berieten, welchen Köder wir benutzen sollten. Clyde hatte
Elritzen mitgebracht. Sharon sagte, sie halte Würmer für das ge-
eignetste. Ich fragte, ob künstliche Köder funktionieren würden,
und Clyde sagte, daß es manchmal auch ein Löffelköder oder ein
Heintzblinker täten.
«Das stimmt», sagte Sharon. «Ich habe bisweilen ebensoviel
Erfolg mit einem Stück Alufolie oder einem Stück Wurst ge-
habt.»
«Was immer es braucht», sagte Paul.
Während es in der Sonne warm war, würde auf dem See ein Wind
gehen. Wir zogen uns alle eher zu warm an.
Clearwater wird durch einen Staudamm an einem Ende einer ver-
lassenen Minengrube gebildet. Das Becken ist gut drei Meilen lang
und anderthalb Meilen breit und ist umgeben von staatlichen und
nationalen Naturschutzgebieten. Als wir in Clearwater ankamen,
war der Morgen schon halb vorbei und der Parkplatz zur Hälfte
gefüllt mit Kleinlastern und Bootsanhängern. Sharon parkte Pauls
Laster einwandfrei am Rande des Wassers. Paul stellte den Außen-

---

* Gemeint sind «crappies», lat. *pomoxis nigromaculatus* oder *annularis* (es
gibt schwarze und weiße), eine «unechte» oder Süßwasserbarschart, die in
Nordamerika sehr verbreitet ist, viel gefischt und viel gegessen wird.

bordmotor an und fuhr mit dem Boot vorsichtig vom Anhänger hinunter aufs Wasser. Er fuhr in einem großen Bogen um die Anlegestelle herum, um den Motor aufzuwärmen, während Sharon den Laster einparkte.

Ich kniete auf der Anlegestelle und hielt das Boot, während Chi und Sharon einstiegen. Dann stieg ich selber ein, und wir fuhren los zum anderen Ende des Sees, unter der brennenden Sonne und dem Wind, der uns ins Gesicht peitschte. Clyde und Karen holten uns einige Minuten später ein, und wir hielten an, um zu angeln, die Boote knapp zwei Meter voneinander entfernt.

Beide Boote hatten Fischdetektoren – elektronische Geräte, mit denen Ort und Tiefe der Beute festgestellt werden konnten. Der Fischdetektor sagte uns, daß die Fische auf dem Grund seien, also befestigten wir unseren Köder und angelten während der ersten beiden Stunden tief unten. In der ersten Stunde biß bei keinem etwas an.

Paul fragte: «Haben Sie bald Lust auf ein Bier?»

Ich sagte ja und langte nach hinten in die mit Eis gefüllte Kühlbox, die wir mitgebracht hatten.

«Angeln hat nicht unbedingt etwas mit Fischfang zu tun», bemerkte er.

«Man braucht keinen Hunger zu haben, um Krapfen zu essen», konterte ich mit einem Lieblingsgemeinplatz meines Bruders.

Während wir angelten, sprach Clyde mit anderen Anglern, die an uns vorbeikamen. Eine Gruppe, die Fische gefangen hatte, benutzte Schwimmer und fischte in ungefähr einem Meter Tiefe. Clyde teilte uns diese Neuigkeit mit, und sofort holten wir unsere Leinen rein und richteten unsere Schwimmer.

Innerhalb weniger Minuten hatten Clyde und Karen Fische gefangen. Sharon fing einen, dann Paul. Von da an verging keine Stunde, ohne daß Clyde einen Fisch fing.

Um die Mittagszeit legten wir unsere Boote zusammen und befestigten sie in der Nähe des anderen Ufers. Wir aßen unsere Brote mit Kartoffelchips und Bier und geschmolzenem Käse.

Der Nachmittag bescherte endlich auch mir Erfolg, und an jenem Abend gingen wir mit fünfzehn *Croppies* nach Hause. Wir filetierten sie hinter der Hütte auf einem alten Tisch, den der Besitzer zu

diesem Zweck aufgestellt hatte. Clyde gab mir fachmännische Anweisungen, und nach einer Stunde hatten wir einige Pfunde Filets
fertig zum Einfrieren.

Nachdem wir in Piedmont zu Abend gegessen hatten, sahen wir
in der Hütte fern und tranken dazu Bier. Alle hatten etwas zuviel
Sonne abbekommen, und um elf Uhr gingen wir schlafen. Paul
warnte mich, daß er einen leichten Schlaf habe und daß er, als ehemaliger Militär, immer sehr früh aufstehe. Ich sagte, ich sei von
Natur aus ein Frühaufsteher. Er lächelte zweifelnd.

Um halb fünf wachte ich auf und hörte Paul in der Küche. Ich
stieg aus dem Bett und hatte um Viertel vor fünf den Kaffee aufgesetzt. Clyde war der nächste, und wir bereiteten das Frühstück,
während Sharon und Karen weiterschliefen. Paul machte sich mit
militärischer Präzision an die Aufgabe des Frühstücks und bereitete
Brötchen, Remoulade, Speck und Eier, die so gut waren wie alles,
was ich bisher in Missouri gegessen hatte.

Über Nacht war es kalt geworden, und auf den Lastern und Boo-
ten lag Frost. Wir stellten die Wettervorhersage ein und berieten
längere Zeit darüber, was der Tag wohl bringen würde. In St. Louis
war die Temperatur nahe am Nullpunkt. Und in Cape Girardeau,
weniger als fünfzig Meilen östlich von unserem Standort, war sie
gut unter Null.

Es war um einiges wärmer geworden, als wir zu unserem zweiten
Angeltag in Clearwater aufbrachen. Bis zum Mittagessen hatten
wir die wärmere Kleidung ausgezogen, und ich fühlte mich im
Hemd wohl. Es waren eine Menge andere Leute auf dem Wasser,
aber trotzdem wurde es ein ausgezeichneter Anglermorgen. Bis zum
Mittagessen hatten Paul, Sharon und ich zehn Fische gefangen. Paul
verlor den größten Fisch des Ausflugs – einen 35 Zentimeter langen
Croppie –, als er ihn ins Boot einholen wollte. Clyde wollte es nicht
glauben, da er am Vortag einen 30-Zentimeter-*Croppie* gefangen
hatte.

Nach dem Lunch hörten die Fische auf zu beißen. Paul und ich
führten ein längeres Gespräch über den Film, den ich machen
wollte, und wir einigten uns auf einen Terminplan. Der Film würde
in zwei Teilen gedreht werden. Der Hauptteil der Dreharbeiten
sollte in zwei Wochen beginnen. Der Rest würde um die Zeit einer

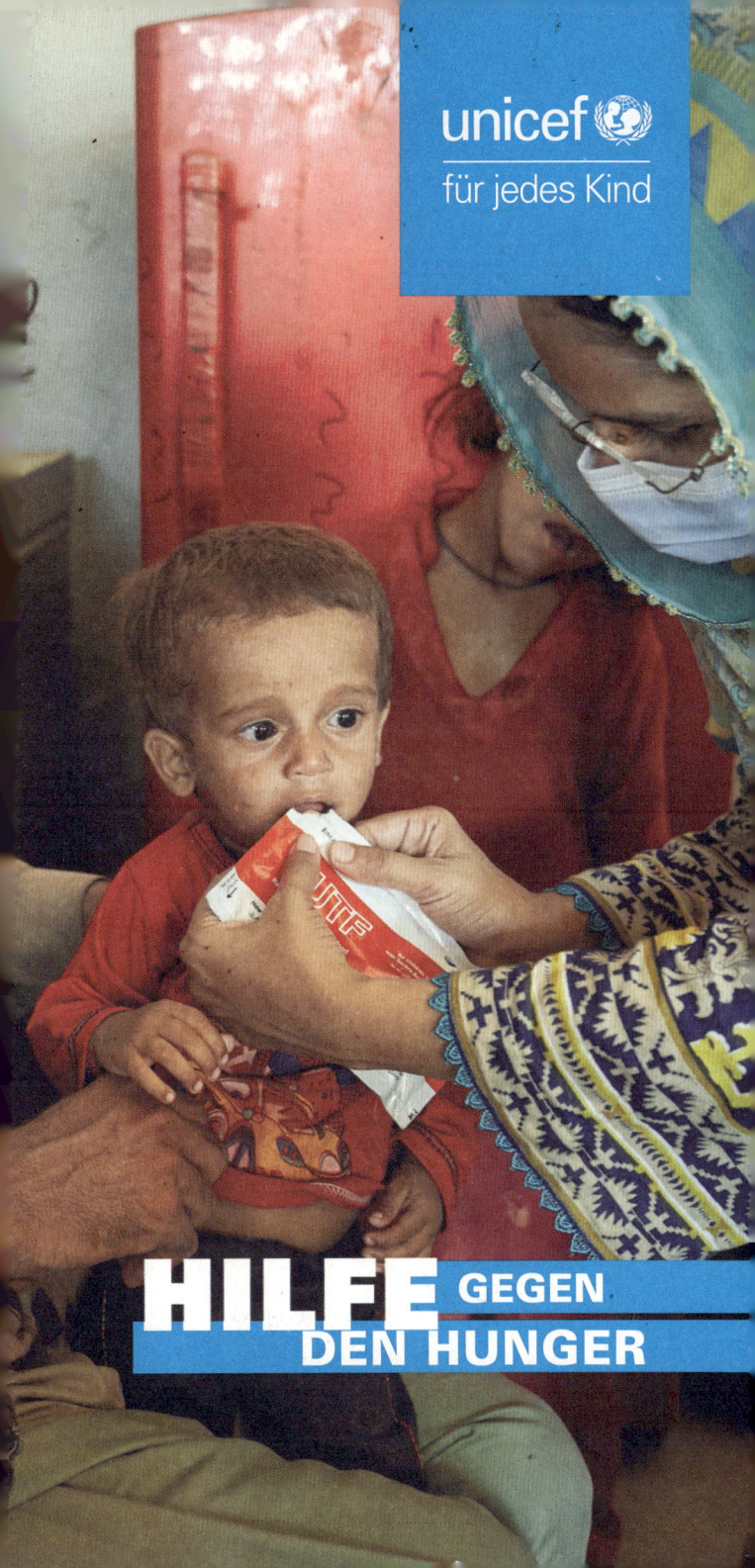

unicef 🌐
für jedes Kind

HILFE GEGEN
DEN HUNGER

Azaan wi
untersuc

AKUT MANGELERNÄHRT:

HILFE FÜR AZAAN!

Viel zu dünn und stark geschwächt war der einjährige Azaan, als er zum ersten Mal untersucht wurde. In einer mobilen Klinik in Pakistan stellten die Gesundheitskräfte lebensgefährliche Mangelernährung fest. Bei schweren Überschwemmungen hatte Azaans Familie alles verloren. In dem Katastrophengebiet fand der Vater keine Arbeit mehr, Eltern und Kinder hungerten.

180 € = 48 Dosen Pulver für Spezialmilch
Mit der kalorienreichen Milch werden meist sehr junge und sehr geschwächte Kinder behandelt, bis sie wieder feste Nahrung aufnehmen können.

5 € = fünf Pakete mit Maßbändern
Die Bänder helfen, Mangelernährung schnell zu erkennen. Eltern können damit den Zustand ihrer Kinder auch zu Hause kontrollieren.

50 € = 150 Päckchen Erdnusspaste
Die Paste ist sofort verzehrfertig und hilft schnell und wirksam. Drei Päckchen täglich braucht ein Kind etwa sechs bis acht Wochen lang, bis es wieder bei Kräften ist.

Hinrichtung stattfinden. Wann das sein würde, war nicht abzusehen und konnte daher auch nicht im voraus in einen Terminplan
eingebaut werden.

Um fünf Uhr hatten wir die Boote wieder auf die Anhänger geladen. Paul schlug vor, daß wir uns eine Woche später zu gebratenem
Fisch bei ihm treffen sollten. Wir machten ein Datum aus und ver-
abschiedeten uns voneinander bis Dienstag. Ich hatte für den gleichen Abend eine Verabredung mit Christy Mercer in Jefferson City.

Ich fuhr den Staudamm am westlichen Ufer von Clearwater entlang und dann in Richtung Ellington. Ich nahm den *Highway 72* nach Salem und weiter bis Rolla, bog dann in den *63* nach Jefferson City ein. Der Weg führte mich durch einige der schönsten Gegenden Missouris, und ich erreichte mein Hotel müde und mit sonnen- und windverbranntem Gesicht und Hals, aber erfrischt durch ein Wochenende in der freien Natur.

Ich hatte mich mit Christy um elf Uhr abends in einer der Hotelbars in der Stadt verabredet. Sie wollte in derselben Nacht noch nach Memphis, hatte jedoch eingewilligt, eine Stunde zwischen Arbeitsende und der Fahrt nach Tennessee mit mir zu verbringen.

Sie traf mich in der Lounge, und ich erhob mich und nahm ihre Hand. Ich bot ihr einen Drink an, aber sie sagte mir, daß sie keinen Alkohol trinke. Sie bestellte ein Tonic und zeigte mir einige Zeitungsartikel über Tiny.

Es war nicht einfach, einen Anfang für dieses Gespräch zu finden. Aber es war auch nicht nötig. Christy wollte mir einiges erzählen.

«Es ist nicht richtig», sagte sie. «Es war Totschlag. Egal, was diese Männer getan haben, es ist nicht richtig, sie umzubringen, nur weil sei jemanden anderen umgebracht haben.»

Christy lächelte, aber ihre Augen verrieten ihre Trauer, wenn sie von Tiny sprach.

«Er war ein wundervoller Mann. Er war so nahe bei Gott. Und er war immer so gut zu mir. Bis zum letzten Augenblick.»

Christy sagte, es sei manchmal schwierig gewesen, zwei Jobs zu haben, um einigermaßen über die Runden zu kommen, und ihren Mann immer nur eine Stunde sehen zu können.

«Manchmal, wissen Sie, war ich wegen dieser oder jener Sache bedrückt. Und er war immer verständnisvoll. Er redete mit mir darüber. Und er hatte mehr Sorgen als ich. Er war im Todestrakt.»

Ich erzählte Christy von all den Dingen, die andere Todestraktinsassen über Tiny gesagt hatten. Mein Wissen aus zweiter Hand freute sie. Ich glaube, es gab ihr das Gefühl, daß er, zumindest als Erinnerung, weiterlebe und daß die Erinnerungen gut waren. Ich erzählte ihr, daß ich einige Male mit Bill Armontrout gesprochen hatte. Ich erzählte ihr, wie er erklärt hatte, daß er mit Tiny befreundet war und daß ihm die Aufgabe, ihn hinzurichten, schwergefallen war.

«Bill ist kein schlechter Mensch», sagte Christy. «Ich sehe ihn hin und wieder. Ich gebe ihm keine Schuld. Aber er wird sich vor Gott verantworten müssen.»

Ich wollte Christy nach einer Sache fragen, die A. J. in seinem Brief an mich erzählt hatte – wie er entdeckte, daß ein ungeschriebener Teil des Missouri-Protokolls darin bestand, einen rektalen Pfropf und einen Katheter in die Person, die hingerichtet werden sollte, einzuführen. Christy hatte das herausgefunden, als sie die Leiche ihres Mannes ausgrub.

«Soviel ich weiß, wurde Tinys letzter Bitte nicht stattgegeben», sagte ich.

«Ja. Er durfte seine Jacke nicht tragen.»

Aber Christy verstand den eigentlichen Sinn meiner Frage und erzählte mir die Geschichte.

«Wissen Sie, als sie ihn umbrachten, war es wirklich schwierig für mich. Es war schwer in jener Nacht. Alles ging so schnell. Sie brachten ihn um, und dann kam er in ein Bestattungsinstitut. Ich mußte mich von ihm verabschieden. Also ging ich mit einem Freund auf den Friedhof und grub ihn wieder aus. Ich wollte ihn einfach noch mal sehen.»

Die Kellnerin kam zu uns und fragte, ob wir noch etwas trinken wollten. Als sie wieder weg war, erzählte Christy weiter.

«Es war schrecklich. Ich öffnete den Sarg. Sein Gesicht war ganz...»

Christy schilderte das Erlebnis in allen Einzelheiten. Sie war sehr offen und direkt. Sie wußte, daß sie nach ihren eigenen Begriffen etwas getan hatte, das Sinn machte. Jemand anderer konnte es vielleicht nicht verstehen. Das war ihr gleichgültig. Sie erzählte mir ihre Geschichte und überließ es mir, daraus zu machen, was ich wollte.

Christy konnte einfach nicht damit fertig werden, daß sie ihren

Mann nie wiedersehen würde. Die Umstände seiner Hinrichtung waren für sie schrecklich gewesen – ihn auf der Liege ausgestreckt zu sehen, mit einem Leintuch bedeckt, umgeben von Fremden, die hinter dicken Glasscheiben zusahen, wie er starb. Die Vorgänge waren so traumatisch gewesen, daß sie sie kaum aufzunehmen vermochte. Nach jener schrecklichen Nacht wollte sie ihren Mann ein letztes Mal sehen.

Sie lieh mir einige Zeitungsausschnitte und sagte dann, sie müsse gehen. Sie wollte eine Woche wegbleiben, freute sich aber darauf, mich wiederzusehen.

Ich fragte Christy, ob sie Bilder von Tiny habe. Sie versprach, sie zum nächsten Treffen mitzubringen.

Während der ersten Märzwoche machte mich A.J. mit einem weiteren seiner Freunde in Potosi bekannt. Joe Amrine ist sechsunddreißig Jahre alt, schwarz und seit September 1986 im Todestrakt, wegen Mordes an einem anderen Insassen im MSP. Joe ist eine elegante Erscheinung mit sparsamen Bewegungen. Seine Stimme ist weich, aber tief. Er erschien mir sofort äußerst beredt – ein nachdenklicher Mensch.

Joe betrachtete mich eher aufmerksam als mißtrauisch, während ich von dem Film erzählte, den ich machen wollte. Wie bei meinem ersten Treffen mit A.J. konnte ich sehen, wie er mich einschätzte und dann zu einer Entscheidung über mich gelangte. Ich begann, indem ich ihn fragte, was er von Potosi im Vergleich zum MSP halte.

«Als wir im MSP waren, war es in mancher Hinsicht besser, in mancher schlechter. Es gab mehr Einschränkungen als hier. Aber es gab auch mehr Zusammenhalt. Was die Bedingungen angeht, die waren dort viel schlechter als hier. Aber die Überführung hat ihre guten und ihre schlechten Seiten.»

«Was halten Sie vom Wachpersonal hier in Potosi im Vergleich zum MSP?» fragte ich.

«Die meisten Aufseher, mit denen ich hier zu tun habe sind... was ich Hinterwäldler nennen würde.»

«A.J. verbrachte einige Zeit im Loch, weil er einen von ihnen einen ‹Hinterwäldler-Arsch› genannt hat», sagte ich.

«Ja.» Joe lachte. «Wissen Sie, die meisten von ihnen sind neu. Sie haben noch nie in einer Strafanstalt gearbeitet. Also kommen sie schon mit einer bestimmten Haltung hierher. Dann der Umstand, daß wir Todestraktinsassen sind – ich nehme an, sie wollen nicht zeigen, daß wir ihnen angst machen.»

«Was ist mit der Administration? Wie sind da Ihre Erfahrungen?»

«Da habe ich natürlich eine Menge feindseliger Gefühle. Ich versuche, die Hinrichtungen zu verstehen, den Standpunkt des Gerichts und alles. Aber ich komme damit nicht klar. Eigentlich komme ich mit der Administration nicht klar, Punkt. Es sind einfach zwei verschiedene Kategorien von Menschen. Wir sind die Gefangenen. Sie sind die Bewacher. Und für mich sind sie der Feind. Weil sie versuchen, uns umzubringen. Sie versuchen, uns umzubringen, weil wir jemanden umgebracht haben oder angeblich jemanden umgebracht haben. Es ergibt einfach keinen Sinn.»

«Wie steht es mit der Rassendiskriminierung hier?»

«Für mich ist das etwas, woran ich mich gewöhnt habe. Ich bin seit fünfzehn Jahren im Knast, und ich habe mich daran gewöhnt. Aber hier in Potosi ist es sogar noch schlimmer als im MSP.»

«Wie kommt das?»

«Weil hier die meisten dieser Typen, die meisten der weißen Beamten, wie ich glaube, vorher *überhaupt* nie mit Schwarzen zu tun hatten. Und ihre Art zu denken ist völlig versaut. Weil sie Schwarze und Weiße hier unterschiedlich behandeln. Sie glauben, daß die Schwarzen die dominantere Gruppe sein müßten, die aggressivere. Es gibt einen gewaltigen Unterschied in ihrer Haltung gegenüber Schwarzen – von den jungen Strafvollzugsbeamten bis hin zu Mr. Delo. Dadurch entstehen Schwierigkeiten zwischen der Administration und den Schwarzen, und es entstehen auch Schwierigkeiten zwischen schwarzen und weißen Insassen.»

«Gibt es eine Menge Rassenspannungen unter den Insassen?»

«Nun, ich bin schon so lange mit Weißen und Schwarzen eingesperrt, ich verhalte mich hier so: Wenn du mich nicht magst, weil ich schwarz bin, dann werde ich dich natürlich auch nicht mögen. Aber wenn du mir nicht blöd kommst, habe ich keinen Grund, dich nicht zu mögen. Ich bin bereit, Leute so zu akzeptieren, wie sie sind. Weil wir nämlich meiner Meinung nach alle zusammen hier drinstecken. Ob du nun ein Todesurteil oder lebenslänglich und fünfzig Jahre ohne Bewährung am Hals hast, das Ergebnis wird dasselbe sein. Sie sind da, um uns umzubringen. Also sind wir zuallererst Häftlinge, dann Weiße, dann Schwarze. Wir müssen zusammenhalten.»

«Was machen Sie mit Ihrer Zeit hier? Wie gehen Sie mit der Warterei um?»

«Ich gehe zum Beispiel raus und spiele Baseball, Basketball. Vor allem Basketball. Rumlaufen. Einfach rumhängen. Auf den Postboten warten, hoffen, daß ich Post kriege. In die Rechtsbibliothek gehen. Es gibt nicht viel, was man *wirklich* tun kann. Vor allem wenn man weiß, daß man hier nur wartet, untätig rumsitzt und wartet, bis man hingerichtet wird.»

«Wie kommen Sie damit klar, daß Sie möglicherweise hingerichtet werden?»

«Indem ich akzeptiere, daß ich entweder hingerichtet werde oder hier rauskomme. Und wenn ich die Tatsache akzeptiere, daß ich hingerichtet werde, nun, dann kann man es dabei belassen. Weil es keinen Sinn hat, darüber nachzugrübeln. Also ist das einzige, was man tun kann, es annehmen, versuchen, sich damit abzufinden, und sich bemühen, das *Heute* ins Auge zu fassen. Denn diese Tage – ob es von diesem Moment an noch drei oder vier Jahre dauert –, diese Tage können durchaus meine letzten sein. Ich versuche zu tun, was ich kann, in diesen Tagen. Versuche, nicht daran zu denken.»

«Wenn Ihre Mitinsassen im Todestrakt hingerichtet werden, welche Wirkung hat das auf Sie? Was war mit der Hinrichtung von Winford Stokes, dem ersten Schwarzen, der mit der Todesspritze hingerichtet wurde?»

«Stokes' Hinrichtung? Der einzige Eindruck, den sie eigentlich auf mich machte, war der Umstand, daß er als erster Schwarzer hingerichtet wurde. Was die nähere Beziehung zwischen ihm und mir anbelangt, es gab keine. Aber die Tatsache, daß er hingerichtet wurde, bewirkte, daß ich mit ihm fühlte, *weil er hingerichtet wurde.* Ich finde, niemand sollte hingerichtet werden. Punkt. Ob ich sie mag oder nicht. Aber wie sie auf mich wirken? Tiny Mercers Hinrichtung hat auf mich wahrscheinlich am meisten Eindruck gemacht, weil er so beliebt war, und weil er der erste war.»

Joe war drei Jahre mit Tiny Mercer im Todestrakt gewesen. Jeder Insasse, mit dem ich über Tiny redete, vermittelte einen weiteren Einblick in seine Persönlichkeit – er war zu einer Art Legende in Missouri geworden. Nicht, daß irgend jemand meinte, Tiny

hätte die Heiligsprechung verdient. Es war einfach so, daß niemand –
vom Personal bis zu den Insassen – etwas anderes als Bewunderung
für ihn verspürte.

Ich fragte Joe nach seinen Erinnerungen an Tiny.

«Tiny? Derjenige Teil von Tiny, den ich kannte, war für mich rein.
Er war ein bekehrter Christ, hatte mit niemandem Schwierigkeiten,
war jedermanns Freund. Er hatte keine einzige Sorge auf der Welt.
Solange er seine Bibel hatte, wußte er, daß er mit sich und dem Herrn
in Frieden war. Er war in Ordnung. Er glich überhaupt nicht dem
Tiny, der den Fall gebaut hatte. Das war nicht derselbe. Nein.»

«Wie ging es Ihnen, nachdem sie ihn hingerichtet hatten?»

«Alle benahmen sich so, als ob man ihnen mit der Faust ins Gesicht
geschlagen hatte. Sie sahen plötzlich die Realität. Vorher war niemand hingerichtet worden. Als er hingerichtet wurde, erkannten
eine ganze Menge von uns, daß das kein Spiel war. Alle mußten damit rechnen, hingerichtet zu werden. Ich glaube, alle wurden davon
in irgendeiner Weise berührt.»

«Hat Tinys Hinrichtung für Sie die Auswirkung gehabt, daß Sie
mehr an die Möglichkeit Ihrer eigenen Hinrichtung dachten?»

«Nun, ich hatte eigentlich überhaupt nicht viel darüber nachgedacht. Als Tiny hingerichtet wurde, dachte ich grundsätzlich nur
daran, daß er hingerichtet worden war und daß wahrscheinlich
weitere Hinrichtungen stattfinden würden. Was meine eigene Hinrichtung anbelangt, so versuche ich, möglichst nicht daran zu
denken.»

«Und wenn Sie es trotzdem tun?»

«Wenn ich trotzdem daran denke, dann ist es grundsätzlich mit
Wut. Wahrscheinlich ist da viel Angst, niemand möchte hingerichtet
werden. Ich meine, allein schon der Gedanke an eine Hinrichtung
genügt, um mir Angst einzujagen. Aber wenn es so kommt, dann ist
es eben so. Jedermann lebt gerne, aber wenn es so kommen muß,
dann bilde ich mir gerne ein, daß ich darauf vorbereitet sein werde.»

Keiner der Todestraktinsassen, mit denen ich gesprochen hatte,
hatte viel Zuneigung für Winford Stokes verspürt. Aber A. J., Doyle
und Joe waren sich darin einig, daß die Administration gefühllos
gehandelt hatte, als sie die Insassen Minuten, nachdem Stokes hingerichtet worden war, aus dem Einschluß entlassen hatte.

«Abgesehen davon», fragte ich Joe, «hat Stokes' Hinrichtung in Ihnen noch etwas anderes bewirkt?»

«Nun, was an Stokes' Hinrichtung erschütternd war, war die Tatsache, daß sie ständig angesetzt und wieder abgesagt wurde. Erst wurde ein Datum festgelegt, dann erhielt er zwei Tage später einen Aufschub. Einen Tag darauf kam wieder ein Hinrichtungsbefehl. Und immer so weiter, an und ab. Und das einzige, was ich dabei dachte, war, wenn ich das wäre – mit diesem ständigen Hin und Her –, ich weiß nicht, was ich getan hätte. Ich dachte, das war echt. Das war eine traumatische Erfahrung. Es mußte so sein. Es mußte einfach so sein.»

Ich hatte gehört, daß einige von Stokes' Mitinsassen Beifall geklatscht hatten, als er hingerichtet wurde. Ich fragte Joe, ob das in seinem Block passiert sei.

«Ja», sagte er. «Das hat mich wirklich wütend gemacht. Weil ich verstehen kann, wenn man ihn nicht mag, aber bei einer Hinrichtung zujubeln, wenn man in derselben Lage steckt, das macht einfach keinen Sinn. Viele von ihnen wissen nicht, was Sache ist. Weil er im Grunde zu ihnen gehörte. Was er früher getan hat, oder alles andere, hätte angesichts der Tatsache, daß er hingerichtet wurde, keine Rolle spielen dürfen. Und dazu kam noch, daß sie vor den Beamten Beifall geklatscht haben. Das hat mich wirklich wütend gemacht. Ich mochte das überhaupt nicht, und ich brüllte und schrie zu meiner Tür hinaus: ‹Ihr alle habt da draußen gut lachen, aber wenn ihr selbst dran seid, dann lachen und johlen wegen euch vielleicht andere.›»

Ich unterhielt mich mit Joe über das Gespräch, das A.J. mit Tiny Mercer vor Mercers Hinrichtung geführt hatte, über die Gaskammer im Vergleich zur Todesspritze als Hinrichtungsmethode. Ich fragte Joe, was er von der Todesspritze halte.

«Ich sehe das so: Hier ist eine Administration, die versucht, die Sache so sauber wie möglich durchzuführen. Aber für mich ist es gleichgültig, wie sie es machen. Denn schließlich ist es doch so, daß man hingerichtet wird. Man kann keinen sauberen Mord begehen. Es ist unmöglich.»

«Und was ist mit der Tatsache, daß der Gefängnisarzt mit den Hinrichtungen zu tun hat; stört Sie das?»

Joe stöhnte. «Der Arzt.» Er lachte verachtungsvoll. «Wir haben hier einen Arzt, bei dem man kein Wort versteht von dem, was er sagt. Er will nicht zuhören, und ich will ihn nicht verstehen. Er ist einfach da. Das ist es, er ist einfach da.» «Und was ist mit dem Pfarrer?» fragte ich. «Hochwürden Pfarrer.» Joe sprach den Namen spöttisch aus. «Ich weiß nicht, ob er *Hochwürden* ist oder nicht. Aber hier in Potosi sehen wir ihn nicht so. Für uns ist er ein Beamter, ein Aufseher. Weil er eher die Pflichten eines Beamten versieht als diejenigen eines Geistlichen. Ihn kümmern die Hinrichtungen nicht, und er hat auch kein Mitgefühl. Er ist vor allem dann anwesend, wenn sie deine Zelle durchsuchen oder wenn die Schlägertruppe ihre Ausrüstung montiert. Er gehört zu ihnen, er brüllt die Befehle und trägt einen Knüppel genau wie die anderen Beamten. Also ist es schwierig, eine andere Beziehung zu ihm zu finden, zum Beispiel, wenn man einen Todesfall in der Familie gehabt hat. Da kann man genausogut mit dem Aufseher reden, bevor man mit ihm spricht.»

«Was wissen Sie über das Hinrichtungsverfahren? Über das Protokoll?»

«Mir haben sie nie irgend etwas über das Hinrichtungsverfahren mitgeteilt. Das meiste weiß ich aus der Zeitung. Oder man erfährt vielleicht ein paar Dinge von den Beamten, oder von Leuten, die aus der Beobachtungszelle zurückkommen. Aber sie haben uns nichts darüber erzählt, wie es ablaufen wird.»

Ich fragte Joe noch einmal: «Woran denken Sie, wenn Sie Ihre eigene Situation überschlagen. Die Tatsache, daß Sie hingerichtet werden können?»

«Ich kann mir nicht vorstellen, wie das sein wird. Ich versuche, nicht daran zu denken, obwohl ich weiß, daß ich es trotzdem tue. Das einzige, woran ich denke, wenn ich es mir genau überlege, ist, daß ich hoffe und bete, daß ich stark sein werde, daß ich nicht zusammenbreche oder schreie oder brülle. Ich hoffe, daß ich es wie ein Mann hinnehmen kann. Ich sage nicht, daß ich aus Angst schreien oder brüllen würde – hauptsächlich aus Wut. Das meiste wäre aus Wut. Ich kann mir nicht vorstellen, wie ich in jenem Raum sitze und meine Familie sehe, meine Mutter, und mit ihr reden möchte; aber gleichzeitig kann ich mir nicht vorstellen, ihr weh zu tun, indem ich nicht mit ihr rede, indem ich, Sie wissen schon, sage: ‹Ich will dich nicht sehen.› Ich kann mir das alles nicht vorstellen. Es wird schwer sein. Egal, wie der Ablauf sein wird, es wird wirklich hart sein.»

«Sehen Sie einen Sinn in der Todesstrafe? Glauben Sie, daß sie irgendeine Wirkung hat?»

«Meiner Ansicht nach wird die Mordrate dadurch nicht beeinflußt. Aber ich glaube, die Leute unterstützen die Todesstrafe eigentlich deshalb, weil die Kriminalitätsrate so außer Kontrolle geraten ist. Und das kann ich verstehen. Aber ich glaube nicht, daß der Entschluß, die Leute umzubringen, ihre Probleme lösen wird. Ich glaube, der Ursprung dieser Probleme liegt viel tiefer und daß das nicht die Lösung sein kann. Man kann nicht einfach weiter Leute dafür umbringen, daß sie andere Leute umgebracht haben.»

«Als jemand, der zum Tode verurteilt ist, wie, glauben Sie, sehen Sie die Leute außerhalb? Welchen Eindruck haben Sie von der Haltung der Öffentlichkeit gegenüber den Todestraktinsassen?»

«Mein Eindruck ist, daß die Öffentlichkeit die Todestraktinsassen als Tiere ansieht. Und ich glaube, daß sie diese Vorstellung von den Medien und der Administration erhält. Das einzige, was man zum Todestrakt in den Nachrichten sieht, ist, wenn etwas Schlimmes passiert oder wenn ein Hinrichtungstermin festgesetzt worden ist. Man hört nichts Gutes über die Todestraktinsassen, man erfährt nichts von den Todeskandidaten, deren Urteil aufgehoben wird. Deswegen glaube ich, es liegt einfach an der ganzen Propaganda, daß die Öffentlichkeit glaubt, die Todesstrafe funktioniere und daß Hinrichtungen in Ordnung seien.»

«Sehen Sie eine Ungerechtigkeit in der Art, wie die Todesurteile gefällt werden?»

«Damit kommen wir zurück zur Rassenfrage. Diskriminierung. Es kommt darauf an, ob du weiß bist, ob du schwarz bist, ob du Geld hast oder nicht. Es gibt in dieser Gesellschaft einen grundlegenden Unterschied zwischen Weißen und Schwarzen, ob man im Gefängnis ist oder außerhalb, ob man im Gerichtssaal steht oder am Arbeitsplatz. Man wird unterschiedlich behandelt. Und im Gerichtssaal ist es augenfälliger, weil die Schwarzen sich keine Anwälte leisten können und der Staat daraus Vorteile zieht.»

«Welche anderen Faktoren spielen Ihrer Ansicht nach eine Rolle in der Frage, ob jemand eine Todesstrafe oder lebenslänglich erhält?»

«Das Opfer. Ob es schwarz oder weiß ist. Aus welchem Verwaltungsbezirk man herkommt. Wo man die Straftat begangen hat. Wer dein Staatsanwalt ist. Es gibt viele Dinge, die in der Frage eine Rolle spielen. Vielleicht hat man Glück und hat unter seinen Geschworenen einen Schwarzen, der sich weigert, sich einfach glattweg weigert, dir ein Todesurteil zu verpassen. Und dann erhält man natürlich lebenslänglich ohne Bewährung. Aber in neunzig Prozent der Fälle hat man eine Jury, die nur aus Weißen besteht, vor allem, wenn man schwarz ist. Und wenn du schwarz bist und dein Opfer war weiß, dann kannst du mit neunundneunzigprozentiger Wahrscheinlichkeit damit rechnen, ein Todesurteil zu erhalten. Wenn du dagegen schwarz bist und das Opfer auch, dann stehen die Chancen fünfzig zu fünfzig.»

Bei A. J. und Doyle war unverkennbar, daß jeder von ihnen einen Weg gefunden hatte, seine Zeit abzusitzen, der Realität seiner Lage ins Auge zu blicken, ohne die Hoffnung aufzugeben. Doyle verbrachte den größten Teil seiner Zeit mit juristischen Studien, während A. J. ständig am Schreiben war und so weit wie möglich mit der Außenwelt in Kontakt stand.

«Was tun Sie mit Ihrer Zeit?» fragte ich Joe.

«Ich versuche, den ganzen Tag beschäftigt zu sein. Ich stehe um halb acht auf, ich gehe in die Turnhalle. Ob ich einfach auf der Tribüne sitze oder auf der Aschenbahn renne oder Basketball spiele, ich gehe nicht vor Einschluß in meine Zelle zurück, weil es nichts zu tun gibt. Ich versuche, in Bewegung zu bleiben. Es ist schon schlimm genug, untätig hier rumzusitzen und darauf zu warten, bis sie mich umbringen; zumindest will ich nicht vor lauter Nichtstun vorher schon hirntot sein. Ich versuche einfach, mich zu beschäftigen.»

Ich hatte gesehen, wie Joe Basketball spielt. Er ist ein ausgezeichneter Spieler. Ich sagte ihm das, und er meinte. «Nee, ich werde alt.» Tatsächlich ist er besser als viele Collegespieler, die halb so alt sind wie er.

Ich erzählte Joe, wie außergewöhnlich mir Potosi im Vergleich

zu anderen Haftanstalten vorkomme. Ich fragte ihn, wie er das
sehe als jemand, der aus einem der berüchtigtsten Todestrakte in
die wahrscheinlich fortschrittlichste Todesstrafanstalt der Vereinigten Staaten gekommen war, wo die Insassen mit Todesurteil in
die allgemeine Gefängnispopulation integriert waren.

«Todestraktinsassen haben in diesem Staat einen großen Zusammenhalt. Das war einer der Gründe, warum die Administration hier beschloß, die Todeskandidaten mit den anderen Insassen
zusammenzulegen – weil sie einen Weg finden mußten, um diesen
Zusammenhalt ein wenig zu erschüttern. Also überlegten sie sich,
daß wir bei einer Zusammenlegung uns irgendwie auseinander-
leben würden und daß der Zusammenhalt nachlassen könnte. Und
wissen Sie, in gewisser Hinsicht hat das funktioniert. Es hat funktioniert.»

In den Monaten, seit ich nach Potosi gekommen war, hatte ich
verschiedene Gruppen gesehen, die herumgeführt wurden, und
Freiwillige des Pfarrers, die reinkamen, um mit den Insassen zu reden. Viele von ihnen schienen der Ansicht zu sein, daß die Insassen
es besser hatten, als sie es verdienten.

«So wie diese Anstalt aussieht – jemand, der es nicht besser
weiß, wird sagen, wir seien fein raus. Aber für mich ist das Ganze
hier eigentlich wie ein Grab. Ein Haufen lebender Toter. Es gibt
nichts zu tun. Es gibt keinen Ausweg. Man verbringt jeden Tag
mit denselben Dingen, und alle warten auf das gleiche. Man wartet auf morgen, um dann dasselbe wie gestern zu tun. Man ist auf
sich selbst gestellt. Man muß sich mit dem zufriedengeben, was
man den Tag über tun kann. Und wenn man sich dazu verleiten
läßt, nichts zu tun, dann wird das Leben daraus bestehen. Aus
nichts.»

Es hatte eine Menge Vermutungen gegeben, daß Bobby Shaw
der nächste sein würde, der in Missouri hingerichtet werden
würde. Joe und er waren zusammen im MSP gewesen, und ich
fragte ihn, wie er Bobbys Situation einschätze.

«Bobby Shaw? Ich nehme an, sie wissen, zu welcher Kategorie
sein Fall gehörte – er hat einen Beamten umgebracht. Er ist mit
den Gefängnisaufsehern zur Hölle gefahren und wieder zurück,
und ich glaube, sie sind entschlossen, ihn hinzurichten. Und wenn

sie keinen anderen hinrichten – ihn werden sie ganz bestimmt hinrichten. Ich glaube, seine Situation ist eher eine politische Angelegenheit der Administration und des Generalstaatsanwalts, weil sie der Ansicht sind, daß er einen der ihren umgelegt hat. Und sie sorgen dafür, daß man für so etwas bezahlt.»

«Waren Sie dabei, als er den Beamten umbrachte?»

«Ich war da. Ich haben den Mord selbst nicht gesehen, aber ich sah, wie sie ihn jagten und wie sie auf ihn schossen und wie sie ihm sagten, er solle das Messer fallen lassen. Und sie griffen ihn da, vor Ort, an. Im MSP waren wir zusammen im Keller, ich war ebenfalls da unten eingesperrt. Und daß sie zu ihm in die Zelle gingen und einfach fünf- bis sechsmal die Woche nach Lust und Laune auf ihn einschlugen, war noch gar nichts. Wenn sie ihn nicht prügelten, pumpten sie ihn mit irgendeinem Medikament voll. Sie waren ständig hinter ihm her. Seit wir hier in Potosi sind, ist er etwas offener geworden, weil er mehr Kontakt zu den anderen Insassen hat. Und, wie ich schon sagte, wir hatten immer einen guten Zusammenhalt, und wir versuchen ihm zu helfen, wo wir können. Weniger, indem wir ihm Sachen geben, als indem wir versuchen, ihn zurückzuholen. Wir reden mit ihm. Wir laden ihn ein zum Tischtennisspiel, zum Kartenspiel, was auch immer, wir versuchen, ihn zu retten. Weil ich mir niemanden vorstellen kann, der diese ganze Zeit über eingesperrt war und nicht spricht, nichts tut. Das war sein Zustand, als wir im Staatsgefängnis waren, weil er in Einzelhaft war. Kein Fernseher, kein Radio, gar nichts. Der Administration gefiel das. Es gefiel ihnen wirklich.»

Ich erzählte Joe, daß ich die Erlaubnis erhalten hatte, etwas später am selben Tag mit Walter Blair zu reden. Das überraschte ihn.

«Wie ich schon sagte, diese Einrichtung hier – sie haben Angst, einfach deswegen, weil wir im Todestrakt sind und weil wir lebenslänglich ohne Bewährung haben. Mir scheint es so, daß Blair sie einschüchtert, weil er ein großer Mann ist und weil er im Todestrakt ist. Und deswegen wollen sie ihn bei jeder Gelegenheit, die sich ihnen bietet, isolieren. Er ist nicht der einzige, aber er ist der einzige, den sie ständig quälen, weil er sich für das einsetzt, was er richtig findet, und weil er ein guter Häftling ist. Das mögen sie nicht. Er versucht, einen Zusammenhalt unter den Insassen

zu schaffen, und das mögen sie auch nicht. Also versuchen sie
bei jeder Gelegenheit, ihn zu isolieren oder zu quälen. Auf die
Gelegenheiten sind sie ganz scharf. Und Sie können mir glauben, daß sie auf *seine* Hinrichtung in der äußerst nahen Zukunft
hoffen.»

Walter Junior Blairs Ruf als gefährlichster Insasse in der Strafvollzugsanstalt Potosi entlockt einigen seiner Mitinsassen ein Lächeln; aber das Personal nimmt ihn ernst. Sie haben Angst vor ihm, und das war deutlich erkennbar an der Art, wie die Beamten ihn behandelten, als er zu mir gebracht wurde, die Hände in Handschellen hinter dem Rücken. Walter Blair ist Todeskandidat Nummer 8. Die einzigen Männer im Todestrakt, deren Nummern niedriger sind als seine, sind Martsay Bolder und Bobby Shaw. Heute ist Walter einunddreißig, 1981 kam er in den Todestrakt. Er wurde wegen gedungenen Mordes an einer Frau verurteilt, die in einem Vergewaltigungsprozeß gegen einen Bekannten Blairs aussagen sollte, einem früheren Zellengenossen während einer Haftzeit in einem Kreisgefängnis. Der Staat erklärte, er habe für den Mord 6000 Dollar erhalten.

Walter Blair hat auffallende, markant geformte Gesichtszüge. Er spricht sehr langsam, mit einer tiefen Stimme, die im großen und ganzen kaum Gefühle verrät. Er hatte den Hinrichtungsbefehl in der letzten Februarwoche erhalten, und dann, am 25. Februar, einen Aufschub. Ich sprach ein paar Tage darauf, am 3. März, mit ihm. Walter wurde weiterhin in Einzelhaft gehalten, und aus seiner Art zu sprechen erhielt ich den Eindruck, daß er Beruhigungsmittel eingenommen hatte.

Walter wurde in den Raum geführt. Seine Gegenwart war eindrucksvoll. Ich wartete schweigend, sah zu, wie der Beamte zögerte, bevor er sich dann zurückzog und uns alleine ließ. Walter hielt seine Augen weit geöffnet und zur Decke gerichtet, während ich darauf wartete, daß der Beamte ging. Als die Tür sich schloß, wandte er seinen Blick zu mir. Ich begrüßte ihn und griff hinter seinen Rücken, um eine seiner gefesselten Hände zu schütteln. Das Manöver war ungeschickt, aber es löste die Spannung. Mir waren die außerordentlichen Vorsichtsmaßnahmen, denen Walter unterzogen worden war, etwas peinlich – als ob eine Bestie in Ketten hereingeführt würde, damit ich sie betrachte. Ich zog einen Stuhl für ihn heran. Es war für ihn nicht möglich, bequem auf seinen Händen zu sitzen, aber er kümmerte sich nicht darum und wandte seine Aufmerksamkeit mir zu.

Ich begann, indem ich Walter zum Erhalt des Hinrichtungsaufschubs beglückwünschte.

Er sagte: «Diese Leute scheinen das nicht mitgekriegt zu haben.» Er meinte den Umstand, daß er trotz des Aufschubs weiterhin im Loch saß.

«Und warum wollen sie Sie hierbehalten?» fragte ich.

«Nun, vor dem Tag, an dem sie mich einschlossen, hatten sie gesagt, daß sie mich wegen möglichen Rauschmittelkonsums beobachten wollten. Ich sagte, ich wolle einen Urintest machen und daß ich von einem Arzt oder einer Krankenschwester untersucht werden wolle.»

«Also haben Sie um einen Urintest gebeten.»

«Ich habe nach einem Urintest *verlangt*, und daß der Arzt oder die Krankenschwester mich während dieser sogenannten Beobachtung untersuchen sollten, damit ich am achtundzwanzigsten beweisen kann, daß ich keine Drogen oder Alkohol oder was immer eingenommen habe. Das haben sie mir verweigert, weil sie mich so lange wie möglich zur Beobachtung unter Einschluß halten wollen für den Fall, daß mein Aufschub rückgängig gemacht wird.»

«Warum sollten sie das tun wollen?»

«Die Administration hier hat Angst vor mir. Sie hat mehr Angst vor mir als vor irgendeinem anderen Insassen in dieser Strafanstalt.»

«Weshalb?»

«Weil sie glauben, daß ich sie umbringen will. Sie reden ständig darüber. Jedesmal, wenn in meiner Sache eine Entscheidung gefällt wird, werde ich unter Beobachtung gestellt. Und jedesmal, wenn ich einen Aufschub erhalte oder wenn mein Berufungsantrag durchkommt, dann wird die Beobachtung ‹abgeschlossen›, und ich werde wieder in den Normalvollzug entlassen.»

Wir sprachen über Walters Berufungsanträge. Als er an einem Montag den Hinrichtungsbefehl erhielt, beschlossen er und sein

Anwalt, bis Dienstag zu warten, um zu sehen, was die Gerichte tun
würden, bevor sie irgendwelche Anträge stellten. Walter erhielt am
Dienstag einen Aufschub. Er erzählte mir, er habe in der Zeitung
gelesen, daß er dreißig Tage Zeit habe, um seinen nächsten Antrag
beim Achten Berufungsgericht einzureichen. «Und wenn das Achte
Berufungsgericht den Antrag ablehnt, dann würde ich dreißig Tage
später hingerichtet werden. Aber das kenne ich schon. Das erlebe
ich, seit ich hier bin. Das bin ich gewöhnt. Was mich stört, ist der
Umstand, daß sie mich jedesmal, wenn das Gericht einen Beschluß
fällt, einschließen und mir meine juristischen Unterlagen wegnehmen, mich also hindern, an meinem Fall weiterzuarbeiten.»

«Sie haben Ihre Papiere nicht bei sich?»

«Ich habe meine Papiere ganz und gar nicht bei mir. Ich kann
überhaupt nicht an meinem Fall arbeiten. Wenn ich hingerichtet
würde, läge es nicht daran, daß ich nicht gekämpft hätte, nicht versucht hätte, es zu verhindern. Aber diese Leute haben solchen Schiß,
daß sie mich von meinen Papieren weg haben wollen, um zu verhindern, daß ich mich wehre.»

«Glauben Sie, daß der Hinrichtungsbefehl, den Sie diesmal erhalten haben, gültig bleibt?»

«Diesmal? Nein.»

«Also hat er Ihnen keine großen Sorgen bereitet?»

«Nein. Vielleicht beim nächstenmal. Aber trotzdem *war* es echt.
Ich werde meine Einsprüche einreichen, solange ich sie noch einreichen kann. Selbst wenn es ernst wird, macht mir das nichts aus. Ich
will lieber tot sein, als den Rest meines Lebens in diesem Gefängnis
zu verbringen. Ich will lieber hingerichtet werden, als diese, äh,
Leute um mich zu haben. Rednecks, Hinterwäldler, weiße Kläffer,
was immer. Alles überzeugte Rassisten. Sie behandeln keinen der
Weißen so wie mich, und sie haben eine Todesangst vor mir. Egal,
was ich tue. Ich kann auf sie zugehen und sie nur anschauen, und
schon glauben sie, ich wolle ihnen etwas antun. Und dann werden
sie panisch und rennen weg, um sich zu verstecken. Ich habe noch
nie eine solche Anstalt wie diese hier gesehen. Ich habe noch nie eine
solche Administration wie diese hier gesehen. Ich wäre lieber im
MSP. Ich wollte, wir wären nie hierhergekommen. Wenn du was
sagst, denken sie, du bist verrückt. Wenn sie dich anbrüllen und du

brüllst zurück, glauben sie, du bist wahnsinnig geworden. Ich sehe mich als Menschen, als Mann. Ich habe das Recht, wenn du mich nicht achtest, dann achte ich dich auch nicht. Aber die schließen dich ein, sagen dir, daß du kein Klopapier haben kannst, stecken dich in eine Körperdurchsuchungszelle und ärgern dich, wo sie nur können. Und hoffen, daß sie deinen Widerstand brechen können. Und dann, wenn du rauskommst, sagen sie: ‹Wie geht's denn so?› Sie lächeln dir ins Gesicht. Als ob man keine Haltung haben dürfte, nach der Art, wie sie dich behandeln. Ich habe so etwas noch nirgendwo gesehen.»

«Wann sind Sie ins MSP gekommen?»

«Ich kam am 15. Januar 1981 ins MSP.»

«Mit demselben Fall wie jetzt?»

«Mord.»

«Aber viele Leute erzählen, wie schrecklich es im Vergleich zu hier im MSP war.»

«Das Staatsgefängnis war in gewisser Weise furchtbar. Kein Freigang. Man hatte Freigang, aber der war unten, eingeschlossen im Keller. Aber trotz alledem behandelten dich die Beamten da wie einen Menschen. Sie kamen nicht zu dir rein und versuchten, dich zu foltern, sie ließen dich in Ruhe. Sie wußten, daß du in Schwierigkeiten bist, sie wußten, daß diese Schwierigkeiten mit der Familie oder mit der Arbeit an deinem Fall oder mit dem Streß des Gefangenseins zu tun haben. Und sie kamen auf dich zu und setzten sich damit auseinander. Sie sprachen mit dir. Die Beamten da unten waren mehr darin geschult, dich als Menschen zu behandeln. Es gab da ein oder zwei Beamte, die sich mit den Leuten anlegten, aber nicht wie hier. Diese Leute hier haben überhaupt keine Art von Verständnis. Sie sind sehr freundlich, wenn Besuch da ist, und sie halten alles schön sauber. Und sobald der Besuch weg ist, ist man wieder in Kambodscha oder sonstwo. Man könnte meinen, man sei in einem vietnamesischen Gefangenenlager. So ist das hier.»

«Haben Sie Tiny Mercer gut gekannt?»

«Ich kannte Tiny Mercer sehr gut. Tatsache ist, ich liebte Tiny Mercer. Er war für mich wie ein Bruder. Ich kenne seine Frau sehr gut. Sie schreibt mir immer noch, schickt mir jedes Jahr Weihnachtskarten und Geburtstagskarten. Sie war für mich und für die anderen im Todestrakt wie ein Familienmitglied.»

«Bevor Tiny hingerichtet wurde, dachten da die Leute im Todestrakt, es würde keine Hinrichtungen geben?»

«Als Tiny das erste Mal in die Beobachtungszelle gebracht wurde, dachten alle, es würde passieren. Aber dann kam Tiny zurück in den Todestrakt. Und dann wieder in die Beobachtungszelle. Und alle dachten, jetzt wird es geschehen. Dann kam Tiny Mercer in den Todestrakt zurück. Vier oder fünf Monate später kam er mit einem weiteren Hinrichtungstermin wieder in die Beobachtungszelle. Alle glaubten, es werde nicht stattfinden. Daß er wiederkommen werde. Und dann kam er zurück, und dann ging er wieder. Viermal insgesamt. Alle glaubten, er werde nicht hingerichtet. Die Beamten da unten brachten mich und einen anderen Insassen hin, um mit Tiny Mercer zu reden, bevor sie ihn ein letztes Mal mit rübernahmen. Und Tiny Mercer sagte: ‹Ich komme wieder.› Er sagte: ‹Denk gar nicht dran, Mann, ich komme wieder.› Und ich sagte: ‹Geht's dir gut?› Und er sagte: ‹Ja, es geht mir gut. Ich komme wieder. Ich glaube nicht, daß sie mich umbringen werden.› Sie nahmen ihn mit, und am nächsten Tag sagten sie, es sei nun soweit. Sie wollten ihn unwiderruflich in jener Nacht hinrichten. Also schickte Tiny Mercer eine Nachricht zu uns runter, er sagte: ‹Behalt einen klaren Kopf› und ‹Ich liebe dich, Bruder› und ‹Egal, was du tust, laß dich von ihnen nicht fertigmachen›. Und in jener Nacht wurde er hingerichtet. Und in jener Nacht, um zehn Uhr rum, wußten viele Leute im Todestrakt, daß er nun tatsächlich hingerichtet werden sollte. Aber ich kann ganz ehrlich sagen, daß es vielen Leuten gleichgültig war. Das konnte man aus den Reaktionen ablesen, die man in jener Nacht von anderen Insassen im Todestrakt erhielt. Sehen Sie, ein Grund, warum ich die Administration verachte, ist wegen der Art, wie sie mit dem Denken der Leute spielt. In jener Nacht gab es im Todestrakt ungefähr drei oder vier Leute, die das verfolgten, was mit Tiny Mercer passierte. Die am Fernsehen die Nachrichten verfolgten. Die Administration zeigte in jener Nacht einen Videofilm. Einen Pornofilm. Und die meisten Typen im Todestrakt waren während der Zeit der Hinrichtung damit beschäftigt, sich diesen

Film anzusehen. Die Verwaltung war richtig schlau. Sie glaubte, daß sie etwas tun müsse, um die Leute von dem abzulenken, was vorging, weil es sonst einen Aufstand geben könnte. Und während ich da unten die Nachrichten schaute, wurde Tiny Mercers Leiche in einem Leichenwagen weggefahren. Und man konnte hören, wie die Kerle brüllten: ‹Schau dir mal die Titten an, schau dir das an, hast du das gesehen.› Und alle fuhren auf diesen Film ab. Und das tat weh. Das tat weh. Und gleichzeitig stellte ich fest, daß diese Typen nicht wirklich begriffen hatten, wo sie sich befinden. Oder daß es ihnen gleichgültig war. Und einige Tage später, nach Tiny Mercers Hinrichtung, wachten sie langsam auf und sagten: ‹Was ist los? Was ist passiert? Mir tut es weh.› *Wenn es dir erst zwei Tage später weh tut, bis du spät dran.* Du mußt merken, was vorgeht, du mußt Schritt halten mit dem, was geschieht. Um es von dir selber abzuwenden, oder was immer. Ich glaube, ich habe in jener Nacht eine Menge gelernt.»

«Hat es Ihnen in irgendeiner Weise der Umstand erleichtert, daß Sie selber wahrscheinlich hingerichtet werden?»

«Tiny Mercer und ich haben vor seiner Hinrichtung miteinander gesprochen. Und wir waren der Ansicht, daß der Tod eine Gnade ist. Wenn es soweit ist, kann man nichts dagegen tun. Man muß es annehmen. Und viele Leute versuchen, es zu bekämpfen. Aber wenn deine Zeit gekommen ist, dann ist sie eben gekommen. Egal, wieviel du weinst oder kämpfst oder dich wehrst, deine Zeit ist einfach gekommen. Ich gehörte immer zu den Leuten, die sagen, wenn es Zeit für mich ist zu sterben, dann werde ich damit fertig werden, egal wie es kommt. Also hatte ich damals keine Probleme damit, und ich habe heute keine Probleme damit. Ich will damit nicht sagen, daß ich bei einer Schießerei meine Pistole im Halfter behalten und den andern ziehen lassen würde, aber ich kann damit umgehen.»

«Aber Sie wären lieber nicht hier?»

«Ich wäre lieber nicht hier, und ich glaube, ich sollte auch nicht hier sein. Was meinen Fall anbelangt, so glaube ich, daß ich nicht hier sein sollte. Aber aus irgendwelchen Gründen werde ich immer zurückgewiesen. Egal wie gut meine Beweise sind, sie werden einfach nicht beachtet. Und es gibt andere Fälle, die mit denselben

Beweisen revidiert wurden. Seitdem ich vor dem Bundesgericht war, streiten mein Anwalt und ich über das Beweismaterial, von dem ich will, daß er es einbringt, aber er weigert sich. Und ich streite mich weiter mit ihm, sage ihm, daß es gute Einwände seien. Und er sagt nein, er will sie nicht einbringen. Gut. Und jetzt sagen die Gerichte, ich sei dafür verantwortlich, daß das Material nicht eingebracht wurde. Und ich sage, ich kann doch nicht dafür verantwortlich sein, wenn ich hier Briefe habe, in denen ich meinen Anwalt darum bitte und er mir das abschlägt. Der Staat hat ihn natürlich als meinen Anwalt berufen. Und ich habe mehrmals darum gebeten, daß er von meinem Fall abgezogen wird, weil er sich geweigert hat, das Beweismaterial einzubringen, von dem ich glaubte, daß es zu einer Wiederaufnahme des Prozesses führen könnte.»

«Wie beurteilen Sie Ihre Chancen beim nächsten Einspruch? Glauben Sie, daß er durchkommt?»

«Nein. Es ist so, daß ich Vertrauen in die Arbeit setze, die mein Anwalt und ich hineinstecken können. Andererseits muß ich mit meinem Anwalt reden, denn es sieht nicht so aus, als ob sie mir irgendwelche Arbeit daran erlauben wollen. Ich habe Vertrauen in das, was ich tun könnte. Und ich glaube, daß, genau wie immer, egal, wie gut es aussieht, alles passieren kann. Ich glaube auch, daß sie sich nicht dazu bereit erklären werden.»

«Was halten Sie von der Hinrichtung mit der Todesspritze im Vergleich zu anderen Methoden?»

«Tiny und ich hatten vorher darüber gesprochen. Ich bin froh, daß sie die Todesspritze haben. Tiny Mercer und ich sprachen darüber, und wir waren uns einig, daß beides schlecht ist. Aber trotzdem ist die Gaskammer weit schlimmer als die Todesspritze. Und wenn es das eine oder andere sein muß, warum nicht die Todesspritze?»

«Sie wissen, daß es drüben im Krankentrakt gemacht wird?»
«Richtig.»

«Wenn ich hier wäre und das wüßte, würde es mich jedesmal stören, wenn ich wegen einer Krankheit oder einer Verletzung da hingehen müßte.»
«Richtig.»

«Es wäre ein eigenartiges Gefühl, da zu sein.»
«Ich bin schon oft im Krankentrakt gewesen. Und ich habe den Raum gesehen – die Beobachtungszelle und den Bereich, wo sie die Person hinbringen. Ein merkwürdiges Gefühl? Ich denke darüber nach. Aber es stört mich nicht so sehr, daß ich deswegen nicht in den Krankentrakt gehen würde, wenn ich krank bin. Wie ich schon sagte, ich habe keine Probleme damit, diesen Weg zu gehen. Wenn ich diesen Weg gehen muß, habe ich keine Schwierigkeiten damit. Das einzige, was mir Schwierigkeiten macht, ist die Art, wie ich behandelt werde. Die Art, wie diese Leute mich daran hindern, an meinem Fall zu arbeiten. Die Chancen, die ich hätte haben können, wurden mir von diesen Leuten genommen.

Das einzige, was ich habe, ist die Befriedigung, daß diese Leute, die Administration, diese Hinterwäldler, Angst vor mir haben. Und das einzige, was mich wütend macht, ist, wenn sie irgendeine Genugtuung daraus ziehen können. Aber ich habe keine Probleme mit dem Tod. Wenn man mir sagte, daß ich den Rest meines Lebens hier in diesem Gefängnis verbringen muß, dann wäre ich lieber tot. Ich will nicht alt werden oder den Rest meines Lebens hier verbringen und mir von Leuten, die das scharf macht, vorschreiben lassen, was ich tun soll. Ich mag nicht, wenn man mir sagt, was ich zu tun habe, Punkt. Ich trage nicht gerne Handschellen, ich sitze nicht gerne, hier oder irgendwo, den ganzen Tag in Handschellen, während sie rumsitzen und Kaffee trinken und lachen. Die Autorität macht ihnen richtig Spaß, und sie behandeln einen wie ein Kind oder ein Tier. Und wenn man ihnen widerspricht, dann hat man unrecht. Ich kann nicht unrecht haben. Ich bin ein erwachsener Mensch. Ich bin zum Tode verurteilt, und sie reden davon, daß sie mich umbringen wollen. Und dann will man mir sagen, daß ich nicht für das einstehen kann, was ich richtig finde? Und ich sage schon, was ich denke. Und die meisten andern hier wollen das nicht tun. Die meisten wollen lieber da draußen sein und fernsehen, als hier drinnen eingeschlossen sein, weil sie das, was sie dachten, ausgesprochen haben. Und das muß ich ertragen, damit sie merken, daß ich glaube, daß sie im Unrecht sind.»

Wir sprachen darüber, daß Walter dreißig Tage Zeit hatte, um

seinen nächsten Antrag einzureichen. Ich fragte ihn, wie er die
Aussichten einschätze. «Wenn ich hingerichtet werden soll, dann wird das nicht vor
August oder September sein. Das wissen sie nicht. Sie glauben, es
wird Ende dieses Monats sein. Aber sie irren sich. Es wird August
oder September sein. Oder vielleicht Juli.»
Ein Beamter klopfte an die Tür zum Zeichen, daß unsere Zeit
um war. Ich gab Walter zum Abschied die Hand, in derselben
unbeholfenen Art wie bei der Begrüßung. Unmittelbar bevor er in
die Isolationszelle zurückkehrte, fragte ich ihn, wieviel Zeit er
seit seiner Ankunft in Potosi hier verbracht habe. Er überlegte
und berechnete es für mich. Das Ergebnis war, das ganze erste
Jahr. Nachher war er drei weitere Male in Isolationshaft gewesen, mit freien Zeiträumen dazwischen, die insgesamt etwa vier
Wochen ergaben. Dann noch ein Jahr. Er hatte achtzig Prozent
seiner Zeit im Loch verbracht; und er würde aller Wahrscheinlichkeit nach innerhalb der nächsten paar Monate hingerichtet
werden.

Walter hatte, wie alle anderen Insassen, mit denen ich gesprochen
hatte, mit seiner Meinung zur Administration nicht zurückgehal-
ten. Im großen und ganzen verzichteten Paul Delo und seine
dienstälteren Beamten darauf, ihre Ansicht zu einzelnen Häftlingen zu äußern. An einem Nachmittag fragte ich Paul, was er von
einigen der Todeskandidaten, mit denen ich gesprochen hatte,
halte. Er begann mit einer Vorbemerkung: «Ich versuche, soviel
wie irgend möglich rauszugehen und mit den Insassen zu reden.
Aber natürlich hat man dafür immer weniger Zeit, je höher man in
diesem Betrieb aufsteigt. Aber ich versuche so oft wie möglich
rauszukommen, und ich sehe alle Insassen relativ häufig.»
Paul hatte schon mehrmals Doyle Williams erwähnt, da einige
der gerichtlichen Klagen Doyles mit Paul zu tun hatten. Ich fragte
mich, welchen Eindruck er wohl von Joe Amrine hatte.
«Joe ist... man kann nicht sagen sorglos, denn offensichtlich
hat er das Todesurteil am Hals. Aber Joe macht zumindest äußer-
lich den Eindruck, daß er ziemlich gut zurechtkommt. Er treibt
viel Sport, er ist fast ständig in der Turnhalle, er ist ein ziemlich

umgänglicher Kerl. Joe scheint sich ziemlich gut eingegliedert zu haben.»

«Was ist mit A. J. Bannister?»

«Bannister liegt irgendwo dazwischen. Er ist ein sehr intelligenter Typ, wie Sie wahrscheinlich beim Interview mit ihm schon festgestellt haben. Er ist ein Einzelgänger, zumindest in der Hinsicht, daß er seine Gedanken für sich behält, wenn er nicht danach gefragt wird. Er macht keine Schwierigkeiten und hat keine Probleme damit, die Vorschriften zu beachten. Ich würde ihn als einen guten Insassen bezeichnen. Nicht ein vorbildlicher Insasse, aber ein guter Insasse.»

«Und Walter Blair?»

«Walter ist ein ziemlicher Einzelgänger. Ich habe wahrscheinlich insgesamt nicht mehr als zehn Minuten mit ihm gesprochen, seit er hier ist, und das sind jetzt etwas über drei Jahre. Er drückt sich gut aus, wenn man dann tatsächlich mit ihm spricht. Er hat ziemlich heftige – nein, nicht heftige, er hat ziemlich extreme Stimmungsschwankungen. An einem Tag ist er ganz zuvorkommend, am nächsten spricht er gar nicht mit einem. Ich würde Mr. Blair als einen wahrscheinlich gefährlichen Insassen bezeichnen, wegen der Stimmungsschwankungen. Es kommt darauf an, an welchem Tag man mit ihm zu tun hat, wie er reagieren wird.»

Später fragte ich Don Roper nach Walter Blair, und warum er fast ständig im Loch sei.

«Meiner Ansicht nach», sagte er, «ist Walter Blair ein gefährlicher Insasse. Wir haben ihm freie Bewegung innerhalb des Normalvollzugs gewährt, mußten ihn aber vor kurzem wieder in Isolationshaft nehmen aufgrund seines aggressiven, angriffslustigen Verhaltens und seiner Drohungen gegen das Personal.»

«Was für Drohungen?» fragte ich.

Don sagte mir: «Die Hinrichtungsbefehle im Todesurteil gegen Walter Blair sind während der letzten paar Monate aus dem einen oder anderen Grund aufgeschoben worden. Walter Blairs Hinrichtung steht wahrscheinlich unmittelbar bevor; und Walter hat davon gesprochen, daß er jemanden mit sich nehmen wird, bevor er geht. Also sind wir alle äußerst vorsichtig mit ihm. Aber ich beeile mich hinzuzufügen, daß all diese Individuen, die Sie genannt haben,

äußerst gefährlich sind. Sie haben Menschen umgebracht, viele von
ihnen mehrere Menschen, und ich kann Ihnen versichern, daß sie,
wenn man ihnen die Gelegenheit dazu gäbe, Sie oder mich umbringen würden. Vor allem wenn sie glauben, daß sie dadurch die Freiheit erlangen können. Sie würden Sie oder mich sofort umbringen.
Jeder von ihnen.»

Keiner von den Insassen, mit denen ich gesprochen hatte, konnte den Namen des Gefängnisarztes aussprechen. Wochenlang hatte ich phonetische Umschreibungen in mein Notizbuch eingetragen. Schließlich bat ich Paul Delo, mir den Namen zu buchstabieren und mir bei der Aussprache zu helfen. Dr. Cayabyab. Dr. Kai-yab-yab. Der Arzt war nicht leicht aufzutreiben. Er arbeitete drei Tage die Woche in Potosi und zwei Tage in einem anderen Gefängnis. Nach mehrfachen Bemühungen gelang es mir, einen Termin mit ihm zu vereinbaren. Die Administration schien ihn im allgemeinen zu mögen, hielt ihn jedoch für etwas ungewöhnlich. Dr. Pedro Cayabyab war gebürtiger Filipino, und man warnte mich, daß ich möglicherweise Schwierigkeiten haben könnte, seinen Akzent zu verstehen.

«*Ich* verstehe ihn», sagte Paul Delo. «Aber ich habe natürlich auch eine Menge Übung.»

Die Beamtin, die mich in den Krankentrakt brachte, um Dr. Cayabyab zu sehen, fragte ungläubig. «Sie wollen ihn *interviewen?*»

«Ja», erwiderte ich.

«Viel Glück», sagte sie. Dann wippte sie ein wenig auf den Absätzen und fügte hinzu: «Merkwürdiger Typ.»

«Was meinen Sie damit?»

«Nun, vor ein paar Wochen kam ich in sein Büro, und da hielt er ein rohes Schweinesteak in der Hand. Als ich hereinkam, steckte er es in seine Tasche.»

«Was hatte das denn zu bedeuten?» fragte ich.

Die Beamtin schüttelte den Kopf, als ob sie sagen wollte: Das sind so die Dinge, die man hier erlebt. Nach einer Weile kann einen nichts mehr überraschen.

«Glauben Sie, daß es sein Mittagessen war?» fragte ich.

«Da bin ich überfragt», meinte sie.

Man führte mich in Dr. Cayabyabs Büro, das wenige Meter neben dem Hinrichtungsraum lag.

Dr. Cayabyab, ein kleinwüchsiger Mann mit einem ungewöhnlichen Äußeren, saß hinter einem Schreibtisch mit Namensschild, wo er einige Patientennotizen durchzusehen schien. Einer der Insassen hatte mich für mein Gespräch mit dem Arzt in folgender Weise vorbereitet: «Er sieht aus wie ein Experiment, bei dem ein Frosch und ein Mensch erfolgreich gepaart wurden.»

Dr. Cayabyab erhob sich und streckte die Hand aus. Er trug einen zerknitterten blauen Nadelstreifenanzug und eine fleckige Krawatte.

«Sie von BBC», sagte er mir.

«Nein, ich bin ein freier Filmemacher», berichtigte ich.

«Was ist das?» fragte er mißtrauisch.

Ich erklärte es ihm und sagte dann, daß ich gerne über das Hinrichtungsprotokoll in Missouri von einem medizinischen Standpunkt aus sprechen wollte.

«Was wollen Sie wissen?» gab er zurück.

«Mein Interesse gilt dem Ablauf. Also würde ich gern all das erfahren, was Sie während der Nacht der Hinrichtung zu tun haben. Und wie die Todesspritze funktioniert, medizinisch gesehen.»

«Der Verurteilte geht von der Beobachtungszelle zur Krankenliege, begleitet von der Wache. Er wird in Rückenlage auf die Liege gelegt und festgebunden. Beine, Unterleib, Brustkorb. An der Liege festgebunden. Der Arm, an dem die Infusion angelegt wird, wird freigemacht. Wir haben eine Armlehne. Wie sagt man? Eine Ellbogenschiene. Damit er ganz ausgestreckt ist.»

Der Arzt war schwer zu verstehen, aber nicht vollkommen unverständlich.

«Der Anästhesiepfleger», fuhr er fort, «der die Aufgabe des assistierenden Pflegers übernimmt, beginnt mit der Venenpunktion. Mit einer Nadel, Größe sechzehn, und einer Plastikkanüle in dieser Länge.» Der Arzt breitete seine Arme aus, um zu zeigen, wie lang die Kanüle sein mußte, die den Verurteilten mit der Apparatur der Injektionsmaschine verband. «Dann steckt er sie an die Kanüle mit der Salzlösung. Und nachdem sie da befestigt ist, heften wir sie an. Wir heften sie mit Pflaster an den Ellbogen, damit sie hält. Damit das Ding nicht aus der Vene fällt. Dann verbinden wir das Ganze mit dem schwarzen Kasten an der Wand. Und zwischen den Kanülen von der Wand und der Infusion zum Patienten ist eine Klammer.»

«Und die Klammer wird entfernt, wenn es Zeit ist, die Hinrichtung zu beginnen?»

«Ja. Eine Minute nach Mitternacht kommt der Direktor der Strafvollzugsanstalt Potosi, Mr. Paul Delo, herein und liest ihm den Hinrichtungsbefehl des Obersten Gerichtshofs von Missouri und des Obersten Bundesgerichts vor. Er liest dies: ‹Mr. John Doe, mmh, gemäß den...› – dies ist wie ein Beispiel.»

«Ich habe den Hinrichtungsbefehl gesehen», sagte ich dem Arzt. Aber er wollte das ganze Verfahren durchgehen.

«...gemäß dem Beschluß des Obersten Gerichtshofs von Missouri vom soundsovielten sind Sie wegen Mordes an sowieso zum Tode durch die Injektion eines tödlichen Giftes verurteilt.› Er ist wach und hört zu. Und es gibt ungefähr zwölf Zeugen. Und er sagt: ‹Mr. Doe, haben Sie etwas hinzuzufügen?› Und er sagt: ‹Nein, Sir.› Und dann faßt Mr. Delo ihn an die Schulter und sagt: ‹Gott segne Sie.› Geht raus. Geht nach hinten. So läuft das. Und dann sagen sie: ‹Grünes Licht.› Und das bedeutet, daß die Maschine angewärmt wird oder so. Und dann, nach einer Minute, sagen sie: ‹Foxfire eins!› Sie drücken auf den Knopf. Man sieht den Patienten – ich sehe den Patienten nicht, weil ich hinter einem Wandschirm stehe und das EKG anschaue. Die erste Lösung, Natriumpentothal, gelangt in die Person. Er ist wach, und dann schläft er ein. Und dann, nach einer Minute, sagt der Vollzugskoordinator: ‹Foxfire zwei!› Aber eigentlich ist das nicht notwendig, in Wirklichkeit macht das die Maschine. Es ist lediglich ein Zeichen. Das Pavulon, oder Pancurominbromid, wird eingegeben, und es hält die Atemmuskeln an. Lähmt die Lungen und verlangsamt das Atemzentrum. Und so können Sie das sehen. Man sieht den Patienten die agonale oder Endatmung ausführen.»

Im selben Augenblick wurde das Gesicht des Arztes zur Todesmaske. Er atmete tief ein, machte die Endatmung nach, atmete aus, schloß seine Augen und bewegte sich nicht mehr. Es war eine eigenartige und erschreckende Demonstration.

«Und nach einer Minute: ‹Foxfire drei!› Während Foxfire eins und Foxfire zwei bleibt das EKG auf dem Bildschirm normal. Normale Sinusrhythmen, und der Herzschlag ist normal. Er steigt vielleicht während der agonalen Atmung von hundert auf hundertdreißig, hundertvierzig. Nach einer Minute: ‹Foxfire drei!›, und das Kaliumchlorid wird beigegeben. Es ist dreimal die tödliche Dosis. Dann verändert sich auch das EKG, von normalen Sinusrhythmen zu idioventrikularen, oder flachen, Herzrhythmen, und dann eine gerade Linie. Und dann ist das Herz auf Null. Es ist nicht mehr. Und meine Aufgabe als medizinischer Berater ist es dann, ‹Nummer acht!› zu sagen, was heißt, keine QRS-Gruppen mehr im EKG. Und also sagt der Vollzugskoordinator: ‹Schachmatt!›»

«Schachmatt?»

«Ein Kennwort für die Wachen an den Fenstern, damit sie die Jalousien herunterlassen können und der Zuschauer nichts mehr sieht. Sie sagen: ‹Doktor, untersuchen Sie den Patienten.› Und dann gehe ich da rein. Ich schaue mit meiner Stablampe nach, ich kontrolliere die Pupillen. Sie sind geweitet. Und dann höre ich die Herztöne ab. Der Herzton fehlt. Die Lungenlaute fehlen. Und ich sage: ‹Insasse Jones ist tot. Wie spät?› Und dann unterschreibe ich das Protokoll der Vorgänge. Ich unterschreibe das, und ich unterschreibe den Totenschein für die Anstalt und für die Bestattung des Körpers.»

«Nachdem der Insasse tot ist, was geschieht dann mit seinem Körper?»

«Der Anästhesiepfleger entfernt den Katheter. Dann kommt der Leichenbestatter und nimmt ihn von der Liege zu seinem Tisch hinüber und nimmt ihn mit ins Begräbnisinstitut. Mit dem Totenschein.»

«Was halten Sie von der Todesspritze als Hinrichtungsmethode? Verglichen mit Giftgas oder Stromstößen?»

«Ich denke, es ist die humanste Art. Manchmal habe ich einen alten Hund oder eine alte Katze, und ich bringe sie zur gemeinnützigen Gesellschaft, und da werden sie eingeschläfert. Es ist genau dasselbe. Wie beim Tierarzt. Fünf Minuten. Auf den Philippinen, von wo ich vor acht Jahren hierher kam, hatten wir Stromstöße. Und manchmal war er nach soundsoviel Volt immer noch am Leben. Sie mußten es zwei- bis dreimal wiederholen. Das ist eine sehr unmenschliche und grausame Art vorzugehen.»

«Was ist mit der Haltung der American Medical Association zur Teilnahme von Ärzten an Hinrichtungen?»

«Was mich beunruhigt, ist folgendes. Der Ärzteverband wollte bei seinem Treffen 1990 in Florida die Ärzte aus dem Hinrichtungsprozeß ausschließen. Das beunruhigt mich. Ich will keine Anwürfe von ihnen. Ich habe genug eigene Probleme.»

«Und was ist Ihre Haltung zur Aufgabe des Arztes bei den Hinrichtungen?»

«Sie wollen, daß der Arzt mit dem Hinrichtungsprozeß überhaupt nichts zu tun hat. Aber was ich tue, ist, ich bestätige den Tod des Patienten. Das ist alles.»

«Welches sind Ihre medizinischen Pflichten bei der Vorbereitung des Verurteilten für die Hinrichtung?»

«Am Morgen untersuche ich den Patienten. Ich mache eine Voruntersuchung für die Hinrichtung. Lebenszeichen und alles. Blutdruck, Puls, Atmung, Temperatur und all das.»

«Warum ist das notwendig? Welchen Sinn hat das?»

«Wir müssen feststellen, ob er lebendig ist. Nicht tot. Es ist einfach eine juristische Art festzustellen, daß er da noch am Leben war und jetzt tot ist. Man muß es schriftlich haben, daß er einmal vor langer Zeit am Morgen noch am Leben war und den Tag über und alles. Ich habe eine ärztliche Zulassung in Missouri. Und ich schreibe auf, an welchem Tag und zu welcher Zeit ich ihn untersucht habe. Man kann jemanden nicht hinrichten, wenn er tot ist.»

«Nein», stimmte ich zu.

Der Arzt lächelte.

«Gibt es noch andere medizinische Aufgaben?» fragte ich. «Was ist mit dem Beruhigungsmittel vor der Hinrichtung?»

«Um halb acht geben wir 2,5 Milligramm Versed, intramuskulär.»

«Was ist Versed?» fragte ich.

«Versed ist ein Beruhigungsmittel, wie Valium, aber ungefähr fünfmal so stark.»

«Fünfmal so stark?»

«Ja. Und dann geben wir eine zweite Spritze, 2,5 Milligramm Versed, eine Stunde später, um halb neun. Und dann, um elf, geben wir ein bis zwei Milligramm Versed intravenös.»

«Das scheint ziemlich viel zu sein», bemerkte ich.

«Es geschieht, damit sich der Patient in einem angstfreien Zustand befindet», sagte Dr. Cayabyab.

Ich sagte dem Arzt, daß ich keine weiteren Fragen hätte, und dankte ihm für sein Entgegenkommen.

«Jederzeit», sagte er.

Ich kehrte nach Jefferson City zurück, um mit Christy Mercer zu reden. Wir verbrachten einen langen Abend mit Kaffeetrinken. Sie zeigte mir einige Fotografien von sich selbst und ihrem Mann. «Sie müssen sie mit ihrem Leben verteidigen», sagte sie, als sie mir den braunen Umschlag gab. Er enthielt Schnappschüsse von Tiny, vom Zeitpunkt seiner Verhaftung an und durch all die Jahre im Todestrakt, dann vor seiner Hinrichtung. Er war als stämmige, bärtige Figur mit langen, glatten schwarzen Haaren im MSP angekommen. Er war, in den Worten A. J. Bannisters, «äußerst bedrohlich anzusehen». Aber andererseits war er «ein sehr freundlicher Mann. Und ein sehr gescheiter Mann.»

Beim Durchblättern der Bilder lagen die letzten zehn Jahre von Tiny Mercers Leben vor mir ausgebreitet. Im Laufe der Zeit kürzte er seine Haare und stählte seinen Körper mit Gewichtheben. Die Fotografien zeigten ihn als einen außergewöhnlich gut aussehenden Mann. Er war von einer starren Gestalt mit auffallenden blauen Augen zu einem nachdenklichen Mann geworden, dessen Menschlichkeit mit dem Todesurteil nur zugenommen hatte. Es gab einige Bilder von Tiny und Christy, die im Besuchertrakt des MSP aufgenommen worden waren. Ihr sonnengebräuntes Gesicht lächelte, umrahmt von ihrem wunderschönen dunklen Haar.

«Sie sehen sehr glücklich aus», sagte ich.

«Das war ich», versicherte mir Christy. «Glücklicher als je zuvor.»

Während ich die Fotografien durchsah, war ich betroffen von der Verwandlung Tiny Mercers. Nachdem er seine überflüssigen Pfunde verloren hatte, war sein Körper durchtrainiert; und allen Berichten zufolge war sein Geist aktiv und konzentriert auf den spirituellen Weg, den er gewählt hatte. Aber gegen Ende hin erkrankte er an einer Nierenschwäche. Er magerte auf die Hälfte seines ursprünglichen Gewichts ab. Er wurde dünn, seine Augen lagen tief in ihren Höhlen, seine Wangen waren eingefallen. Er wurde mit Dialyse behandelt. Aber, wie A. J. bemerkte, «sie behielten ihn am Leben, damit sie ihn umbringen konnten».

Tinys Freunde zeichneten alle ein positives Bild von ihm. Bisweilen fragte ich mich, wie ein vollständigeres Bild von ihm aussehen würde. Eines Nachmittags, als ich mit A. J., Doyle Williams und Joe Amrine herumsaß und plauderte, machten sie eine traurige Beobachtung. Gegen Ende hin begann Tiny, sich im Gespräch zu wiederholen. Er fing an, seine Konzentrationsfähigkeit einzubüßen. Alle seine Freunde waren sich einig, daß die Belastung des bevorstehenden Todes, die wiederholten Einweisungen und Entlassungen, zusammen mit der schweren Krankheit, ihren Tribut von Tiny verlangt hatten. Er war am Todestrakt zerbrochen.

In Gedanken an diese Erinnerungen sagte ich zu Christy: «Es war bestimmt manchmal sehr schwierig.»

Ihre Augen füllten sich langsam mit Tränen, aber ihre Stimme blieb fest und verriet nichts von den starken Gefühlen, die sie bewegten. Tränen rannen langsam über ihr Gesicht. Sie wischte sie nicht weg, sondern sah mir gerade in die Augen und sagte: «Niemand weiß das. Aber gegen Ende hin war es manchmal furchtbar. Wir stritten uns. Wir waren reizbar. Es war einfach schrecklich.»

Ich versuchte mir vorzustellen, wie das gewesen sein mochte. Die unerträgliche Belastung eines Lebens, das in Briefen und kurzen Besuchen hinter Glas geteilt, aber getrennt erfahren wurde, die Gewißheit, daß das Leben deines Mannes irgendwann einmal vom Staat genommen werden würde. Diese Gewißheit mußte eine Spannung erzeugt haben, die sich zuweilen auch in nichtigen Dingen entlud, und dies wiederum führte zu einer unvorstellbaren Bürde an Schuld und Frustration.

Ich fragte Christy, wie sie zu Gott gefunden habe. Sie erzählte mir, daß sie selbst ein Jahr im Gefängnis verbracht hatte, als es passierte. Ich wußte aus anderen Quellen, daß sie ein Jahr in einem Kreisgefängnis verbracht hatte, weil sie einen Mann niedergestochen hatte. Während sie im Gefängnis war, wollte die Administration, daß sie einen Mann der Teilnahme an einem andern Verbrechen bezichtige. Sie drohten ihr, daß sie weitere Anklagen gegen sie erheben würden, falls sie sich weigere. Sie betete um Hilfe und sagte, sie habe dem Herrn versprochen, daß sie ihm ihr Leben weihen würde, wenn er diese Lage von ihr abwende. Was als nächstes geschah, beschreibt Christy als ein Wunder. Die Drohung löste sich in Nichts auf. Sie hielt ihr Versprechen. Sie beendete ihre Zeit im Gefängnis, und von da an war ihr Leben verändert.

Sie erzählte mir, daß sie in einer strengen, gottesfürchtigen Familie aufgewachsen war, aber früh schon gegen ihre Eltern rebellierte. Sie fing an, Drogen zu nehmen und bei einer Motorradgang herumzuhängen. Sie führte ein Leben voller Aufregung – aber auch voller Verbrechen und Gefahr.

Ich bewunderte Christys Ehrlichkeit und ihren Mut, sich ihrem Leben zu stellen und es in die Hand zu nehmen. Sie hatte eine Menge durchgemacht und war in ihrer Hinwendung zu Gott weder rechthaberisch noch frömmlerisch geworden. Sie bezog sich ständig auf Gott, aber vor allem, um die Veränderungen in ihrem Leben zu begründen. Als ich sie für die guten Resultate in ihren Strafrechtsexamen beglückwünschte, sagte sie: «Ich habe dem Herrn dafür zu danken.»

Als sie sich zum Gehen fertig machte, sagte mir Christy: «Und der Herr hat Sie erwählt. Vielleicht hat er Sie vor demselben Schicksal gerettet, das diese Männer im Todestrakt erleiden, damit Sie ihnen helfen können.»

«Vielleicht», sagte ich. Wir umarmten uns, und ich küßte sie auf die Wange.

Und dachte, nicht zum erstenmal – ohne Gottes gnädigen Beistand...

Am Freitag, 6. März, wollte ich von St. Louis nach Los Angeles fahren. Paul Delo und ich trafen uns vor meiner Abreise zum Lunch, und er hatte mir etwas zu erzählen.

«Wir haben heute früh einen Hinrichtungsbefehl erhalten», sagte er.

«Ist es Walter Blair?» fragte ich.

«Nein. Lloyd Schlup.»

Ich hatte Lloyd Schlup nicht getroffen und kannte seinen Fall nicht. «Welche Nummer hat er?» fragte ich.

«Zweiundvierzig», erwiderte Paul

A. J. war die Nummer vierundzwanzig. Man konnte daraus erkennen, daß das System etwas von einer Lotterie an sich hatte und wie leicht es war, an die Spitze der Reihe geschickt zu werden.

«Ist es ein ernstzunehmender Hinrichtungsbefehl?» fragte ich. Während ich die Worte aussprach, war ich mir bewußt, wie absurd ein System war, in dem Hinrichtungsbefehle als ‹ernst› oder ‹nicht ernst› bezeichnet werden konnten.

«Ich glaube eigentlich nicht», sage Paul. «Aber man kann nie wissen.»

«Was geschieht als nächstes?» fragte ich.

«Nichts. Das wird ein normales Wochenende hier. Ich erwarte nicht, daß etwas Außergewöhnliches passiert.»

«Für wann ist das Hinrichtungsdatum festgelegt?» fragte ich.

«Für den dreizehnten.»

«Das ist in sieben Tagen», sagte ich. «Und heute ist Freitag. Damit hat er eigentlich nur nächste Woche fünf Tage Zeit, Einspruch zu erheben.»

«Man weiß nie, wann ein Hinrichtungsbefehl kommt», bemerkte Paul.

Paul erklärte noch einmal, daß übers Wochenende nichts passieren würde und daß bis Montag keine Neuigkeiten da sein würden.

Als ich von Los Angeles nach Potosi zurückkam, war Lloyd Schlup in der Beobachtungszelle, und die Anstalt bereitete sich auf eine Hinrichtung vor. Das Bemerkenswerte daran war, daß die normalen Gefängnisabläufe nicht beeinflußt wurden. Lloyd Schlup ist einunddreißig Jahre alt und seit 1985 im Todestrakt. Er wurde zusammen mit Robert O'Neal, Jr. wegen der Erstechung eines schwarzen Insassen, Arthur Dade, im MSP im Februar 1984 verurteilt. Die Staatsanwaltschaft brachte vor, daß O'Neal ein Mitglied der *Aryan Nation* war und daß er Dade erstochen habe, während Schlup ihn festhielt. O'Neal war bereits einmal wegen eines Tötungsdelikts verurteilt. Schlups Strafregister wies Sodomie, tätlichen Angriff und Entweichung aus einer staatlichen Haftanstalt auf.

Lloyd Schlup war ein dünner Mann mit Schnauzbart, durchdringenden Augen und Gefängnistätowierungen auf beiden Armen. Er war ein Mann mit einer intensiven Ausstrahlung, und als ich ihn kennenlernte, war er verbissen darum bemüht, seine Gefühle unter Kontrolle zu halten.

Ich hatte Paul Delo gebeten, ihn mir zu beschreiben, und er hatte gesagt: «Lloyd ist eher jung, und er hat, gemessen an seinem Alter, viele, viele Jahre im Gefängnis verbracht. Meiner Meinung nach ist er ziemlich leicht zu verleiten, gerät aber nicht in unverhältnismäßig große Schwierigkeiten. Um ehrlich zu sein, hatte ich Schwierigkeiten mit Lloyd erwartet, als er hierher kam, aber er hat sich ziemlich gut eingelebt. Lloyd hat ein Problem mit Drogenmißbrauch, schon immer. Er kann es einfach nicht lassen. Und sein einziger Ausweg ist, sich in Einzelhaft zu begeben. Er kann der Versuchung einfach nicht widerstehen.» Paul fügte noch hinzu: «Er hat einige eher ungewöhnliche Ansichten zum Verhältnis der Rassen.»

Lloyd wurde am Montag, 9. März, in die Beobachtungszelle gebracht, und die Hinrichtung war weiterhin auf Freitag, den dreizehnten, angesetzt. Als ich am Dienstag ankam, war er immer noch in der Beobachtungszelle, und seine Familie war nach Potosi gereist und beinahe unablässig bei ihm. Später am selben Tag erhielt er einen Aufschub.

Die Anstalt verharrte jedoch weiter in Erwartung einer Hinrichtung. Im Gespräch mit Paul Delo am Dienstag meinte dieser, es bestünden keine großen Chancen, daß die Hinrichtung stattfinden würde. Als ich jedoch am Mittwoch früh beim Gefängnis ankam und in der Nähe des vorderen Eingangs parkte, sagte mir ein Beamter, ich müsse meinen Wagen am hinteren Ende des Parkplatzes abstellen.

Das Missouri-Protokoll war angelaufen: Parkvorkehrungen wurden getroffen für die Abgeordneten der Strafvollzugsbehörde, für die Zeugen und die Presse.

Paul und die anderen Mitglieder des Hinrichtungsteams trugen Anzüge und weiße Hemden.

«Die Einsprüche gehen hin und her», erklärte er. «Natürlich versucht der Generalstaatsanwalt, den Aufschub rückgängig zu machen. Der Richter sagt, daß Lloyds Einspruch um einen Stein zu leicht gewesen sei.»

Lloyds Einsprüche waren erfolgreich, und später am selben Nachmittag wurde er aus der Beobachtungszelle entlassen, und das Hinrichtungsteam zog sich zurück.

Als ich mit Lloyd sprach, war er auf eigenen Wunsch hin in die Einzelhaft zurückverlegt worden. Er mußte während unseres Gesprächs Handschellen tragen, und er sah blaß und abgespannt aus. Er erzählte mir, daß es eine nervenaufreibende Erfahrung gewesen sei und daß man ihm auf sein Verlangen hin Valium verabreicht habe.

Ich fragte ihn, was in der Beobachtungszelle passiert sei.

«Ein paar Tage lang war es richtig haarsträubend. Der Staat legte ziemlich intensiv Berufung ein, und für mich und meine Familie war es schwer, nicht zu wissen, was passieren würde. Tatsache ist, daß ich am Dienstag sehr beunruhigt war, daß sich die Dinge wie vorgesehen entwickeln könnten. Die Sache schien nicht richtig zu laufen. Und dann, durch ein Wunder oder was immer, erhielt ich am Dienstag einen Aufschub, und dann natürlich, etwas später am Dienstag, einen unbegrenzten Aufschub – ich hatte einen weiteren Habeas-Corpus-Antrag eingereicht. Also verließ ich die Beobachtungszelle am Mittwoch nachmittag.»

«Und wo ist Ihr Berufungsantrag jetzt?» fragte ich.

«Ich bin jetzt mit einem zweiten Habeas-Corpus-Antrag wieder beim Achten Berufungsgericht. Es sind einige Dinge vorgefallen, die ich nicht ganz verstehe. Ich dachte, ich sei beim Obersten Gerichtshof in Kansas City, und ich glaubte, daß sich daraus vielleicht etwas Gutes entwickeln könnte. Aber ich habe heute einen Brief erhalten, der besagt, daß der Fall vor denselben Richter in St. Louis, im Östlichen Bezirksgericht, zurückverlegt worden sei. Und ich wollte da nicht sein, weil ich da schon früher kein Glück gehabt habe. Obwohl der Aufschub unbegrenzt ist, glaube ich, daß es sich diesmal ziemlich schnell entscheiden wird, weil alles so schnell ging, als der Befehl innerhalb dreißig Tagen durchkam. Also, denke ich, wird mein zweiter Habeas-Corpus-Antrag abgelehnt werden, er wird behördlich abgefertigt und weitergereicht werden. Und dann wird ein weiterer Hinrichtungstermin festgelegt werden. Ursprünglich hatten sie für den dreiundzwanzigsten einen vorgesehen, einen zweiten Hinrichtungstermin für den dreiundzwanzigsten. Das war, als ich den unbegrenzten Aufschub erhielt. Aber im Moment bin ich ziemlich besorgt. Ich versuche, dran zu bleiben, und warte ab, was mein Anwalt unternehmen wird.»

«Warum glauben Sie, daß sie Ihren Antrag behördlich abfertigen werden?» fragte ich.

«Weil wir ein Wahljahr vor uns haben, und tatsächlich hat sich die Person, die seit Beginn meines Berufungsverfahrens, 1986, mit meinem Fall zu tun hatte, der Generalstaatsanwalt, als Gouverneurskandidat aufstellen lassen, und ich denke, es würde sich politisch einfach gut machen: Einer muß gehen.»

«Wollen Sie mir erzählen, wie Sie in Ihre Sache verwickelt wurden?»

«Es war ein Gefängnismord im Jahre 1984. Im Hauptgefängnis oben in Jefferson City. Mein Fall war vom ersten Tag an ein Fall von Verwechslung. Alles an diesem Fall weist auf diesen Schluß hin – Videofilme, Aussagen von Beamten und was man will. Fünfzehn, sechzehn verschiedene Insassen bezeugen, daß ich nicht da war. Und das ist die momentane Situation meines Falls vor Gericht. Sie wissen ja, man kann keinen Unschuldigen hinrichten. Und diesen Punkt versuche ich zu erreichen. Ich weiß nicht, was geschehen wird.»

«Erzählen Sie mir, was geschah, als der Hinrichtungsbefehl eintraf.»

«Sie sagten mir, daß die Hinrichtung festgelegt sei, und sie kamen und holten mich und führten mich in die Beobachtungszelle. Und ungefähr eine halbe Stunde später brachten sie mir meine Sachen und gaben mir all das, was ich da drüben haben durfte. Was so ziemlich alles war. Und es gab einige Papiere, die die Zeugen, die ich haben wollte, unterzeichnen müssen. Und die letzte Mahlzeit, Wünsche für die letzte Mahlzeit. Der Direktor kam am selben Morgen runter, ungefähr eine Stunde später, und wir redeten ein wenig miteinander. Hauptsächlich besteht es darin, vierundzwanzig Stunden in einer Zelle rumzusitzen mit einem Beamten in der Zelle, sie sind in Schichten da. Drei verschiedene Beamten. Und sie zeichnen alles auf, was du tust. Nachts kann man nicht schlafen, weil soviel getippt wird. Alles findet in einer geschlossenen Zelle statt, deswegen findet man nachts keinen Schlaf. Und dann sind tagsüber die Angehörigen und die Anwälte da, und der Direktor. Ich habe während drei Tagen ungefähr fünf Stunden geschlafen.»

«Was hat Paul Delo zu Ihnen gesagt, während Sie in der Beobachtungszelle waren?»

«Nun, er fragte mich einfach, ob alles in Ordnung sei, ob ich etwas brauche. Und er gab sich große Mühe zu tun, was er konnte. Er bewilligte mehrere Sonderbesuche, von Verwandten, die von außerhalb des Staates kamen, und von Leuten, die nicht auf meiner regulären Besucherliste standen. In meinem Fall – ich glaube das ist im Moment hier auch ein Gesprächsthema –, ich hatte als letzte Mahlzeit Dinge gewünscht, die normalerweise nicht verlangt werden. Ich wollte Kaninchen und Wild und solche Dinge. Etwas Wels. Und er sagte, er würde tun, was er könne, um einiges davon zusammenzukriegen. Und dann, nach dem Aufschub, bekam ich trotzdem das Kaninchen und das Reh. Das fand ich ziemlich anständig von ihm. Obwohl ich einen Aufschub erhalten hatte.»

«Was haben sie Ihnen von dem Ablauf der Hinrichtung erzählt?»

«Nichts, weil der Abend gar nicht weit genug fortgeschritten war, daß sie mir etwas hätten erzählen müssen. Deswegen habe ich auch jetzt noch keine Ahnung davon. Soweit ich weiß, beginnen sie mit dem planmäßigen Ablauf um sieben Uhr abends. Aber bis dahin hatte ich meinen Aufschub schon erhalten, deswegen mußte ich nichts davon mitmachen.»

«Denken Sie oft über die Todesspritze als Hinrichtungsmethode nach, im Vergleich zu Gas oder etwas anderem?»

«Ja, schon. Wissen Sie, die letzten Jahre über hatte ich unterschiedliche Einstellungen dazu. Was die Familie anbelangt, je leichter, desto besser. Aber für mich selbst, je gewaltsamer, desto besser würde es mir gefallen. Das mag grausam klingen, aber mir gefiele es, wenn die Leute das sehen und hören würden. Je gewaltsamer die Hinrichtung wäre, um so mehr wäre sie so, wie ich sie haben wollte. Was in Missouri natürlich nicht möglich sein wird.»

«Wie, glauben Sie, sieht die Öffentlichkeit die Todesspritze?»

«Ich glaube einfach, daß die Leute einen anderen Einblick haben. Wenn nicht jetzt, dann mit der Zeit ganz gewiß. Sie hören ständig von diesem elektrischen Stuhl und jenem elektrischen Stuhl, daß es beim erstenmal nicht klappt oder alles zusammenbricht. Und das Gas, wissen Sie. Daß man zehn, fünfzehn Minuten nach Luft schnappt, oder was immer, und diesen ganzen furchtbaren Schmerz erfährt. Und ich glaube einfach, daß das irgendwann ein Teil der... wissen Sie, es ist grausam und ungewöhnlich. Und die Leute in diesen anderen Staaten, die diesen Schmerz ertragen müssen, man *weiß*, daß das barbarisch ist. Es ist, als ob man seinen Kopf in eine Guillotine stecken müßte, wissen Sie, vor dreihundert Jahren oder wann immer. Eine Spritze in den Arm stecken und dann einfach da liegen, dann, ein paar Minuten später, *das war's*, und angeblich kein Schmerz und kein Leiden. So machen wir es mit unseren Hunden. Es ist einfach... es ist zu einfach.»

«Wie gehen Sie um mit dem Gedanken, hingerichtet zu werden?»

«Ich habe mich vorbereitet. Ich habe mehr als je zuvor gebetet. Und ich hoffe einfach, daß das, was danach kommt, besser ist als das, was ich hier erdulden mußte. Ich versuche es einfach so zu sehen, wissen Sie. Und ich sage mir immer wieder, was auch stimmt, *daß ich keinen Einfluß auf die Sache habe*. Ich halte mir das vor Augen. Wissen Sie, es ist einfach eine weitere Sache im Leben. Ich habe keinen Einfluß darauf. Sie werden das tun, was sie tun werden. Es liegt nicht in meiner Macht. Ich habe mich zurückgelehnt und gesagt: ‹He, es hat keinen Zweck, deswegen zu heulen, sich darüber aufzuregen. Wenn es passieren soll, dann kann ich nichts dagegen tun. Warte einfach auf den Tag.»

«Sie waren eine Zeitlang im MSP. Wie haben Sie den Todestrakt da im Vergleich zu hier erlebt?»

«Ich war von Dezember 85 bis 89, als wir nach Potosi kamen, im Todestrakt des MSP. Ich habe nicht sehr viele Erinnerungen daran. Ich meine, Erinnerungen habe ich schon, aber die sind nicht gut.»

«Können Sie das ausführen?»

«Weil ich geschlagen wurde. Ich habe da schwere Zeiten durchgemacht. Es war die Administration, die einen Fehler machte und dann beschloß, den Fehler zu vertuschen. Und ich habe mich dagegen gewehrt und wurde geschlagen; Sie wissen schon, oft geschlagen. Und ich wurde in die psychiatrische Abteilung gebracht und isoliert. Was ich da mitgemacht habe... die ganze Zeit war für mich einfach völliger Wahnsinn. Was also den Unterschied betrifft, hier ist alles sehr viel professioneller, zumindest in der Art, wie die Administration organisiert ist. Natürlich sind da Probleme, aber Probleme gibt es überall. Es ist ein neues Gefängnis. Es ist sauber und all das. Aber ich glaube, um ehrlich zu sein, daß das Personal hier sich große Mühe gibt. Und sie haben mir nicht sehr viele Schwierigkeiten gemacht. Man hat mich nie geschlagen. Ich habe mich auch danebenbenommen – nichts Ernsthaftes –, aber ich kann nicht sagen, daß es hier nur schlecht ist.»

«Kannten Sie Tiny Mercer?»

«Ja, Tiny Mercer kannte ich persönlich. Ich kannte ihn seit 1980. In diesen ganzen Jahren wurde unsere Beziehung ziemlich eng. Und als dann die Hinrichtung kam, ich erinnere mich noch daran, wie sie angesetzt wurde, da sagte ich mir, ich konnte einfach nicht glauben, daß es geschehen würde, wissen Sie. Nicht mit Tiny. Ich konnte es einfach nicht glauben. Nicht mit Tiny. Es würde nicht mit Tiny passieren. Und ich weiß noch, wie ich es im Fernsehen hörte, es wurde ziemlich viel davon übertragen, und als sie sagten, daß er tot sei, konnte ich nur immerzu weinen. Ich betete, und ich weinte wie ein kleines Kind. Ich konnte einfach nicht glauben, daß Tiny wirklich weg war und daß keiner von uns ihn je wiedersehen würde.»

«Erzählen Sie, wie es im Todestrakt war, in der Nacht, als sie Tiny im MSP hinrichteten.»

«Nun, für mich war es so, ich wurde in jener Nacht geschlagen. Ungefähr acht Wachen kamen herein, und sie schlugen mich ziemlich fest. Tatsache ist, sie drückten ihre Zigaretten auf meinem Bauch aus in jener Nacht. Ich kriegte es einfach nicht geregelt. Ich bin einfach ausgerastet in jener Nacht. Und ich war auf C-5, im Isolationstrakt, und ich bin ausgerastet. Ich wollte mich nicht damit auseinandersetzen, darüber nachdenken. Und schließlich mußten sie hereinstürmen und mich ruhigstellen. Und natürlich sind sie da ziemlich grausam. Statt daß sie einfach reinkommen und dich runterholen – man muß nicht irgend etwas tun –, weiß man, wenn sie reinkommen, dann werden Köpfe eingeschlagen.»

«Was hatten Sie getan?»

«Was ich getan hatte? Ich hatte mich geweigert, mich zählen zu lassen. Ich hatte die Zählung verweigert. Ich wollte den Wachbeamten sehen. Ich wollte einfach mit jemandem reden, das war es. Sie weigerten sich, mit mir zu reden. Die Strafvollzugsbeamten wollten niemanden herholen. Also dachte ich mir, wenn ich mich weigere, mich zählen zu lassen, wenn sie mich nicht sehen, dann müssen sie den Vorsteher oder sonst jemanden holen. Also haben sie es einfach selbst in die Hand genommen. Sie öffneten einfach die Tür und überrannten mich.»

«Nachdem alles geschehen war, welchen Eindruck hinterließ Tinys Hinrichtung auf Sie? Hat sie die Art verändert, wie Sie Ihr eigenes Todesurteil sehen?»

«Sie hat mir die Wirklichkeit gezeigt. Daß nämlich, trotzdem es so viele Jahre waren und alle sagten, daß es nicht passieren würde, es doch passiert war. Und das öffnet dir einfach die Augen dafür, daß, egal wie die Umstände sind – für alle im Todestrakt –, es eine ziemliche hohe Wahrscheinlichkeit gibt, daß du umgebracht, daß du hingerichtet wirst. Und für mich selbst, seit damals weiß ich einfach, daß die Wahrscheinlichkeit, ob schuldig oder nicht – daß sie, Sie wissen schon, Leute umbringen. Wenn sie dich in den Todestrakt tun, dann bringen sie dich um.»

Epilog

Im März 1992, kurz nachdem Walter Blair und Lloyd Schlup Hinrichtungsaufschübe erhalten hatten, fanden während zehn Tagen die Dreharbeiten zu *Die Hinrichtungsindustrie* im *Potosi Correctional Center* und im alten MSP statt. In der Woche vor Drehbeginn fand eine Produktionsbesprechung mit A. J., Joe Amrine und Doyle Williams statt. Wie das Personal waren sie daran interessiert, daß sie «von den Medien» nicht einseitig dargestellt wurden. Ich versicherte ihnen, daß sie frei sprechen dürften und so lange, wie sie wollten, und daß ich nichts tun würde, um den Sinn dessen zu verändern, was sie der Kamera erzählten. Wie beim Personal in Potosi wurde jeder der Insassen mehr als nur ein Interviewter in einem Dokumentarfilm – sie wurden zu Schauspielern in einem Film, der zeitweilig der Erfindung zum Verwechseln ähnlich sah, bis auf den Umstand, daß er wirklich war in einer Weise, die Hollywood nicht nachahmen kann.

Als ich nach London zurückkam, hatte ich einhundert Filmrollen, mit denen ich sechzehn Wochen am Schneidetisch verbrachte. Tag für Tag, Woche um Woche zogen die Bilder und Sätze der Männer, mit denen ich seit Beginn der Arbeit am vergangenen Labor Day meine Zeit verbracht hatte, an meinen Augen vorüber und hallten in meinen Ohren wider. Im Film wie im Leben besitzen das Hinrichtungsteam und die Insassen eine eigenartige und starke Intensität: die eine Gruppe in ständiger Bereitschaft, die andere hinzurichten; die andere verzweifelt darauf versessen, ihre Einsprüche einzureichen und ihr Selbstvertrauen in einer ansonsten hoffnungslosen Situation zu bewahren. In den Worten A. J.s: «Mit den Jahren wird es immer schwieriger, die Hoffnung auf einer tagtäglichen Basis aufrechtzuerhalten.»

Nachdem ich nach London zurückgekehrt war, telefonierte ich regelmäßig mit Paul Delo und korrespondierte mit A. J. und anderen Insassen. Nach sechs Wochen in Missouri war meine Rückkehr nach London beinahe ebenso merkwürdig wie nach meinem ersten Besuch in Potosi. Die Vorgänge im Gefängnis, von denen mir Paul Delo oder A. J. berichteten, warfen ihre Schatten auf mein Büro und meinen Schneideraum.

Am 12. April wurde im Gefängnis um fünf Uhr nachmittags Einschluß angeordnet, und die E-Truppe betrat die Zellen von achtzig Männern, die Urteile von lebenslänglich und fünfzig hatten, und packte ihren Besitz in Kisten. Am nächsten Morgen wurden sie in das alte MSP zurückgebracht. Das Gefängnis behielt den Einschluß während des folgenden Tages bei, an dem achtzig der unruhigsten Insassen vom MSP nach Potosi gebracht wurden, wo sie in die allgemeine Population eingegliedert wurden. Die Maßnahme erschreckte viele Potosi-Insassen, weil sie darin eine Bedrohung ihrer eigenen Sicherheit sahen. Bisherige Praktiken in Potosi hatte die allgemeine Population auf Insassen beschränkt, die wegen Mord ersten Grades verurteilt waren, wodurch ein einigermaßen ruhiges Klima entstanden war, in dem während über drei Jahren keine Morde und nur geringfügige Verletzungen wegen Streitigkeiten vorgefallen waren. Der Ansatz im Sinne von «Zuckerbrot und Peitsche» für freien Zugang zu den Einrichtungen als Belohnung für gutes Betragen und die ständige Androhung von Einzelhaft bei Verletzung der Vorschriften hatte funktioniert. Die meisten Insassen arbeiteten miteinander daran, daß die Vergünstigungen nicht widerrufen wurden, und waren ständig darum bemüht, sie noch zu erweitern. Das Eintreffen von Männern, innerhalb relativ kurzer Zeit einer Bewährung entgegensahen und sich an anderen Haftanstalten in Missouri einen Ruf als gewalttätig erworben hatten, wurde von den Insassen in Potosi als Rückschritt gesehen.

Vier Tage später erlebte Potosi seine erste ernstzunehmende Geiselnahme. Der lokale Nachrichtensprecher berichtete, ein zum Tode verurteilter Insasse, der «deprimiert» gewesen sei, weil sein Urteil in lebenslänglich umgewandelt wurde, habe die Gefängnisbibliothekarin als Geisel genommen. Die Gefängnisbibliothekarin war eine anziehende Frau, sehr beliebt bei den Insassen. Die Version der Insassen war, daß der Mann, der eine Revision seines Urteils erreicht hatte, überglücklich gewesen sei; daß er jedoch, vollgepumpt mit PCP, einen lange andauernden Streit mit zwei Mitinsassen über

Jobs in der Bibliothek habe austragen wollen. Als die Bibliothekarin versuchte, ihm dies auszureden, habe sich ein anderes Mitglied
des Personals eingeschaltet, und die Geiselsituation sei daraus entstanden. Während des zweistündigen Dramas verhandelten Paul
Delo und Don Roper mit dem Insassen, und die Bibliothekarin
wurde unverletzt wieder freigelassen.

Am 9. Mai beging eine von Missouris drei weiblichen Todestraktinsassen Selbstmord. Nila Wacaser war wegen Mordes an ihrem achtjährigen Sohn verurteilt worden. Ihr Anwalt hatte erfolglos versucht, mildernde Umstände geltend zu machen, da sie zu
dem Zeitpunkt das Medikament Halcion eingenommen hatte, das
in den Vereinigten Staaten mit einer Reihe anderer ansonsten un-
erklärbarer Tötungsdelikte in Verbindung gebracht wird. Nila
Wacaser hatte nach einiger Zeit eine Wiederaufnahme ihres Verfahrens erlangen können und wurde im *Platte County Jail* festgehalten, als sie Selbstmord beging, offenbar durch eine Überdosis
Drogen.

Während meines letzten Besuchs in Potosi hatte A. J. mir erzählt,
daß er eine zehnjährige Tochter habe. Im April erfuhr er, daß sie ihn
im Spätsommer besuchen wolle, und diese Aussicht machte ihn
überglücklich. Die Basketballsaison im Gefängnis ging zu Ende,
und die Baseballsaison begann. A. J. schlug *Home runs* in den ersten
beiden Spielen.

Paul Delo verletzte sich am Finger, was zu einer gravierenden
Infektion führte. Er war zwei Wochen lang krank, und schließlich
wurde ein Teil des Fingers amputiert.

Insassen und Personal mutmaßten endlos über die nächste Hinrichtung in Potosi. Seit August 1991 war niemand hingerichtet worden, und sowohl das Personal als auch die Insassen sahen für die
kommenden Monate eine Flut von Hinrichtungen voraus. Als im
Frühjahr die Präsidentschaftskampagne des Gouverneurs von Arkansas, Bill Clinton, anlief, führte der Staat die ersten beiden Hinrichtungen mit der Todesspritze durch. Die Vollstreckungsbefehle
wurden vom Achten Berufungsgericht ausgestellt, demselben Gericht, das im benachbarten Missouri die Berufungsverfahren zu
Todesurteilen anhört.

Am 27. Mai telefonierte A. J., beunruhigt darüber, daß er noch

nichts zu seinen Berufungsanträgen gehört hatte, mit seinem Anwalt. Er war verblüfft zu hören, daß sein Wiedererwägungsantrag
am 30. April – beinahe einen Monat zuvor – abgelehnt worden war.
Er hatte bis dahin nichts davon erfahren und bereute bitterlich, daß
er in der Planung der nächsten Phase seiner Anträge einen Monat
verloren hatte, da ihm, seiner eigenen Berechnung zufolge, nur
noch ein Lebensjahr verbleiben würde.

Im Todestrakt geht das Leben weiter.

Danksagung

Ohne den Zuspruch meiner Agentin, Imogen Parker, wäre dieses Projekt nicht verwirklicht worden – ihr gebührt mein erster und innigster Dank. Meinen beiden Lektoren – Oliver Johnson in London und Erica Marcus in New York – verdanke ich Unterstützung und kritische Ratschläge. Louise Rosen las das Manuskript und machte viele wertvolle Verbesserungsvorschläge. Mitch Wood spürte einige nützliche Dokumente auf, und Chris Caltabiano half bei der Bibliotheksrecherche. Mein Partner bei *Worldview Pictures*, Paul Baker, war, wie immer, eine Quelle der Energie und der guten Stimmung.

Die Kooperation der Strafvollzugsbehörde von Missouri hat die Abfassung dieses Buches erst möglich gemacht, und ich bin dankbar für den Beistand, den ich von Dick Moore, George Lombardi, Bill Armontrout und Mark Schreiber erfahren durfte. Paul Delo gewährte mir praktisch ungehinderten Zugang zum Personal und zu den Insassen des *Potosi Correctional Center* und erwies mir jede Zuvorkommenheit. Mike Groose, Direktor des *Jefferson City Correctional Center*, gestattete mir den Zugang zu Missouris ehemaligem Todestrakt.

Besonderer Dank gebührt den Insassen, deren Beiträge ein wesentlicher Bestandteil dieses Buches sind. Während meiner ganzen Nachforschungen stand mir A. J. Bannister mit einem stetigen Fluß von Erkenntnissen zur Seite und war mir mehr als jeder andere ein Führer durch das Fremdland des Todestraktes. Danken möchte ich auch Joe Amrine, Walter Blair, Ray Copeland, Lloyd Schlup, Bobby Shaw, Heath Wilkins, Doyle Williams und allen anderen Insassen im Todestrakt des *Potosi Correctional Center*, die sich die Zeit genommen haben, mit mir zu reden.

Christy Mercer war äußerst großzügig mit ihrer Zeit und der Leihgabe privater Fotos ihres Mannes, des verstorbenen George «Tiny» Mercer.

Fred Leuchter gab mir detaillierte Erklärungen zur Konstruktion und Funktionsweise seiner Geräte und versorgte mich mit Kopien vieler nützlicher Unterlagen. Dank auch an Rob Beasley von *Amnesty International* (London); Dr. Edward Brunner von der *Northwestern University Medical School*; Mike Dutton, Direktor des Hochsicherheitsgefängnisses River Bend, Nashville, Tennessee; David Irving; Ali Miller von *Amnesty International* (New York) und Larry Helm Spalding, Vorsteher des *Office of Capital Collateral*, Tallahassee, Florida.

Einen besonderen Dank an Greg Moyer und Janet Carlsen beim *Discovery Channel* für ihre unbedingte und unbeirrte Unterstützung eines ungewöhnlichen und schwierigen Vorhabens.